2008

中国文化文物统计年鉴

文化部计划财务司
国家文物局办公室 编

中国文化文物统计年鉴
ZHONGGUO WENHUA WENWU TONGJI NIANJIAN

本书出版得到国家重点文物保护

专项补助经费资助

成都十二桥

四川省文物考古研究院
成都文物考古研究所 编著

文物出版社

封面设计　张希广

责任印制　张道奇

责任编辑　张广然　李　东

图书在版编目（CIP）数据

成都十二桥／四川省文物考古研究院，成都文物考古

研究所编著．−北京：文物出版社，2009.4

ISBN 978-7-5010-2447-6

Ⅰ．成…　Ⅱ.①四…②成…　Ⅲ.古建筑−桥−简介−成

都市　Ⅳ. K928.78

中国版本图书馆 CIP 数据核字（2008）第 037331 号

成　都　十　二　桥

四川省文物考古研究院

成都文物考古研究所　编著

*

文 物 出 版 社 出 版 发 行

（北京东直门内北小街 2 号楼）

http : ／／www . wenwu . com

E − mail : web @ wenwu . com

北京燕泰美术制版印刷有限责任公司印刷

新　华　书　店　经　销

889×1194　1/16　印张：22　插页：2

2009 年 4 月第 1 版　2009 年 4 月第 1 次印刷

ISBN 978 − 7 − 5010 − 2447 − 6　定价：238.00 元

目　录

插图目录

图版目录

彩版目录

第一章　概　况

　　成都十二桥遗址是四川地区发现的重要的古文化遗址之一，特别是十二桥遗址商周时期的文化遗存，为成都平原商周时期最重要的遗存之一。该遗址文化内涵极为丰富，发现了比较大型的商周时期的木结构建筑遗存，还发现了有别于中原地区以及其他地区同时期文化的具有典型地域特征的陶器群。这些独具地方特色的文化因素在成都金沙村、黄忠村、抚琴小区、新一村、方池街、岷山饭店等遗址，新凡水观音遗址，广汉三星堆遗址，雅安沙溪遗址以及汉源桃坪、麦坪、麻家山等遗址中，都有发现。这对于研究成都平原及周边地区的考古学文化的内涵与相互关系，特别是为建立成都平原的考古学文化序列，以及其他诸多方面的研究，至关重要。2001 年 6 月 25 日，十二桥遗址被公布为全国重点文物保护单位。

第一节　地理位置与自然环境

　　成都地处成都平原腹地，并跨有川中丘陵的西缘，东连川中丘陵。地势由西北向东南倾斜，在东经 102°54′~104°53′、北纬 30°05′~31°26′之间，面积 1.239 万平方公里。辖 10 区 4 市 6 县，人口 1082 万。在成都市境内以平原为主，也有高山、中山、低山和部分丘陵。龙门山脉中南段的茶坪山、九顶山、邛崃山等由东北向西南雄踞其西北部。西北部的高山、中山与东南部平原之间的过渡带为低山丘陵，主要分布在彭县、都江堰、崇州、大邑、邛崃等县市中部和蒲江县西部，海拔 800~1000 米，多出露侏罗纪、白垩纪砂岩和页岩。东南部几乎全部是平原，即成都平原的腹地，包括彭州、都江堰南部，崇州、大邑、邛崃、蒲江东部，以及新津、新都、温江、郫县和成都市区全部。主要由岷江、沱江及其支流冲积、淤积所形成，海拔 470~750 米，平均坡降 3‰~2‰。覆盖着第四纪松散堆积物，地势平坦，土质肥沃，是全市主要的农耕区。平原的东部边缘，龙泉山脉从东北向西南斜贯东部，成为川西平原与川中丘陵的分界，山脊海拔 600~1000 米。

　　成都市境内的河流属于长江支流岷江、沱江两大水系，西南部属于岷江水系，东北部属于沱江水系。岷江发源于岷山南麓，南流至都江堰市进入川西平原，水势减缓，河道分歧，呈纺锤状河网，至新津重新合流，然后继续南流至宜宾注入长江。早在先秦时，蜀郡太守李冰率民修筑了举世闻名的水利工程——都江堰，凿山导河，开渠引水，使成都平原形成一个自流灌溉网，沃野千里，水旱从人，成都平原始有"天府之国"的称誉。都江堰灌区主要有蒲阳河、柏条河、走马河、江安河、杨柳河、金马河、黑石河等大小支流数十条，河网稠密。属于岷江、内江水系的府河与南河至今还流经成都市区，至城区东南汇合后继续向南流，最后汇入岷江。

　　成都属于亚热带湿润季风气候，四季分明，年均气温16.3℃，1月平均气温5.6℃，7月平均气温25.8℃，极端最低气温﹣5.9℃，极端最高气温37.3℃，无霜期338.5天，夏季炎热而冬季不寒冷。年降水量976毫米，但是，降水季节分配不均匀，夏季多暴雨，冬季极少降雪。年相对湿度82%，云多雾重，日照较少，年日照仅1239.2小时。

　　成都市的平原地区土地肥沃，是全省主要的农业区。粮食作物以种植水稻、小麦、玉米为主，另有红苕、洋芋、豌豆、胡豆等作物；经济作物主要有油菜、烟叶、大麻、甘蔗、川芎、蔬菜等；经济林木主要有果树等。

　　成都市区及近郊林地面积不大，主要分布在龙泉山区，树种以马尾松为主，杉树、柏树、青杠树、丝栗也有散生，丘陵与平原地区以人工栽植的桤木树、桉树和慈竹较多；成都市远郊县，植被资源丰富，主要分布在西北部山区，即彭州北部，都江堰北部和西部，崇州、大邑、邛崃西部。自然植被的垂直分布明显，自下而上依次为常绿阔叶林、混交林、灌木林、草甸等。森林面积近2000平方公里，主要树种有栎树、楠树、桤木树、漆树、松树、柏树、冷杉、铁杉、柳杉等。

　　成都十二桥遗址位于市区西部，北面越过十二桥街，延至成都中医药大学内；南倚市文化公园，西邻四川省干修所，东与新一村遗址相连。其范围东西长约142米，南北宽约133米，总面积达15000平方米以上（图一）。

第二节　历史沿革

　　成都市是四川省人民政府所在地，是全省经济、政治、文化中心，也是西南地区金融、商贸、科技中心和交通、通讯枢纽。成都市是我国首批24个国家级历史文化名城之一，有着悠久的历史文化积淀和灿烂辉煌的城市发展史。

　　考古发掘表明，在距今约4500～3700年之间，成都平原就已存在一支发达的新石器文化——宝墩文化，并且陆续出现了一批早期带有夯土城墙的大型聚落，如新津的宝墩古城、郫县三道堰古城、温江鱼凫城、都江堰芒城、崇州双河古城和紫竹古城、大邑盐店古城和高山古城。在这些大型聚落周围分布着众多的小型村落，表明此时聚落已出现分化，开始出现一些早期文明因素。在相当于中原地区的夏商周时期，以成都平原为中心，古蜀人建立了一个早期的国家，号称"蜀国"。三星堆遗址发现的夏商时期的环壕城址是古蜀国当时的都城所在地。在商周时期，古蜀国的都邑几度迁徙，文献记载，或"移治郫邑"，"或治瞿上"，或称"本治广都樊乡"。成都金沙遗址的发掘，反映出商代晚期至西周时期，成都市西郊的金沙村一带是古蜀国的都城所在地，是继三星堆古蜀国都城之后的又一个古蜀国都城。到了春秋战国时期，据《华阳国志·蜀志》载，"开明王自梦郭移"，"乃徙成都"。周慎靓王五年（即秦惠文王后元九年，公元前316年）巴蜀争战，秦贪巴蜀之富，派张仪、司马错入蜀，灭蜀并巴，贬蜀王为蜀侯。至秦昭襄王六年（公元前301年）蜀侯恽叛被诛，乃废侯置相，设郡置守，以旧蜀国地为蜀郡，成都始为蜀郡治所在地。

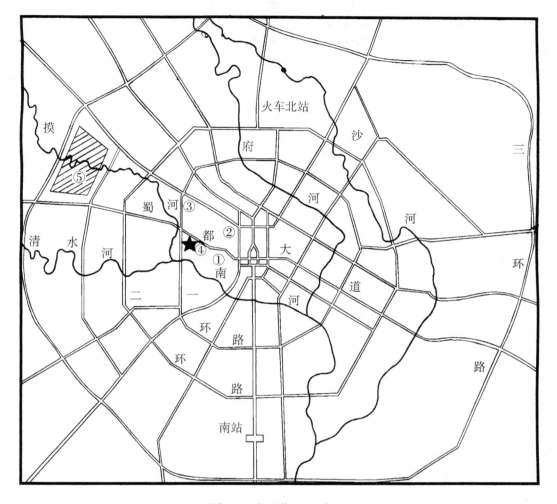

图一　遗址位置示意图

　　汉承秦制，仍实行郡县制。武帝元封五年（公元前 106 年）在全国设十三刺史部，今四川地区属益州刺史部，成都为州郡治所所在地。新莽之时，公孙述称王，以成都为国都。至刘焉父子为益州牧，亦移州治于成都，形成"州治大城，郡治少城"的局面，延至后世基本不变。汉献帝建安十九年（公元 214 年）刘备定蜀，黄初二年（公元 221 年）称帝建国，史称蜀汉，成都为蜀汉国都达 43 年。此外，仍为益州及蜀郡治。西晋惠帝永宁元年（公元 301 年）巴氐族首领李特起义，其子李雄于太安二年（公元 303 年）攻克成都，次年（公元 304 年）建立大成政权，定都成都 45 载，史称"成汉"。东晋桓温伐蜀，灭成汉，成都入东晋版图，仍为州郡治所。南北朝时期，成都先后属于宋、齐、梁和西魏、北周之地，为州郡治所。

　　隋朝建立，结束分裂局面，曾改郡为州，不久又改州为郡，成都为郡、县两级治所。进入唐代，太宗贞观元年（公元 627 年）分全国为十道，成都属剑南道成都府。贞观十七年（公元 643 年）分成都县东部置蜀县，肃宗乾元元年（公元 758 年）改为华阳县，一城两县治的格局形成并延续一千多年。在唐代，虽府、州、郡建制名称有所变化，但成都为府、州治所则未变。五代时期，前后蜀先后据此建都共计 64 年。后历宋、元、明、清各代，成都或为州、府治所，或为省、路、府治所，或为省、道、府治所。

　　民国十年（1921 年），将成都、华阳二县的城区合并，建立成都市政公署，结束一城两县治的格局。民国十七年（1928 年）九月改成都市政公署为成都市府，始建成都市。1949 年撤销成都县。

　　新中国成立后，成都市为川西行署驻地。1952 年成立四川省至今，成都市一直是省人民政府驻地。其间，于 1960 年撤销华阳县，1983 年原温江地区（除广汉、什邡外）并入成都市，1990 年以后陆续进行了区划调整，逐渐形成今日成都的格局。

　　从考古发掘资料而知，在成都市区西边和南边相继发现一批商周时期的古遗址。由西至东分别有金沙遗址、化成小区遗址、抚琴小区遗址、十二桥遗址、新一村遗址、方池街遗址、指挥街遗址和岷山饭店遗址等等。这些古遗址几乎都分布在古郫江（内江）与古检江（外江）流域两岸，而金沙遗址、化成小区遗址、抚琴小区遗址、十二桥遗址、新一村遗址主要分布在古郫江的西岸，即现在市区西部。古郫江自成都市西北九里堤向南流，至今通惠门折而向东流，与古检江几乎平行流经成都市南部。金沙遗址已确认的面积约 5 平方公里，有居住区、墓葬区和祭祀区。出土有金带、金面罩、太阳神鸟、玉琮、玉璋、石人、青铜器、象牙和陶器等大批文物，反映出生活在那时的古蜀人很可能在古郫江的西岸区域内建立了自己的城邑。虽然，在成都市区发现的众多古遗址中，并未发现有城垣遗迹存在的迹象，但从成都平原发现的 8 座新石器时代晚期的城址和三星堆商代城址来看，不排除成都市区存在商周时期城垣遗迹的可能性，这有待于今后的考古发现来证实。

　　成都得名于何时，成都城建于何时？考古发掘从一个侧面给我们提供了有价值的佐证。1979 年在青川发掘的战国中晚期墓葬中，出土的漆卮和漆奁等遗物的底部有"成亭"戳记，1985 年至 1986 年，在荥经发掘的战国晚期墓葬中出土一件铜矛，铜矛的骹部上刻有"成都"二字，说明早在战国晚期"成都"这一名称就已经存在，并有可能在战国时期成都城就已存在了。而文献记载表明，成都建城始于战国时期，至今已有二千三百多年的历史了。据《华阳国志·蜀志》和《史记》记载：在秦灭巴蜀后五年，即秦惠文王后元十四年（公元前 311 年），张仪、张若仿秦都咸阳城筑成都城，"周回十二里，高七丈"，以少城为官府商肆区，以大城为郡县治所及民宅区；并在城内营广府舍，修整里阓，市张列肆，与咸阳同制。根据刘琳等先生的研究，张仪、张若建筑的成都城，选址在古郫江东岸与古郫江、古检江的北岸，离开了商周时期聚落密集的古郫江（内江）西岸地区，确定了两千多年前成都城址的大致位置。郫江、检江双过郡下，形成了二江珥其前的城市建设格局。到了汉武帝之时，又修建成都城之外郭，建十八座城门，沿至东汉不变。两汉时期，成都地区农业生产迅速发展，驿道纵横，交通日趋便利，手工业亦蓬勃兴起，跻身全国五大都会之一。在城南又有织锦和造车手工业集中地，建有锦官城和车官城，成都城亦有"锦官城"和"车官城"之名，又有"锦城"之称。东晋时期，桓温伐蜀，虽然有烧其大城，焚其小城的记载，但成都城还是基本保存下来。隋朝建立，结束分裂局面，蜀王秀在秦之旧城的基础上，增修西南二隅，拓展大城。唐末，西川节度使高骈筑罗城，一改内江（郫河）与外江（检江）并行城南的格局，将内江（郫河）改道，由西向东流至成都城东北角时，折而由北向南流，到大城东南与外江汇合，形成二江环抱成都城的格局，并一直延续到现代。后蜀主孟知祥为了加强防御，筑"羊马城"。自宋至明清历代，成都城基本上是沿唐代罗城的基础上增建、改建和修葺。清代康熙初年重修成都城垣，形成东西九里三、南北七里七的城垣规模。

第三节　遗址的发现与发掘

　　1985 年 12 月，成都市干道指挥部在十二桥街之南的新一村修建市自来水公司和煤气公司的综合大楼，用大型机械挖掘综合大楼地下室时，在距地表 3.5~4 米深的地方，出现许多陶片和一些圆木构件等遗物。闻讯后，正在附近进行考古发掘的成都市博物馆副馆长翁善良率考古队员王黎明、冯先成等，立即赶到综合大楼地下室工地查看，并约请四川省文物管理委员会的沈仲常、赵殿增先生等到达现场。当时的现场，已挖掘成一个不规则形，北边大南边小，南北长约 39 米，东西宽 23~31 米，深约 3 米至 4 米的综合大楼地下室基坑。根据现场出土的陶尖底器、高柄豆、小平底罐及圆木构件等遗物，文物工作者认为这里是一处重要的古代文化遗址。他们立即分别向省、市文化行政主管部门报告，同时又与建设单位和施工单位交涉，要求立即停止施工，保护好现场。在省、市文化行政主管部门的指示下，成都市博物馆考古队立即组织考古人员对十二桥遗址进行抢救性发掘工作。12 月 26 日，翁善良副馆长与赶到现场的王毅副队长组织人员，在综合大楼地下室基坑的北侧布 6 米×6 米探方 5 个，编号 I 区 T1~T5，北偏东 32 度（图二）。在四川省文物管理委员会专家的指导下，十二桥遗址抢救性发掘工作正式开始。12 月 27 日，张肖马副队长被调到该遗址，协助翁善良组织十二桥遗址的发掘工作，同时与成都市干道指挥部交涉协商，将抢救性发掘的经费列入了建设工程预算之中。

　　由于施工中使用大型机械挖掘，深度已挖掘到距地表 3.5~4 米，上部大量的文化堆积已毁坏殆尽，大量挖掘扰乱的泥土堆积在现场。鉴于此，我们首先清理场地，确认整个 I 区范围内大部分地方都挖到了黄色沙夹砾石层（即后来确认的第 12 文化层）（彩版一）。尔后才进行发掘，并继续布方，于 1986 年 1 月 1 日和 2 月 14 日，先后两次在综合大楼地下室基坑内（I 区）布探方 19 个，编号 T6~T24，除 T24 外，其他 18 个探方规格均为 6 米×6 米（图二；彩版二，1、2）。与此同时，随着揭露出的木构件越来越多，我们认识到这些木构件应该是木结构建筑倒塌后留下的遗迹，而且是一处重要的过去没有发现过的遗迹。我们还十分清楚地认识到，此时发掘工作的关键是要首先弄清十二桥遗址文化层的堆积状况和层位关系，弄清木结构建筑的修建年代、使用年代和废弃年代，为十二桥遗址的发掘工作和以后的研究工作打下坚实可靠的基础。因为，综合大楼地下室基坑的西壁还保留着较完整的地层堆积的剖面。为此，我们选择了 I 区 T22、T23 的西边部分进行发掘，I 区西边的 T22、T23 的西壁正好紧靠地下室基坑的西壁，其西侧还保留有上部宽近 60 厘米，下部宽近 100 厘米的范围（注：建设单位预留的塔吊的位置），可供我们从原地表向下逐层发掘。通过对 I 区 T22、T23 探方的西边部分的发掘，我们初步弄清了十二桥遗址文化堆积情况，即施工单位已挖掘到的黄色沙夹砾石层以上还有隋唐、秦汉与战国时期的文化堆积，共有 11 个文化层。施工单位已挖掘到的黄色沙夹砾石层应是第 12 文化层，其下的第 13 文化层为木结构建筑倒塌形成的堆积。

　　由于 I 区 24 个探方第 12 层黄色沙夹砾石层厚度仅 7~54 厘米左右，又没有其他遗迹现象，我们于 1986 年 2 月中旬进入对第 13 层的局部清理。通过对第 12 和第 13 层的清理，出土了较丰富的陶、

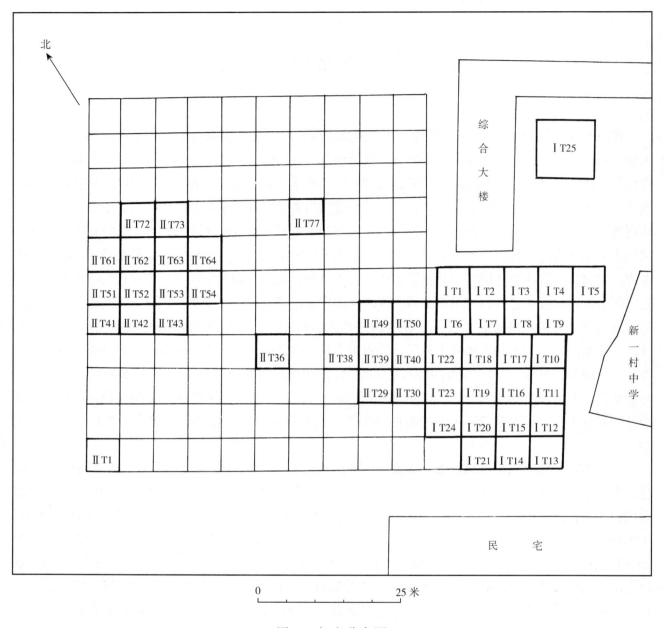

图二　探方分布图

石、骨器及卜甲等遗物。陶器有尖底杯、尖底盏、小平底罐、高柄豆、陶盉及陶纺轮等；石器有斧、锛、凿、盘状器以及石璜等。出土遗物中尤以小平底器、尖底器、高柄豆、鸟头形勺柄（仅存勺柄）、鸡冠钮盖等为代表的陶器群颇具特色。最为重要的是，叠压在第 12 层下的木结构建筑遗迹逐渐地被揭露出来，并可初步地分辨出木结构建筑的基础部分的构件和基础部分以上的构件，以及一些木建筑构件上保存下来的加工痕迹和绑扎遗迹、原始榫卯遗迹等等，特别是在Ⅰ区 T22 等探方中发现了保存较好的密集木桩和方格网状的木结构建筑遗迹。在这种情况下，完整地记录下这些木结构建筑遗迹与保存现状，绘制木结构建筑遗迹分布图与平面图就成为当时发掘工作的重要环节。1986年 2 月底，在现场发掘组人员紧张的情况下，我们抽调了成都市博物馆的朱代英、吴怡、卢光明等人，前来十二桥遗址绘制木结构建筑遗迹图（图版一，1、2）。我们在每一个探方上方布置了绘图的经纬网格，然后一个探方一个探方地绘制木结构建筑遗迹平面图，以及重点木构件与有加工痕迹的木构件图，木结构建筑遗迹平面图比例统一为1：20。历时两个月左右，木结构建筑遗迹平面图的绘制工作才基本完成。与此同时，木结构建筑遗迹的现场保护工作也提到了发掘工作的议事日程，故又抽调成都市博物馆的魏绍蔺参加发掘组，对木结构建筑构件进行现场化学保护工作，用稀释过的高分子材料聚乙二醇，喷洒在木构件表面，使之逐渐地渗透进木构件内部，达到现场保护的目的。另外，又立即组织搭建了1200平方米的摄影钢架，对木结构建筑遗迹进行拍摄（图版一，3），并请四川省文物考古研究所的江聪负责摄影工作，对Ⅰ区24个探方逐一摄取几乎是正投影的图像资料，为以后复原木结构建筑收集到最为原始的、完整的、真实的木建筑的埋藏资料。

随着发掘工作的深入，十二桥遗址木结构建筑遗迹和出土遗物的重要性凸现出来，引起了国内外专家学者的极大关注。1986年2月21日、28日和3月5日，召开了三次专家座谈会，对十二桥遗址的性质和价值、下一步应如何进行发掘及注意事项进行了探讨。中国社会科学院考古所副所长张长寿先生，清华大学建筑系郭黛姮先生、徐伯安先生，四川大学考古系林向先生，四川省文管会办公室的朱秉章主任和沈仲常先生、赵殿增先生，四川勘察设计院的徐尚志总工程师等参加了讨论。他们一致认为十二桥遗址是四川省36年来最重要的考古发现之一，对研究古蜀文化和中国建筑史有非常重要的价值和作用。保存建筑基础以上木结构建筑遗迹的现象，就商周时期而言，有着填补空白的意义。为此，专家们指出：向西扩方，弄清十二桥遗址的范围；发掘与保护相结合，发掘深度以接触到木结构建筑遗迹的层位为宜；建议省市文化行政主管部门应及时向国家文物局报告，采取原地原址复原保护的措施。根据专家们的意见，成都市文化局文物处副处长陈古全与翁善良立即奔赴昆明，向在那里参加全国考古工作汇报会的国家文物局领导作了专题汇报。1986年4月中旬，国家文物局副局长沈竹、文物处处长黄景略亲临工地视察和检查工作，并指示我们：一是要继续做好发掘工作，取齐资料，作复原保护的设想；二是四川省文物考古研究所派员参加发掘工作，并加强古建筑保护与化学保护方面的人员；三是同意发掘组提出的向西扩方寻找范围的方案。同时，同意在Ⅰ区搭建临时遮雨棚（图版一，4），并安装两台抽水设施24小时轮流抽水，解决雨水和地下水对木建筑遗迹的浸蚀和损坏，确保发掘工作的顺利进行；还在Ⅰ区的南边砌建保坎，确保南面居民住宅的安全。

1986年4月26日，发掘组在Ⅰ区西部的大片空地上（即已停工的自来水公司、煤气公司和国防工办住宅工地）布6米×6米探方110个，面积3960平方米，编号为Ⅱ区（图二）。

1986年5月后，四川省文物考古研究所与成都市博物馆考古队共同组建了十二桥遗址发掘小组，除原有的成都市博物馆考古队的翁善良、张肖马、魏绍蔺、王黎明、冯先成、宋世友和姜世良外，省文物考古研究所派考古人员李昭和、古建人员刘钊、化保人员曾中懋和武晓勤及绘图员彭朝容参加发掘组。不久，大学刚毕业的成都市博物馆考古队的江章华和四川省文物考古研究所的周科华被抽调到十二桥遗址工作。我们还将成都市工艺美术研究所的杨华军调入成都市博物馆工作，加入发掘小组，负责制作十二桥遗址木结构建筑遗迹的埋藏模型。工地领队为李昭和、翁善良。为此，十二桥遗址作为配合基本建设进行的抢救性发掘阶段结束，进入了科学考古发掘阶段。

向西的发掘工作一开始，发掘小组首先选定Ⅱ区T36、T38、T40、T64和T77五个探方，于1986

年 5 月 15 日开始进行发掘。选择这五个探方发掘的目的，一是为了进一步确定十二桥遗址的文化层堆积的情况；二是试图寻找到木结构建筑遗迹西边和北边的界限，或向西向北的分布情况；三是为了搞清楚十二桥遗址整个的范围。通过近两个月的发掘得知，在Ⅱ区 T36、T38、T40、T77 的第 12 层下都发现了与Ⅰ区相同的木结构建筑遗迹。其中靠北边的Ⅱ区 T77 中的圆木构件较少并且分布没有一定的规律，但是，在Ⅱ区 T36、T38 中发现的木结构建筑遗迹，分布很有规律，并且排列比较整齐，与其他探方中发现的木结构建筑遗迹有一定的区别。在Ⅱ区 T40 中，木构件呈方格网状形分布，并发现有直立的木桩遗迹，方格网状形木构件和木桩与其东侧Ⅰ区 T22 中的方格网状形的木构件连成一片。所以，方格网状形木结构建筑遗迹还在继续向西延伸，十二桥遗址中木结构建筑遗迹分布范围的西边界限还未找到。另外，在Ⅱ区 T64 中有新的发现。在Ⅱ区 T64 第 8 层下压着另一类建筑遗迹，两排平行的小竹桩遗迹由东向西排列成行，延伸到Ⅱ区 T63 的东隔梁内，另有两排小竹桩遗迹由北向南排列成行，呈东西向的小竹桩遗迹与呈南北向的小竹桩遗迹在Ⅱ区 T64 的东北部相连，形成一个转角，呈曲尺形的布局，而且其西端继续向前延伸到了Ⅱ区 T63 的东隔梁内，南端延伸到了Ⅱ区 T54 的北隔梁内。另外，在紧靠小竹桩遗迹的北侧与东侧铺有平整的砾石，并形成了一个比较平整的砾石面。这个砾石面同小竹桩遗迹一样，形成一个转角，亦呈曲尺形的布局。根据这些遗迹分布特点，我们初步推测，小竹桩遗迹可能与建筑的墙体有关，其结构应是竹骨泥墙的性质；平整的卵石面可能是该建筑的散水遗迹。另外，从伴出的陶鼎足、矮圈足豆等遗物和地层叠压关系来看，其年代晚于 12 层下的木结构建筑遗迹。这一个新的发现，为十二桥遗址又增添了丰富的内容。另外，在Ⅱ区 T36 的第 2 层下还发现了两排用青砖砌建的砖墙遗迹。至此，十二桥遗址第一期第一阶段的发掘工作至此结束。7 月下旬，省文管会办公室朱秉章主任和市文化局文物处陈古泉副处长带领发掘组领队等人，赴北京向国家文物局作工作汇报。

1986 年 9 月，十二桥遗址第一期第二阶段的发掘工作开始。首先选择了Ⅱ区 T1、T30、T41、T42、T43、T50、T51、T52、T53、T54、T61、T62、T63 共 13 个探方进行了发掘，对Ⅱ区作较大面积的揭露。其中，对Ⅱ区 T1 的发掘是为了进一步地确定遗址南面的界限。Ⅱ区 T30 和 T50 在Ⅱ区 T40 的北面与南面，对Ⅱ区 T30 和 T50 的发掘，是为了进一步弄清方格网状木建筑的北边和南边的界限。通过发掘Ⅱ区 T30 和 T50，在第 12 层下，发现成片的茅草编织物遗迹，从而，我们可以基本确定：方格网状木结构建筑遗迹的北边以Ⅱ区 T40 和Ⅰ区 T22 的北边为界，南到Ⅱ区 T30 和Ⅰ区 T23 的北侧，边线清楚。方格网状木结构建筑遗迹向东与Ⅰ区 T18 等探方中的木构件紧紧连接成片，向西继续在延伸，可能与尚未发掘的Ⅱ区 T39 相连。这样就基本确定了方格网状木结构建筑遗迹的东西走向。

发掘Ⅱ区 T41、T42、T43、T51、T52、T53、T54、T61、T62、T63 十个探方（彩版三），目的是想搞清楚在Ⅱ区 T64 第 8 层下的竹骨泥墙和散水遗迹的分布情况与结构情况。如果在这些探方中，竹骨泥墙和散水遗迹没有被晚期的地层所破坏，保存得比较好的话，那么有可能在Ⅱ区 T64 的南面会出现与之相对应的遗迹分布，就可能揭露出一组比较完整的竹骨泥墙建筑遗迹。为进一步找出该建筑遗迹的平面布局，我们决定：第一，应继续向西寻找小竹桩的延伸范围。第二，搞清楚小竹桩遗迹向南转折后，向南延伸的范围及其转角处。第三，也要进一步搞清楚小竹桩北侧和东侧的散水遗迹是否继续向东、向南延伸，其面积有多大，它与小竹桩遗迹的关系等等。通过对Ⅱ区 T41、T42、T43、

T51、T52、T53、T54、T61、T62、T63 的发掘而知，Ⅱ区第8层下出现的竹骨泥墙和散水遗迹，由东向西排列成行的小竹桩仍继续向西延伸，并略向北倾斜，至Ⅱ区 T61 的北壁下，而散水遗迹则至Ⅱ区 T63 的北壁下；并且有向Ⅱ区的 T72、T73 延伸的趋势。木骨泥墙遗迹和散水遗迹向南，从Ⅱ区 T64 延伸到 T54 的东北部。但是，竹骨泥墙遗迹和散水遗迹越向南就越显稀疏，直至消失，所以在Ⅱ区 T51、T52、T53、T54 中没有找到与北面相对应的竹骨泥墙遗迹和散水遗迹。从发掘的情况分析，我们初步判断，在Ⅱ区 T51、T52、T53、T54 中的竹骨泥墙遗迹和散水遗迹，很可能已被晚期人们的活动所毁坏。现在，我们就只能见到呈曲尺形分布的两排小竹桩组成的竹骨泥墙遗迹和散水遗迹。我们的工作只能继续扩方，在Ⅱ区 T72、T73 中寻找竹骨泥墙遗迹和散水遗迹并了解其向前延伸的状况。另外，此次在Ⅱ区的发掘又有新的发现：在Ⅱ区 T51、T52、T53、T54 的7A层（这几个探方缺 7B、7C 层）和Ⅱ区 T61、T62、T63 的7C层下发现大型黄土卵石台基遗迹，台基上可见东西排列成行的小"洞"遗迹。已揭露的台基长度约23米，宽约16.5米，面积约380平方米。

1987年4月，市干道指挥部在综合大楼旁挖掘化粪池时，在距地表4.75米的深处又发现木建筑遗迹。化粪池东西长10米，南北宽6米，距Ⅰ区北壁垂直距离20余米。为了便于发掘工作的开展，我们在化粪池的基础上向南扩方4米，做成 10米×10米 的探方，编号为Ⅰ区 T25。在随即的清理发掘中，直接压在木建筑遗迹上的文化层中，发现有尖底器、盉足、高柄豆、鸟头形勺柄等遗物及盘状石器。并在Ⅰ区 T25 清理出五根加工整齐的长方木，编号为 ⅠT25 Ⅰ~Ⅴ。其中，ⅠT25 Ⅰ~Ⅳ号长方木呈南北向平置于地面，并且由东向西平行排列，其北端延伸至综合大楼之下，故无法知其全貌。Ⅴ号长方木宽度略窄，两端朽坏并且不太整齐。Ⅴ号长方木呈东西向平置于地面，在Ⅲ号、Ⅳ号长方木的南侧，其东端与Ⅱ号长方木南端接近，并略与Ⅱ号长方木垂直。在Ⅰ号长方木上清理出三圆四方七个孔，Ⅲ号长方木上清理出三圆三方六个孔，Ⅳ号长方木仅发现两个长方孔。这五根长方木与Ⅰ区 T1 中发现的长方木极其相似，加工平整，制作规矩，均是用巨大树木直接加工而成，与Ⅰ区、Ⅱ区发现的直接砍伐而未经更多加工的圆木构件迥然不同（彩版一〇）。

1987年4月29日至5月2日，著名考古学家苏秉琦先生在国家文物局黄景略处长的陪同下，率邹衡、俞伟超、严文明、杨鸿勋等专家学者亲临十二桥和三星堆遗址检查和指导。专家们认为，在城市中心发现十二桥遗址很重要，出土的文化遗物完全是具有自身文化特色的，与其他地区的文化有明显的区别。发现的大房子说明，在商代，成都已不是寻常的村落，而是一座城市。要求发掘组既要做好田野发掘工作，又要尽可能地保护好重要的遗存。同时，要求尽快整理出阶段性的发掘成果，公之于世。经过我们的努力，《成都十二桥商代建筑遗址第一期发掘简报》在《文物》杂志1987年第12期上发表。

1987年5月，十二桥遗址第二期发掘工作开始，主要工作是对Ⅰ区各个探方的隔梁进行发掘和对木结构建筑遗迹的记录绘图等工作。历时两个月，于7月底，完成了Ⅰ区全部探方的隔梁的揭取工作（图版二，1、2），并补充绘制木结构建筑遗迹分布图，使整个木结构建筑遗迹连成一片，为下一步复原木结构建筑打下基础。1987年11月16日，四川省人民政府颁布十二桥遗址为四川省文物保护单位。

1988年1月至5月，我们对Ⅰ区 T1、T2、T3、T4、T5、T6、T7、T10、T11、T12 中的圆木构件作了全部编号、记录，并且分层绘图与照相，然后我们对Ⅰ区 T1~T12 和 T24 中的木构件全面揭取，对 I 区 T15、T16、T17、T18、T19 中的部分圆木构件作了逐层揭取。因为这 10 个探方中的圆木构件，都分布在方格网状木结构建筑中心区域的周边区域，可能被大水冲击，而有较多的圆木构件出现移位的现象。同时，进一步搞清楚了圆木构件的叠压堆积的状况，还新发现了一些木叉形构件和比较完整的竹与草编制的墙体遗迹。另外，还对 I 区 T15、T16、T17、T18、T19 中的部分圆木构件作了编号记录以及揭取的工作，以试图弄清基本呈南北向排列的 22 根大圆木构件的作用与用途；以及希望搞清楚上述大圆木构件与呈东西向的方格网状木结构建筑遗迹的关系，二者是否连成一个整体，是同一个建筑单元还是两个互不相连的建筑单元。这些工作的逐步完成，使我们对十二桥遗址木结构建筑有了进一步的了解，对木结构建筑的复原工作有了新的认识。6 月逐渐进入雨季，地下水位上涨，给发掘工作带来困难，我们暂时转入室内登记陶片，修复陶器，绘制器物图等整理工作。同时，整理木结构建筑遗迹的原始图纸，绘制木结构建筑的复原图等等。

1988 年 9 月，根据国家文物局考执字（88）299 号文批准十二桥遗址新开探方的通知，我们又对 II 区 T29、T39、T49 进行了发掘，面积 108 平方米（至此，十二桥遗址发掘探方共计 48 个，揭露面积 1800 平方米）。三个探方都在第 12 层和第 13 层出土有陶器、石器及动物骨骸，出土遗物与先前发掘的基本相同。同时，仍在第 12 文化层下埋藏有圆木构件或茅草遗迹，木结构建筑遗迹仍然向西延伸，与 II 区 T38 和 T36 相连（II 区 T37 未发掘），又与东面的 II 区 T30、T40 连为一体，一直延伸到 I 区，与 I 区 T22、T23 等紧紧相连；南北边界更加清楚，特别是北边更显整齐。这样，为解决木结构建筑的布局提供了新的有价值的资料。另外，在 II 区 T29 的第 3 层下也发现了一排用青砖砌建的砖墙遗迹。

在经费紧张、保护木结构与竹结构建筑的技术手段还达不到保护要求的条件下，为了更有效地保护十二桥遗址的建筑遗存，1988 年 10 月，国家文物局下达了"关于十二桥遗址保护意见的批复"（即 88 文物字第 864 号文），同意四川省文化厅关于成都市十二桥遗址的保护方案的意见：一是征用 I 区与 II 区范围内约 4000 平方米作为古文化遗址现场保护区，回填已发掘区；二是将遗址周围一万余平方米划为该遗址的保护范围；三是对已发掘的区域考古发掘深度至商代文化层，取齐资料等等。遵照上述指示，我们对 I 区中取出的木构件进行了选点埋藏并作了登记；对 I 区与 II 区已发掘的探方进行回填，首先将河沙填入木结构建筑遗迹中，填实填平，再用塑料薄膜覆盖后又填一层沙，其上又先后分四次填入泥土，直至回填与现在的地表相平。

第二章　遗址的文化堆积

十二桥遗址面积比较大，又分为Ⅰ区和Ⅱ区，地层堆积情况和遗迹现象复杂，所以，我们分别选择Ⅰ区和Ⅱ区的几个典型地层介绍如下。

第一节　Ⅰ区文化堆积

一　Ⅰ区T22的文化堆积

因建设单位修建综合楼地下室时，从地表向下挖掘出一个长约39、宽23～31、深度达3.5～4米的不规则大坑，挖掘的深度已到达第12文化层，所以，Ⅰ区的上部文化堆积几乎被破坏殆尽。地下室基坑的北面紧靠正在建设的综合楼，东面和南面与居民住房紧紧相连。为弄清楚Ⅰ区地层堆积关系，我们只能在地下室基坑的西壁扩方，即在T22和T23的西壁（因T22和T23的东壁、南壁和北壁已被挖掉，只有西壁从上至下保留了不到1米宽的地层堆积）进行发掘，初步弄清楚了Ⅰ区的地层堆积情况。十二桥遗址的文化堆积厚达4米以上，由于要保护第12层下发现的木结构建筑遗迹，从上至下只发掘到第12文化层和13文化层的局部，所以，第13层下的情况不明。另外，由于Ⅰ区T22和T23的上部大部分已被破坏，故上部文化层中的遗物出土很少。现以Ⅰ区T22西壁为例，将Ⅰ区文化堆积情况叙述于后（图三）。

第1层：浅灰色泛黄土，较疏松，带黏性。包含物主要是现代建筑遗留下的砖瓦残块和民宅地基。此层厚24～95厘米。

第2层：深灰色土，带黏性。为近代的农耕土层，未见文化遗物。此层厚20～40厘米。

第3层：黄色土，质密，坚硬。包含物有青瓷杯、青瓷碗、青瓷盅及青瓷残片，另外还见锯齿状支钉、垫筒等窑具残片，这些遗物是成都青羊宫窑的产品。此层厚54～69厘米。

第4层：褐黄色土，土色较第三层略浅，质密，坚硬。包含物以青瓷残片为主，可辨器形有杯、盅、碟等，还出土青灰色绳纹筒瓦、板瓦残片。此层厚60～138厘米。

第5层：褐黄色土，含少许细沙，土质较第四层略疏松。包含物有泥质灰陶片以及少许泥质褐陶片、橘红色泥质陶片等，可辨器形有折腹钵与罐等。此层厚9～48厘米。

第6层：浅黄色土，带黏性，含少量沙。包含物较少，有泥质褐陶片，可辨认的有陶罐口沿等。

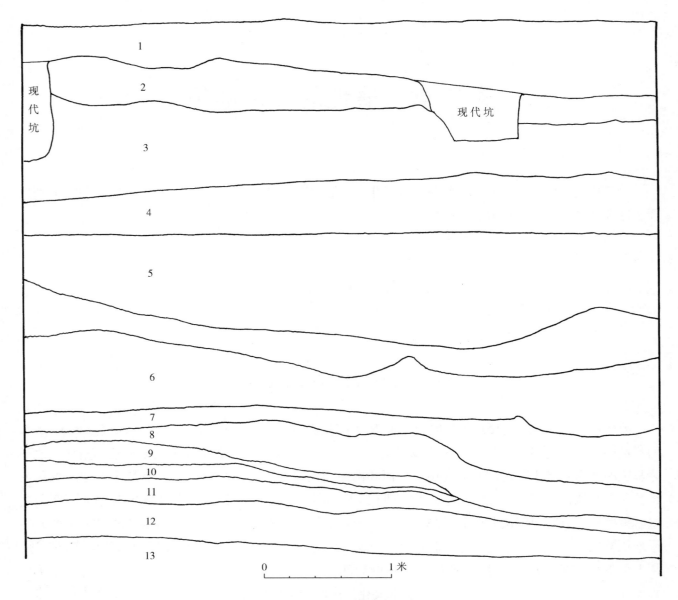

图三　Ⅰ区 T22 西壁剖面图

此层厚 28～76 厘米。

　　第 7 层：浅黄色土，带黏性，且含沙，土质较疏松。包含物有夹砂褐陶的圈足及陶片。此层厚 0～51 厘米。

　　第 8 层：浅灰色土，带黏性。包含物有夹砂灰陶片等。此层厚 6～36 厘米。

　　第 9 层；浅黄色土，含黄色粗沙，包含少许陶片，呈小颗粒状，很碎，器形难辨。此层厚 4～18 厘米。

　　第 10 层：浅灰色土，含微量细沙，土质较疏松。包含物较少。此层厚 3～21 厘米。

　　第 11 层：浅黄色土，含沙少许，土质较疏松。包含尖底盏、尖底杯、喇叭口罐等。此层厚 0～21 厘米。

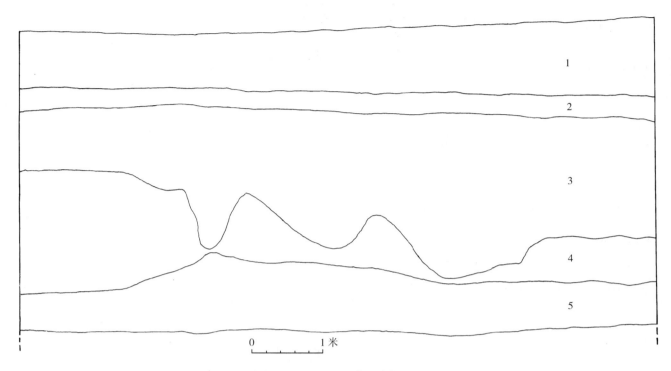

图四　Ⅰ区 T25 南壁剖面图

　　第 12 层：黄色土，土中含大量的砾石及沙。此层包含物丰富，陶器有尖底盂、尖底罐、高柄豆柄、小平底罐、器盖钮；还有石器、骨器等。此层厚 23～44 厘米。该层下叠压有木结构建筑遗迹。

　　第 13 层：青灰色土，黏性，含少许沙。包含大量木结构建筑的构件，即为建筑倒塌后形成的堆积层。包含物以陶器为主，有高领罐、小平底罐、尖底杯、瓠、盂、器盖、高柄豆、鸟头形勺柄、纺轮等；石器有盘状器、斧、锛、凿等。因要保护木结构建筑及其构件，所以对该层只作了局部清理。该层下叠压有木结构建筑的基础遗迹，能辨识的有 F1。

　　对木结构建筑的桩基础打破的地层未作清理。

二　Ⅰ区 T25 的文化堆积

　　Ⅰ区 T25 的地层因为挖掘化粪池，其东、北、西三壁已遭不同程度的破坏，仅有南边保存相对比较好，故以其南壁为列叙述于后（图四）。

　　第 1 层：黑色土，带黏土。包含现代建筑垃圾及砖头瓦块等。厚 80～110 厘米。

　　第 2 层：褐色土，带黏土，土质较密，也较坚硬。包含较少的青瓷残片及陶片。厚 40 厘米。

　　第 3 层：黄色土，带黏土，含少许沙，土质较第二层疏松。包含物板少。厚 80～230 厘米。

　　第 4 层：黄色土，含沙较重，土质疏松。几乎不见遗物。厚 6～172 厘米。

　　第 5 层：黄色土，含沙及少量的砾石。包含物较少，出土有陶尖底杯、高柄豆、鸟头形勺柄等残片，还有盘状石器等。此层厚 48～109 厘米。该层下叠压着 5 根大型木地梁建筑构件，这 5 根木地梁平整地铺在灰色土上，编号 F2。

第 6 层：为灰色土，带黏性，含沙，并夹有卵石。灰色土表面很平整，结构又紧密坚硬。5 根大型木地梁建筑构件平整地铺在第 6 层层表。因要求保护大型木构件遗迹，未继续向下发掘。

第二节　Ⅱ 区的文化堆积

Ⅱ 区可划为东西两部分，东部的 T30、T40、T50、T29、T39、T49 和 T38、T36 与 Ⅰ 区紧紧相连，文化层堆积基本一致，同一层位发现的文化遗迹也相同。西部的 T41～T43、T51～T54、T61～T64 和 T72、T73 与 Ⅰ 区相隔较远，在第 7 层下和第 8 层下又分别发现不同的建筑遗迹，故对 Ⅱ 区的文化堆积按东部与西部的划分，分别叙述于后。

一　Ⅱ 区东部的文化堆积

我们选择与 Ⅰ 区 T22、T23 相连的 Ⅱ 区 T30、T40、T50 西壁的为例，将 Ⅱ 区东部的地层堆积介绍如下（图五）。

第 1 层：浅灰土，较疏松，带黏性。该层下有现代民宅的基础与基槽等打破第 2、第 3 层。此层厚 36～111 厘米。

第 2 层：灰色土，略带黏性。为近代的农耕土层，未见文化遗物。厚 15～30 厘米，为近代堆积。

第 3 层：褐黄色土，质密，坚硬。包含物有青瓷杯、青瓷碗、青瓷盅、青瓷砚台等残片，另外，还见锯齿状支钉、垫筒等窑具，以及青灰砖与青灰粗绳纹筒瓦残片。此层厚 49～80 厘米。

第 4 层：褐黄色土，土色较第 3 层略浅，土质较第 3 层疏松。包含物除有青瓷杯、青瓷碗、青瓷罐、青瓷盅外，还出土有青瓷盘口壶、青瓷瓶、青瓷蹄足砚与滴水足砚残件，陶器有碟、洗、钵、双耳罐、碟，窑具亦为锯齿状支钉、垫筒、垫圈。另外还有莲瓣纹瓦当和联珠纹瓦当，以及青灰砖与绳纹筒瓦残片。以上出土遗物与第 3 层的遗物基本相同，多为成都青羊宫窑的产品，其时代在隋唐时期。此层厚 39～99 厘米。

第 5 层：褐黄色土，含少量细沙土，土质较第 3、第 4 层疏松。该层包含少量经火烧过的砖块，有的已成粉状，还有绳纹瓦残片及一些陶片。此层厚 22～36 厘米。

第 6 层：浅黄色土，带黏性，含少量沙。包含物有陶罐、陶折腹钵、陶盖钮、陶鼎足等残片。此层厚 10～58 厘米。

第 7 层：浅黄色土，带黏性，且含沙，含沙由北向南逐渐减少，直至消失。包含物有陶钵、陶罐及一些陶片，有的陶片上饰菱形网格状纹。此层厚 19～71 厘米。

第 8 层：浅灰色土，带黏性。包含物有陶钵、陶罐、陶釜、器盖钮等遗物，以及粗绳纹筒瓦残片。此层厚 10～63 厘米。在 ⅡT40 偏北侧第 8 层下发现一灰坑，编号 H3，打破第 9 层和第 10 层。

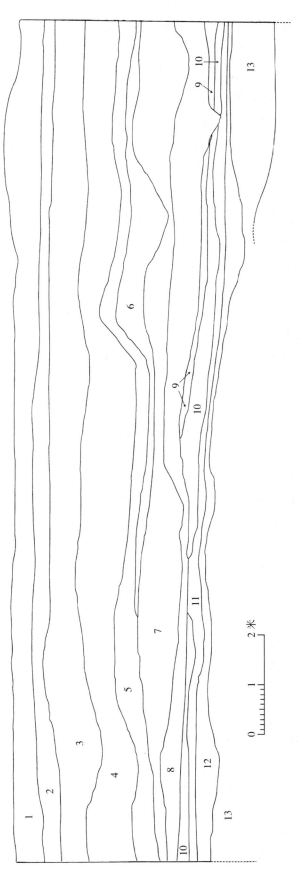

图五 Ⅱ区 T30、T40、T50 西壁剖面图

第9层：浅黄色土，含有黄沙，土质疏松。包含物有夹砂陶片，可辨出器形的有釜形鼎、矮圈足豆等，尤以后者为多。此层厚0～20厘米。

第10层：浅灰色，土质黏性且含微量细沙。包含物有陶器、骨器，器形以尖底器出土物较多，如尖底盏，还有盘状石器、骨锥等遗物。此层厚0～38厘米。

第11层：浅黄色土，含沙少许，土质较疏松。包含物主要有陶器与石器。陶器有尖底盏、尖底杯、高柄豆、纺轮，石器有盘状器。还出土有骨簪与卜甲等。此层厚6～31厘米。

第12层：黄色土，含大量的砾石。包含物有陶器、石器、骨器等。陶器有尖底杯、尖底盏、尖底罐、小平底罐、高柄豆、盉、瓠、喇叭口罐、纺轮等，石器有盘状器、斧、锛、凿、璜等，骨器有针、锥、笄、镞等。另外，还出土有卜甲及青铜镞与小凿，以及较多的鹿角、动物骨骸等。此层厚8～54厘米。该层下叠压木结构建筑遗迹。

第13层：青灰色土，黏性，含少许沙及少许砾石，含大量木结构建筑构件，为建筑倒塌形成的堆积。包含物以陶器为主，器形有小平底罐、尖底杯、尖底罐、高柄豆、敞口罐、高领罐、盉、鸟头形勺柄等，石器有盘状器、斧、锛、凿等。因要保护木结构建筑及其构件，所以对该层只作了局部清理。该层下叠压有木结构建筑的桩基础遗迹。

对桩基础打破的地层未作清理。

二　Ⅱ区西部的文化堆积

Ⅱ区西部的 T41～T43、T51～T54、T61～T64 和 T72、T73 计 13 个探方，其中 T41～T43 和 T51～T54 发掘到商代地层，地层堆积与Ⅱ区东部的地层堆积及包含物基本相同，并在第 12 层下发现与Ⅰ区和Ⅱ区东部的木结构建筑遗迹相同的木构件遗迹，但是，木构件分布零星稀疏，并且没有规律。而Ⅱ区西部 T61～T64 和 T72、T73 的第 8 层下发现有呈曲尺形的建筑遗迹，保存比较好，为了保护这个建筑遗迹，故这 6 个探方仅发掘至第 9 层层表。并且，这 6 个探方的第 7 层可分出 A、B、C 三个亚层，其中的 7A 层与 T41～T43 和 T51～T54 的第 7 层连接成片，土质土色一致，包含物基本相同，为同一地层。其中的 7B 与 7C 层则在 T41～T43 和 T51～T54 缺失，只在 T61、T62、T63、T64 北部有分布，堆积在黄土卵石台基与第 8 层北边的斜坡上。7B 层和 7C 层与 7A 层相比，只在土色上的有所区别，包含物则没有大的差别，基本属于同一时期。因此，Ⅱ区西部的地层堆积，我们以 T61～T64 的北壁为例叙述于后（图六）。

第1层：浅灰土，较疏松，带黏性。包含有现代民宅的基础等。厚14～40厘米。

第2层：灰色土，略带黏性，为近代的农耕土层。未见文化遗物。厚16～38厘米。该层下叠压有一水井，编号为J5。

第3层：褐黄色土，土质紧密，带黏性。土中夹有少许的红烧土，包含较多的陶瓷残片。器形有青瓷高足盘、青瓷碗、青瓷盘、青瓷盆、青瓷罐、青瓷碟、青瓷盏托、青瓷盖、青瓷盒、青瓷砚台、青瓷纺轮等。陶器有泥质灰陶碗、陶钵、陶罐、陶盆、陶碟、陶盘、纺轮、陶珠、瓦当、绳纹筒瓦、陶水管等。另外，还出土窑具，有锯齿状隔具、筒形垫具等，以及青灰砖残件。以上出土遗物多为成

都青羊宫窑的产品。此层厚 13～82 厘米。J5 打破该层。该层
下叠压有灰坑 H4，H4 打破第 4、5 层。

第 4 层：褐色土，土质湿润，结构紧密，带黏性。包含物
有青瓷杯、青瓷碗、青瓷罐、青瓷钵、青瓷碟、青瓷高足盘、
青瓷盏托、青瓷盖、青瓷砚、青瓷瓶等以及大批残件。陶器有
陶碗、陶盆、陶钵、陶罐、陶碟、陶盘、陶瓷、陶臼、纺轮、
陶球、瓦当、筒瓦等。另外，还出土窑具，有锯齿状垫具、筒
形垫具等，以及青灰砖与绳纹筒瓦残片。以上出土遗物多为成
都青羊宫窑的产品。此层厚 9～68 厘米。该层下叠压有水井
J2，J2 直接打破第 5 层。

第 5 层：浅黄色土，含少量细沙土，土质较第 3、第 4 层
湿润、疏松。该层包含有泥质灰陶和泥质褐陶片及少量的夹砂
陶片，以及少量经火烧过的砖块，绳纹瓦残片；陶器有钵、
盆、双耳罐；另外还出土五铢钱币。此层厚 10～54 厘米。

第 6 层：黄褐色土，土质湿润，结构紧密，带黏性，土中
夹有少量细沙，局部还夹有草木灰。包含物不见青瓷片，主要
为陶器，多为残件，以泥质灰陶为主，泥质褐陶次之，仍有少
量夹砂陶。器形有罐、釜、折腹钵、盆、盖钮、鼎足、矮圈足
豆、纺轮以及板瓦等。另外还出土五铢钱币。此层厚 29～66
厘米。该层下叠压有水井 J3，J3 直接打破第 7A 层。

第 7 层：根据土质土色以及包含物的情况，可将第 7 层划
分为 A、B、C 三个亚层。

7A 层：灰黄色土，土质湿润，带黏性。出土陶器以泥质
陶为主，夹砂陶渐增，陶色以灰色和褐色为主。器形有钵、
盘、罐、盆、鼎足、矮圈足豆以及瓦当等。此层厚 10～50 厘
米。

7B 层：深褐色土，土质湿润，带黏性，结构较紧密。包
含物以陶片为主，局部夹有少量草木灰及红砂石颗粒。陶器以
夹砂陶为主，陶色以灰色和褐色较多。器形有矮圈足豆、钵、
鼎足等。此层厚 7～48 厘米。

7C 层：灰色土，土质湿润，带黏性，较薄，夹极少的草
木灰烬。包含物较少，主要有夹砂陶钵、陶罐的残片。此层厚
9～43 厘米。该层下叠压有 F4。

第 8 层：黄色土，土质湿润，结构紧密，带黏性，大型卵
石台基遗迹压在此层上，土中还夹有少量的卵石。包含物以夹
砂陶为主，也有部分泥质陶，陶色以灰色和褐色较多。器形以

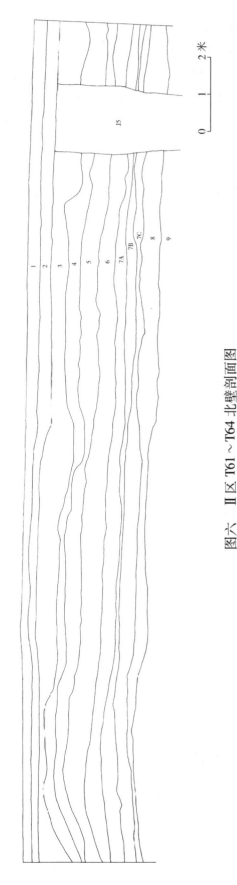

图六　Ⅱ区 T61～T64 北壁剖面图

矮圈足豆为主，还有罐与鼎的口沿等。此层厚9~63厘米。该层下叠压有灰坑H5和竹骨泥墙建筑遗迹F3，均直接打破第9层。

第9层：青灰色土，土质很湿润，结构紧密，带黏性。包含物以夹砂陶矮圈足豆为主，还见少量的釜形陶鼎等。因竹骨泥墙建筑遗迹需现场保护，这几个探方只发掘至第9层层表，第9层及以下堆积未发掘。

根据各地层单位出土遗物，整个十二桥遗址除近现代文化堆积外，其文化遗存可以分为三个大的时期。即第一个时期为商周时期文化遗存，包括Ⅰ区的T25的第5层及5层下的建筑遗迹，Ⅰ区其余探方的13~10层，Ⅱ区东部探方的13~10层。第二个时期为战国至汉代时期文化遗存，包括Ⅰ、Ⅱ区的9~5层及其间的遗迹单位。第三个时期为隋唐时期文化遗存，包括整个遗址的4、3层及3层下和4层下的遗迹单位。

第三章　商周时期文化遗存

第一节　木结构建筑遗迹

一　木结构建筑遗迹的分布状况

十二桥遗址的总面积在 15000 平方米以上，通过发掘与勘探，在已发掘的区域内，遗址南部的 I 区 T13、T14、T21 和 III 区 T1 中未发现木结构建筑遗迹，遗址东边的 I 区 T5、T9、T10、T11、T12 中的木结构建筑构件极少，已接近木结构建筑遗迹的东部边缘。又根据建设部门的地质钻探报告，在综合大楼下 4 米左右的地方有许多木屑存在的记录，这样，我们基本上弄清楚了十二桥遗址商代木结构建筑遗迹的分布范围。即南以 I 区 T12、T15、T20、T24 南壁为界，东边延伸到综合大楼地下室东墙下的 I 区 T9、T10、T11 和 T12 的东隔梁内，北边抵达综合大楼并延至十二桥街，西到 II 区 T41 和 T51 的西壁，面积约 10000 平方米。在已经发掘的 I 区和 II 区 48 个探方中，除 I 区南侧的 T13、T14、T21 和 II 区 T1 未发现木结构建筑遗迹；II 区 T61～T64 和 T72、T73 的第 8 层下发现竹骨泥墙建筑遗迹，因需要保护竹骨泥墙建筑遗迹，故这 6 个探方只发掘到第 9 层层表，第 9 层以下的堆积未发掘，其下埋藏的木结构建筑的遗迹就未揭露出来。其他 38 个探方均在 12 层下揭露出木结构建筑的遗迹（包括 I 区 T25），揭露面积约 1390 平方米，占十二桥遗址商代木结构建筑遗迹面积的 13% 左右。

在十二桥遗址中，已揭露的商代木结构建筑遗迹面积达 1300 余平方米，在这个范围内分布着众多的木构件。这些木构件遗迹大致可以分成两个部分，一个部分在 I 区的北部与东部，木构件分布没有规律；另一个部分在 I 区的中部与 II 区的东部，木构件分布比较有规律。在 I 区的北部与东部，地势西北高而东南低，许多木构件又呈西北至东南向的倒塌之状。特别是在 I 区北面的 T1～T5 中，木构件分布没有一定规律，显得零乱；就是一些大圆木构件也发生了明显的位移现象。在 I 区 T6～T9 中木构件呈西北至东南走向，木构件一致的走向中又存在着一条略带弧形的通道，仔细观察这条略带弧形的通道便不难看出其与洪水有着密切的关系，许多木构件就顺着这条弧形通道发生了位置移动的现象（图七），形成木构件沿着这条弧形通道分布的原因，推测与洪水有关。如此众多的木构件不见被火烧的痕迹。遗址中又保存了许多木建筑屋顶的茅草和作为墙体的编织茅草物遗迹，且都保存比较好，因此，完全可以排除火灾造成木结构建筑倒塌的可能性。在这个洪水通道的南侧，即 I 区中部和 II 区东部，木构件分布比较有规律则，保存下来一组比较完整的木桩与圆木构件组成的方格网状的木建筑基础遗迹和分布在这个方格网状的木建筑基础周围的大量的茅草遗迹。木桩和圆木构件组成的方格网状的建筑基础的平面布局基本没有出现位移的现象。另外，木桩和圆木构件组成的方格网状的建筑基础所处的位置，地势较四周略微高一点，虽然也受到洪水的危害，但还是保存比较好一些。再则，结合成都的历史来看，古郫江故道由成都西北九里堤向南流经故城西，至今通惠门折而东流，经西校场、南校场等地，至南河口与南河相汇。今十二桥遗址的位置，在西郊河、摸底河与南河之间，正濒临古河道旁，历史上受洪水的侵害是可以想见的。所以，洪水冲毁了木结构建筑，木结构建筑倒塌后形成了现在的埋藏状况。

从木结构建筑构件堆积的情况来看，在Ⅰ区北边的 T1、T2、T3、T4、T5 和东边的 T9、T10、T11、T12 内发现的木结构建筑构件相对较少和稀疏；在Ⅱ区 T43～T41、T54～T51 和 T77 中的木构件相对较少并且零散。木结构建筑构件最为集中最为密集的堆积是在遗址的中部，即Ⅰ区的 T23、T22、T20、T19、T18、T17、T16、T15、T8、T7、T6 和Ⅱ区的 T29、T30、T36、T38、T39、T40、T49、T50。在发掘中，我们对Ⅰ区 T1～T12 和 T24 中的木构件进行了全面揭取；对Ⅰ区 T15、T16、T17、T18、T19 中的部分圆木构件进行了揭取。从揭取的情况来看，Ⅰ区 T5、T24 中的圆木构件稀少并仅有一层，T1、T2、T3、T4、T9、T10、T11、T12 中的圆木构件为二层，T6、T7、T8、T16、T17、T18、T19 的圆木建筑构件堆积达三至四层之多（图版二，3）。在这些探方中的圆木建筑构件纵横交错，层层叠压，堆积厚达 35～115 厘米（彩版四，1～3；图版二，1、2）。

在分布有木结构建筑遗迹的 38 个探方中，保存比较完整的木结构建筑遗迹主要分布在：（1）保存比较好的木结构建筑的基础遗迹主要分布在Ⅰ区的中部和Ⅱ区东边的中部，其西界到Ⅱ区 T39 和 T49 中，其东界在Ⅰ区 T17 和 T16、T15 中，其南边到Ⅱ区 T29、T30 与Ⅰ区 T23 的北侧然后折而向北至Ⅰ区 T8 北侧，其北大致以Ⅱ区 T49 的南壁和 T40 与Ⅰ区 T22、T19 的北边然后折而向南至Ⅰ区 T20 中部为界。东西长约 25 米，南北宽约 7～22 米（图七）。（2）木结构建筑屋顶的遗迹主要分布在Ⅱ区的东区中部，即Ⅱ区 T38 和 T36 中，也就是在木结构建筑的基础遗迹的西边。（3）在Ⅰ区的南、北、东三面和Ⅱ区东部，即在Ⅰ区的 T1、T2、T3、T4、T6、T9、T10、T11、T12、T15、T17、T18、T20、T22 和Ⅱ区的 T50 中，保存着大片的作为墙体材料的经过竹片编织的茅草遗迹（图版二，4～6）。（4）在Ⅰ区 T23 和Ⅱ区 T29、T30、T36、T38 中，堆积着大片成层的作为屋顶覆盖物的茅草遗迹。（5）在距Ⅰ区 T1～T5 北壁 20 余米紧靠综合大楼的地方是Ⅰ区 T25，分布着大型木地梁遗迹。

在整个木结构建筑遗迹的中部，保存着密集的木桩遗迹，主要分布在Ⅰ区 T16、T17、T18、T19、T22、T23 和Ⅱ区 T30、T40、T39 等探方之中。西边达到Ⅱ区 T49、T39 的西侧，东边至Ⅰ区的 T17、T16 之中，南边以Ⅱ区 T29、T30 与Ⅰ区 T23、T19 的北侧为界，北边以Ⅱ区 T49 的南侧、Ⅱ区 T40 与Ⅰ区的 T22、T18、T17 的北边为界。木桩遗迹东西长约 25 米，南北宽约 7 米。在木桩遗迹的分布范围内，由西向东排列着的木桩有 23 排，每排最多的有 13 根木桩，由于一些木桩被上部的木构件所压，或是被毁坏了，故最少的一排仅见 4 根木桩。木桩东西向的间距为 40～75 厘米不等，南北向的间距为 45～75 厘米不等（图版三）。木桩的直径为 8～13 厘米，长 85～121 厘米（对Ⅰ区 T22 的木桩作了局部解剖而知），下端削尖插入土中，露出地表约 15～30 厘米。另外，木桩遗迹的东部，即在Ⅰ区的 T19、T18、T17、T16 中，排列的木桩略微向南和向北扩展出去，这样，排列密集的木桩就形成了一个"T"字形的桩网平面布局（图八）。

图七　I区 II区木构件位移图

北

0　1　2　3 米

T1	T2	T3	T4
T6	T7	T8	T9
T22	T18	T17	T10
T23	T19	T16	T11
T24	T20	T15	T12

T49	T50
T39	T40
T29	T30

图八　木结构建筑 F1 桩基分布图

在十二桥木结构建筑遗迹中，保存着大批的圆木构件，大多数圆木构件的方向基本一致，呈西北至东南走向或南北走向。这些圆木构件纵横相交，比较整齐的相互叠压，即呈东西向排列的圆木构件之上，有呈南北向排列的圆木构件叠压其上，形成了一种平面为方格网状的现象。这种现象主要发现在Ⅰ区T6、T7、T8、T15、T16、T17、T18、T19、T22和Ⅱ区T30、T36、T38、T39、T40、T50等探方中，尤以Ⅰ区T17、T18、T19、T22和Ⅱ区T36、T38、T39、T40中保存最为完整，并且清晰密集（图九；图版四）。其范围西边到Ⅱ区T49、T39的西侧，东边在Ⅰ区的T17的东壁与T16的中部，北边以Ⅰ区T18、T22的北边与Ⅱ区T49、T50的南边为界，南边以Ⅰ区T16、T19、T23和Ⅱ区T30、T29的北侧为界。由此可知，已揭露出的并且保存比较完整的圆木构件组成的方格网状的建筑遗迹，东西长约25米，南北宽约7米（图九）。这种木构件形成的方格网状的遗迹现象，正与上述呈网状分布的木桩紧紧相连，应是木结构建筑的基础。在木桩与木桩之间，由南至北排列着东西向成行的圆木构件紧靠着木桩，尚能确认的有10排。在东西向排列成行的圆木构件之上，又有由西向东排列着南北向成行的圆木构件叠压其上，尚能确认的有19排。东西向成行的圆木构件与南北成行的圆木构件相互搭接，就形成了一个方格网状的平面遗迹，并与呈网状分布的木桩相结合，组成了木结构建筑的基础。东西向成行的圆木构件长200～340厘米，直径14～18厘米，有的残长仅100厘米左右。南北向成行的圆木构件残长60～280厘米，直径8～11厘米（彩版五）。

在上述的方格网状的木结构建筑遗迹的东部，即Ⅰ区T2、T3、T7、T8、T15、T16、T17、T18、T19、T20中，由南向北又分布着22根大圆木构件（图九）。在这22根大圆木构件中，其中分布在Ⅰ区T15、T16、T17、T18、T19、T20中，即靠南部的12根大圆木构件排列比较整齐，方向北偏西23度，基本呈东西向平铺于地（彩版六，1）。在这些大圆木构件上，又有大致呈南北向的圆木构件叠压其上，形成相互联结的现象（彩版六，2）。这些大圆木构件最长的有490厘米，最短的也有292厘米，直径23～30厘米。搭接在大圆木上的木构件的直径在20厘米左右。从保存比较好的大圆木构件来看，两根大圆木之间的间距为65～80厘米不等。这些大圆木构件也与上述的木桩桩网紧紧相连。在这些大圆木构件的侧面一般都有插入地下的木桩紧靠其旁，有的大圆木构件两侧都发现紧靠的木桩，有的大圆木构件旁有三排木桩，有的可见两排木桩，木桩的直径5～9厘米，间距60～80厘米或60～100厘米不等。这些木桩的功能，推测可能是用于固定大圆木位置的。从这些现象分析，这12根大圆木构件基本保存在原地，未发生移位的现象。在这12根大圆木构件的北部，即Ⅰ区T2、T3、T7、T8等探方中的10根大圆木构件，排列就没有那么整齐或那么有规律，也不成行排列，分布比较分散，并且其旁也没有发现起固定作用的小木桩等遗迹（图版五，1）。由此推测，这10根大圆木构件可能是木结构建筑倒塌后，在外力作用下造成其位置移动所致。虽然，这10根大圆木构件已经不在原来的位置，但是，我们认为它们应与分布在南侧排列整齐的12根大圆木构件有一定关系。这10根大圆木构件分布大致都在方格网状平面遗迹的东边，又在Ⅰ区T15、T16、T17、T18、T19、T20中发现的12根大圆木构件的北面，方向又基本上呈东西向。如将这10根大圆木构件的位置复原，它们应与排列整齐的12根大圆木构件基本在一条直线上，这10根大圆木构件的功用应该与前述12根大圆木的功用是相同的。另外，从木桩的分布来看，在Ⅰ区T15、T16、T17、T18、T19中大圆木构件旁的木桩，本是上述的长方形方格网状的木桩遗迹的一部分，为一个整体，它们相互连接在一起，才形成了一个"T"字形的桩网分布（图八、九）。所以，我们认为这22根大圆木构件应是同一个建筑

图九　木结构建筑方格网状基础遗迹图

T49	T50	T1	T2	T3	T4
T39	T40	T6	T7	T8	T9
T29	T30	T22	T18	T17	T10
	T24	T23	T19	T16	T11
		T20	T15	T12	

0　1　2　3　米

北

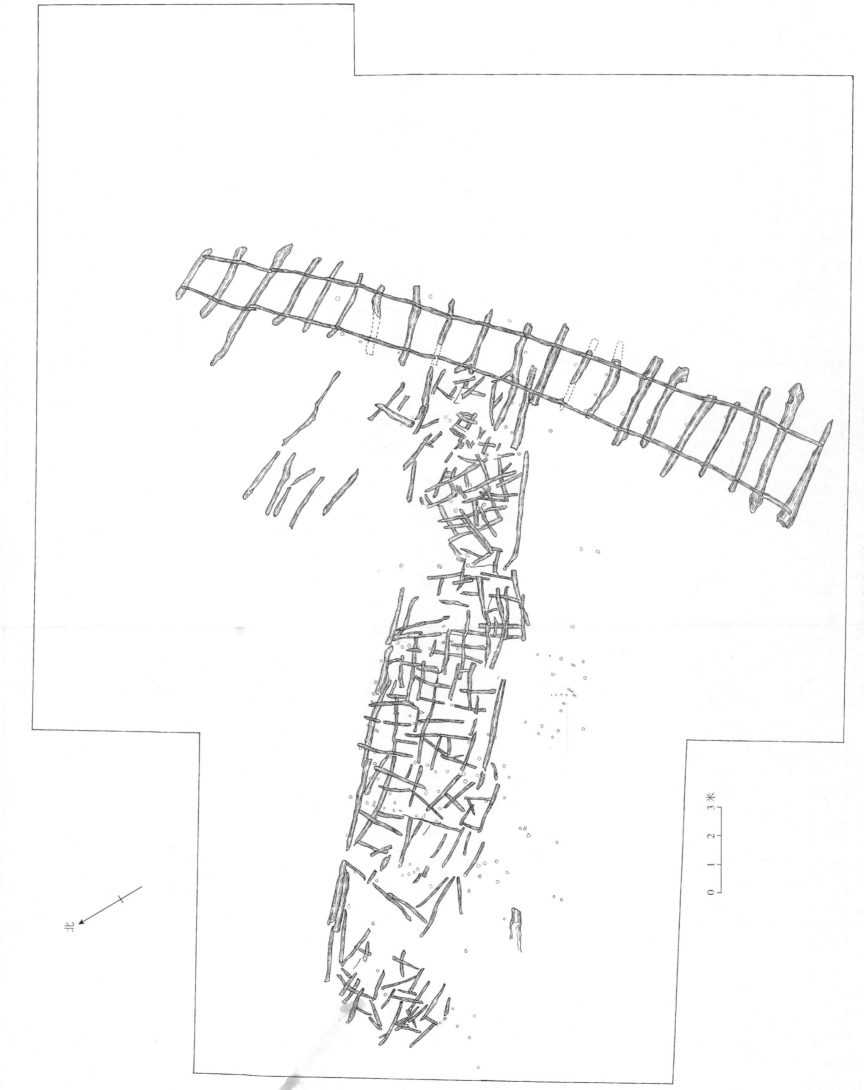

图一○ 十二桥商代木建筑（F1）基础复原结构图

北

0 1 2 3 米

遗迹，原本呈南北向排列，并与东西向分布的呈方格网状的木建筑遗迹紧密相连，同为一个木结构建筑的两个部分。我们推测这22根大圆木构件可能是作为地梁使用的，直接平置在地表，并用木桩固定其位置，其上再搭接地板梁。这22根大圆木构件是南北排列成行的，与东西向的方格网状木结构遗迹相连，也组成了一个"T"字形的木结构建筑遗迹的平面布局，即该木结构建筑基础部分的平面结构。

从上面介绍的情况而知，在十二桥遗址木结构建筑遗迹的中部，保存了一组呈"T"字形分布的插入地中的木桩遗迹，形成了一个桩网结构。在这个桩网结构的木桩上端，又由上下两层圆木构件组成的方格网状的地梁结构和大致呈南北向排列的22根地梁，共同构成了木结构建筑的基础结构。换言之，呈东西向的圆木构件组成的方格网状平面基础，与大致呈南北向排列的22根大圆木构件相互连接成一体，也形成了一个"T"字形的平面布局。"T"字形的桩网和"T"字形地梁结构，共同组成了一个木结构建筑的"T"字形的平面布局。其西部呈方格网状结构的部分应是该木结构建筑的主体部分，东部呈南北向排列的22根地梁可能是该木结构建筑的附属部分——即该木结构建筑的廊道。这个木结构建筑的"T"字形基础东西长约25米，主体部分南北宽7米，廊道长22米。我们将这组基本能辨识，保存比较好又可能复原的木结构建筑遗迹编号为F1（图一〇）。

在Ⅱ区T36和T38中发现有木结构建筑（F1）的屋顶遗迹，主要是作为檩椽的构件和作为屋顶上覆盖物的茅草遗迹。在这两个探方中的木结构建筑遗迹的堆积，与Ⅱ区T39、T40和Ⅰ区T22、T19、T18、T17等探方中的木结构建筑遗迹的堆积有所不同。在Ⅱ区T36和T38中，其东侧是圆木构件的堆积，西侧是茅草遗迹的堆积。Ⅱ区T36中的两排较大的圆木构件由西向东平行排列，圆木构件长350厘米（其中靠东的一根圆木构件未揭露完，可见长度为220厘米左右），直径16~18厘米，两排平行排列较大的圆木构件的间距约145厘米。这两排平行的圆木构件之上又叠压着三排较小的圆木构件与之相互搭接，圆木构件残长148~157厘米，直径12厘米左右，间距25~40厘米，这就形成一个较稀疏的方格网状形结构。另外，在这个较稀疏的方格网状形遗迹的西侧是2~3层相叠压着的茅草遗迹。茅草遗迹的下面又叠压着三排基本平行的圆木构件，这三排圆木构件与压在两排较大的圆木构件上的三排较小的圆木构件基本处于同一位置上。而茅草遗迹及下压的三排圆木构件呈斜坡状，靠近方格网状形结构的一侧高，靠探方西壁与南壁处低（图一一；彩版七，1）。Ⅱ区T38亦可见四排由西向东平行排列圆木构件（图一二），间距60~80厘米，圆木构件长的225~250厘米，短的长150厘米，直径14~18厘米。其上也有直径在7~9厘米的圆木构件与之相互搭接，间距在40厘米左右。虽然这些用以相连的圆木构件有的出现移位的现象，但还是形成了一个较稀疏的方格网状形平面结构。另外，在这个较稀疏的方格网状形结构的西侧也有两层相叠压着的茅草遗迹。茅草遗迹的下面又叠压着5~6排基本平行的圆木构件，其结构和分布状况与Ⅱ区T36中的相同，茅草遗迹及下压的圆木构件呈斜坡状，靠近方格网状形结构的一侧高，靠探方西壁与南壁处低（图一二）。在Ⅱ区T36和T38的圆木构件仅有一层相互搭接，亦呈方格网状形的结构。但是，与Ⅱ区T40和Ⅰ区T22、T18、T19中的方格网状形木结构又有一些区别，一是方格网状形的结构比较稀疏；二是这个方格网状形木结构的旁侧和下面，没有发现成排的木桩插于地下的现象；三是大片的茅草遗迹上没有发现呈经纬状编织的竹片，而且，茅草遗迹及下压的圆木构件呈斜坡状，靠近方格网状形结构的一侧高，靠探方西壁与南壁处低。由此来看，这两个探方中的圆木构件及茅草遗迹在木结构建筑中的功

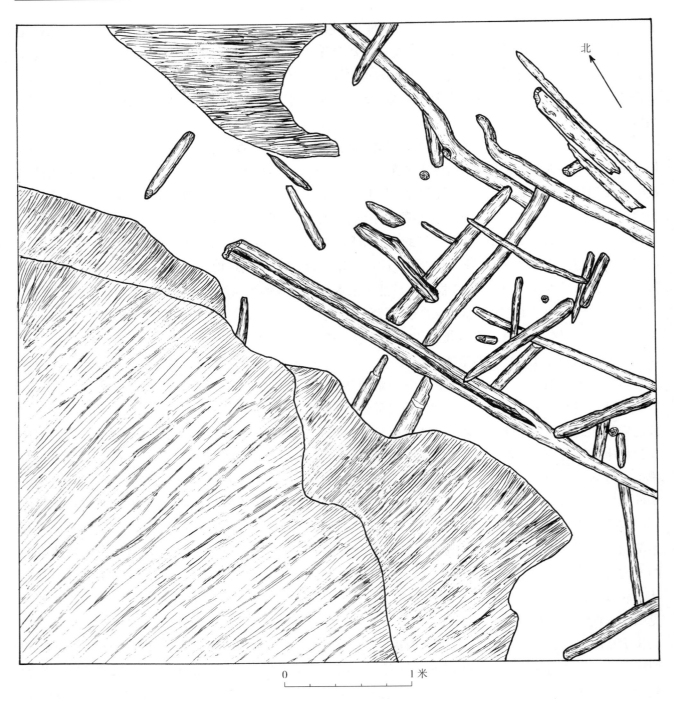

图一一　Ⅱ区 T36 木结构建筑遗迹平面图

用，与其他探方中的圆木构件有别。根据它们的分布与结构等方面来看，我们初步认为Ⅱ区 T36 和 T38 中的圆木构遗迹和茅草遗迹，可能是房屋顶部的建筑构件。Ⅱ区 T36 上层的茅草遗迹已揭露出的长度 290 厘米，宽为 320 厘米，下层长为 430 厘米，宽为 378 厘米。Ⅱ区的 T38 中的茅草遗迹，已揭露出的长度约 400 厘米，宽约 251 厘米。另外，在Ⅰ区 T23、Ⅱ区的 T29 与 T30 中发现的茅草遗迹，几乎遍布整个探方，三层相叠（图七；图版五，2）。其中Ⅰ区 T23 中的茅草遗迹，不仅布满整个探

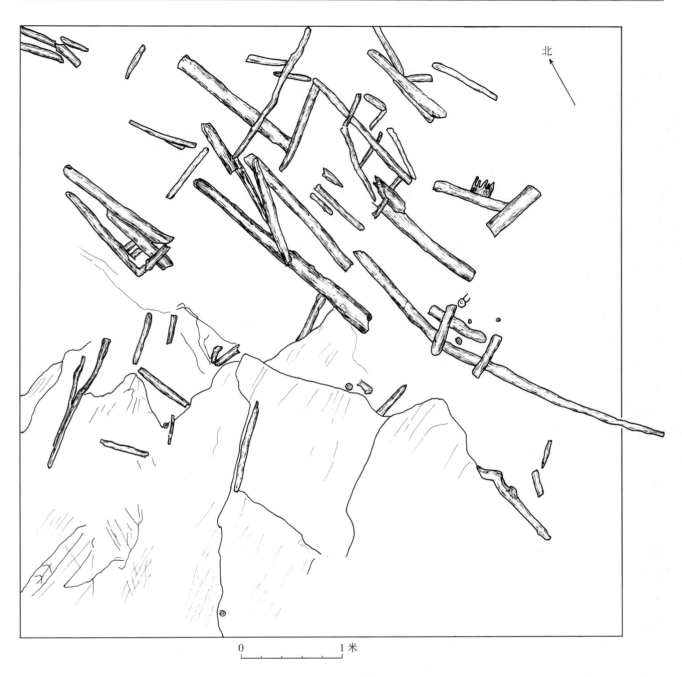

图一二　Ⅱ区 T38 木结构建筑遗迹平面图

方，还多达5～7层，由东至西一层压着一层。这些大片成层堆积的茅草遗迹上未发现用竹片编织过的痕迹，并且，这些茅草遗迹之间还夹有圆木构件和压着圆木构件（这些被压着的圆木可能是用作椽子的构件）（彩版七，2）。从这三个探方中的茅草遗迹均未发现呈经纬状的竹片痕迹，只是平铺成层的茅草，并且还夹着和压在圆木构件上的现象分析，与上述Ⅱ区 T36 和 T38 中茅草遗迹的堆积状况基本相同。所以，我们初步认为这些未用竹片编织过的茅草遗迹可能是覆盖在屋顶上的建筑材料，其与瓦的功用是相同的。

　　还有一种茅草遗迹，是由平铺的茅草与竹片或小圆竹结合编织而成，数层相叠，并与小圆木绑扎在一起。有的茅草上还压有呈经纬状的竹片，有的用小圆竹与竹片互为经纬，有的茅草编织物上还压着小树枝。如在Ⅰ区的 T22 的北边，紧靠木桩旁，有茅草编织物遗迹，长 300 厘米，宽 175 厘米。茅草编织物遗迹有的以小圆竹为经，以竹片为纬，平铺茅草编织而成。小圆竹的间距近 20 厘米，竹片宽 1.4~2 厘米（图版六，1）。又如Ⅰ区 T4 中的茅草编织物遗迹，南低北高呈斜坡状，长约 351 厘米，宽 114 厘米，厚 1~1.5 厘米。靠南侧的茅草编织物上平铺有六根竹片，残长 81~93 厘米，宽 2.3 厘米，呈南北向整齐的排列，间距为 20~29 厘米不等。南北向的竹片下压有呈东西向的竹片一根，残长 105 厘米，宽 2.3 厘米（彩版八，1）。又如Ⅰ区 T17 东北角的茅草编织物遗迹，长约 100 厘米，宽 30~70 厘米，厚约 2 厘米。茅草编织物上可见两根呈东西向的竹片叠压在三根呈南北向的竹片之上的现象，东西向的竹片残长 25~51 厘米，间距 9 厘米，南北向的竹片残长 20~40 厘米，间距 7 厘米，竹片宽 2~2.5 厘米。又如Ⅰ区 T20 北部的茅草编织物，出现三层相叠的现象，长约 170 厘米，宽约 80 厘米，其上也可见用竹片痕迹。四根竹片呈东西向平行排列，竹片间距 14~20 厘米不等，残长 60~63 厘米，宽 2 厘米。茅草编织物上还有小树枝叠压。其东部茅草编织物也是三层相叠，其上发现呈经纬状的竹片编织工整有序，呈南北向的竹片八根平行排列，间距 10~20 厘米，呈东西向的竹片压在南北向的竹片之下。而在上层茅草编织物下又发现有呈南北向的竹片，可知茅草编织物的一面用呈经纬状的竹片与另一面的呈南北向的竹片重合，用以固定茅草，编织成茅草编织物（彩版八，2）。这些经用竹片等材料编织过的茅草遗迹，与前面叙述的未经用竹片编织的用作屋顶覆盖物的茅草遗迹有一定的区别，这种区别可能属于功用方面的差别。加之这种茅草编织物大多分布在 F1 的"T"字形的木结构建筑基础旁侧，所以，我们有理由初步推定，这种大片的茅草编织物遗迹，可能是 F1 的墙体遗迹。

　　另外，在Ⅰ区 T18、T19 中发现小圆竹堆积的遗迹（彩版八，3），小圆竹的直径为 1.2~2.5 厘米不等。Ⅰ区 T18 的小圆竹遗迹被三层木构件所压，每一层小圆竹都是平铺而成，共计三层小圆竹遗迹层层叠压，大致为南北向，露出长度 7~33 厘米不等，小圆竹的直径 0.9~1 厘米。有的小圆竹遗迹上还有小树枝痕迹。Ⅰ区 T19 西南角的小圆竹遗迹也是三层相叠，方向与上述小圆竹遗迹相一致。从上至下，第一层小圆竹与第二层小圆竹之间夹有一层茅草编织物，茅草编织物上可见竹片痕迹，呈东西向排列。第二层小圆竹与第三层小圆竹之间夹有圆木构件。三层小圆竹遗迹之下有平行排列又相互搭接的圆木构件（图版六，2）。由南至北平行排列三根圆木构件，间距 12~25 厘米。这三根圆木构件下又压着两根平行排列的圆木构件并与之相交搭接，两根圆木构件的间距 81 厘米。这些木构件的直径一般为 7~8 厘米。这些小圆竹遗迹在 F1 中的功用还不太明确。

　　在Ⅰ区探方中，我们还发现许多保存下来有简单加工痕迹的 F1 的圆木构件，在一些圆木构件上留下了清晰的斧锛加工痕迹（彩版八，4）；在Ⅰ区 T3、T15 中大圆木构件上发现砍凿比较粗糙的具有原始卯口性质的遗迹现象（彩版九，1、2）；在Ⅰ区 T20 的大圆木上，发现有沿着圆木直径方向砍凿粗糙的槽形的原始卯口 3 个，原始卯口长度在 23~30 厘米左右，宽在 5~6 厘米，深在 4 厘米左右，其中两个原始卯口的间距约 90 厘米（彩版九，3）。

　　在揭取木构件工作中，发现许多长短不一的圆木构件的一端被砍削成尖状。根据已揭取并编号的 500 余根圆木构件资料统计，一端被砍削成尖状的圆木构件共计 43 件，长度在 150 厘米以下的有

21 根，150~250 厘米的有 17 根，250 厘米以上的有 5 根，其中最长的为 340 厘米。直径一般为 8~15 厘米，最大的直径有 24 厘米。另外，在Ⅰ区 T8 中的圆木构件上留有清楚的锯痕（彩版九，4）。在Ⅰ区 T16 中的一根大圆木构件上还发现竹篾缠绕绑扎的痕迹（图一四；彩版一三，1）。在Ⅰ区 T22、Ⅱ区 T40 的方格网状圆木结构上，发现有已朽坏的木板遗迹，木板上还压着亦呈方格网状的圆木构件遗迹。在Ⅰ区 T7、T11、T17、T18 中也发现长方形的木板构件。

在Ⅰ区 T25 中，第 5 层下排列着整齐的 5 根长方木，编号为Ⅰ T25Ⅰ~Ⅴ（图一三；彩版一○）。其中，Ⅰ T25Ⅰ~Ⅳ号长方木为南北向平铺于地面，并且由东向西平行排列，其北端延伸至综合大楼之下，故无法知其全貌。从揭露部分观察，Ⅰ号长方木保存较好（彩版一一，1），残长 851 厘米，宽 40 厘米，厚 23 厘米，其上凿 7 个卯孔，依次编为 1~7 号。其中，1、5、6 号为圆孔（彩版一一，2），孔径 20~30 厘米；2、3、4、7 号为方孔（彩版一一，3），孔长 40~54 厘米，宽 20~30 厘米。1 号圆孔内尚存立柱残痕。2、3、4 号方孔间距 27~28 厘米，5、6 号圆孔间距 160 厘米，4 号方孔与 5 号圆孔、7 号方孔与 6 号圆孔的间距 86~90.5 厘米，孔位存在着对应关系。Ⅱ号长方木与Ⅰ号长方木相距 92 厘米，残长 640 厘米，宽 40 厘米，厚 23.4 厘米。Ⅲ号长方木与Ⅱ号长方木相距 60 厘米，残长 612 厘米，宽约 40 厘米，厚 23 厘米，其上凿有 6 个卯孔，依次编为 11~16 号。其中 11、15、16 号为圆孔，孔径 27.3~40.2 厘米；12、13、14 号为方孔，孔长 47~71 厘米，宽 30~32 厘米，因方孔壁部分损坏，故其间距不能确知；15 与 16 号圆孔间距为 164 厘米。Ⅳ号长方木与Ⅲ号长方木间距 60 厘米，残长 600 厘米，宽约 42 厘米，厚 23 厘米；因其朽坏过甚，其上所凿的卯孔能辨认清楚的仅有方孔两个，编为 21、22 号；孔长 46.6 厘米，宽 21 厘米，两孔的间距为 113 厘米。Ⅴ号长方木呈东西向，与Ⅰ~Ⅳ号长方木大体垂直，其东端紧靠Ⅱ号长方木的南端，残长 433 厘米，宽 26.5 厘米，厚 20 厘米。这 5 根长方木经过人工精细的加工，平整规矩，并且排列整齐，Ⅰ号长方木的 1 号圆孔中保存有立柱痕迹，卯孔位置存在着对应关系。根据这些现象分析，我们认为它们应当是某种建筑物的遗存，而且是建筑物的基础部分，其用途与现代建筑的地圈梁相似，所以，我们称这 5 根长方木为地梁。Ⅰ区 T25 中的地梁遗迹，编号为 F2。另外，在Ⅰ区 T1 中保存一根长方木（彩版一二，1），长达 461 厘米，是用一棵大树加工而成，制作平整，精工规矩，显然与以上所述的 F1 的圆木构件迥异，完全属于另一类型大型建筑的构件。我们认为Ⅰ区 T1 中的这根长方形木构件，与Ⅰ区 T25 中的地梁遗迹（F2）的关系更大。

商代木结构建筑遗迹有几处被晚期的水井遗迹破坏。在Ⅰ区 T20 北侧，一口隋代砖井（J4）打破竹片编织物遗迹。在Ⅰ区 T13、T16 和 T22 中的木结构建筑遗迹分别被汉代水井（J6、J7、J8）打破。在Ⅱ区 T30 中，现代抽水深井也破坏了局部的木结构建筑遗迹。又在Ⅱ区 T51 中，木构件被唐代水井（J2）和汉代水井（J3）扰乱。

二 建筑结构与技术

1. 建筑构件 主要有圆木、长方木、木板、小圆竹、竹片、竹篾和茅草等。其中除长方木用于 F2 以外，其余的建筑材料主要用于 F1。

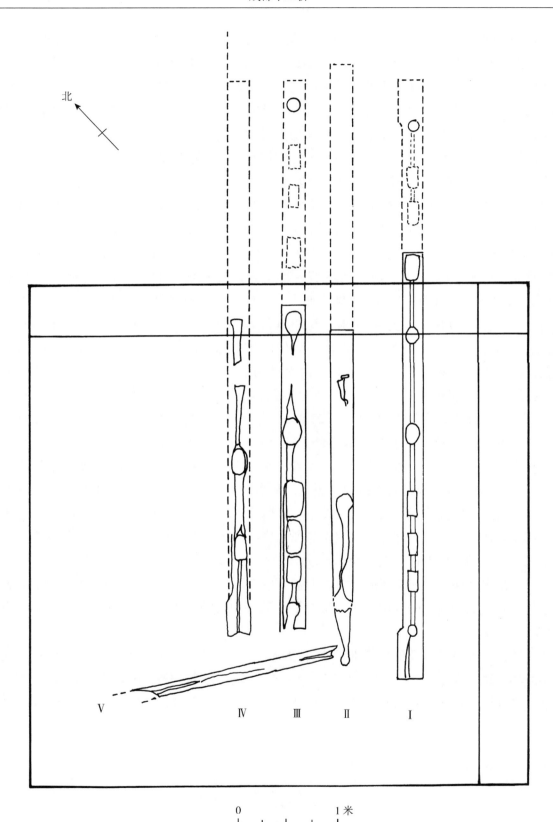

图一三 F2 平面图

（1）圆木构件　从遗址中发现的许多圆木构件上还保存着树皮痕迹来看，大多数圆木基本上未经加工，砍伐下来后就直接用作木建筑的构件，而用作木桩的圆木则被人们削成尖状，留下了加工的痕迹。从这些圆木中，可以分辨出功用不同的建筑构件，有桩、柱、地梁、地板梁、檩子、椽子等类。

木桩：我们在Ⅰ区T22对插入地下的木桩进行了解剖（图版三），从暴露出的3根木桩可以清楚地看到，用作木桩的圆木，先将其下端劈削成尖状，然后直接打入土中，不是挖桩洞埋入土中的。3根木桩长的128厘米，短的85厘米，直径8～13厘米。另外，在已揭取并作了统计编号的500余根圆木构件中，下端加工成尖状的有43根。这43根下端加工成尖状的木构件中，现存长度在72～150厘米的有21根，直径一般为8～13厘米，结合在Ⅰ区T22对木桩的解剖情况分析，我们推定它们可能是作为木桩构件使用的。

木柱：能够基本确定为木柱的构件是那些一端为叉形的圆木构件。在Ⅰ区内共发现13根圆木叉形构件，均利用自然树木的枝叉做成。有的已残断，仅残长55～146厘米左右。保存长度在180厘米以上的，如ⅠT3～13号圆木叉形构件，一端为叉形，另一端劈削成尖状，长198厘米，直径12厘米。ⅠT2～36号圆木叉形构件长195厘米，直径10～18厘米。最长的是ⅠT7～82号圆木叉形构件，长250厘米，直径12厘米左右。这些用作木柱的构件，有的可能是作为前后檐柱，有的可能作为中柱一类的材料。

圆木地梁与圆木地板梁：所谓圆木地梁与圆木地板梁共发现两种，一种是指紧紧绑扎在木桩旁纵横相交的构筑居住面的圆木构件，共分上下两层。下层呈东西走向，直接绑扎在木桩上，并略高于地面，可辨认出10排，其功能是其上直接承托着地板梁。上层的地板梁呈南北走向，直接叠压在地梁上，其上面直接铺垫地板，供人们居住活动之用。另外，还有一种现象值得一提，用作下层的圆木地梁，其南北两边使用的圆木构件的直径为18厘米左右，中间的圆木构件的直径多为14厘米左右。这种在边缘使用直径大的构件作为地梁，其间用直径相对小的构件作为地梁的现象，可能是出于功能方面的考虑，在南北边缘上使用直径大的圆木为地梁，可能是考虑其要承托前后檐柱的缘故吧。另一种地梁是指在Ⅰ区发现的22根大圆木，也是作为地梁使用的。这22根地梁平置于地上，并用插入地下的木桩固定其位置，其上再搭接地板梁。

檩子：在Ⅱ区T36、T38中发现的檩子，一般用直径16～18厘米的圆木构件做成，其中一根檩子残长350厘米左右。另外，在Ⅰ区T10中有一根呈东西向的圆木构件，其东端伸入东隔梁内，其上压有茅草遗迹，直径14厘米，已揭露出长度400厘米，如此长达400厘米以上的圆木构件，我们推定它是作为檩子的构件（彩版一二，2）。

椽子：能确定为椽子的构件，是在Ⅱ区T36、T38中直接搭接在檩子上的圆木构件，因其残断而长度不明，但其直径小于檩子的直径，一般为7～9厘米，最大的为12厘米。

（2）木板构件　保留下来的木板遗迹极少，仅在Ⅰ区T22、Ⅱ区T40中发现木板遗迹，木板厚1.2～2.5厘米，直接压在方格网状木结构遗迹上。另外，在揭取的木构件中，在Ⅰ区T7、T11、T17和T18中还发现长方形板状木构件，如T7木51号，长176、宽10～30、厚6～10厘米；T7木92号，长210、宽10、厚3厘米。T11木4号，长105、宽14～19、厚8厘米。T17木15号，长115、宽12～27、厚6厘米。T18木56号，长38、宽10、厚2厘米。这些木板都是用圆木破开而成的，加工比较粗糙。

（3）小圆竹　在Ⅰ区T18、T19中发现的小圆竹仅暴露出部分，因未揭取故其长度不明，直径7～9厘米和1.2～2.5厘米不等，均三层相叠，排列方向一致。

图一四　I区 T16 发现的竹篾绑扎示意图

（4）竹片　是将圆竹剖成长条形薄片，主要起固定茅草的作用，宽度一般在 2~2.3 厘米之间。

（5）竹篾　可能是用竹子的青皮做成，宽度在 1 厘米左右，主要用于各种建筑构件连接时起绑扎固定作用。

（6）茅草　出土最多，几乎遍布整个建筑遗址。属于哪种草本植物则不清楚。

（7）长方木　主要用于 F2，在 I区 T25 和 T1 中发现。是将砍伐下来的巨大树木，经过人工精心的加工成规矩整齐的长方木，有的上面凿出规整的方形与圆形卯孔。有的长方木的侧面还加工出曲线，反映出当时加工技术的水平。

2. 木构件的结合方法　木构件的结合方法有三种，即竹篾绑扎、原始榫卯与竹篾绑扎相结合、榫卯连接。前两种方法主要用于小型木结构建筑 F1，第三种方法用于大型木建筑 F2。

（1）竹篾绑扎法　虽然仅在 I区 T16 大圆木构件上有竹篾缠绕的遗迹（彩版一三，1；图一三），但是结合近现代广大农村还在使用的茅草房和少数民族地区保留下来的木结构建筑中，还在使用野藤、竹篾或牛皮绳进行绑扎固定木构件的情况，再结合十二桥商代木结构建筑自身情况分析，可以推定十二桥商代木结构建筑中，使用最多或最普遍的建筑技术就是用竹篾绑扎木构件。无论木建筑的基础与墙体部分，还是木建筑的屋顶部分，木构件的连接与固定，都使用竹篾进行绑扎。竹篾绑扎既可使木构件连接起来，还可达到稳定牢固的效果。如在小型木建筑基础部分，木桩与地梁的连接处、地梁与地板梁相互交汇的交点处，都要用竹篾绑扎。在墙体部分的木骨架上，即立柱与横梁（或叫横木）相互交汇的交点处，以及用茅草经过编织的墙面材料要固定在木骨架上，也要用竹篾来绑扎。屋顶部分，檩子放在有叉口的木柱上、檩子与椽子相互交汇的交点处，以及铺盖在其上的茅草，也是要使用竹篾进行绑扎固定。

（2）原始榫卯与竹篾绑扎相结合法　十二桥商代木结构建筑中发现的所谓原始榫卯，是一种制作粗糙简单的榫卯。在众多的木构件中，只有带卯孔的木构件，而未有带榫的木构件。根据发掘所得的资料分析，我们认为带榫头的木构件，其作为榫头的部分可能未经更多的加工，而是以木构件的一端作为榫头，直接插入卯孔。如 I区 T3 的第 10 号木构件，长 205 厘米，直径 16 厘米，横截面略呈方形，其

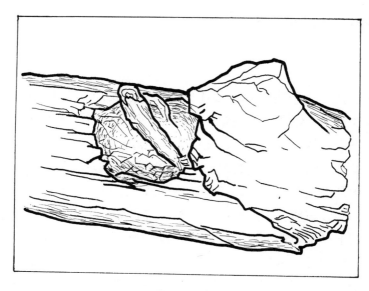

图一五　Ⅰ区 T15 发现的榫卯结构示意图

一侧的顶端上保留有卯孔遗迹（彩版九，1）。卯孔略呈长方形，宽 10、高 12、深 5 厘米。可能作为榫头的木构件就是直接插入这种卯孔之中的。由于卯孔深度仅有 5 厘米，作为榫头的木构件直接插入卯孔中，相互连接的木构件的稳固性就比较差。又如Ⅰ区 T15 的一根直径在 33 厘米的大圆木上凿有卯孔，卯孔表面长宽约 15 厘米，下部略收，深约 4.2 厘米，卯孔形状不规整，砍凿粗糙，卯孔内插有残长 17、直径 5 厘米的小圆木（彩版九，2；图一五），未见竹篾痕迹。但是，要使木构件固定稳当，可能还是要使用竹篾进行绑扎。又如，在Ⅰ区 T20 中的大圆木上有 3 个砍凿粗糙的槽形卯口（彩版九，3），这种槽形卯口可能是用来安放搭接在其上的木构件的，然后再用竹篾绑扎使之牢固稳定。所以，我们认为，在木构件上先凿出较浅卯孔，直接插入木构件或安放木构件后，再用竹篾类材料进行绑扎。只有将原始榫卯与竹篾绑扎相结合的方法，才能使木构件的连接达到更加稳定牢固的作用。

（3）榫卯连接法　在十二桥遗址中的所谓榫卯连接法，主要是指Ⅰ区 T25 地梁（F2）的连接方法。在加工整齐的长方木上凿出比较规整的长方形卯孔和圆形卯孔，以便立柱架梁。我们在Ⅰ号地梁的 1 号圆孔内发现尚存的立柱残痕。立柱下端是加工成榫头还是立柱直接插入卯孔内，我们没有找到直接的证据。但是，根据长方形卯孔有的长 40～50 厘米、宽 20～30 厘米，有的长 47～71 厘米、宽30～32 厘米，圆形卯孔的直径在 20～30 厘米，再参考立柱安装的一般要求分析，立柱直接插入卯孔内的可能性更大。另外，我们推定这些卯孔可能是用金属类工具加工而成的，加工技术与加工工具都是比较先进的。

另外，我们在Ⅰ区 T7 内还发现一种连接方法。Ⅰ区 T7 木 18 号木构件，长 160、直径 7 厘米，T7 木 19号木构件压在 T7 木 18 号木构件下，一根小圆竹穿过 T7 木 18 号木构件的中部后，又插入 T7 木 19 号木构件之中（彩版一三，2）；小圆竹一端是削成尖状，残长 27、直径 1.2 厘米。这种用小圆竹插入两根木构件之中，将两根木构件连接在一块儿的方法，还是比较先进的。这种方法称为销钉连接法或是穿斗连接法，还难以作出定论。但是，小圆竹起着连接物的作用则是可以肯定的。小圆竹是怎样穿过木构件的，是先在木构件上凿出小孔洞，然后再将小圆竹穿进木构件中，还是使用外力，将削尖的小圆竹直接打入木构件中，目前尚不清楚。

3. 建筑基础

主要有以下两种形式：

（1）地梁基础 主要用于大型建筑 F2。在 I 区 T25 中，发现五根大型建筑构件平整地铺在灰褐色土上。灰褐色土带黏性，含沙较多，并夹有一些卵石。灰色土表面很平整，土质结构不是疏松，而是紧密、坚硬、板结，不像自然堆积而成的，而更像是经过夯打后形成的地基面，但是，我们又没有发现夯窝痕迹与夯板的痕迹。同时，在铺置地梁的位置，没有发现人工挖掘沟槽的任何痕迹，所以，我们只能作出推测，地梁是平铺在地上的。在平铺地梁前，这里的土经过人们的夯打平整，而且在夯打时，还在土中掺和了一些沙与卵石，或者原土中本身就有部分沙与卵石，经过人们的夯打而形成坚硬平整的地面，然后在其上平铺地梁。另外，这五根地梁中，I ~ IV 号地梁存在着相互对应的关系，这种相互对应的关系在 I 号地梁与 III 号地梁上表现得特别明显。I 号地梁 2、3、4 号方孔与 III 号地梁 12、13、14 号方孔相互对应；I 号地梁 1、5、6 号圆孔与 III 号地梁 11、15、16 号圆孔相互对应；又如 I 号地梁 5、6 号圆孔之间的间距，与 III 号地梁 15、16 号圆孔之间的间距基本一致。从 I 号地梁与 III 号地梁的方孔、圆孔之间存在着对应关系和圆孔之间的间距基本一致的现象，反映出这座建筑存在着结构上的对应关系。同时，从 I 号地梁与 III 号地梁的卯孔位置观察，也能发现在同一根地梁上卯孔位置也存在着对应关系。

（2）木桩与地梁相结合的基础 主要用于小型建筑 F1。十二桥商代小型木结构建筑 F1 的基础，由西向东集中分布在 II 区的 T49、T39、T40 和 I 区的 T22、T19、T18、T17 等探方中。F1 的基础部分呈 "T" 字形结构，可分为木结构建筑基础的主体部分和附属结构两部分。木结构建筑 F1 基础的主体部分，先将许多下端削尖的圆木桩成排成行地打入土中，形成一个密集的木桩网，由西向东可见 21 排木桩，每排最多的有 12 ~ 13 根木桩，最少的仅有 4 根木桩。在这些圆木桩的上端先绑扎东西走向的圆木地梁构件，计有 10 排；地梁之上绑扎南北走向的圆木地板梁，比较清楚的有 20 排；这些地梁与地板梁纵横相交，形成了一个方格网状框架结构的平面层，这个方格网状框架结构的平面层东西长约 22 米，南北宽约 7 米。这个木结构建筑主体部分的基础呈长方形，东西向是木结构建筑 F1 的面阔，南北向是木结构建筑的进深，进深约 7 米。在这个方格网状框架结构的平面层的东部是 F1 的附属建筑部分，它由 22 根大圆木地梁遗迹组成，由南向北排列成行，南北长约 20 米左右，东西宽 3 米左右。将这些地梁平铺于地表，用木桩固定其位置，再在地梁上搭设地板梁。圆木地梁基础是 F1 的附属建筑——廊屋通道的基础。由此而知，F1 的建筑基础采用了在木桩上搭架绑扎地梁与平铺于地表的圆木地梁基础相结合的构造方法，建造了一个 "T" 字形的建筑基础（图一〇）。其后，再在这个 "T" 字形的建筑基础上面铺设木板，做成木结构建筑的地面，即供人们生活的居住面和活动面。

这种木结构建筑（F1）的主体部分在密集的木桩上构建的长方形建筑基础，抬高居住面，使木建筑的下部形成一个空间，应该属于干栏式建筑的结构方式。所以，十二桥遗址发现的木结构建筑（F1）的基础部分，采用了干栏式建筑的结构方式和地梁式建筑结构相结合的建筑方式，主体建筑是干栏式建筑的基础，附属的廊道建筑则采用了一般地梁式的建筑基础。

4. 墙体结构

F1 的墙体结构，是用直径 6 ~ 11 厘米左右的圆木构件，纵横相交绑扎成方格网状的木骨架，再把用竹片与茅草编织的墙壁材料绑扎在方格网状的木骨架上。纵向的木构件之中，处于与上部檩子相对应位置的木构件，使用的是上端成叉形的木构件，这些叉形的木构件实际上就是该木结构建筑的立柱。这些用作立柱的叉形木构件，无论是作为前后檐柱还是作为中柱，下连地梁、上托檩子，起着承重的作用；而立柱之间的可能还立有木构件，其功用不是承托檩子，主要是用于支撑茅草编织的墙壁材料的。然后，搭建横向的木构件，主要是起连接立柱和立木，使立柱与立木的连接更加稳固，同时，这些横向的木构件与立柱、立木连接成一体，构成木结构建筑的墙体骨架，将用竹片与茅草编织的墙壁材料绑扎固定在墙体骨架上，这样就做成既便于冬季围护防寒遮风，又便于夏季通风和遮雨避日的灵便的墙体。此种墙体的建筑方法与近现代四川某些民居的木骨竹编墙体有些相似，只是后者在竹编上敷有草筋拌泥罢了。从Ⅰ区 T6 和 T22 保存的残高 300、宽 175 厘米的竹片与茅草编织的墙壁遗迹（图版六，1）来看，竹片与茅草编织的墙壁遗迹的残存高度为 300 厘米，由此可以推测，该木结构建筑（F1）的墙体的高度不会低于 300 厘米。

　　5. 房顶结构

　　F1 的房顶结构，也是采用绑扎联结的方法，先将作为檩子与椽子的圆木构件连结成方格网状结构，再铺上茅草，并用竹篾将茅草绑扎固定在檩子与椽子上。檩子之间的间距较宽，椽子之间的间距较窄，作为屋顶的方格网状骨架相对较稀疏一些。根据Ⅱ区 T36 和 T38 发现的屋顶遗迹分布状况来分析，Ⅱ区 T36 的中部，有一根西北至东南方向，长约 350、直径 18 厘米的檩子，可能是脊檩。在脊檩的东北一侧，距脊檩约 145 厘米处，平行排列着一根直径 16 厘米的檩子，脊檩与檩子之间有三排椽子搭接其上，椽子间距在 25～40 厘米。椽子上覆盖大量用作屋顶材料的茅草层。虽然我们没有找到茅草绑扎固定方法的直接证据，然而，可根据近现代建造茅草房屋的情况推测，十二桥遗址商代木结构建筑，茅草铺盖在方格网状屋顶上后，可能又使用了长条竹片作为压条，横压在茅草之上，然后用竹篾绕在竹片上，穿过茅草，缠绕在椽子上，使竹片、茅草和椽子绑扎为一体，以达到固定茅草的作用。另外，从Ⅱ区 T36 中的屋顶遗迹进一步地观察，脊檩两侧的椽子分别呈斜坡状，靠近脊檩的一端高，另一端低；而分布在一旁的茅草遗迹也是呈斜坡状，靠近脊檩的一侧高，靠近探方西壁与南壁的低（图版七）。Ⅱ区 T38 的屋顶遗迹的分布状况与Ⅱ区 T36 中的屋顶遗迹状况基本相同。由此，可以得出这样的结论：十二桥遗址商代木结构建筑的屋顶可能为两面坡的形式。

三　建筑的复原及其他说明

　　十二桥遗址小型木结构建筑（F1），无论是木结构建筑的基础部分、墙体部分，还是屋顶部分，都是选用不同的圆木构件，主要使用竹篾绑扎的连结方法，辅之以原始榫卯与竹篾绑扎相结合的方法，将圆木构件联结成方格网状的骨架，组合成框架式的主体结构。然后，用木板做成房屋的居住面，再绑扎上竹片与茅草编织的墙壁材料，屋顶铺盖上层层的茅草，因地制宜地建造出了木结构建筑。这座木结构建筑的居住面高于户外的地面，即房屋的居住面与地面之间形成了一个空间，虽然这个木结构建筑居住面与地面之间形成的空间并不高大，但是，它必定是将居住面抬高于地面。这种抬高居住面的建筑形式，属于"干阑式"建筑体系。

　　根据集中分布在Ⅱ区的 T49、T39、T40 和Ⅰ区的 T22、T19、T18、T17 等探方中保存下来的密集的木桩基础、居住面、墙体，结合Ⅱ区 T36 和 T38 发现的两面坡屋顶结构等遗迹资料，可以绘制出十二桥遗址小型木结构建筑（F1）的复原图（图一六至一九）。从发现的密集的木桩，纵横的地梁与地板梁，可知木结构建筑的基础的分布范围，南北宽约 7 米，东西长约 22 米；加上廊道的宽度在 3 米左右，现已发现的木结构建筑（F1）的东西长度约 25 米。从发掘揭露出的木结构建筑（F1）基础部分来看，可以确定 F1 的进深为 7 米。至于 F1 的开间，根据发掘提供的资料，可以作出如下的推测：

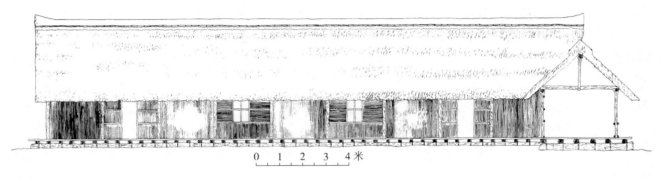

0　1　2　3　4 米

图一六　F1 复原图

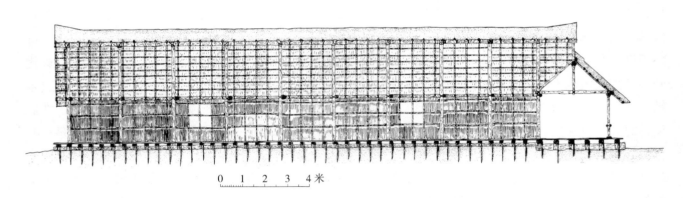

0　1　2　3　4 米

图一七　F1 复原图

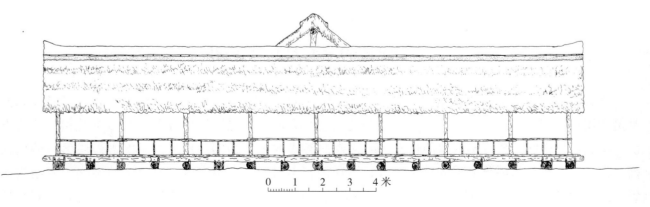

0　1　2　3　4 米

图一八　F1 廊道

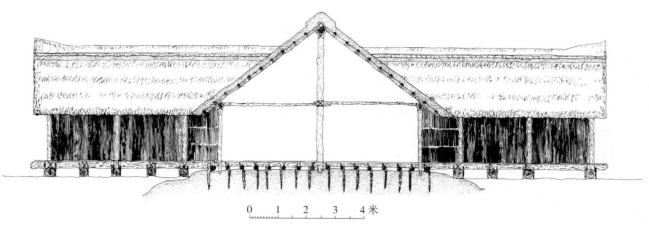

0 1 2 3 4 米

图一九 F1 主体复原图

在Ⅱ区 T36 出土的脊檩残长约 350 厘米，原来的长度可能还要长于 350 厘米；在Ⅰ区 T10 中发现的一根圆木构件，呈东西向躺于地上，其东端延伸于Ⅰ区 T10 的东隔梁之中，已暴露出的长度有 400 厘米，其上还压着茅草遗迹，而茅草遗迹上没有发现经与竹片编织的痕迹，可推定这根圆木构件是作为檩子使用的。如果以上推测是正确的，那么，一般木结构建筑的开间的宽度与檩子的长度直接相关，檩子的长度可以决定立柱之间的距离，立柱之间的距离就可能是开间的尺寸。所以，有理由推定，F1 的开间如在 4 米左右，F1 东西长度已揭露出 22 米，那么，可以推算出 F1 最少有五个开间。如 F1 的开间在 3.5 米左右，那么，F1 已揭露出的开间在 6 个左右。

另外，木桩下部削尖，用重力打入土中，其上部露出地表。密集的木桩可能有两类功用，一类是作为承重桩，另一类是维护桩。作为承重桩的木桩，其上部直接绑扎顶端是叉形的木柱，无论是前后檐柱或者是中柱，都应是这样树立起来的。作为前后檐柱或者是中柱的构件，上部的叉口中安放檩子，所以，两根承重桩的位置与上部檩子的位置是一致的。作为维护桩的木桩，分布在立柱之间，其上部直接绑扎圆木构件。这些立木构件与立柱排列成行，它们又通过绑扎横向的起着木枋作用的圆木构件，使之相互联结成一体，构筑起干阑式建筑的墙体框架。所以，将有叉形的木柱和立木构件分别绑扎在承重桩和维护桩上部，是十二桥遗址干阑式建筑采用的立柱方法。由于木桩与地表的距离不大，有的木柱或者立木构件的下端，可能直接放在地表，再捆绑在木桩上，这种情况也可能存在（图二〇）。

关于Ⅰ区 T25 内发现的地梁遗迹（F2），由于仅发掘一部分，其余的建筑遗迹被已建好的综合大楼所压，所以无法对其作出完整的复原。但是我们已知，在五根地梁中，Ⅰ～Ⅳ号地梁存在着相互对应的关系。如Ⅰ号地梁 2、3、4 号方孔与Ⅲ号地梁 12、13、14 号方孔相互对应；Ⅰ号地梁 1、5、6 号圆孔与Ⅲ号地梁 11、15、16 号圆孔相互对应；又如Ⅰ号地梁 5、6 号圆孔之间的间距，与Ⅲ号地梁 15、16 号圆孔之间的间距基本一致。Ⅰ号地梁与Ⅲ号地梁的方孔、圆孔之间存在着对应关系和圆孔之间的间距基本一致的现象，反映出这座建筑存在着结构上的对应关系。从Ⅰ号地梁与Ⅲ号地梁的卯孔位置观察，也能发现在同一根地梁上卯孔位置也存在着对应关系。假设Ⅰ号地梁的 5、6 号圆孔之间的中心点为 "O"，Ⅲ号地梁 15、16 号圆孔之间的中心点为 "O′"。Ⅰ号地梁的 5 号和 6 号圆孔与 "O" 的距离均为 80 厘米，4 号与 7 号方孔与 "O" 的距离也是相等的。Ⅲ号地梁的 15 号和 16 号

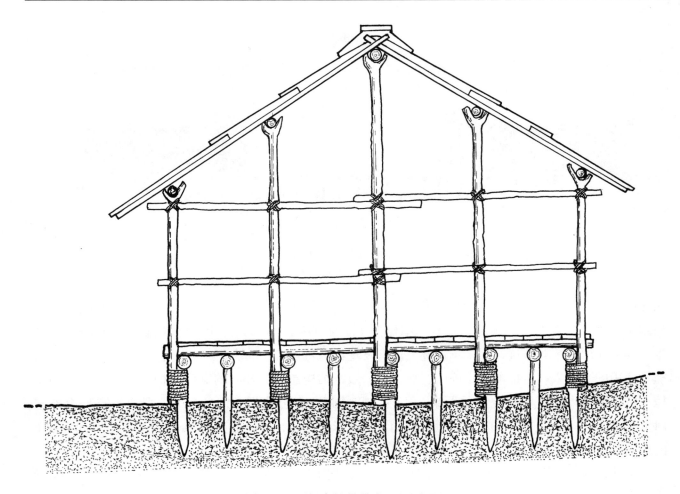

图二〇　F1 建筑结构复原示意图

圆孔与"*O′*"的距离为82厘米。假设"*O*"与"*O′*"相连形成一条中轴线，Ⅰ号地梁和Ⅲ号地梁上的卯孔距中轴线的距离相等，卯孔在中轴线两侧相互对称，这与中国传统的木建筑左右对称的特点相吻合。根据这一假设，对Ⅰ号地梁予以复原，其长度当在12米左右，其北端还应有三个方孔和一个圆孔，与1号、2号、3号、4号卯孔相对应。对Ⅲ号地梁予以复原，其长度当在11米左右，其北端也应有三个方孔和一个圆孔，与11号、12号、13号、14号卯孔相对应。依此类推，Ⅱ号地梁与Ⅰ号地梁的长度相差不远，可能在11.6米左右，Ⅳ号地梁与Ⅲ号地梁的长度基本相等，其长度当在11米左右。从Ⅰ号地梁上的1号圆孔内存在有圆形立柱的现象来看，这些地梁上的方孔与圆孔应是建筑上的"柱洞"。由此推之，地梁上的圆形"柱洞"原应立有圆形木柱，方形"柱洞"原应立有方形木柱。

　　另外，在Ⅰ区T1中发现的一根经过人工精心加工的长方木构件，长达461厘米，横截面呈矩形，下部宽28.5厘米，上端在构件一侧的320厘米处渐向内收，宽度为22厘米，形成下宽上窄的形状。从尺寸上看，该木构件应属于大型地梁建筑遗迹的构件，很有可能是立于地梁方形"柱洞"中的柱类构件，即使不是直接立于地梁方形"柱洞"中的柱类构件，也应是与大型地梁建筑有关的木构件，绝不可能是小型建筑（F1）的木构件。

从上述对地梁基础的分析与复原，加之地梁本身的现存状况，可以看出十二桥遗址发现的商代地梁建筑遗迹的体量巨大，可能不是一般性的建筑遗迹。这种体量巨大，排列整齐，加工规整，并相互之间存在对应关系，自身存在对称关系的地梁基础遗迹，可能为宫殿类建筑的基础。但从具有对应关系的Ⅰ号地梁和Ⅲ号地梁之间的距离仅2米左右来看，地梁遗迹很有可能是宫殿建筑的庑廊部分的基础。

十二桥遗址发现的木结构建筑遗迹表明，古蜀先民因地制宜，就地取材，采用打桩法、竹篾绑扎法、榫卯连接法等等，构造出一种独特风格的建筑形式。F2地梁柱洞纵横对应整齐，推测其上部已经形成比较规矩的梁架结构，这一点表现出建筑结构的先进性。F1为一组建筑，平面结构为"T"字形，由主体建筑和廊道组成，也具特色。F1和F2时代相同，同处一地相互比邻，形成了一个规格庞大的建筑群体。十二桥商代木结构建筑遗迹的发现，为研究古代蜀地的建筑形制、建筑风格、营造技术提供了重要的实物资料，是对中国建筑史商代部分的一个重要补充。

第二节　文化遗物

商周时期地层单位中出土遗物包括有陶器、青铜器、石器、骨器和卜甲等。

一　陶器

陶器以夹砂褐陶和夹砂灰陶为主，少量泥质灰陶和泥质褐陶。夹砂陶中偏早阶段褐陶数量明显较多，偏晚阶段灰陶比例有所增加，褐陶比例有所下降。大多器表呈灰黑色或黑色，部分器表陶色不一，褐黑相杂。制法有轮制、泥条盘筑和手制，泥条盘筑和手制多经轮修，泥条盘筑的器内多留有明显的泥条痕迹。以素面陶为主，只有少量的绳纹、重菱纹、鸟纹、弦纹、戳印纹和附加堆纹，泥质陶多施黑色陶衣。陶器多残破，完整器较少。器类主要有小平底罐、花边口沿罐、高领罐、喇叭口罐、敛口罐、广肩罐、带耳罐、尖底罐、圈足罐、尊形器、簋形器、壶、瓶、盆、钵、盘、觚、平底杯、圈足杯、尖底杯、尖底盂、尖底盏、器盖、高柄豆、细柄豆、盉、筒形器、鸟头柄勺、纺轮、陶鸟、陶猪等。

小平底罐　151件。数量较多。陶质以夹砂褐陶为主，器表多呈灰黑色或灰褐色，少数器表有烟炱痕，可能是作为炊器使用。制法为泥条盘筑，慢轮修整器表。少数肩部饰绳纹，个别肩部饰圆圈纹，其余均为素面。依其器形大小及肩、腹特征，可分为4式。

Ⅰ式　16件。器形较大，夹砂褐陶，器表呈灰黑色，部分器表有烟炱痕。口微侈，束颈，圆肩，深腹，下腹斜收成小平底。最大径在肩部，口径与肩径相差较大。IT18⑬:1，圆唇，器表有烟炱痕。肩上部饰横向成组的细绳纹。口径14.2、肩径18、底径4.6、高12.4厘米（图二一，3；彩版一四，1）。IT7⑬:137，圆唇，器表灰色。肩上部饰纵向成组的细绳纹。口径16、肩径18厘米（图二一，4）。ⅡT50⑬:61，圆唇，器表呈灰色。肩上部饰成组网格状细绳纹。口径18.1、肩径24.6、残高15.6厘米（图二一，2）。

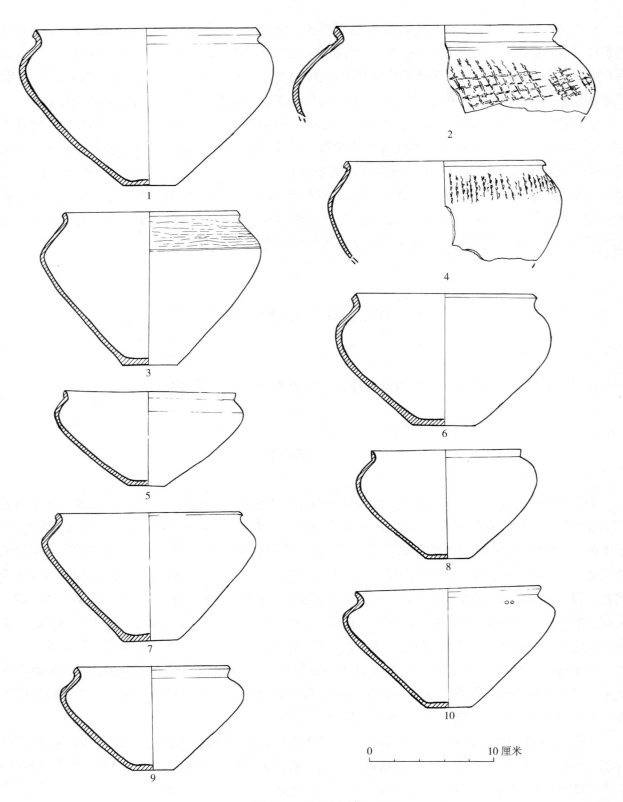

图二一 小平底罐

1、5～10. Ⅱ式（Ⅰ T7⑬：90、Ⅱ T50⑬：11、Ⅰ T2⑬：5、Ⅰ T22⑬：10 Ⅱ T40⑬：28、Ⅱ T3⑬：9、Ⅰ T6⑬：8）
2～4. Ⅰ式（Ⅱ T50⑬：61、Ⅰ T18⑬：1、Ⅰ T7⑬：137）

Ⅱ式　125件。夹砂褐陶，器表呈灰黑色，个别褐黑相杂。口微侈，束颈，圆折肩，最大径在肩部。器身较Ⅰ式矮，口径较Ⅰ式接近肩径。素面无纹。IT2⑬：5，器表呈灰色。方唇。口径5.2、肩径17.5、高18.5厘米（图二一，6；彩版一四，2）。IT7⑬：90，器表褐黑相杂。方唇。口径18.1、肩径20.8、底径4.5、高12.7厘米（图二一，1）。ⅡT40⑬：28，器表灰色。圆唇。口径12.1、肩径14.7、底径3.6、高9厘米（图二一，8）。IT22⑬：10。圆唇。口径15、肩径17.6、底径4.4、高10.5厘米（图二一，7）。IT3⑬：9，口径12.4、肩径14.8、底径3.4、高8.4厘米（图二一，9）。ⅡT50⑬：11，圆唇。腹部有制陶时留下的刮痕。口径14、肩径15.2、底径2.9、高7.8厘米（图二一，5；图版八，1）。IT6⑬：8，器表有烟炱痕。圆唇，肩部有两个圆圈凹纹。口径15、肩径17.5、底径3.6、高9.6厘米（图二一，10）。IT19⑬：5，圆唇，腹部留有泥条盘筑的痕迹。口径12.1、肩径13.2、底径3.8、高8.3厘米（图二二，4）。ⅡT49⑬：18。器身矮小，圆唇。腹部有制陶时留下的刮痕。口径13、肩径14.1、底径3、高6.9厘米（图二二，2）。ⅡT50⑬：27，尖唇，领略高。口径12、肩径12.8、底径3.4、高7厘米（图二二，6）。IT2⑬：18，尖唇。口径15.8、肩径18.6、底径3.9、高11.4厘米（图二二，1）。ⅡT50⑬：12。尖唇，口径与肩径接近。口径13.8、肩径14.9、底径3.1、高7.5厘米（图二二，8；图版八，2）。ⅡT50⑬：17，尖唇。口径13.4、肩径14.8、底径3.2、高7.9厘米（图二二，3；图版八，3）。ⅠT6⑬：10。尖唇，口径与肩径接近，下腹稍内弧。口径12、肩径13.2、底径3.1、高8厘米（图二二，5；图版八，4）。IT8⑬：12。圆唇，下腹内弧疾收，口径与肩径几乎相等。口径13.3、肩径13.5、底径3.2、高7.9厘米（图二二，9）。IT17⑬：8，尖唇。腹部有慢轮修整时留下的刮痕，器表显得极为粗糙。口径12、肩径13.4、底径3、高8厘米（图二二，7）。ⅡT50⑬：13，泥质灰陶。方唇，最大径在肩部。饰弦纹。口径11.4、肩径12.4、底径2高8.6厘米（图二二，10；图版八，5）。IT16⑫：35，圆唇，器身较矮。口径12.3、肩径13.8、底径2.6、高8厘米（图二三，2）。ⅡT39⑫：26，圆唇。肩部有削痕，腹部有轮制留下的刮痕。口径14.2、肩径16.4、底径4.2、高8厘米（图二三，3）。

Ⅲ式　3件。侈口，圆折肩，口径大于肩径。ⅡT49⑬：22，夹砂褐陶，器表灰黑。圆唇，双腹状。口径10.2、肩径9.3、底径1.4、高6.8厘米（图二三，4；图版八，6）。ⅡT49⑬：15，夹砂褐陶，外施黑色陶衣。方唇，下腹曲，底部有捏痕，近尖底。口径13.6、肩径13.2、底径1.4、高8厘米（图二三，1）。

Ⅳ式　7件。夹砂褐陶，器身很矮，底部近尖底。ⅡT54⑪：28，器表显得极为粗糙。圆唇，下腹内弧疾收，口径与肩径相近。口径12.1、肩径12.6、底径2.8、高7.4厘米（图二三，6）。ⅡT43⑩：109，残。尖唇，折肩，斜腹。口径16、肩径16.9、残高4.4厘米（图二三，8）。IT1⑫：22，器表灰色。口略直，方唇，圆折肩较凸。肩上有作器时留下的刮痕，底部有捏痕，最大径在肩部。口径14.5、肩径15.4、底径2.2、高7.5厘米（图二三，5）。Ⅰ采：6，器表施黑色陶衣。口微敛，尖唇，圆肩，束颈，下腹稍内弧。器内明显有泥条盘筑的痕迹，底部有捏痕，口径与肩径相等。口径14、肩径14、底径2.4、高7.6厘米（图二三，7）。

高领罐　24件。除3件完整外，其余均为口沿残片。陶质除个别为夹砂灰陶外，均为夹砂褐陶。器表多呈灰色，少数呈褐色。该类器物的主要特征是领部较高，圆肩外凸，下腹内收，小平底。依器身的大小及肩腹的变化，可分7式。

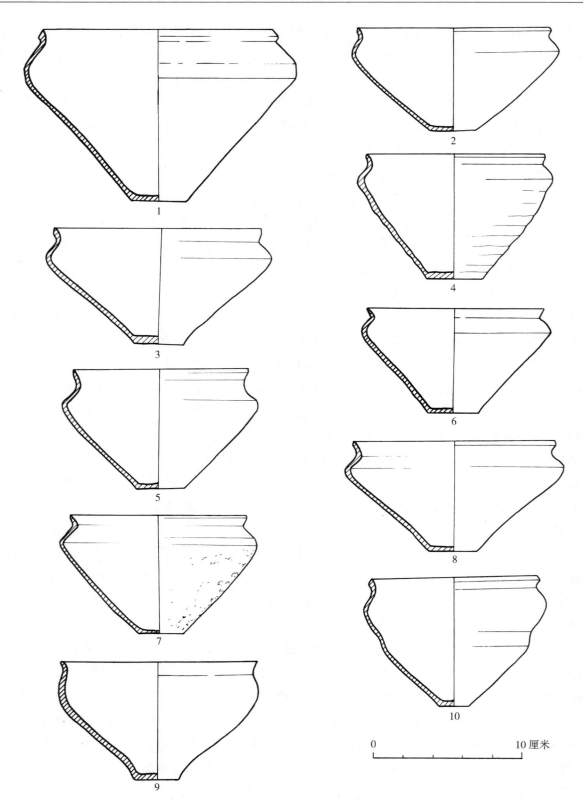

图二二　小平底罐

1~10. Ⅱ式（Ⅰ T2⑬: 18、Ⅱ T49⑬: 18、Ⅱ T50⑬: 17、Ⅰ T19⑬: 5、Ⅰ T6⑬: 10、Ⅱ T50⑬: 27、Ⅰ T17⑬: 8、Ⅱ T50⑬: 12、Ⅰ T8⑬: 12、Ⅱ T50⑬: 13）

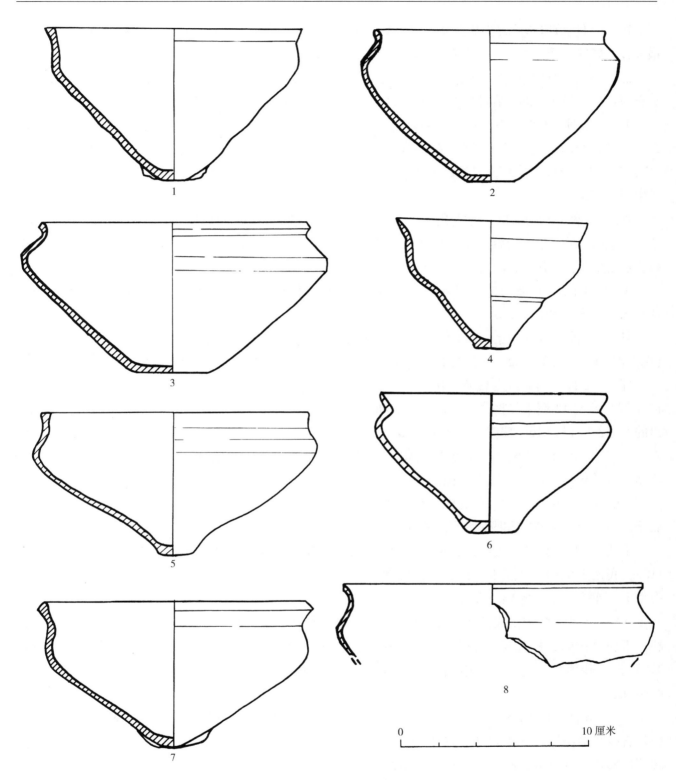

图二三　小平底罐

1、4. Ⅲ式（ⅡT49⑬：15、ⅡT49⑬：22）　　2、3. Ⅱ式（ⅠT16⑫：35、ⅡT39⑫：26）　　5～8. Ⅳ式（ⅠT1⑫：22、ⅡT54⑪：28、Ⅰ彩：6、ⅡT43⑩：109）

Ⅰ式　1件。IT2⑬：2，夹砂灰陶。口微侈，圆唇，束颈，高领，肩部外凸，下腹稍内弧，小平底，最大径在肩部，器身矮小。口径7.5、肩径17.2、底径3.2、高19厘米（图二四，1；彩版一四，3）。

Ⅱ式　1件。IT19⑬：21，夹砂褐陶，器表呈灰色。口微侈，圆唇，外翻沿，高领较直，肩部较广，斜直腹，最大径在肩部，器身高大。口径13.4、肩径26.8、底径6.8、高27.4厘米（图二四，2）。

Ⅲ式　6件。1件完整，4件为器口沿。ⅡT49⑬：69，夹砂褐陶，器表褐灰相杂。侈口，圆唇，束颈，高领，斜肩，最大径在肩部。颈部有三道凹弦纹。口径16、肩径25.2、底径7.6、高29.8厘米（图二四，4）。IT22⑬：31，口沿，夹砂褐陶，器表呈灰色。侈口，圆唇。口径13.8、残高7.6厘米（图二四，5）。

Ⅳ式　5件。均为器口，夹砂褐陶，4件器表呈灰色，1件呈褐色。IT1⑫：50，夹砂褐陶，器表呈灰色。口微敛，外翻沿，圆唇呈子母口状。口径16、残高9.4厘米（图二四，3）。ⅡT50⑪：79，夹砂褐陶，器表呈灰色。侈口，圆唇，略呈子母口状，束颈。口径18.8、残高11.6厘米（图二五，2）。

Ⅴ式　1件。IT7⑫：134，夹砂褐陶，器表呈灰色。侈口，圆唇。颈部有一道弦纹。口径11.8、残高8.4厘米（图二五，6）。

Ⅵ式　8件。均为口沿。IT14⑫：17，夹砂灰陶。口微侈，外折沿，圆唇。口径12、残高8.5厘米（图二四，6）。IT7⑫：132，夹砂灰陶。侈口，外翻沿，圆唇。口径12、残高7.8厘米（图二五，4）。

Ⅶ式　2件。均为口沿残片。ⅡT54⑪：55，夹砂灰陶。侈口，圆唇，束颈。领部有两道凹弦纹。口径32、残高12厘米（图二五，3）。ⅡT54⑩：67，夹砂灰陶。侈口，外翻沿，圆唇。领部有三道划出的凹弦纹。口径16、残高7.8厘米（图二五，5）。

大口罐　1件。IT6⑬：11，泥质灰陶。敛口，方唇，外折沿，斜肩。肩部饰三道凹弦纹。口径28.8、底径9.6、高25.2厘米（图二五，1；图版九，1）。

喇叭口罐　14件。除1件为泥质灰陶外，其余均为夹砂褐陶，器表呈灰色。高领喇叭口，鼓腹，底略内凹。依领部特征和腹的深浅，分4式。

Ⅰ式　2件。侈口，束颈，鼓腹，最大径在腹部。IT15⑫：64，夹砂褐陶。尖唇。口径9.2、腹径11.9、底径5.8、高12厘米（图二六，2；彩版一四，4）。IT16⑫：57，夹砂褐陶。圆唇。口径10.8、腹径14、底径4.5、高13.5厘米（图二六，7）。

Ⅱ式　4件。腹较Ⅰ式低矮，最大径在腹部。IT17⑫：3，夹砂褐陶。圆唇，腹中部最大处有一凸棱，下腹稍内弧，最大径在腹部。口径8.6、腹径10.5、底径6、高9.5厘米（图二六，5）。IT16⑫：53，夹砂褐陶。尖唇，下腹稍内弧。口径9.4、腹径12.4、底径7、高10厘米（图二六，1；图版九，2）。

Ⅲ式　6件。1件完整外，其余口部均残。口较敞，领部特高。IT16⑫：58，夹砂褐陶。圆唇，口径与肩径几乎相等。口径11.5、腹径12.2、底径6、高16.7厘米（图二七，3）。IT11⑫：7，夹砂褐陶。口部残，下腹稍内弧。腹径15、底径6.2、残高12.6厘米（图二六，6）。IT14⑫：8，夹砂灰陶，口部残。腹径14.2、底径6.6、残高10厘米（图二六，4）。IT11⑫：16，夹砂褐陶，口部残。腹径13.1、底径5.6、残高8.9厘米（图二六，3；图版九，3）。

Ⅳ式　2件。口部均残，器身矮小，腹部最大径往下移。ⅡT30⑪：26，泥质灰陶。口部残。腹径8.9、底径7、残高6.7厘米（图二七，6）。ⅠT16⑩：14，泥质灰陶。口部残，中腹外鼓，下腹内弧

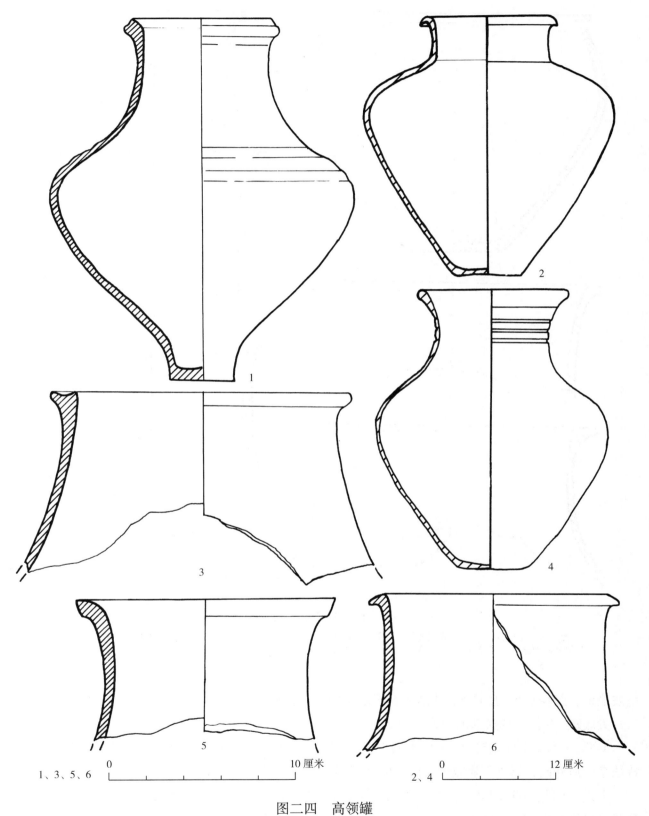

图二四　高领罐

. I式（I T2⑬：2）　　2. II式（I T19⑬：21）　　3. IV式（I T1⑫：50）　　4、5. III式（II T49⑬：69、I T22⑬：31）6. VI式（I T14⑫：17）

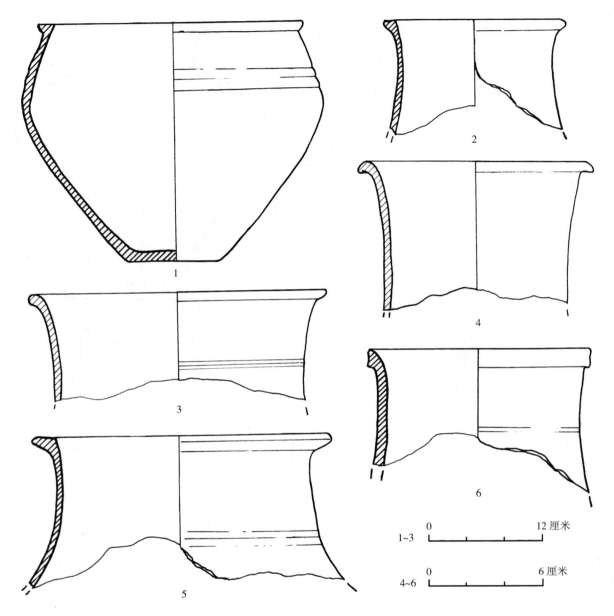

图二五　大口罐、高领罐

1. 大口罐（ⅠT6⑬:11）　2. Ⅳ式高领罐（ⅡT50⑪:79）　3、5. Ⅶ式高领罐（ⅡT54⑪:55、ⅡT54⑩:67）

4. Ⅵ式高领罐（ⅠT7⑫:132）　6. Ⅴ式高领罐（ⅠT7⑫:134）

呈波浪形。腹径9.6、底径5、残高6.6厘米（图二七，9；图版九，4）。

尖底罐　8件。依腹部的变化，分2型。

A型　6件。2件完整者，4件为残口沿。陶质主要是夹砂灰陶，其次是夹砂褐陶。器形的主要特征是广肩外凸，肩以下疾收成尖底。依其领部和肩部特征，分4式。

Ⅰ式　1件。ⅡT50⑬:14，夹砂灰陶，器表呈灰黑色。侈口，圆唇，束颈，领部较直，整器呈陀螺状。口径6.9、肩径11.6、高7.8厘米（图二七，2；图版九，5）。

Ⅱ式　1件。ⅡT30⑫:5，夹砂灰陶，器表呈灰黑色。口微侈，方唇，领部较Ⅰ式高，肩较Ⅰ式折，

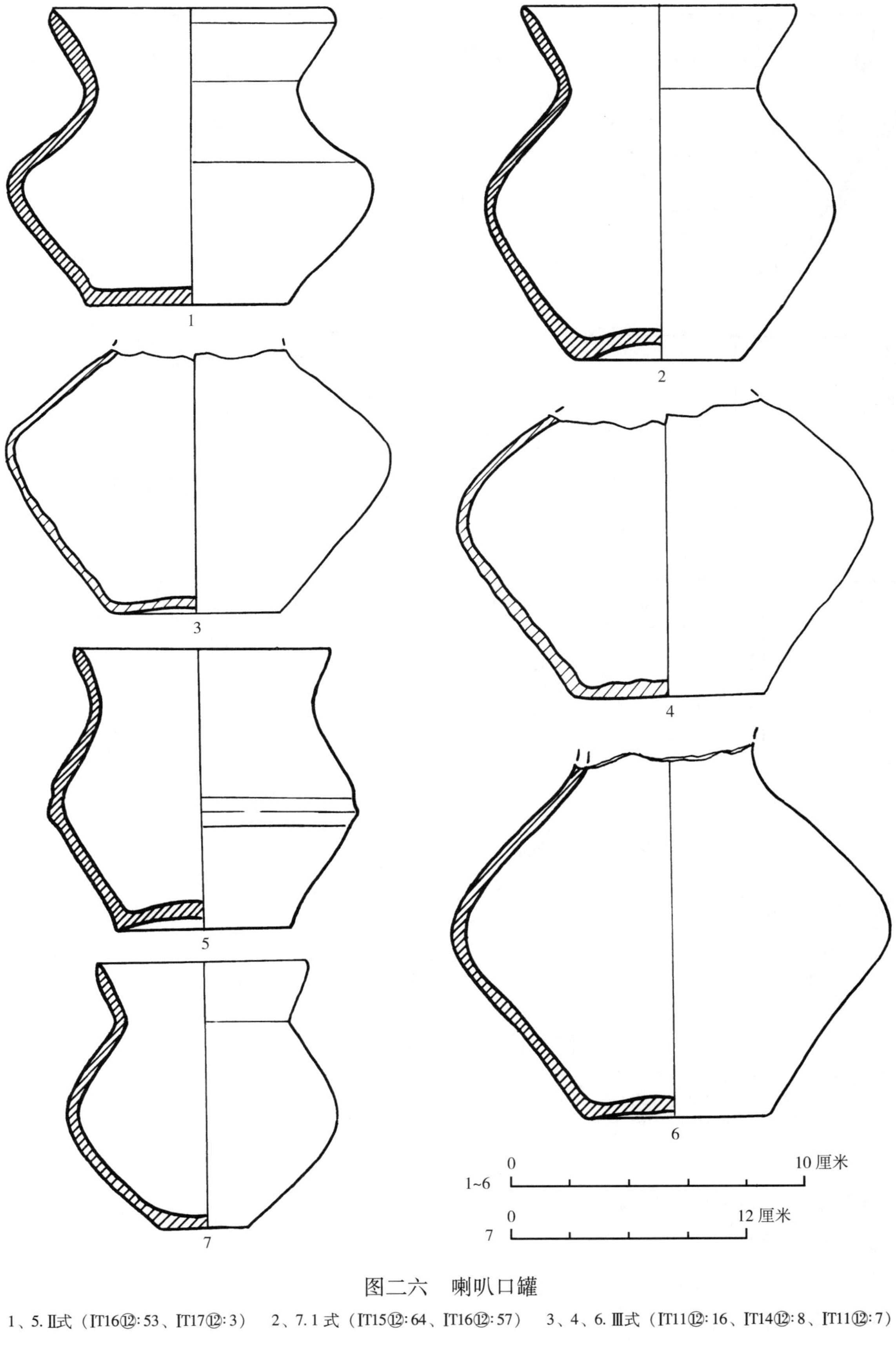

图二六　喇叭口罐

1、5. Ⅱ式（ⅠT16⑫:53、ⅠT17⑫:3）　2、7. Ⅰ式（ⅠT15⑫:64、ⅠT16⑫:57）　3、4、6. Ⅲ式（ⅠT11⑫:16、ⅠT14⑫:8、ⅠT11⑫:7）

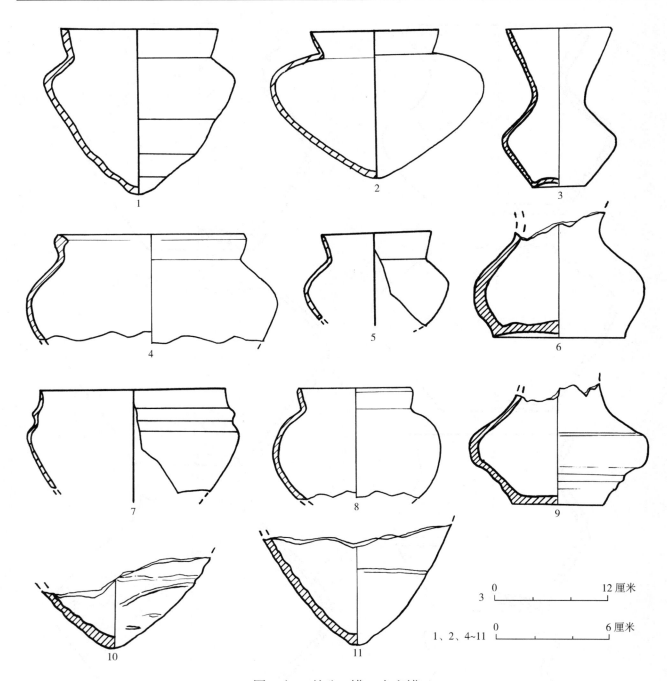

图二七　喇叭口罐、尖底罐

1. A 型 Ⅱ 式尖底罐（Ⅱ T30⑫：5）　　2. A 型 Ⅰ 式尖底罐（Ⅱ T50⑬：14）　　3. Ⅲ 式喇叭口罐（Ⅰ T16⑫：58）　　4、5、8. A 型 Ⅲ 式尖底罐（Ⅰ T11⑫：28、Ⅰ T12⑫：18、Ⅰ T10⑫：16）　　6、9. Ⅳ 式喇叭口罐（Ⅱ T30⑪：26、Ⅰ T16⑩：14）　　7. A 型 Ⅳ 式尖底罐（Ⅱ T43⑩：111）　　10、11. B 型尖底罐（Ⅱ T50⑪：77、Ⅱ T53⑪：108）

下腹留有泥条盘筑的痕迹，呈曲腹状。口径 8.4、肩径 10.2、高 8.6 厘米（图二七，1）。

　　Ⅲ式　3 件。均为残口沿，夹砂褐陶。侈口，直领，圆肩。ⅠT12⑫：18，残口沿，夹砂灰陶。口径 6、肩径 7.8、残高 5 厘米（图二七，5）。ⅠT10⑫：16。口径 6、残高 6 厘米。ⅠT11⑫：28。口径 10、残高 5.6 厘米（图二七，8）。

Ⅳ式　1件。ⅡT43⑩：111，夹砂灰陶，器表呈灰黑色。口微敛，圆唇，肩上有一周较宽的凹槽。口径10、肩径11.4、残高5.4厘米（图二七，7）。

B型　2件。均残存底部，从腹部的走势看，腹较深。ⅡT53⑪：108，夹砂褐陶，器表呈灰黑色。下腹有一周凹弦纹。残高6.4厘米（图二七，11）。ⅡT50⑪：77，夹砂褐陶。腹部有戳压的条状凹纹。残高5厘米（图二七，10）。

花边口沿罐　18件。均存口沿部分。陶质以夹砂褐陶为主，其次是夹砂灰陶。均饰绳纹。其主要特征是唇部呈波浪形的花边，花边的制作手法有两种，一种是从沿口上部向下，一种是从沿口下部向上手捏或棒压成凹缺状。依其领部特征，可分5式。

Ⅰ式　6件。领部较低。ⅠT23⑬：32，夹砂褐陶，器表呈灰色。侈口，外翻沿，于沿口上面向下捏成花边。饰斜向成组的细绳纹。口径40、残高12厘米（图二八，2）。ⅠT19⑬：36，夹砂褐陶，器表呈灰色。侈口，外翻沿，沿下垂，于唇部向上捏成花边。饰纵向成组的细绳纹。口径20.8、残高5.8厘米（图二八，1）。

Ⅱ式　1件。ⅠT17⑬：48，夹砂褐陶，器表呈灰褐色。敛口，沿稍外折，无颈，于沿口上面向下捏成花边。不见纹饰。口径36、残高8厘米（图二八，3）。

Ⅲ式　2件。颈部稍高。ⅠT7⑬：141，夹砂褐陶，器表呈灰色。直口，外折沿，唇下垂，于唇部向上捏成花边，花边如同附在沿外。饰成组的斜向细绳纹。口径24、残高6厘米（图二八，4）。

Ⅳ式　5件。几乎无颈，广肩。ⅠT1⑫：45，夹砂褐陶，器表呈黑色。敛口，外翻沿，于沿口内侧

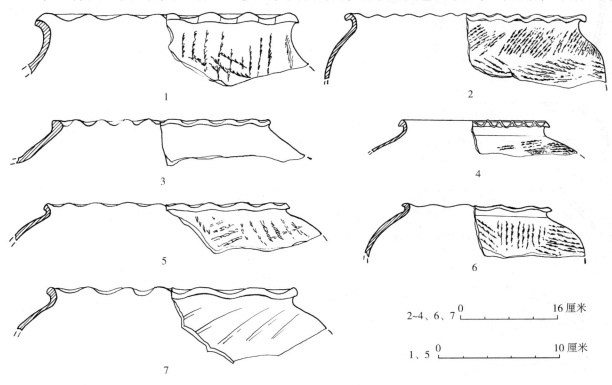

图二八　花边口沿罐

1、2. Ⅰ式（ⅠT19⑬：36、ⅠT23⑬：32）　3. Ⅱ式（ⅠT17⑬：48）　4. Ⅲ式（ⅠT7⑬：141）
5、7. Ⅳ式（ⅠT11⑫：30、ⅠT1⑫：45）　6. Ⅴ式（ⅠT16⑫：99）

用棒压成花边。饰很稀疏的斜向细绳纹。口径44、残高13.2厘米（图二八，7）。IT11⑫：30，夹砂褐陶，器表呈灰色。敛口，外翻沿，于沿口上面用棒状物压印成花边。饰斜向成组的细绳纹。口径20、残高4.2厘米（图二八，5）。

Ⅴ式　4件。短颈，花边弧度较长。IT16⑫：99，夹砂褐陶，器表呈褐色。外折沿，于沿口上面用手捏成花边。饰斜向成组的细绳纹。口径24、残高8.4厘米（图二八，6）。

敛口罐　239件。依据其颈、肩和纹饰特征，分4型。

A型　124件。均残存口部。陶质以夹砂褐陶为主，其次是夹砂灰陶，器表以灰黑为主，少数黑色。其主要特征是敛口，圆肩，最大径在肩部。在肩部、沿外或沿面拍印绳纹装饰。依其颈部特征，可分4个亚型。

Aa型　10件。肩以上平直，无颈。ⅡT50⑬：62，夹砂褐陶，器表呈灰褐色。方唇。肩部饰一周横向成组的细绳纹，沿外饰斜向细绳纹。口径50、肩径56.8、残高18、4厘米（图二九，3）。

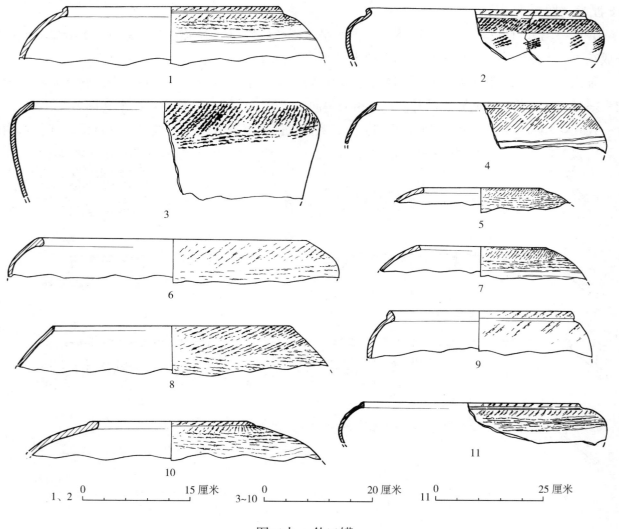

图二九　敛口罐

1、2、9、11. Ab型（ⅠT24⑬：26、ⅠT24⑫：27、ⅡT50⑬：72、ⅡT50⑬：60）　　3～8、10. Aa型（ⅡT50⑬：62、
　　ⅠT23⑫：56、ⅠT5⑫：34、ⅠT16⑫：141、ⅠT5⑫：33、ⅠT16⑫：140、ⅡT40⑬：81）

IT23⑫：56，夹砂灰陶，器表呈灰色。肩部有两道凹弦纹，沿外饰斜向细绳纹。口径38、肩径48.4、残高9.2厘米（图二九，4）。IIT40⑬：81，夹砂褐陶。肩部饰横向细绳纹，沿外饰斜向细绳纹。口径28、肩径53.6、残高6.4厘米（图二九，10）。IT16⑫：140，夹砂褐陶。肩部饰横向细绳纹，沿外饰两周斜向细绳纹。口径44、肩径58、残高10.4厘米（图二九，8）。IT16⑫：141，夹砂褐陶。肩部饰斜向细绳纹，沿外饰斜向细绳纹。口径50、肩径62、残高8厘米（图二九，6）。IT5⑫：33，夹砂褐陶。肩部有两道凹弦纹和一周横向细绳纹，沿外饰斜向细绳纹。口径24.8、肩径38、残高6.4厘米（图二九，7）。IT5⑫：34，夹砂褐陶。肩部饰横向细绳纹，沿外饰斜向细绳纹。口径22.8、肩径32、残高4.4厘米（图二九，5）。

Ab型　105件。沿下有一极短的颈部。IIT50⑬：60，夹砂褐陶，器表呈灰褐色。肩部饰横向细绳纹，肩以上饰斜向绳纹。口径51、肩径62.5、残高10厘米（图二九，11）。IT16⑫：136，夹砂褐陶，器表呈灰褐色。口径48、肩径57.6、残高10厘米（图三〇，4）。IT24⑫：27，夹砂褐陶，器表呈灰褐色。肩部饰斜向成组的细绳纹，每组的距离较大，肩以上至口部饰斜向细绳纹。口径30、肩径36、

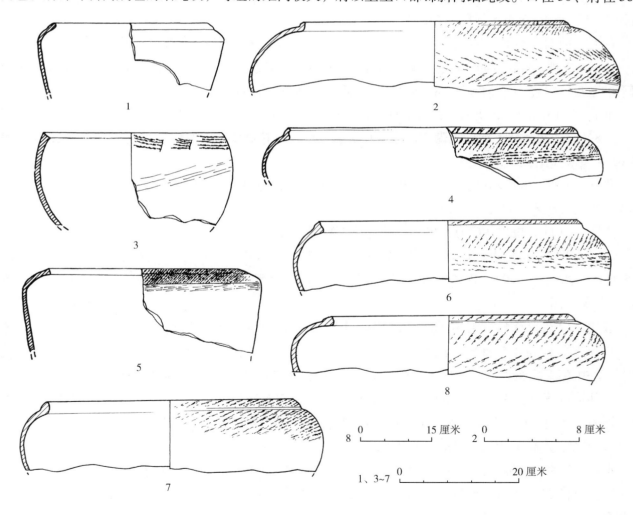

图三〇　敛口罐

1、5. Ac 型（ⅠT15⑫：91、ⅠT24⑪：20）　2、4、6~8. Ab 型（ⅠT16⑬：135、ⅠT16⑫：136、ⅠT16⑫：120、ⅠT20⑫：38、ⅠT15⑬：104）　3. Ad 型（ⅡT43⑪：77）

残高 7.2 厘米（图二九，2）。IT15⑬：104，夹砂褐陶。肩部饰两周方向相反的斜向细绳纹，沿外饰斜向细绳纹。口径 50、肩径 66.5、残高 15 厘米（图三〇，8）。IIT50⑬：72，夹砂褐陶。肩部与沿外饰稀疏的绳纹。口径 34、肩径 42、残高 8.8 厘米（图二九，9）。IT24⑬：26，夹砂褐陶。肩部有两道凹弦纹和一周横向细绳纹，沿外饰斜向细绳纹。口径 30.3、肩径 42.6、残高 7.8 厘米（图二九，1）。IT16⑬：135，夹砂褐陶。肩部有一道凹弦纹和两周方向相反的斜向细绳纹，沿外饰斜向细绳纹。口径 22.2、肩径 31.4、残高 6.2 厘米（图三〇，2）。IT16⑫：120，夹砂褐陶。肩部饰一周横向的细绳纹和一周斜向细绳纹，沿外饰斜向细绳纹。口径 44、肩径 54、残高 10.8 厘米（图三〇，6）。IT20⑫：38，夹砂褐陶。肩部和沿外饰斜向细绳纹。口径 42、肩径 51.2、残高 12.8 厘米（图三〇，7）。

Ac 型　5 件。口沿下有一浅凹槽似短颈，斜直腹。IT15⑫：91，夹砂褐陶，器表呈灰色。该件素面无纹。口径 26、肩径 31.6、残高 11.2 厘米（图三〇，1）。IT24⑪：20，夹砂褐陶，器表呈灰色。肩部饰斜向细绳纹，肩以上饰斜向细绳纹。口径 32、肩径 40.4、残高 14.8 厘米（图三〇，5）。

Ad 型　4 件。方唇，圆肩，弧腹。IIT43⑪：77，夹砂灰陶。沿下饰横向成组的细绳纹。口径 30、腹径 33.6、残高 16 厘米（图三〇，3）。

B 型　10 件。敛口，束颈，折肩，斜腹。素面无纹。依其肩部与腹部特征，分 3 式。

Ⅰ式　1 件。IT1⑬：44，夹砂灰陶。圆唇，圆折肩，斜腹较直，最大径在肩部。腹部有许多轮制留下的弦痕。口径 28、肩径 30.8、残高 15.2 厘米（图三一，6）。

Ⅱ式　8 件。圆唇，折肩，弧腹。IT22⑫：33，夹砂灰陶。口径 12、肩径 14.6、残高 6 厘米（图三一，8）。IT23⑫：35，夹砂褐陶，器表有烟炱痕。腹部有轮制留下的刮痕。口径 24、腹径 26.8、残高 10.4 厘米（图三一，3）。

Ⅲ式　1 件。IIT39⑪：52，夹砂褐陶，器表粗糙，器壁较厚。沿内有一凹槽。口径 22、肩径 24.8、残高 4 厘米（图三一，2）。

C 型　16 件。短颈，广肩。依其口部与颈部特征，分 3 式。

Ⅰ式　2 件。口稍直，颈略高。IT1⑬：38，夹砂灰陶。沿外翻，圆唇，素面无纹。口径 26、残高 7.5 厘米（图三一，10）。IT22⑬：34，夹砂灰陶。圆唇，束颈。肩部饰斜"田"字纹。口径 31.5、残高 11 厘米（图三一，11）。

Ⅱ式　12 件。侈口，束颈，颈较Ⅰ式短。IT13⑫：13，夹砂褐陶，器表呈褐色。圆唇。肩饰重菱纹。口径 36、残高 8.5 厘米（图三一，4）。IT12⑫：28，夹砂褐陶，器表呈灰色。圆唇。肩部饰斜"田"字中填以菱形纹。口径 32、残高 9 厘米（图三一，7）。IT8⑫：55，夹砂褐陶，器表呈灰色。圆唇。肩部饰重菱纹，重菱纹有重叠现象。口径 40、残高 9.5 厘米（图三一，5）。IT15⑫：72，夹砂褐陶，器表呈灰色。外翻沿，圆唇。肩部饰相连弧边菱形纹，菱形纹中填以相背的两个变形"山"字纹。口径 32、残高 11 厘米（图三一，9）。

Ⅲ式　2 件。外翻沿，圆唇，束颈，颈较短，肩较广。IIT39⑪：50，夹砂褐陶，器表呈灰色。素面无纹。口径 32、残高 8.5 厘米（图三一，12）。IIT23⑩：48，泥质灰陶。肩部饰连续重菱纹，交接处有重叠现象。口径 36.5、残高 14.5 厘米（图三一，1）。

D 型　89 件。夹砂褐陶 53 件，夹砂灰陶 35 件，泥质灰陶 1 件。器表以灰色为主，其次是褐色，再其次是黑色，个别有烟炱痕。主要特征是敛口，侈沿，肩部饰绳纹。依其沿部和肩部特征，分 5 式。

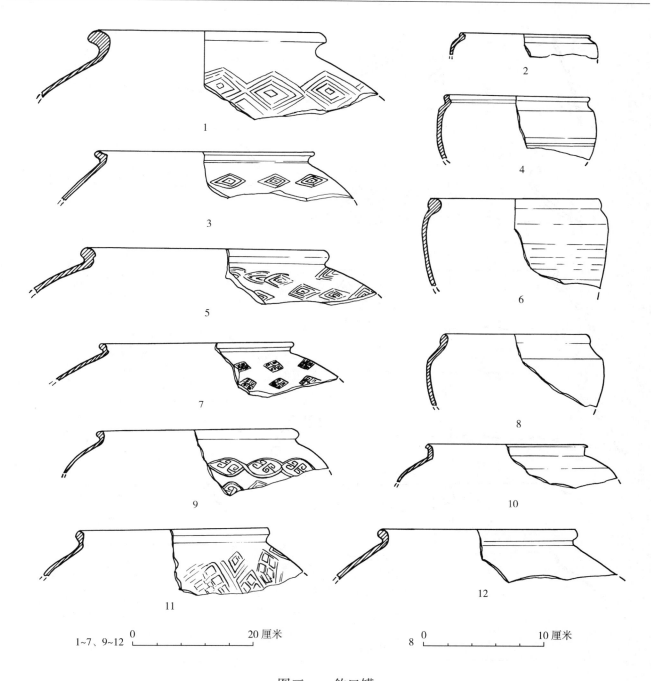

图三一　敛口罐

1、12. C 型Ⅲ式（Ⅰ T23⑩：48、Ⅱ T39⑪：50）　　2. B 型Ⅲ式（Ⅱ T39⑪：52）　　3、8. B 型Ⅱ式（Ⅰ T23⑫：35、Ⅰ T22⑫：33）
4、5、7、9. C 型Ⅱ式（Ⅰ T13⑫：13、Ⅰ T8⑫：55、Ⅰ T12⑫：28、Ⅰ T15⑫：72）　　6. B 型Ⅰ式（Ⅰ T1⑬：44）　　10、11. C 型
Ⅰ式（Ⅰ T1⑬：38、Ⅰ T22⑬：34）

　　Ⅰ式　5 件。沿微侈，溜肩。IT1⑬：60，夹砂灰陶。肩部饰斜向成组的绳纹。口径 15.6、残高 8 厘
米（图三二，1）。IT9⑬：11，夹砂褐陶，器表呈灰色。肩部饰一道凹弦纹和成组的绳纹，部分地方饰交
错绳纹。口径 12、残高 6.6 厘米（图三二，13）。IT16⑬：96，夹砂褐陶。肩部饰斜向绳纹。口径 28.4、
残高 12.4 厘米（图三二，4）。ⅡT50⑬：65，夹砂褐陶。肩部饰成组斜向绳纹。口径 24.6、残高 13.2 厘

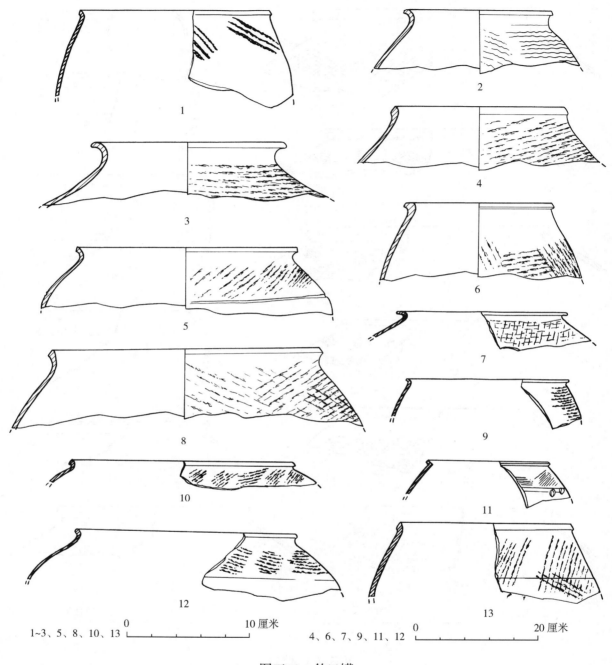

图三二　敛口罐

1、4、6、8、13. D 型 1 式（IT1⑬: 60、IT16⑬: 96、ⅡT50⑬: 65、IT17⑬: 39、IT9⑬: 11）　2、3、5、9 ～ 11. D 型Ⅱ式（IT16⑬: 98、IT7⑫: 136、IT5⑬: 35、ⅡT50⑬: 89、ⅡT42⑬: 84、ⅡT50⑬: 76）　7. D 型Ⅲ式（ⅡT29⑬: 96）　12. D 型Ⅳ式（IT24⑫: 46）

米（图三二，6）。IT17⑬: 39，夹砂褐陶。肩部斜向成组的绳纹。口径 22、残高 6.6 厘米（图三二，8）。

　　Ⅱ式　6 件。侈沿，斜肩。ⅡT50⑬: 76，夹砂褐陶，器表呈灰色。肩部饰两道凹弦纹和两个一组的圆圈状凹纹，肩以上饰成组的细绳纹。口径 20、残高 8 厘米（图三二，11）。ⅡT42⑬: 84，夹砂灰陶。肩部饰斜向成组的细绳纹。口径 26.8、残高 2.4 厘米（图三二，10）。ⅡT50⑬: 89，夹砂灰陶。肩部饰斜向细绳纹。口径 26.8、残高 8 厘米（图三二，9）。IT16⑬: 98，夹砂褐陶，器表呈黑色。肩部饰成组斜向绳纹。口径 12.2、残高 4.8 厘米（图三二，2）。IT7⑬：136，夹砂褐陶，器表呈灰黑色。肩部饰横向绳纹。口径 16、残高 5.4 厘米（图三二，3）。IT5⑬：35，夹砂褐陶。肩部有一道凹弦纹，弦纹以上饰斜向绳纹。口径 18.2、残高 6 厘米（图三二，5）。

Ⅲ式　37 件。侈沿，广肩。IIT29⑬：96，夹砂褐陶，器表呈褐色。肩部饰网格状绳纹。口径 28、残高 6.5 厘米（图三二，7）。IT24⑫：24，夹砂褐陶，器表呈灰色。肩部饰两道凹弦纹，肩以上饰网格状绳纹。口径 17.9、残高 6 厘米（图三三，1）。IT8⑫：66，夹砂褐陶，器表呈灰色。肩部饰一道凹弦纹，肩以上饰斜向细绳纹，部分地方饰网格状绳纹。口径 28、残高 4 厘米（图三三，3）。IIT53⑬：87，夹砂褐陶，器表灰褐相杂。肩部饰斜向细绳纹。口径 18、残高 4.8 厘米（图三三，8）。

Ⅳ式　38 件。侈沿，圆肩。IT16⑫：34，夹砂褐陶，器表呈黑色，有烟炱痕。肩以上至颈部饰横向成组的细绳纹。口径 18、肩径 24.6、残高 15.6 厘米（图三三，5）。IT22⑫：45，夹砂褐陶，器表呈灰色。肩部饰两道弦纹，肩以上饰斜向成组的细绳纹。口径 26、肩径 33.5、残高 11 厘米（图三三，2）。IT15⑫：19，夹砂褐陶，器表呈褐色。肩部饰网格状绳纹。口径 16、肩径 19、残高 7.2 厘米（图三三，6）。IT24⑫：23，夹砂褐陶，器表呈灰色。肩部饰一道凹弦纹，肩以上饰竖向细绳纹。口径 12、肩径 14.6、残高 6.6 厘米（图三三，7）。IT24⑫：46，夹砂褐陶，器表呈灰色。肩部饰一道凹弦纹，肩以上饰斜向成组的细绳纹。口径 36、肩径 51.6、残高 11.5 厘米（图三二，12）。IT12⑫：23，泥质灰陶，外施黑色陶衣。肩部饰两道凹弦纹，肩以上饰网格状划纹。口径 14、肩径 17、残高 7 厘米（图三三，12）。IT8⑫：53，夹砂褐陶。肩部有一道凹弦纹，弦纹以上饰斜向绳纹。口径 18、残高 8 厘米（图三三，9）。IT5⑫：40，夹砂褐陶，器表呈灰色。肩部饰一道凹弦纹，肩以上饰网格状绳纹。口径 44、残高 12 厘米（图三三，4）。

Ⅴ式　3 件。均为夹砂褐陶，广肩。IT23⑩：54，夹砂褐陶，器表呈黑色。肩部饰一道凹弦纹，肩以上饰网格状绳纹。口径 36、残高 11.5 厘米（图三三，13）。IIT43⑩：99，泥质灰陶。肩部饰网格状绳纹。口径 36.4、残高 6.8 厘米（图三三，11）。IIT43⑩：100，泥质灰陶，器表有烟炱痕。素面无纹。口径 14.2、残高 6.8 厘米（图三三，10）。

广肩罐　11 件。依据领部的高低，分 2 型。

A 型　8 件。领部较高。IT2⑬：27，泥质灰陶，外施黑色陶衣。敞口，圆唇。口径 20、残高 6.2 厘米（图三四，6）。IIT54⑬：51，夹砂灰陶。敞口，外折沿，圆唇，领部特高。领部饰三道凹弦纹。口径 26.2、残高 13.2 厘米（图三四，1）。IIT29⑬：114，夹砂褐陶，器表呈灰黑色。侈口，圆唇。口径 32、残高 9.6 厘米（图三四，5）。IT22⑫：35，夹砂褐陶。敞口，外折沿，圆唇。口径 36、残 7.6 厘米（图三四，9）。IIT50⑫：57，夹砂褐陶，器表呈灰色。敞口，圆唇。口径 20、残高 8 厘米（图三四，7）。IT9⑫：17，夹砂褐陶。敞口，圆唇，外翻沿。口径 38、残高 12 厘米（图三四，8）。IT5⑫：27，夹砂褐陶。敞口，圆唇，外翻沿。口径 15、残高 11 厘米（图三四，4）。IIT50⑫：59，夹砂灰陶。直口，圆唇，外翻沿。肩部饰成组方格纹。口径 22、残高 12 厘米（图三四，3）。

B 型　3 件。短颈。IT2⑬：33，夹砂褐陶。敛口，外翻沿，圆唇，束颈。口径 40、残高 7.6 厘米（图三四，11）。IT23⑬：33，夹砂褐陶。敛口，圆唇，束颈。口径 12、残高 5.3 厘米（图三四，2）。IT7⑫：193，夹砂灰陶。口微敛，圆唇。口径 16、残高 5 厘米（图三四，10）。

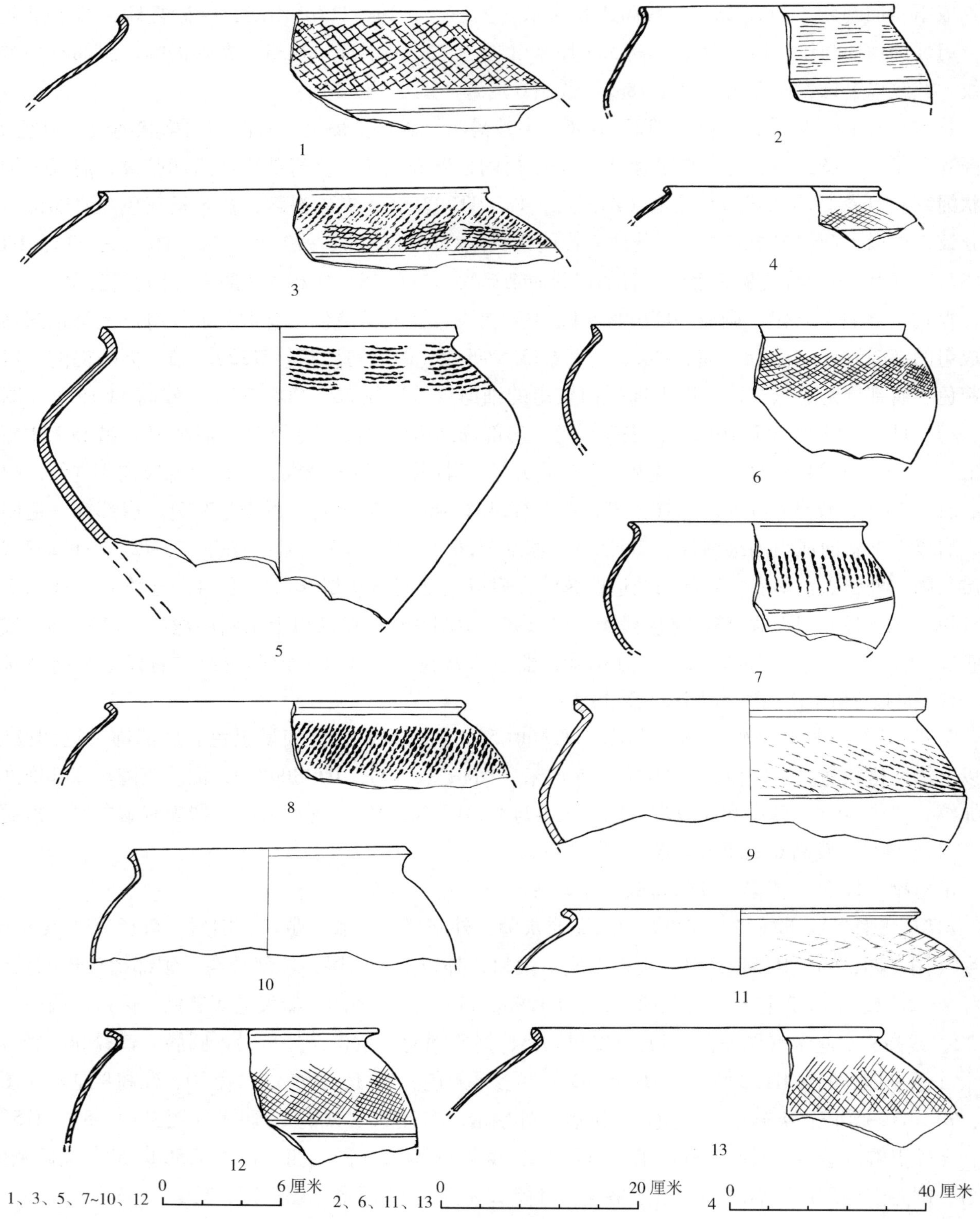

图三三　敛口罐

1、3、8. D型Ⅲ式（ⅠT24⑫: 24、ⅠT8⑫: 66、ⅡT53⑫: 87）　2、4～7、9、12. D型Ⅳ式（ⅠT22⑫: 45、ⅠT5⑫: 40、ⅠT16⑫: 34、ⅠT15⑫: 19、ⅠT24⑫: 23、ⅠT8⑫: 53、ⅠT12⑫: 23）　10、11、13. D型Ⅴ式（ⅡT43⑩: 100、ⅡT43⑩: 99、ⅠT23⑩: 54）

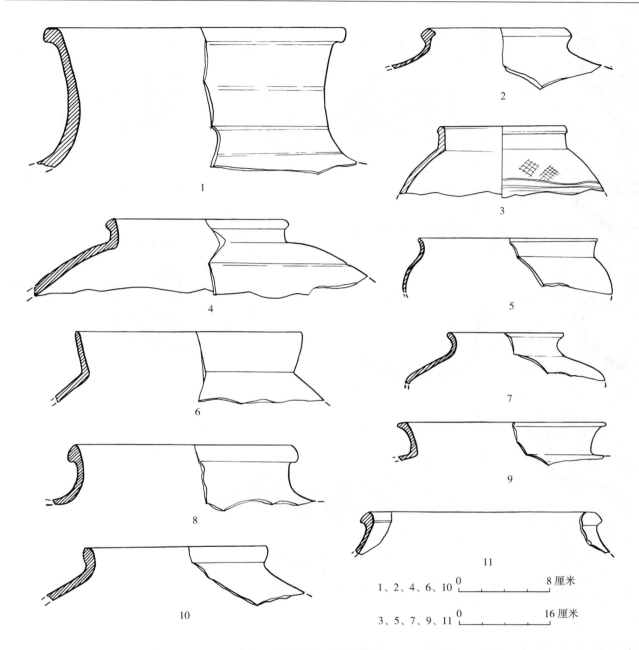

图三四　广肩罐

1、3~9. A 型（Ⅱ T54⑬：51、Ⅱ T50⑫：59、Ⅰ T5⑫：27、Ⅱ T29⑬：114、Ⅰ T2⑬：27、Ⅱ T50⑫：57、Ⅰ T9⑫：17、Ⅰ T22⑫：35）
2、10、11. B 型（Ⅰ T23⑬：33、Ⅰ T7⑫：193、Ⅰ T2⑬：33）

　　绳纹罐　5件。均残存口沿，依其领部与肩部特征，分3型。

　　A 型　1件。ⅠT12⑫：24，夹砂灰陶。直口，圆唇，矮领，鼓肩。肩以下饰绳纹。口径25.2、残高7.2厘米（图三五，3）。

　　B 型　2件。夹砂褐陶。侈口，圆唇，高领，圆肩。肩以下饰绳纹。ⅠT11⑫：22，口径32、残高16厘米（图三五，1）。ⅠT24⑪：21，肩部有三道凹弦纹。口径24、残高16厘米（图三五，2）。

　　C 型　2件。夹砂褐陶。侈口，尖唇，领部稍低，广肩。肩以下饰绳纹。ⅡT51⑩：16，口径18、

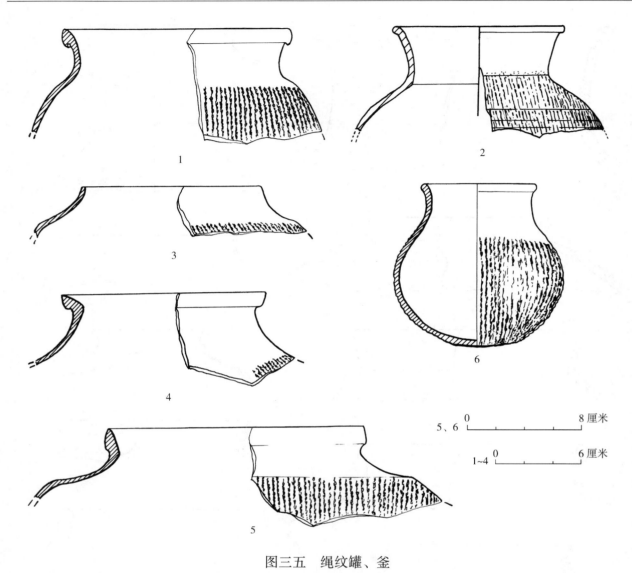

图三五　绳纹罐、釜

1、2. B 型绳纹罐（ⅠT11⑫：22、ⅠT24⑪：21）　3. A 型绳纹罐（ⅠT12⑫：24）　4、5. C 型绳纹罐（ⅡT51⑩：17、
ⅡT51⑩：16）　6. 釜（ⅠT15⑫：65）

残高 7 厘米（图三五，5）。ⅡT51⑩：17，口径 28、残高 12.8 厘米（图三五，4）。

　　釜　1 件。ⅠT15⑫：65，夹砂褐陶。侈口，圆唇，领部较高，球腹。腹部饰绳纹。口径 7.2、腹径 12、高 11.5 厘米（图三五，6；图版九，6）。

　　带耳罐　8 件。均残存口部，依其器形及耳部特征，分 3 型。

　　A 型　2 件。高领。依其肩部与耳部特征，分 2 式。

　　Ⅰ式　1 件。ⅠT15⑬：86，残存领部和肩部，夹砂灰陶。斜肩，肩部有鼻耳。器身有轮制留下的弦痕。残口径 27.6、残高 24.6 厘米（图三六，8）。

　　Ⅱ式　1 件。ⅡT29⑫：94，夹砂灰陶。直口，圆唇，外翻沿。肩部有桥形耳。饰成组的细绳纹。口径 38.8、残高 14.8 厘米（图三六，4）。

　　B 型　3 件。矮领，广肩。依其肩部和耳部特征，分 2 式。

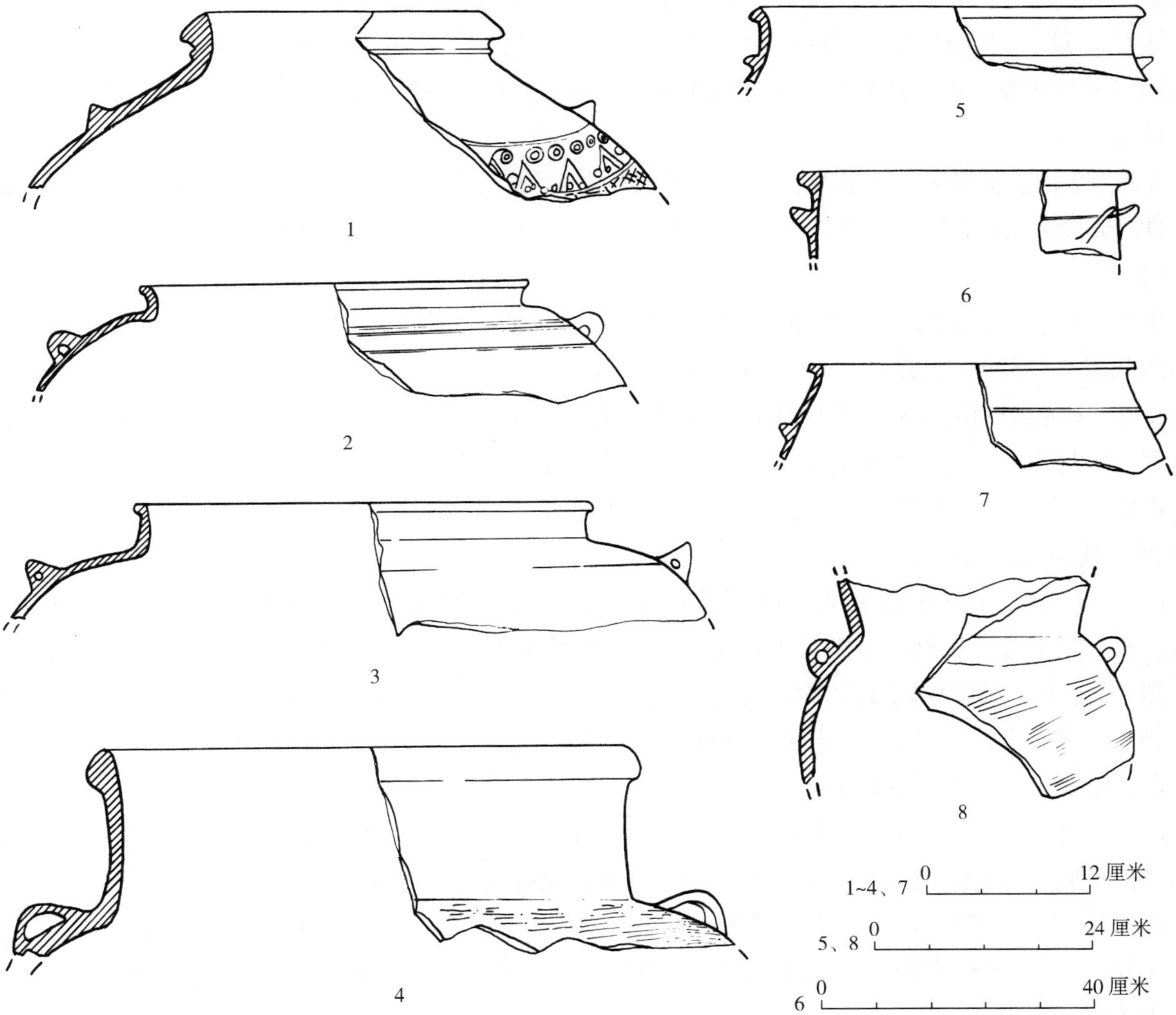

图三六　带耳罐

1. B 型Ⅱ式（ⅠT11⑫: 12）　2、3. B 型Ⅰ式（ⅠT17⑬: 36、ⅠT1⑬: 62）　4. A 型Ⅱ式（ⅡT29⑫: 94）　5、7. C 型Ⅱ式（ⅠT5⑫: 22、ⅠT17⑫: 32）　6. C 型Ⅰ式（ⅡT40⑬: 70）　8. A 型Ⅰ式（ⅠT15⑬: 86）

Ⅰ式　2 件。圆肩，鼻耳。IT17⑬: 36，夹砂灰陶。侈口，方唇，束颈。肩部有鼻耳。肩部饰三道凹弦纹。口径 28. 8、残高 8. 8 厘米（图三六，2）。IT1⑬: 62，夹砂灰陶。口微侈，外翻沿，圆唇，鼻耳在肩部。肩部饰一道凹弦纹。口径 34、残高 9. 6 厘米（图三六，3）。

Ⅱ式　1 件。斜肩，鋬耳。IT11⑫: 12，泥质灰陶。口微侈，外折沿，圆唇。肩下饰压印的圆圈纹和三角形划纹组成的图案。口径 20、残高 13 厘米（图三六，1）。

C 型　3 件。口微敛，斜肩或溜肩，鋬耳。依肩部特征，分 2 式。

Ⅰ式　1 件。肩斜直。IIT40⑬: 70，泥质灰陶。外折平沿，圆唇。口径 48、残高 12. 8 厘米（图三六，6）。

Ⅱ式　2 件。溜肩。IT17⑫: 32，夹砂褐陶。外折沿，圆唇。肩上饰一道凹弦纹。口径 24、残高

8.5 厘米（图三六，7）。IT5⑫:22，夹砂灰陶。外翻沿，圆唇。口径 42、残高 8 厘米（图三六，5）。

壶　25 件。均为器口沿。陶质主要是夹砂灰心褐皮陶，其次是夹砂褐陶，再次是泥质灰陶和夹砂灰陶，夹砂灰陶和泥质灰陶有外施黑色陶衣者。其主要特征是带耳，小口，高领。依其口部和耳的位置特征，分 7 型。

A 型　2 件。夹砂灰陶外施黑色陶衣，器形较大。敛口，圆唇，沿下外鼓，两鼻耳位于沿下外鼓处。IT23⑬:29，口径 15、残高 8.2 厘米（图三七，2）。IT19⑬:26，口径 12、残高 8.4 厘米（图三七，6）。

B 型　1 件。IT2⑬:20，泥质灰陶。器形较小，口略直，圆唇，两鼻耳位于沿下，耳上根部有一较高的凸棱。口径 8.4、残高 7.8 厘米（图三七，4）。

C 型　1 件。IT15⑬:85，泥质灰心褐皮陶。器形略小，口微敛，圆唇，沿下折而内收，两鼻耳位于沿下转折处下方，耳上根部有一较高凸棱。口径 13.2、残高 12.6 厘米（图三七，3）。

D 型　1 件。IIT40⑬:71，泥质灰陶。侈口，外折沿，圆唇，束颈，领部较低，两鼻耳位于沿下。口径 36、残高 8.5 厘米（图三七，1）。

E 型　13 件。夹砂褐陶 5 件，夹砂灰陶 2 件，夹砂灰心褐皮陶 6 件。器形略小，口微敛或略直，圆唇，双耳位置接近于器口。IIT50⑬:56，夹砂灰心褐皮陶。口微敛，鼻耳。口径 19.4、残高 15 厘米（图三七，5）。IIT29⑬:32，夹砂灰心褐皮陶。口微敛，鼻耳。口径 16、残高 13 厘米（图三八，7）。IT20⑫:25，夹砂灰陶。口略直，鼻耳。口径 15.6、残高 7.5 厘米（图三八，6）。IT20⑫:24，夹砂灰陶。口略直，鋬耳。口径 26、残高 8.5 厘米（图三八，5）。

F 型　4 件。器形较小，口微敛，圆唇，两鼻耳接近于器口。IT15⑫:88，泥质灰陶。外施黑色陶衣。口径 9.8、残高 5 厘米（图三八，8）。IT8⑬:46，泥质灰陶。外施黑色陶衣。口径 10、残高 3.2 厘米（图三八，3）。IT7⑫:123，夹砂灰心褐皮陶。敛口，圆唇。口径 14、残高 4.8 厘米（图三八，2）。

G 型　3 件。夹砂褐陶。口微敛，圆唇，两鼻耳位于器口下较远的位置，耳上根部有一较高的凸棱。IT16⑫:85，口径 11.6、残高 9.8 厘米（图三八，1）。IT6⑬:41，口径 14、残高 7 厘米（图三八，4）。

器耳　23 件。分桥形耳、鼻耳、鋬耳、贯耳 4 种。

桥形耳　9 件。IT8⑫:44，夹砂灰陶。耳上根部有 5 条划痕。耳宽 2.7、耳高 3.1 厘米（图三九，3）。IT8⑫:45，夹砂灰陶。耳宽 3.4、耳高 7 厘米（图三九，2）。IT16⑫:87，夹砂褐陶。耳上根部有篦点纹。耳宽 2.8、耳高 3.8 厘米（图三九，4）。IT7⑫:104，夹砂褐陶。耳上有“V”字形凹纹。耳宽 1.8～2.8、耳高 5.4 厘米（图三九，7）。IIT40⑬:68，夹砂灰陶。耳上有两道交叉划痕。耳宽 2.2、耳高 4.8 厘米（图四〇，1）。IT22⑬:32，夹砂灰陶。耳上有两道划痕。耳宽 2.8、耳高 4 厘米（图四〇，3）。

鼻耳　12 件。IT3⑬:18，夹砂灰陶。耳高 5、耳厚 1.3 厘米（图四〇，7）。IT7⑬:192，泥质灰陶。耳面内凹。耳高 3、耳厚 1.7 厘米（图三九，5）。IT13⑫:14，泥质灰陶。耳上有划纹。耳高 3、耳中部宽 0.8 厘米（图三九，1）。IT16⑫:88，夹砂灰陶。耳高 4、耳厚 0.5 厘米（图四〇，5）。IT7⑫:122，泥质灰陶。耳高 3、耳顶厚 1 厘米（图四〇，2）。IT7⑫:147，夹砂褐陶。耳高 3.4、耳顶厚 0.5 厘米（图四〇，4）。

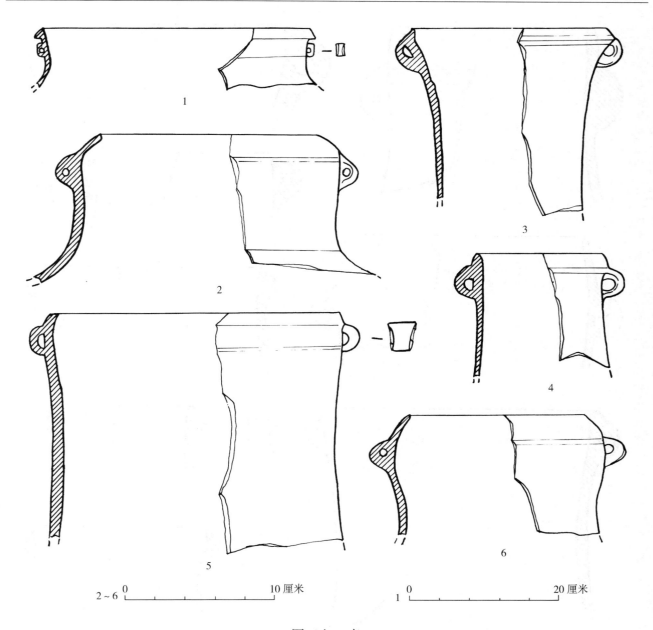

图三七　壶

1. D 型（ⅡT40⑬:71）　　2、6. A 型（ⅠT23⑬:29、ⅠT19⑬:26）　　3. C 型（ⅠT15⑬:85）　　4. B 型（ⅠT2⑬:20）
5. E 型（ⅡT50⑬:56）

　　錾耳　1 件。ⅠT7⑫:125，夹砂灰陶。耳中部内凹。耳宽 2.4、厚 2.1 厘米（图四〇，6）。

　　贯耳　1 件。ⅠT7⑫:120，夹砂灰陶。耳横宽 3.6、耳顶厚 1.2 厘米（图三九，6）。

　　盆　44 件。均为器口。依据器身装饰、器口与器腹的不同，分 5 型。

　　A 型　21 件。以夹砂褐陶为主，其次是夹砂灰陶，器表以灰色为主，其次是褐色。敞口、斜腹略直。器身和沿外饰细绳纹，个别饰篦点纹。ⅡT29⑬:95，夹砂褐陶，器表褐色。口径 48、残高 8.5 厘米（图四一，1）。ⅠT7⑬:127，夹砂褐陶，器表呈灰色。口径 50、残高 13.5 厘米（图四一，3）。ⅠT19⑬:34，夹砂褐陶，器表呈灰色。口沿外侧饰稀疏的绳纹，器身饰篦点纹。口径 41.5、残高 13.5

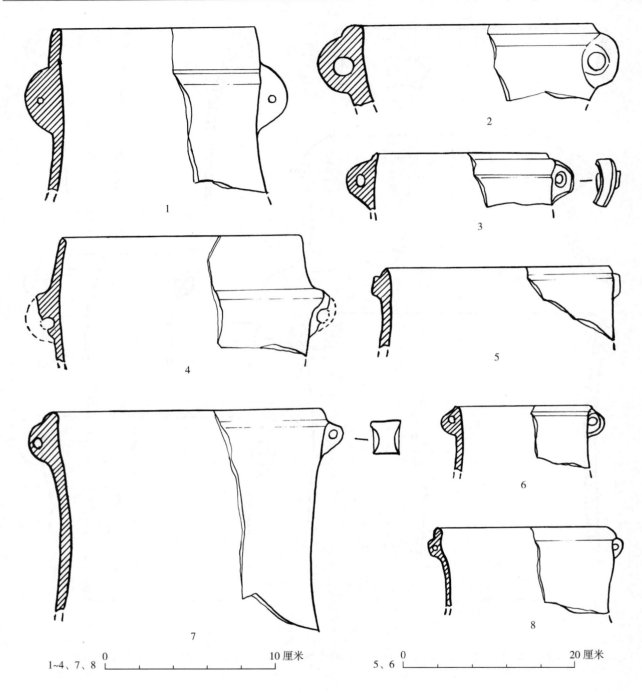

图三八 壶

1、4. G 型（ⅠT16⑫∶85、ⅠT6⑬∶41） 2、3、8. F 型（ⅠT7⑫∶123、ⅠT8⑬∶46、ⅠT15⑫∶88）
5～7. E 型（ⅠT20⑫∶24、ⅠT20⑫∶25、ⅡT29⑬∶32）

厘米（图四一，2）。ⅠT7⑬∶140，夹砂褐陶，器表呈褐色。口径 44.5、残高 8 厘米（图四一，5）。
ⅡT29⑬∶103，夹砂灰陶，器表呈灰色。口径 42、残高 12 厘米（图四一，7）。ⅠT8⑫∶74，夹砂褐陶，
器表呈灰色。口径 35、残高 9.5 厘米（图四一，4）。

B 型　5 件。侈口，束颈，弧腹。沿外拍印绳纹装饰。ⅠT15⑬∶97，夹砂灰陶。口径 26.4、腹径

图三九　器耳

1、5. 鼻耳（ⅠT13⑫:14、ⅠT7⑬:192）　2～4、7. 桥形耳（ⅠT8⑫:45、ⅠT8⑫:44、ⅠT16⑫:87、ⅠT7⑫:104）
6. 贯耳（ⅠT7⑫:120）

30、残高8厘米（图四一，12）。IT16⑫:121，夹砂褐陶，器表呈灰色。口径50、腹径53.6、残高8.8厘米（图四一，11）。IT19⑬:30，夹砂褐陶，器表呈灰色。口径51、腹径50、残高8.5厘米（图四一，6）。IT8⑫:50，夹砂褐陶，器表呈灰色。口径36.8、腹径38、残高11厘米（图四一，8）。

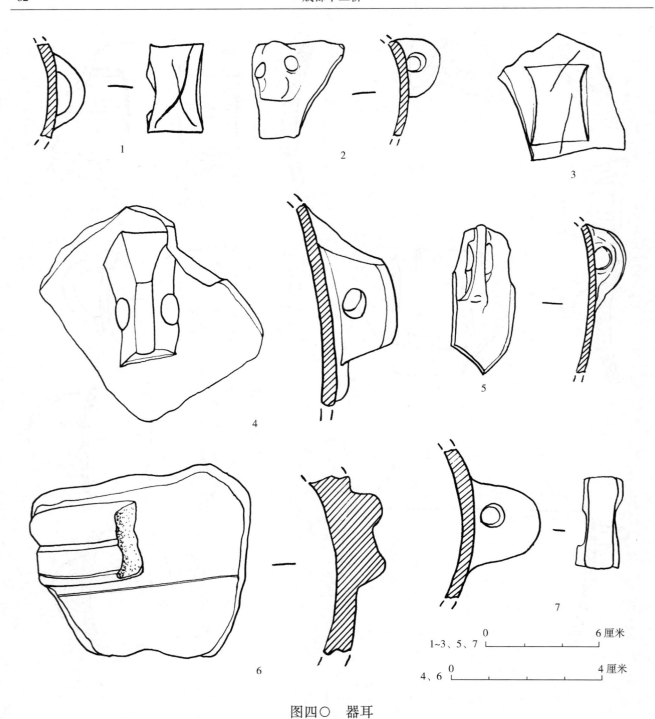

图四〇　器耳

1、3. 桥形耳（ⅡT40⑬：68、ⅠT22⑬：32）　　2、4、5、7. 鼻耳（ⅠT7⑫：122、ⅠT7⑫：147、ⅠT16⑫：88、ⅠT3⑬：18）
6. 錾耳（ⅠT7⑫：125）

C 型　10 件。口略直，深直腹。无绳纹装饰，个别有附加堆纹。ⅡT43⑩：96，夹砂灰陶。沿外翻，圆唇，斜直腹。口径 46、残高 11. 2 厘米（图四一，9）。ⅡT43⑪：81，夹砂褐陶。沿外翻，方唇，斜直腹。口径 16、残高 7. 2 厘米（图四一，10）。ⅡT50⑪：81，夹砂灰陶。沿外折，方唇，斜直腹，腹壁呈波浪形。口径 44、残高 16. 4 厘米（图四二，7）。ⅠT20⑫：42，夹砂褐陶。沿外翻，圆唇，腹

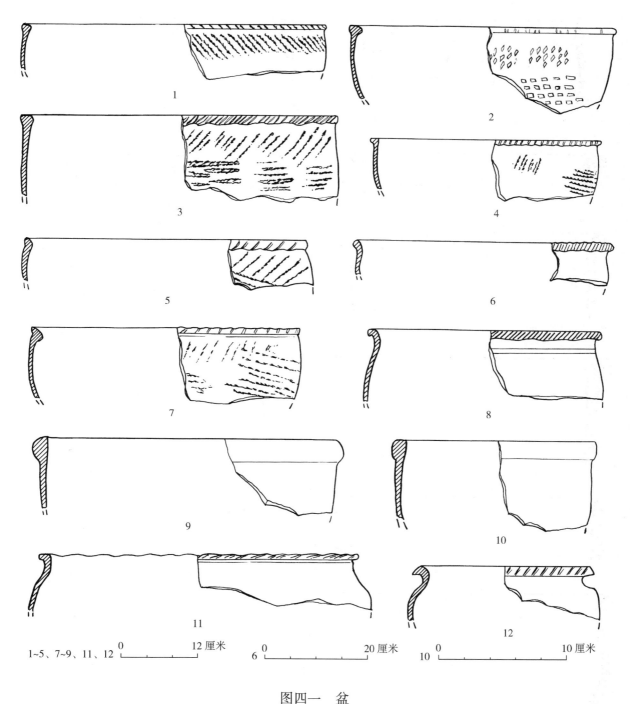

图四一　盆

1～5、7. A 型（ⅡT29⑬：95、ⅠT19⑬：34、ⅠT7⑬：127、ⅠT8⑫：74、ⅠT7⑬：140、ⅡT29⑬：103）　6、8、11、12. B
型（ⅠT19⑬：30、ⅠT8⑫：50、ⅠT16⑫：121、ⅠT15⑬：97）　9、10. C 型（ⅠT43⑩：96、ⅡT43⑪：81）

略斜直。腹部有一周附加堆纹。口径54、残高12.5厘米（图四二，9）。ⅡT53⑬：72，夹砂灰心褐皮
陶。外折宽沿，斜直腹。口径32、残高12厘米（图四二，10）。ⅠT20⑫：43，夹砂褐陶。沿外翻，圆唇，
腹略斜直。腹上部有一周凸弦纹。口径42、残高9厘米（图四二，12）。

D型　4件。口微敛，弧腹稍浅，部分有弦纹。ⅠT7⑬：135，夹砂褐陶。外折宽沿，弧腹。口径38、

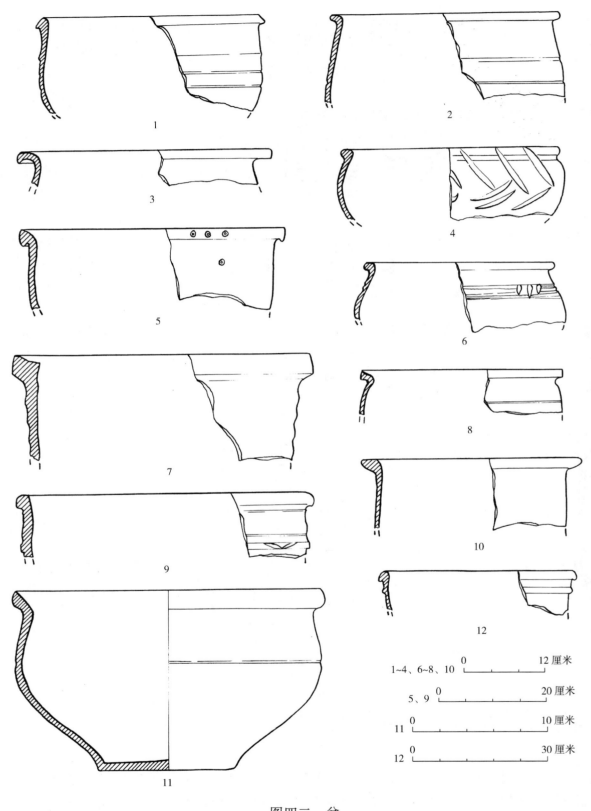

图四二　盆

1、2、4、6. E 型（ⅠT16⑫：138、ⅡT40⑫：99、ⅡT43⑩：102、ⅡT43⑩：103）　　3、5、8、11. D 型（ⅠT7⑬：135、ⅠT20⑫：22、ⅠT39⑫：86、ⅠT11⑫：13）　　7、9、10、12. C 型（ⅡT50⑪：81、ⅠT20⑫：42、ⅡT53⑬：72、ⅠT20⑬：43）

残高 5.2 厘米 (图四二, 3)。ⅡT20⑫: 22, 夹砂灰陶。侈口, 尖唇, 沿外翻, 沿外和腹部有用管状物戳印的圆圈纹, 陶片上能见到沿外 3 个, 腹部 1 个。口径 49.5、残高 15 厘米 (图四二, 5)。ⅠT11⑫: 13, 泥质灰陶。侈口, 尖唇, 束颈, 弧腹。腹中上部饰凹弦纹一道。口径 22.8、底径 10.1、高 13.4 厘米 (图四二, 11)。ⅡT39⑫: 86, 夹砂灰陶。侈口, 束颈, 方唇, 弧腹。腹部有一周凹弦纹。口径 30、残高 6.8 厘米 (图四二, 8)。

E 型　4 件。敛口, 弧腹较浅。多有弦纹装饰。ⅡT40⑬: 99, 夹砂褐陶, 器表呈灰色。沿外折, 圆唇, 弧腹。腹部有两道凹弦纹。口径 34、腹径 36、残高 12.8 厘米 (图四二, 2)。ⅠT16⑫: 138, 夹砂灰陶。沿外折, 圆唇, 弧腹。腹部饰三道凹弦纹。口径 32、腹径 33.2、残高 14.4 厘米 (图四二, 1)。ⅡT43⑩: 103, 泥质灰陶。敛口, 沿外折, 圆唇, 弧腹较鼓, 最大径在腹部。肩部饰三道凹弦纹, 残存 3 个一组的坑点状戳印纹。口径 28、腹径 31.6、残高 10.4 厘米 (图四二, 6)。ⅡT43⑩: 102, 夹砂褐陶, 器表呈灰褐色。圆唇, 外折沿, 弧腹。腹部至沿外饰压印的条状纹。口径 32、腹径 33.6、残高 10.8 厘米 (图四二, 4)。

尊形器　7 件。均为器口。依其口部和肩部特征, 分 2 型。

A 型　6 件。喇叭形大敞口, 束颈, 高领, 口沿下还有一沿。ⅠT24⑬: 91, 夹砂褐陶。口径 44、残高 6 厘米 (图四三, 1)。ⅠT8⑬: 41, 夹砂褐陶。口径 24.4、残高 4.8 厘米 (图四三, 2)。ⅠT23⑫: 34,

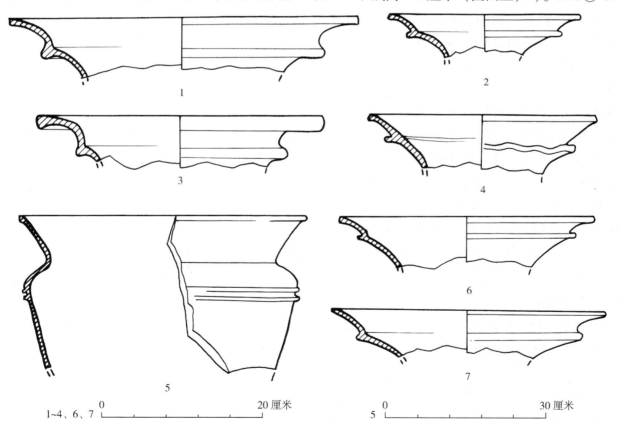

图四三　尊形器

1~4、6、7. A 型 (ⅠT24⑬: 91、ⅠT8⑬: 41、ⅡT43⑩: 97、ⅠT23⑫: 34、ⅠT1⑫: 61、ⅠT20⑫: 33)
5. B 型 (ⅠT24⑫: 5)

夹砂褐陶。下沿呈波浪形。口径 28.8、残高 7.6 厘米（图四三，4）。IT1⑫：61，夹砂褐陶，器表内褐外黑。口径 32.4、残高 6 厘米（图四三，6）。IT20⑫：33，泥质灰陶。口径 34.8、残高 6 厘米（图四三，7）。IIT43⑩：97，夹砂灰陶。唇沿较平。口径 36.4、残高 6 厘米（图四三，3）。

B 型　1 件。IT24⑫：5，夹砂灰陶。喇叭形敞口，领部较 I 型低，圆折肩。肩部饰两道较高凸的弦纹。口径 54、肩径 45.6、残高 30 厘米（图四三，5）。

器底　数量较多，选取有代表性的标本介绍。依据底的大小，分 2 型。

A 型　底稍大。IT5⑫：48，夹砂褐陶。器身饰细绳纹。底径 11.4、残高 9.8 厘米（图四四，7；图版一〇，1）。IT22⑫：26，夹砂褐陶。底径 7、残高 10.6 厘米（图四四，5）。IT15⑫：54，夹砂褐陶。底径 8.6、残高 13 厘米（图四四，6）。IT14⑫：30，夹砂褐陶。底径 7.4、残高 3 厘米（图四四，4；图版一〇，2）。

B 型　底较小。IT2⑫：8，夹砂褐陶。底径 6.6、残高 10.6 厘米（图四四，3；图版一〇，3）。IIT40⑬：62，泥质灰陶。底径 6、残高 17.6 厘米（图四四，1；图版一〇，4）。IT14⑫：31，夹砂褐陶。底径 3.6、残高 10 厘米（图四四，2）。

瓶　16 件。依其外形特征，分 3 型。

A 型　13 件。喇叭状敞口，细颈，深直腹，平底。依其腹部特征，分 4 个亚型。

Aa 型　10 件。腹部上小下大，最大径在底部。IT19⑬：14，夹砂灰陶，泥条盘筑，慢轮修整，器表有修整时留下的弦痕。圆唇，颈部很细。肩部有一周戳压斜向的条纹。口径 3.9、底径 5.2、高 13 厘米（图四五，4）。IT7⑫：107，夹砂灰陶。口径 2.5、残高 3.6 厘米（图四五，1）。IT14⑫：9，夹砂灰陶。口径 3、残高 4.2 厘米（图四五，6）。IIT38⑫：79，夹砂灰陶。圆唇，口径与底径相若。口径 5.8、底径 5.8、高 13.2 厘米（图四五，11）。IT24⑫：51，夹砂灰陶。口部残，器表有轮制留下的弦痕，下腹折内收，最大径在转折处。残口径 3.1、最大径 6.4、底径 5、残高 13.1 厘米（图四五，10；图版一〇，5）。IT8⑫：34，口部残，夹砂灰陶。器表有轮制留下的弦痕。肩径与底径相若，器腹呈波浪形。肩部有一凸棱，凸棱上有戳压的斜向条纹。残口径 4.4、底径 4.9、残高 11.3 厘米（图四五，9；图版一〇，6）。IT15⑫：76，口部残，夹砂褐陶，器表呈灰黑色。肩部有轮制留下的弦痕。残口径 3.2、底径 4.5、残高 11.4 厘米（图四五，5；图版一一，1）。

Ab 型　1 件。IT22⑬：12，夹砂灰陶，口残。泥条盘筑，慢轮修整，器表有慢轮修整时留下的弦痕。折肩，最大径在肩部。肩部有两道凹弦纹。残口径 2.7、肩径 6.6、底径 4.6、残高 12 厘米（图四五，2；图版一一，2）。

Ac 型　1 件。IT3⑬：17，残存器下半部，夹砂褐陶，器表呈黑色。上腹小，下腹大，下腹折内收，最大径在折处。最大径 5.7、底径 5.5、残高 5.5 厘米（图四五，7；图版一一，3）。

Ad 型　1 件。IT18⑫：9，夹砂灰陶。器身低矮，领部相对较高，口较大，最大径在口部。口径 4.16、底径 4、高 6.5 厘米（图四五，3；图版一一，5）。

B 型　2 件。高领，下腹外鼓。依腹部特征，分 2 式。

I 式　1 件。IT2⑬：10，夹砂褐陶，领部残。下腹斜直，腹部有两耳残。残口径 4.2、底径 4、最大腹径 6、残高 7.1 厘米（图四五，8）。

II 式　1 件。IT5⑫：13，口部残，泥质灰陶。下腹呈瓜棱状。残口径 6.6、底径 3.4、最大腹径

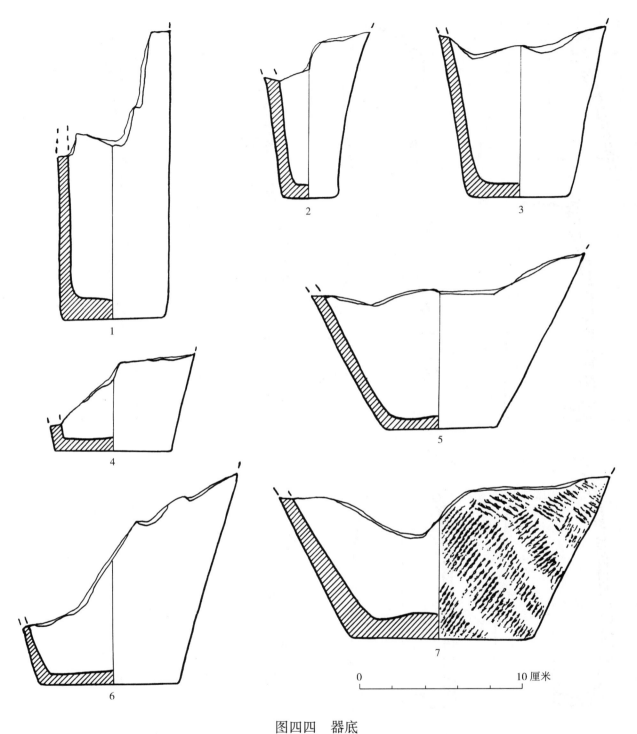

图四四　器底

1～3. B 型（ⅡT40⑬: 62、ⅠT14⑫: 31、ⅠT2⑫: 8）　4～7. A 型（ⅠT14⑫: 30、ⅠT22⑫: 26、ⅠT15⑫: 54、ⅠT5⑫: 48）

5. 7、残高 8. 6 厘米（图四五，12；图版一一，4）。

　　C 型　1 件。IT22⑬: 25，口部残，细泥灰陶，器壁很薄。直领，扁球腹，喇叭状圈足。残口径 3、腹径 6. 8、圈足径 3. 5、残高 7 厘米（图四五，13；图版一一，6）。

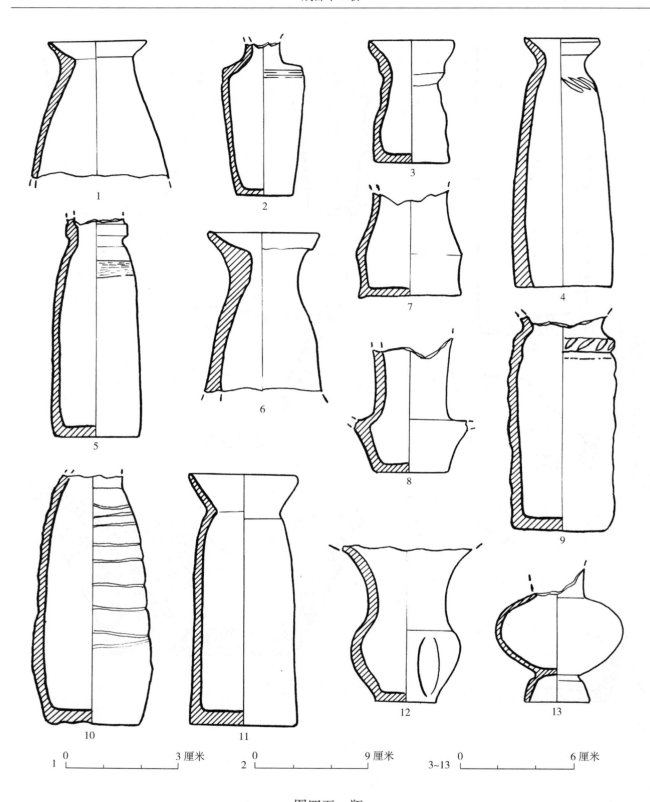

图四五　瓶

1、4～6、9～11. Aa 型（Ⅰ T7⑫：107、Ⅰ T19⑬：14、Ⅰ T15⑫：76、Ⅰ T14⑫：9、Ⅰ T8⑫：34、Ⅰ T24⑫：51、Ⅱ T38⑫：79）
2. Ab 型（Ⅰ T22⑬：12）　3. Ad 型（Ⅰ T18⑫：9）　7. Ac 型（Ⅰ T3⑬：17）　8. b 型Ⅰ式（Ⅰ T2⑬：10）　12. B 型Ⅱ式
（Ⅰ T5⑫：13）　13. C 型（Ⅰ T22⑬：25）

钵 6件。依据口部和底部的特征，分3型。

A型 2件。口微敛，沿外折，束颈，弧腹，有矮圈足。依据腹部差异，分2式。

Ⅰ式 1件。ⅠT9⑬:6，泥质陶，陶色褐黑相杂。中腹外鼓。口径12、底径7.2、高5.1厘米（图四六，1；图版一二，1）。

Ⅱ式 1件。ⅡT29⑪:78，夹砂褐陶，器表呈灰黑色。上腹外鼓。口径17.2、底径7.8、高7厘米（图四六，5）。

B型 3件。敞口，沿较直，弧腹，平底或底内凹。依据口部和底部差异，分3式。

Ⅰ式 1件。ⅡT29⑬:77，泥质红褐陶，器表呈灰色。腹壁略呈波浪形，平底。口径13.4、底径10.4、高6.2厘米（图四六，2；图版一二，2）。

Ⅱ式 1件。ⅠT11⑫:14，泥质红褐陶，器表呈灰黑色。底部略内凹。口径12.4、底径7、高6.6厘米（图四六，4；图版一二，3）。

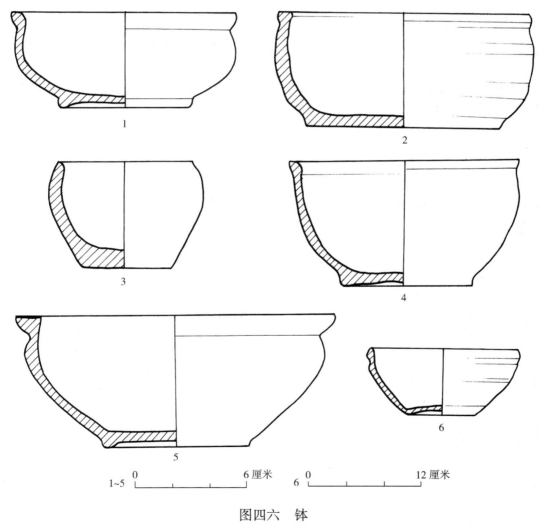

图四六 钵

1. A型Ⅰ式（ⅠT9⑬:6）　2. B型Ⅰ式（ⅡT29⑬:77）　3. C型（ⅠT2⑫:8）
4. B型Ⅱ式（ⅠT11⑫:14）　5. A型Ⅱ式（ⅡT29⑪:78）　6. B型Ⅲ式（ⅠT15⑫:66）

Ⅲ式　1件。IT15⑫：66，泥质红褐陶，器表呈灰色。底部内凹较甚，腹部饰一道凹弦纹。口径16、底径5.8、高7厘米（图四六，6；图版一二，4）。

C型　1件。IT2⑫：8，泥质褐陶，器表呈灰色。敛口，圆唇，弧腹，肩外鼓，平底，最大径在肩部。口径7.4、底径4.9、高5.7厘米（图四六，3；图版一二，5）。

盘　8件。依据口沿和腹部特征，分4型。

A型　4件。外折沿，依据其腹部特征，分2式。

Ⅰ式　2件。腹略直。IT7⑬：93，夹砂褐陶，器表呈灰色。圆唇，腹部有两道凹弦纹。口径20.5、底径15.6、高5.2厘米（图四七，1；图版一二，6）。IT22⑬：16，夹砂褐陶。圆唇，下腹外折。口径16、底径12.8、高3.2厘米（图四七，4；图版一三，1）。

Ⅱ式　2件。弧腹。ⅡT29⑫：93，夹砂褐陶，器表呈灰色。口径19.6、底径14、高4厘米（图四七，8；图版一三，2）。IT4⑫：13，夹砂褐陶，器表呈灰黑色。器形较大，浅盘。口径39.2、底径34.4、高4.8厘米（图四七，5）。

B型　2件。斜直腹。依据口部和腹部特征，分2式。

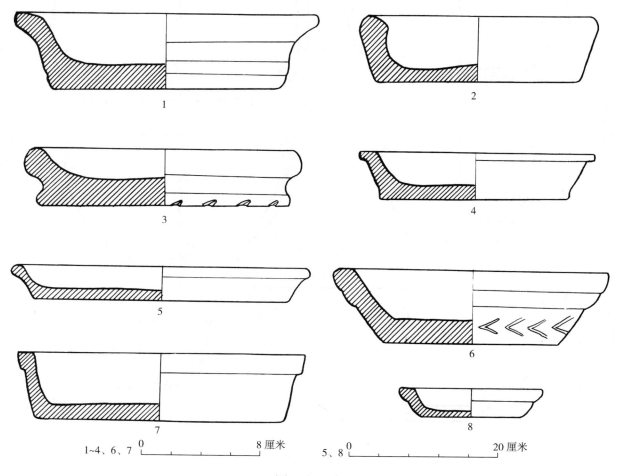

图四七　盘

1、4. A型Ⅰ式（ⅠT7⑬：93、ⅠT23⑬：16）　2. C型（ⅠT17⑫：19）　3. D型（ⅡT39⑫：28）　5、8. A型Ⅱ式
（ⅠT4⑫：13、ⅡT29⑫：93）　6. B型Ⅰ式（ⅡT50⑬：63）　7. B型Ⅱ式（ⅠT7⑫：92）

Ⅰ式　1件。IIT50⑬:63，夹砂褐陶，器表呈灰色。敞口，外翻沿，圆唇，腹下收较甚。腹部有戳印的横向曲折纹一周。口径18.2、底径11.7、高5厘米（图四七，6；图版一三，3）。

Ⅱ式　1件。IT7⑫:92，夹砂褐陶，器表呈灰色。敞口，外翻沿，方唇，下腹略内收。口径19.4、底径16.8、高4.6厘米（图四七，7；图版一三，4）。

C型　1件。IT17⑫:19，夹砂褐陶。直敞口，厚圆唇，斜直腹。口径15.2、底径14、高4.4厘米（图四七，2；图版一三，5）。

D型　1件。IIT39⑫:28，夹砂褐陶，器表呈灰黑色。敞口，厚圆唇，浅腹，腹中部内束形成假圈足。足缘有戳压凹纹一周。口径17.8、底径16.8、高4厘米（图四七，3；图版一三，6）。

觚　4件。依据底部的不同，分2型。

A型　3件。平底。口部均残，喇叭状敞口，腰内束，深腹。IT22⑬:29，细泥灰陶，外施黑色陶衣。下腹饰两周凸弦纹。底径7.6、残高15.6厘米（图四八，7；图版一四，1）。IT7⑫:84，夹砂灰陶。底径7.5、残高16.5厘米（图四八，3）。IIT39⑫:58，夹砂灰陶。底径6.2、残高11厘米（图四八，1）。

B型　1件。IT15⑫:5，泥质红褐陶。喇叭形敞口，腹呈直筒状，圈足。腹中部饰两道凸弦纹。残口径9、底径6.2、残高20.4厘米（图四八，2；彩版一五，1）。

平底杯　3件。口部均残，器身瘦高。依据器身的特征，分2式。

Ⅰ式　2件。喇叭状敞口，斜直腹较深，底内凹。IT4⑬:21，夹砂褐陶，器表呈灰色。残口径8、底径4、残高9.1厘米（图四八，6）。IT19⑬:29，夹砂褐陶，器表呈灰色。残口径9、底径4.8、残高10.4厘米（图四八，4；图版一四，2）。

Ⅱ式　1件。IT14⑫:29，夹砂褐陶。近底处腹外鼓，平底。底径5.6、残高4.8厘米（图四八，5；图版一四，3）。

圈足杯　1件。IIT50⑬:9泥质灰陶，外施黑色陶衣。侈口，尖唇，斜肩，鼓腹，肩部呈波浪形，小圈足，最大径在腹中部。口径6.3、最大径8.1、圈足径2.4、高5.2厘米（图四九，7；图版一四，4）。

尖底杯　263件。根据器物大小和外形特征，分3型。

A型　251件。以细泥灰陶为主，少量细泥褐陶，外施黑色陶衣，器壁极薄。依据器腹特征，可分为2个亚型。

Aa型　31件。折腹，小底，器腹转折处明显外凸，从器腹折处将器身分为上腹与下腹，上腹较直，下腹斜内收，器身较胖。依据上腹的高矮与器身的胖瘦，可分2式。

Ⅰ式　7件。上腹较矮，器身矮胖。IIT49⑬:14，细泥灰陶。最大径在口部。口径11.5、底径1.8、高9.3厘米（图四九，1；图版一四，5）。IIT29⑫:105，细泥灰陶，底部残。腹部转折处饰凸弦纹一周，最大径在腹转折处。口径10.4、最大径11.6、残高8.2厘米（图四九，9）。IIT50⑬:6，细泥褐陶。最大径在口部。口径10.7、底径2、高11厘米（图四九，2；图版一四，6）。IIT50⑬:7，细泥灰陶。最大径在口部。口径9.2、底径1.8、高9厘米（图四九，8；图版一五，1）。

Ⅱ式　24件。器身较Ⅰ式瘦高，上腹较Ⅰ式深。IIT50⑬:8，细泥褐陶。上腹呈波浪形，最大径在腹转折处。口径10.6、最大腹径11.4、底径2、高11.5厘米（图四九，6；彩版一五，2）。IIT50⑫:5，细泥灰陶。口径与最大腹径相若。口径10.1、底径1.8、高11.7厘米（图四九，4；图版

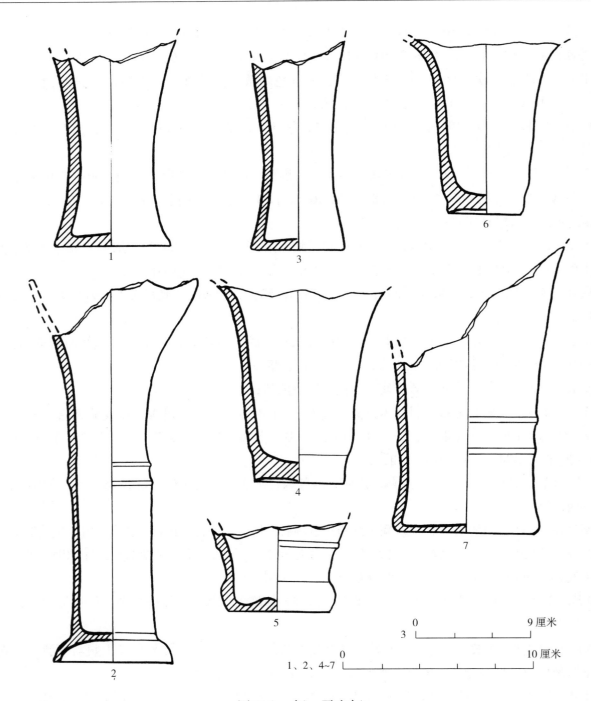

图四八　觚、平底杯

1、3、7. A 型觚（ⅡT39⑫: 58、ⅠT7⑫: 84、ⅠT22⑬: 29）　2. B 型觚（ⅠT15⑫: 5）　4、6. Ⅰ式平底杯
（ⅠT19⑬: 29、ⅠT4⑬: 21）　5. Ⅱ式平底杯（ⅠT14⑫: 29）

一五，2）。ⅡT50⑬: 22，细泥灰陶。上腹呈波浪形，口径与最大腹径相若。口径 10.2、底径 2、高
9.6 厘米（图四九，5）。ⅡT50⑫: 4，细泥灰陶。口径 10.4、底径 1.7、高 10.7 厘米（图四九，3；彩
版一五，3）。

Ab 型　220 件。折腹或弧腹，小底或尖底。仅 5 件完整，其余均残。陶质以细泥灰陶为主，个

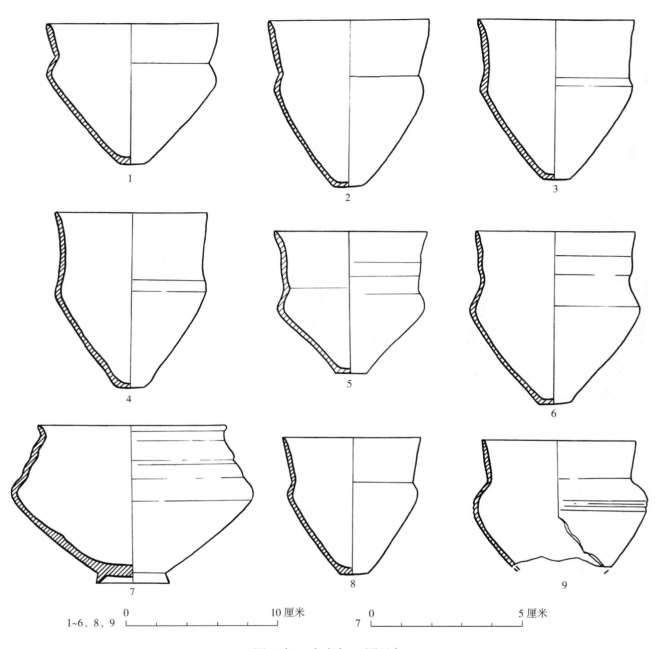

图四九　尖底杯、圈足杯

1、2、8、9. Aa 型 I 式尖底杯（Ⅱ T49⑬: 14、Ⅱ T50⑬: 6、Ⅱ T50⑬: 7、Ⅱ T29⑫: 105）　3～6. Aa 型 Ⅱ 式尖底杯（Ⅱ T50⑫: 4、Ⅱ T50⑫: 5、Ⅱ T50⑬: 22、Ⅱ T50⑬: 8）　7. 圈足杯（Ⅱ T50⑬: 9）

别为细泥褐陶，均外施黑色陶衣，器壁极薄。依据腹部与底部特征，分 4 式。

I 式　90 件。无完整器，口大，往下渐收，近底处折而急收，小底。IT2⑬: 1，细泥灰陶。腹微曲，下腹有轮制留下的弦痕。残腹径 7.4、底径 1.2、残高 13 厘米（图五〇，1；图版一五，3）。IT1⑬: 69，细泥灰陶。腹部微曲，下腹有轮制留下的弦痕。残腹径 8.3、底径 1.3、残高 9.6 厘米（图五〇，5）。IT7⑫: 31，细泥灰陶。腹壁略直。残腹径 7.6、底径 1.8、残高 12.5 厘米（图五〇，3；图版一五，4）。IT1⑫: 19，细泥灰陶。残腹径 8.8、底径 0.8、残高 9.3 厘米（图五〇，4）。IT1⑬: 24，细泥灰

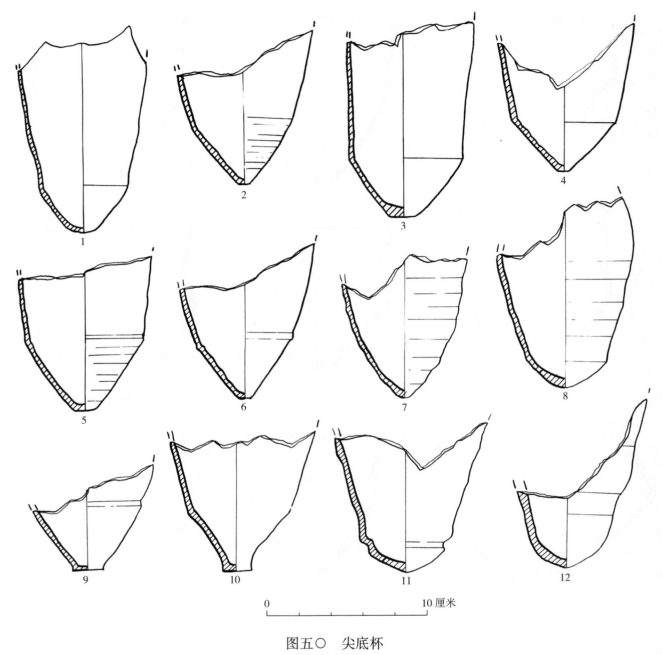

图五〇　尖底杯

1～6、9、10. Ab 型 I 式（Ⅰ T2⑬：1、Ⅰ T1⑫：24、Ⅰ T7⑫：31、Ⅰ T1⑫：19、Ⅰ T1⑬：69、Ⅰ T1⑬：18、Ⅰ T7⑫：34、Ⅰ T7⑫：63）
7、8、11、12. Ab 型 Ⅱ 式（Ⅰ T7⑫：12、Ⅰ T7⑫：24、Ⅱ T38⑫：37、Ⅱ T38⑫：46）

陶。残腹径 9.4、底径 0.7、残高 9.6 厘米（图五〇，2）。I T1⑬：18，细泥灰陶。下腹折处为一凸棱。残腹径 8.8、底径 0.8、残高 9.8 厘米（图五〇，6）。I T7⑫：34，细泥灰陶。下腹折处内凹。残腹径 8、底径 1.8、残高 6.8 厘米（图五〇，9）。I T7⑫：63，细泥灰陶。残腹径 9、底径 1.8、残高 9 厘米（图五〇，10）。

Ⅱ式　69 件。2 件完整，其余均残，基本上为细泥灰陶。其主要特征是上大下小，器身略矮胖，腹上部微鼓，器壁呈大波浪形，尖底，最大径近口部。Ⅱ T30⑫：3，敛口，尖唇。口径 7.4、最大径

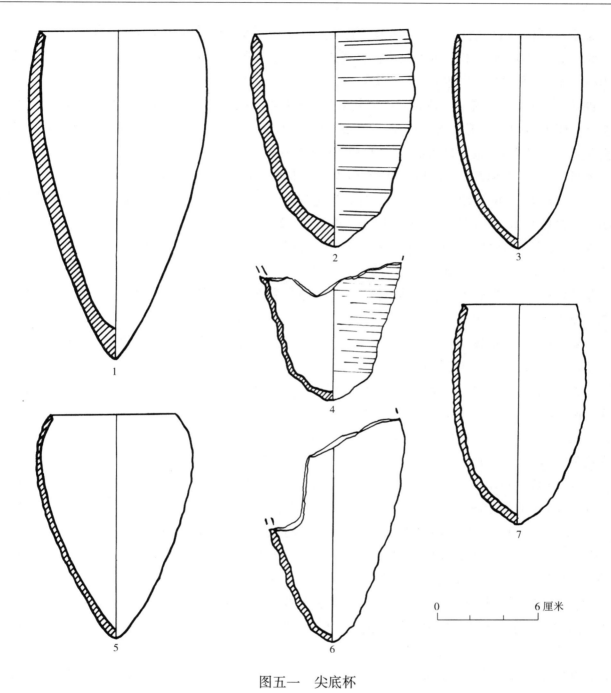

图五一　尖底杯

1. Ab 型Ⅲ式（ⅡT38⑫:47）　2、4~6. Ab 型Ⅱ式（ⅡT38⑫:36、ⅡT38⑫:43、ⅡT30⑫:3、ⅡT38⑫:45）
3、7. Ab 型Ⅳ式（ⅡT50⑪:2、ⅡT30⑪:1）

9.3、高 13.2 厘米（图五一，5）。ⅡT38⑫:36，口微敛，尖唇。口径 9.2、最大径 9.7、高 12.8 厘米（图五一，2；彩版一五，4）。ⅡT38⑫:45，口部残。残腹径 8、残高 13 厘米（图五一，6）。ⅡT38⑫:43，残腹径 8.6、残高 8.2 厘米（图五一，4）。ⅡT38⑫:46，残腹径 9.2、残高 10.8 厘米（图五〇，12）。ⅡT38⑫:37，残腹径 10、残高 9.4 厘米（图五〇，11）。ⅠT7⑫:24，最大腹径 8.4、残高 11.6 厘米（图五〇，8）。ⅠT7⑫:12，残腹径 7.6、残高 8.6 厘米（图五〇，7）。

Ⅲ式 4件。1件完整，其余均较残。其主要特征是上大下小，较Ⅱ式瘦高，最大径近口部，下腹急收，尖底。ⅡT38⑫：47，细泥灰陶。口微敛，尖唇，整器呈上大下小的三角状。口径9.4、最大径10.6、高19.5厘米（图五一，1；图版一五，5）。

Ⅳ式 57件。2件完整，其余均残。其主要特征是器身稍小，敛口，尖唇，弧腹，尖底，整器呈弹头状。ⅡT30⑪：1，细泥灰陶。口径6.8、最大径8厘米、高13.2厘米（图五一，7）。ⅡT50⑪：2，细泥灰陶。口径7.4、最大径7.8、高12.6厘米（图五一，3）。

B型 3件。器形很小，敞口，折腹，尖底。依据腹部特征，分3式。

Ⅰ式 1件。ⅠT6⑬：12，细泥灰陶，外施黑色陶衣，器壁较薄。圆唇，口沿下微束，最大径在腹转折处。口径6.2、最大径6.6、高5厘米（图五二，5；图版一五，6）。

Ⅱ式 1件。ⅡT43⑫：10，细泥灰陶，外施黑色陶衣，器壁较薄。上腹斜直，方唇。口径5.9、高4.1厘米（图五二，9；图版一六，1）。

Ⅲ式 1件。ⅡT40⑫：63，口残，泥质灰陶，器壁稍厚。上腹微曲，最大径在口部。残口径4.4、高3.3厘米（图五二，8）。

C型 9件。器形较小，多为泥质陶，个别为夹砂陶。均为手制，然后慢轮修整，器壁较厚。器物外形似陀螺状，尖底。依其口部、腹部特征，分3式。

Ⅰ式 1件。ⅠT17⑬：7，泥质褐陶，器表粗糙。口微侈，圆唇，短颈，折肩，最大径在肩部。口径5、肩径6.3、高5.2厘米（图五二，2）。

Ⅱ式 1件。ⅠT22⑫：11，泥质灰陶。敛口，圆唇，颈部不明显，圆肩，下腹中部略内弧，最大径在肩部。口径6.4、肩径8.4、高6.9厘米（图五二，4；图版一六，2）。

Ⅲ式 7件。口微侈，圆唇，颈部稍高，弧腹，最大径在肩部。ⅠT7⑫：77，泥质灰陶。口径4.6、肩径6、高5.3厘米（图五二，3；图版一六，3）。ⅠT5⑫：9，泥质灰陶。口径5.1、肩径6.6、高5.2厘米（图五二，10）。ⅡT29⑫：108，泥质红陶，外施黑色陶衣。口径6.2、肩径6.6、高5.2厘米（图五二，7）。ⅠT16⑫：55，泥质褐陶。口径4.8、肩径6.8、高5.4厘米（图五二，6）。Ⅰ采：8，泥质褐陶。口径6.2、肩径7.2、高5.7厘米（图五二，1）。

尖底盂 14件。均为泥质灰陶，手制，器形多不规整，较粗糙。器形很小，敞口或敛口，宽沿外折，圆唇，弧腹，尖底，倒过来如一宽沿帽形。ⅡT30⑬：9，口唇较厚，沿面有一周细小凹槽。口径6.8（以口沿为准，下同）、高2.7厘米（图五三，2；图版一六，4）。ⅠT7⑫：73，沿面略向内倾斜，器壁较厚。口径8.2、高4.4厘米（图五三，5）。ⅠT36⑫：22，器身制作随意，不规整。口径8.2、高4.8厘米（图五四，3）。ⅠT22⑫：5，器壁较厚，沿面向内倾斜，有一浅凹槽。口径7.6、高4.1厘米（图五三，3；图版一六，5）。ⅡT39⑫：20，沿面平，上有一周浅凹槽。口径5.6、高2.3厘米（图五三，4）。ⅠT6⑫：49，沿面向内倾斜。口径10、高4.6厘米（图五四，2）。ⅡT38⑪：33，器壁较厚，沿面平，上有一周浅凹槽。口径5.6、高2.9厘米（图五四，5）。ⅡT43⑪：121，沿面平，上有一周浅凹槽。口径5.9、高2.7厘米（图五四，4）。ⅡT43⑪：91，沿特宽，向内倾斜。口径10、残高4.3厘米（图五四，1）。ⅡT53⑩：69，器壁较厚，沿宽而平，上有一周浅凹槽。口径5.5、高2.1厘米（图五三，6；图版一六，6）。ⅡT52⑩：39，口径6、高3厘米（图五三，1；图版一七，1）。

尖底盏 24件。均为泥条盘筑，慢轮修整。依其口部和腹部特征，分5型。

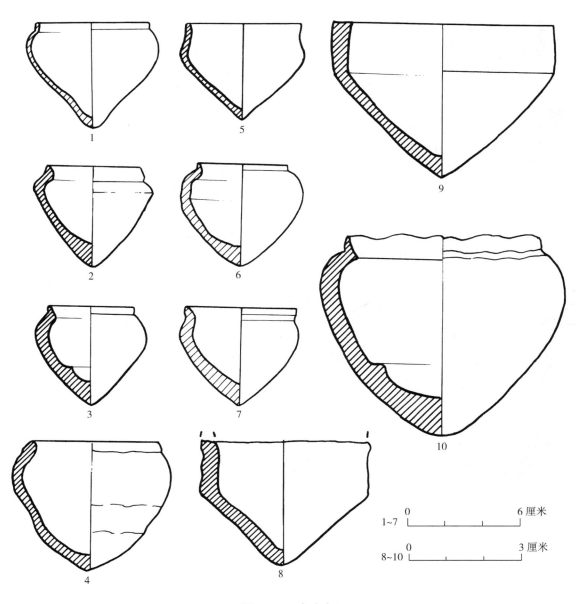

图五二　尖底杯

1、3、6、7、10. C 型Ⅲ式（Ⅰ采: 8、Ⅰ T7⑫: 77、Ⅰ T16⑫: 55、Ⅱ T29⑫: 108、Ⅰ T5⑫: 9）　2. C 型Ⅰ式（Ⅰ
T17⑬: 7）　4. C 型Ⅱ式（Ⅰ T22⑫: 11）　5. B 型Ⅰ式（Ⅰ T6⑬: 12）　8. B 型Ⅲ式（Ⅱ T40⑫: 63）　9. B 型
Ⅱ式（Ⅱ T43⑫: 10）

A 型　2 件。敞口，外折沿，弧腹。依据腹之深浅，分 2 式。

Ⅰ式　1 件。IT2⑬: 4，夹砂褐陶，器表呈灰黑色。腹较深，腹中部饰两周凹弦纹。口径 14、高
5.7 厘米（图五五，1）。

Ⅱ式　1 件。IT23⑫: 22，夹砂褐陶，器表呈灰色。腹较浅。口径 11.3、高 2.9 厘米（图五五，6）。

B 型　2 件。敞口，折腹，上腹略内束。依据器形大小，分 2 式。

Ⅰ式　1 件。器形较小。IT12⑫: 3，夹砂灰陶，尖底较长似乳头状。口径 9.9、高 4.3 厘米（图
五五，4；图版一七，2）。

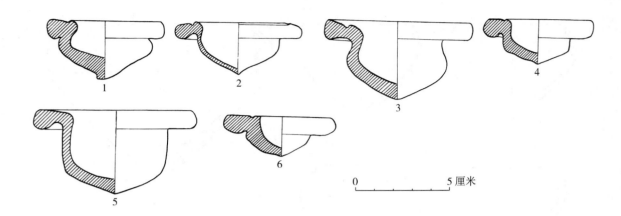

图五三　尖底盂

1～6.（ⅡT52⑩：39、ⅡT30⑬：9、ⅠT22⑫：5、ⅡT39⑫：20、ⅠT7⑫：73、ⅡT53⑩：69）

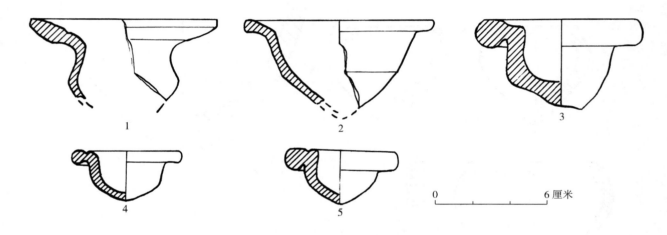

图五四　尖底盂

1～5.（ⅡT43⑪：91、ⅠT6⑫：49、ⅡT36⑫：22、ⅡT43⑪：121、ⅡT38⑪：33）

Ⅱ式　1件。器形较大。ⅠT2⑫：41，夹砂褐陶，器表呈灰色。口径17、高6.5厘米（图五五，3）。

C型　1件。ⅠT20⑫：6，夹砂灰陶。敞口，圆唇，斜直腹，尖底近圜，腹较浅。口径18、高4.8厘米（图五五，5）。

D型　6件。敛口，圆唇，无沿，弧腹。依据肩部特征和腹的深浅，分4式。

Ⅰ式　1件。ⅠT6⑫：34，夹砂褐陶。肩圆，腹深。下腹有较多细小凸弦纹。口径13、高5.8厘米（图五五，2；图版一七，3）。

Ⅱ式　1件。ⅠT18⑫：3，夹砂灰陶。肩圆折，腹稍浅。口径11.4、高4.1厘米（图五五，8；图版一七，4）。

Ⅲ式　2件。其中1件完整。ⅡT43⑩：8，夹砂灰陶。肩圆折，腹稍浅近于Ⅱ式。口径10.9、高4.6厘米（图五五，7；图版一七，5）。

Ⅳ式　2件。夹砂灰陶。敛口较甚，肩圆折，肩较Ⅲ式低，腹较Ⅲ式浅。ⅡT30⑩：2，口径10.1、高4.2厘米（图五五，9；图版一七，6）。ⅡT43⑩：9，下腹有一周凹槽。口径11、高4.2厘米（图五

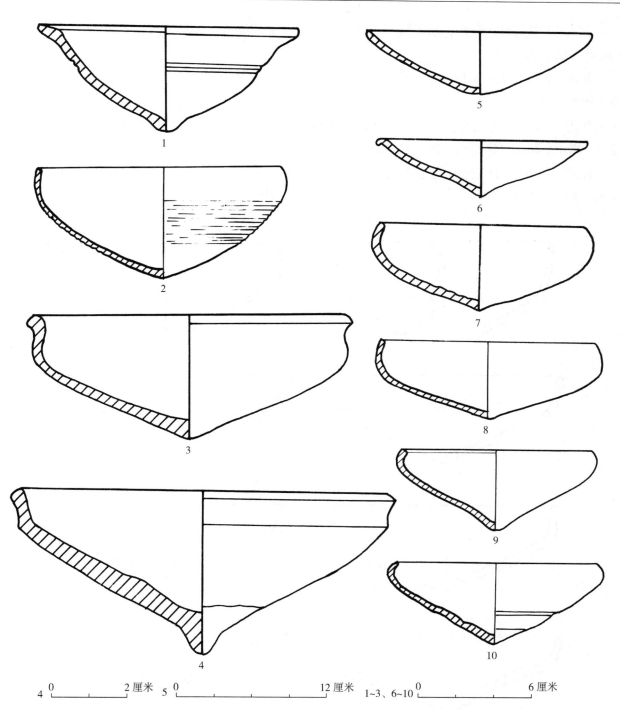

图五五　尖底盏

1. A 型 I 式（I T2⑬:4）　2. D 型 I 式（I T6⑫:34）　3. B 型 II 式（I T2⑫:41）　4. B 型 I 式（I T12⑫:3）　5. C 型（I T20⑫:6）　6. A 型 II 式（I T23⑫:22）　7. D 型 III 式（II T43⑩:8）　8. D 型 II 式（I T18⑫:3）　9、10. D 型 IV 式（II T30⑩:2、II T43⑩:9）

五，10；图版一八，1）。

E 型　13 件。敞口，圆唇，无沿，折腹。依据腹部特征及深浅，分 5 式。

Ⅰ式　1件。IT1⑬:52，底部残，夹砂褐陶，器表呈灰黑色。上腹斜直，腹较深。口径11.8、高5厘米（图五六，1）。

Ⅱ式　2件。其中1件完整。IT1⑫:21，夹砂灰陶。上腹略内弧，腹较Ⅰ式稍显浅。口径12.8、高5厘米（图五六，2）。

Ⅲ式　3件。1件完整。腹转折更甚，上腹和下腹均斜直，腹更浅。ⅡT39⑫:30，夹砂灰陶。口径12.3、高4.8厘米（图五六，3）。IT9⑫:13，夹砂褐陶，底部残。口径12、残高4厘米（图五六，5）。

Ⅳ式　3件。2件完整。下腹略内弧，腹较Ⅲ式浅。ⅡT40⑪:16，夹砂褐陶。口径12.4、高4.2厘米（图五六，4；图版一八，2）。ⅡT40⑪:17，夹砂灰陶。口径12.3、高4厘米（图五六，7）。

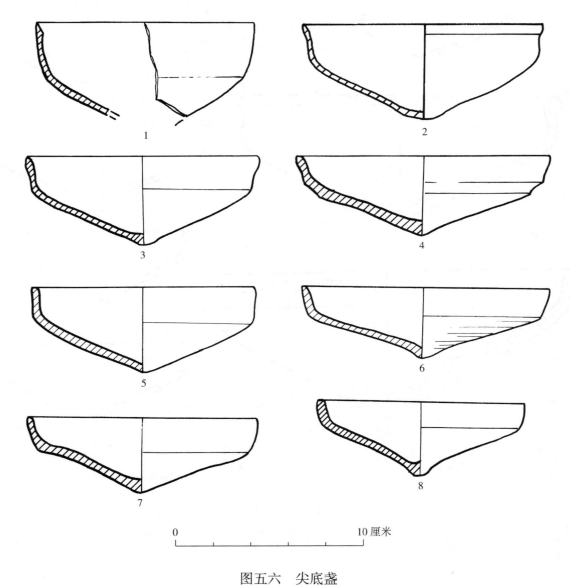

0　　　　　　　　　　　　　　10厘米

图五六　尖底盏

1. E型Ⅰ式（ⅠT1⑬:52）　　2. E型Ⅱ式（ⅠT1⑫:21）　　3、5. E型Ⅲ式（ⅡT39⑫:30、ⅠT9⑫:13）
4、7. E型Ⅳ式（ⅡT40⑪:16、ⅡT40⑪:17）　　6、8. E型Ⅴ式（ⅡT50⑩:1、ⅡT61⑩:27）

Ⅴ式　4件。敞口，上腹斜直，下腹近平，腹更浅，呈浅盘形。ⅡT50⑩：1，夹砂灰陶。下腹有慢轮修整时留下的弦痕。口径12.4、高3.8厘米（图五六，6；图版一八，3）。ⅡT61⑩：27，夹砂灰陶。口径11、高3.9厘米（图五六，8；图版一八，4）。

器盖　115件。大多残存盖钮，因此主要依盖钮的特征，分6型。

A型　19件。小喇叭状圈钮。以夹砂灰陶为主，其次是夹砂褐陶，个别泥质褐陶，陶色不一，褐黑相杂。依据钮的细小差异，分6个亚型。

Aa型　1件。ⅠT2⑬：17，夹砂灰陶。钮沿外翻，较低矮，盖口内敛，盖身浅盘形。口径16.2、钮口径4、高4厘米（图五七，3；图版一八，5）。

Ab型　1件。ⅠT19⑬：15，夹砂灰陶。钮口较直，盖沿外折，盖身呈覆钵状。口径15.7、钮口径4.4、高6厘米（图五七，2；图版一八，6）。

Ac型　1件。ⅠT15⑬：124，残，夹砂灰陶。钮沿外翻，钮较Aa型稍高。盖面近钮处有一周较细的凹弦纹。钮口径4、残高4.5厘米（图五七，10；图版一九，1）。

Ad型　14件。无完整者。钮稍高，钮沿外翻。ⅠT5⑫：12，夹砂灰陶，钮口残。盖身呈浅盘形。口径16.6、残高4.4厘米（图五七，1；图版一九，2）。ⅠT8⑫：39，夹砂灰陶。钮口径4.4、残高3.7厘米（图五七，9）。ⅡT39⑫：45，夹砂灰陶，器表褐黑相杂。钮口径5、残高3.8厘米（图五七，5）。ⅡT40⑫：59，夹砂灰陶。钮口径4、残高3厘米（图五七，7）。ⅠT8⑫：40，夹砂灰陶。钮口径3.8、残高3厘米（图五七，6）。

Ae型　1件。ⅠT8⑫：38，残存钮部，夹砂灰陶。钮口外侈。钮口径4.5、残高2.5厘米（图五七，4）。

Af型　1件。ⅠT11⑫：20，残存钮部，泥质褐陶，外施黑色陶衣。钮较低矮，钮沿外翻。钮口径4.5、残高1.5厘米（图五七，8）。

B型　26件。喇叭状圈钮，较A型大，钮口直。以夹砂褐陶为主，其次是夹砂灰陶，个别细泥灰陶，完整者仅2件，其余均为钮部。据钮之形态及高低，分4个亚型。

Ba型　2件。钮较高。ⅡT40⑬：65，夹砂灰陶。钮口径9、残高5.9厘米（图五八，6）。ⅡT43⑫：73，夹砂褐陶，器表呈灰色。钮口径10.6、残高6厘米（图五八，7）。

Bb型　6件。盖稍大，钮稍矮而大。ⅠT15⑫：8，夹砂褐陶，器表呈灰色。钮口径10.8、残高9.4厘米（图五八，4）。ⅠT12⑫：8，夹砂灰陶。钮口径10.4、残高4.2厘米（图五八，3）。

Bc型　17件。钮稍低矮，钮沿微外翻，钮壁微外鼓。ⅡT40⑬：64，夹砂褐陶，器表灰黑。钮口径8、残高5.1厘米（图五八，2；图版一九，3）。ⅠT19⑬：9，夹砂褐陶，器表呈灰黑色。盖腹有一周凹弦纹。钮口径7.6、残高6.6厘米（图五八，8；图版一九，4）。ⅠT16⑫：12，完整，夹砂褐陶，器表呈灰色。盖腹斜直较浅。近盖口有一周凸弦纹。盖口径32.9、钮口径7、高10厘米（图五八，10）。ⅠT7⑫：188，夹砂灰陶。钮口径6.4、残高6厘米（图五八，5；图版一九，5）。ⅡT43⑩：90，夹砂灰陶。钮口径6.2、残高3.3厘米（图五八，9）。

Bd型　1件。ⅠT11⑫：12，完整，夹砂褐陶，器表呈灰色。钮较低矮，钮外壁斜直，钮内沿抹斜成尖唇，盖腹斜直较深，盖口折而较直，盖身如一覆钵状。盖口径25、钮口径10.2、高11.6厘米（图五八，1；图版一九，6）。

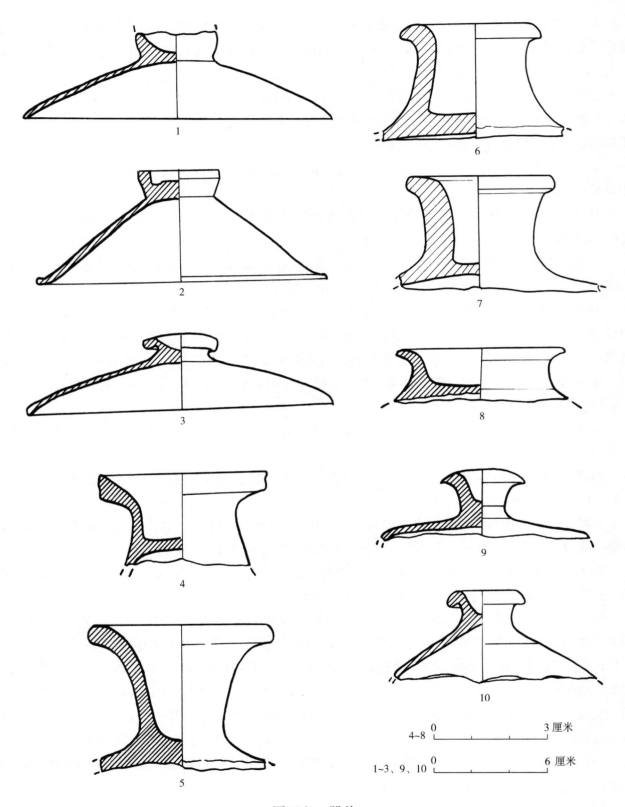

图五七　器盖

1、5～7、9. Ad 型（ⅠT5⑫：12、ⅡT39⑫：45、ⅠT8⑫：40、ⅡT40⑫：59、ⅠT8⑫：39）　　2. Ab 型（ⅠT19⑬：15）
3. Aa 型（ⅠT2⑬：17）　　4. Ae 型（ⅠT8⑫：38）　　8. Af 型（ⅠT11⑫：20）　　10. Ac 型（ⅠT15⑬：124）

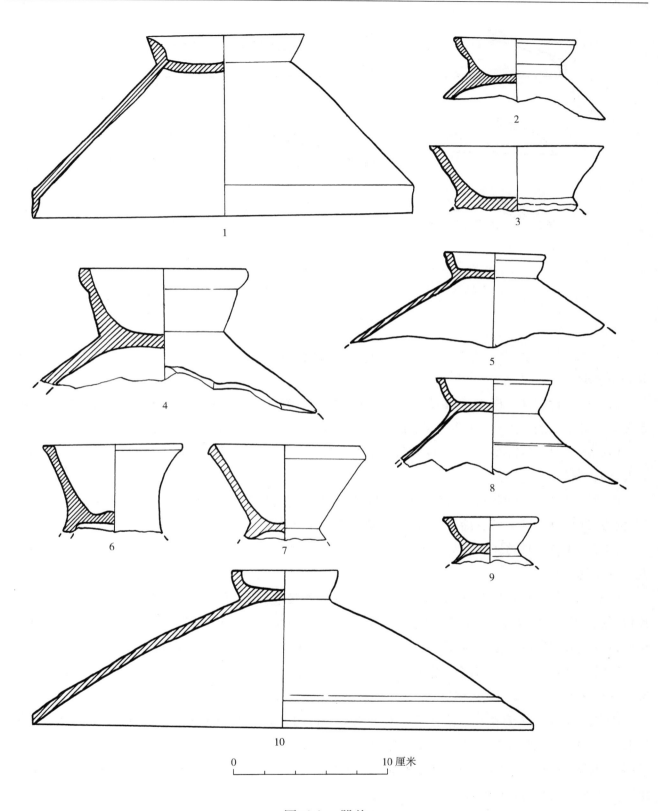

图五八　器盖

1. Bd 型（ⅠT11⑫：12）　　2、5、8、9、10. Bc 型（ⅡT40⑬：64、ⅠT7⑫：188、ⅠT19⑬：9、ⅡT43⑩：90、ⅠT16⑫：12）
3、4. Bb 型（ⅠT12⑫：8、ⅠT15⑫：8）　　6、7. Ba 型（ⅡT40⑬：65、ⅡT43⑫：73）

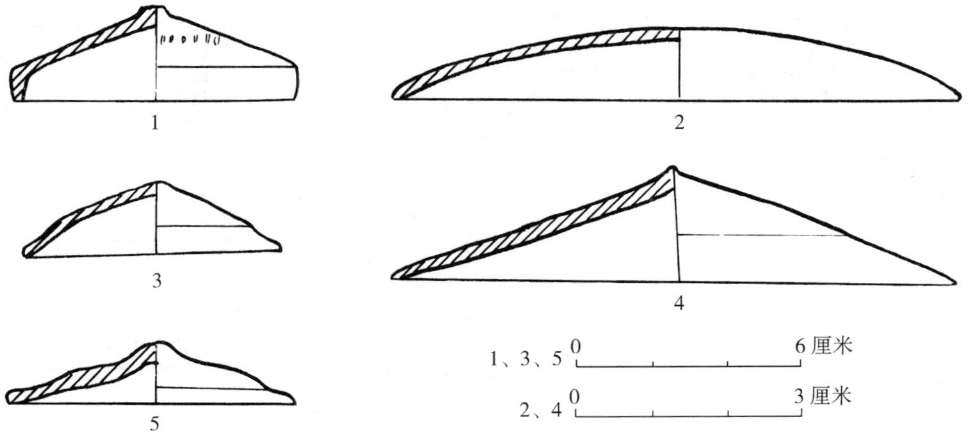

图五九　器盖

1. Ca型（ⅠT22⑫:16）　2. Cd型（ⅠT8⑫:17）　3. Cb型（ⅠT11⑫:17）　4、5. Cc型（ⅡT38⑫:50、Ⅰ采:7）

C型　5件。均完整，器形特别小，器形倒过来似尖底盏状，盖腹很浅，无钮。依其腹部特征，分四个亚型。

Ca型　1件。IT22⑫:16，夹砂褐陶，器表呈灰色。盖顶呈乳突状，盖腹斜直，近口处折而内敛。盖面有一周戳压的篦点纹。口径7.6、高2.5厘米（图五九，1；图版二〇，1）。

Cb型　1件。IT11⑫:17，夹砂褐陶，器表呈灰色。盖腹微弧曲，较浅。口径7、高2厘米（图五九，3；图版二〇，2）。

Cc型　2件。夹砂灰陶，盖腹很浅。IIT38⑫:50，盖腹略直。口径7.7、高1.5厘米（图五九，4；图版二〇，3）。I采:7，曲腹。口径8、高1.6厘米（图五九，5）。

Cd型　1件。IT8⑫:17，夹砂灰陶。盖顶较平，弧腹，腹很浅。口径7.6、高0.95厘米（图五九，2；图版二〇，4）。

D型　2件。鸟头状钮。IT16⑬:60，夹砂褐陶，器表呈灰色。钮较大，外形如鸡冠状，钮上有一穿似眼睛。钮口宽14.1、残高8.7厘米（图六〇，2；图版二〇，5）。IT16⑬:72，夹砂灰陶。钮较小，横看似冠，侧看似正视鸟首。钮口宽6、残高5.5厘米（图六〇，1；图版二〇，6）。

E型　40件。均残成钮部，花瓣状钮，其制作方法是先作成喇叭形的圈钮，然后用手捏成花瓣形。依据花形不同，分3个亚型。

Ea型　28件。2瓣花形，俯视呈“8”字形。IT22⑬:30，夹砂灰陶。钮口宽5.2、残高6厘米（图六一，9）。IIT29⑬:26，夹砂灰陶。钮口宽4.2、残高4.6厘米（图六一，8；图版二一，1）。IT7⑫:81，夹砂褐陶。钮口宽4.9、残高4.5厘米（图六一，3；图版二一，2）。IT15⑫:34，夹砂褐陶。钮口宽4.5、残高6厘米（图六一，1；图版二一，3）。

Eb型　11件。3瓣花形。IT17⑬:21，夹砂灰陶。钮口宽5、残高4.2厘米（图六一，5；图版二一，4）。IT8⑫:35，夹砂灰陶。钮口宽4.6、残高5.3厘米（图六一，7；图版二一，5）。IT16⑫:4，夹砂灰陶。钮口宽3.9、残高4.3厘米（图六一，2；图版二一，6）。IT15⑫:80，夹砂灰陶。钮口宽

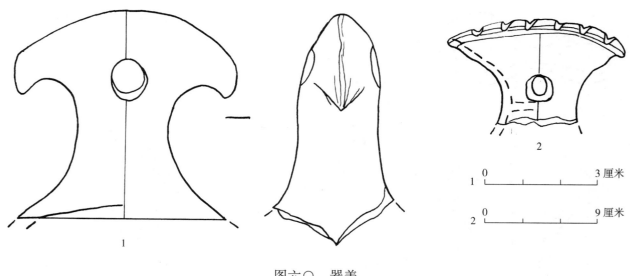

图六〇　器盖

1、2. D 型（ⅠT16⑬：72、ⅠT16⑬：60）

4.3、残高4.4厘米（图六一，6；图版二二，1）。

Ec 型　1件。4瓣花形。ⅠT15⑫：73，夹砂褐陶。钮口宽7、残高4.4厘米（图六一，4）。

F 型　14件。细高钮。均残存钮部，以细泥灰陶为主，其次是夹砂褐陶，个别夹砂灰陶。主要特征是钮柄细高。依钮部特征，分2个亚型。

Fa 型　13件。钮口呈喇叭状。ⅠT4⑬：25，夹砂褐陶，钮沿外翻。钮口径3、残高4.2厘米（图六二，3；图版二二，2）。ⅡT39⑫：41，细泥灰陶。钮口外敞较甚。钮口径4、残高5.6厘米（图六二，5；图版二二，3）。ⅡT39⑫：42，细泥灰陶。钮口微外翻。钮口径2.6、残高4.6厘米（图六二，6；图版二二，4）。ⅡT40⑫：57，细泥灰陶。钮口径2.2、残高3.6厘米（图六二，2）。ⅠT12⑫：10，夹砂褐陶。钮口径2.6、残高3.3厘米（图六二，1；图版二二，5）。

Fb 型　1件。ⅡT39⑫：43，细泥灰陶。细柄较高，上细下粗，钮口外翻，较小，如蘑菇形。钮口径1.8、残高6.5厘米（图六二，4；图版二二，6）。

G 型　9件。均残，以泥质灰陶为主，其次是夹砂灰陶。手制，其钮皆为手捏制成不规则的泥突状或弯钩状，器形很不规整。ⅠT16⑫：86，泥质灰陶。钮呈弯钩状。残高7厘米（图六三，4；图版二三，1）。ⅠT12⑫：15，泥质灰陶。钮呈弯钩状。残高7.2厘米（图六三，3；图版二三，2）。ⅠT12⑫：16，泥质灰陶。钮呈乳突状。残高7.2厘米（图六三，2）。ⅠT14⑫：20，泥质灰陶。钮呈乳突状。残高7厘米（图六三，1；图版二三，3）。ⅠT7⑫：126，夹砂灰陶。钮呈乳突状。残高4.6厘米（图六三，5）。ⅠT14⑫：19，泥质灰陶。钮呈乳钉状。残高3.4厘米（图六三，6；图版二三，4）。

圈足罐　能辨识的5件。ⅡT50⑬：32，夹砂褐陶，器表陶色不一，褐黑相杂，圈足残。侈口，束颈，折肩，斜腹，器身近似于小平底罐。口径12.6、残高8.4厘米（图六四，1）。ⅡT50⑬：10，口部残，夹砂褐陶，器表褐黑相杂，器壁较薄。圈足径9、残高14厘米（图六四，4；图版二三，5）。ⅠT6⑫：35，夹砂褐陶。器身似小平底罐。肩部有一道凹弦纹。口径10、圈足径7、最大径12、高12.4厘米（图六四，2）。ⅠT1⑫：17，口部残，夹砂褐陶。曲腹。圈足径8.2、残高9.8厘米（图六四，3；

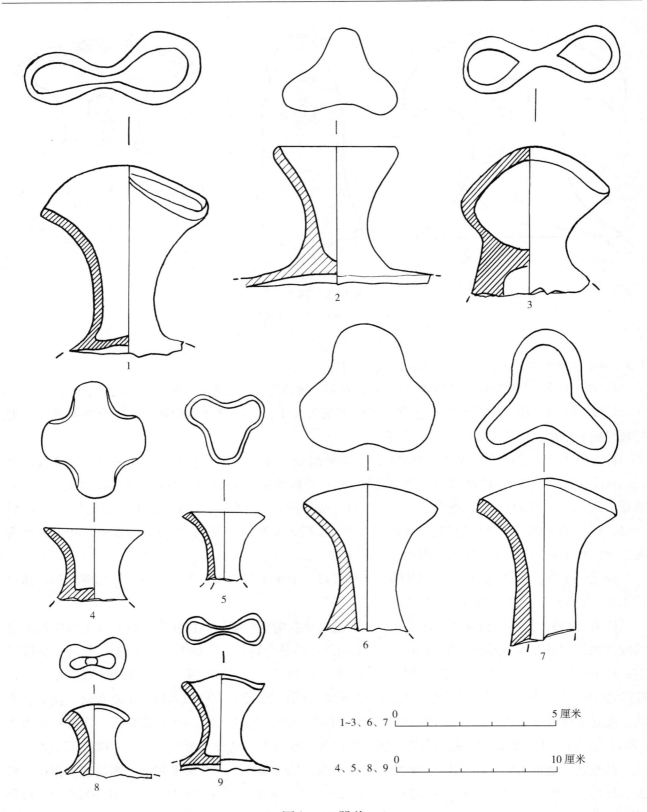

图六一　器盖

1、3、8、9. Ea 型（Ⅰ T15⑫: 34、Ⅰ T7⑫: 81、Ⅱ T29⑬: 26、Ⅰ T22⑬: 30）　2、5～7. Eb 型（Ⅰ T16⑫: 4、Ⅰ T17⑬: 21、Ⅰ T15⑫: 80、Ⅰ T8⑫: 35）　4. Ec 型（Ⅰ T15⑫: 73）

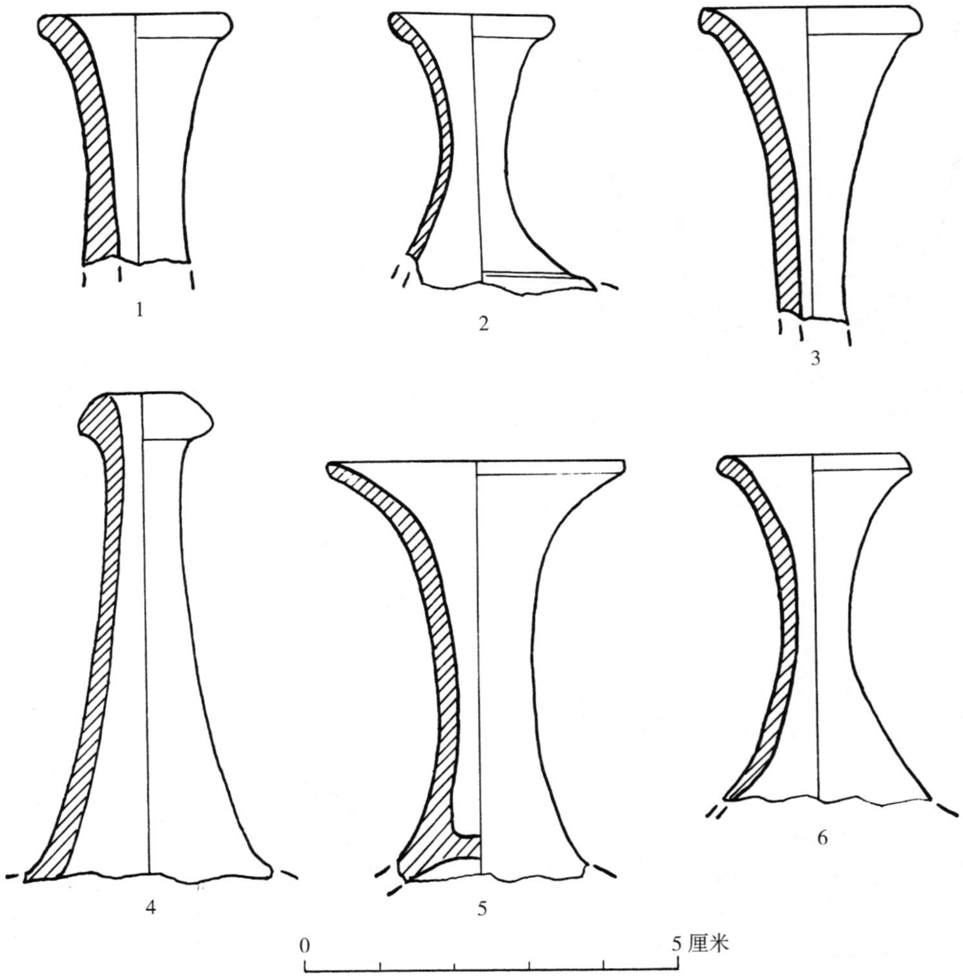

图六二　器盖

1～3、5、6. Fa 型（ⅠT12⑫:10、ⅡT40⑫:57、ⅠT4⑬:25、ⅡT39⑫:41、ⅡT39⑫:42）
4. Fb 型（ⅡT39⑫:43）

图版二三，6）。IIT30⑪:11，口部残，泥质灰陶。曲腹。圈足径 7.2、残高 9.2 厘米（图六四，5）。

簋形器　能辨识的口部 6 件、腹片 5 件。夹砂褐陶，器表呈褐色。直口，腹壁较深、较直。IIT54⑬:53，圆唇。饰菱形“回”字纹。口径 52、残高 10.2 厘米（图六五，4）。IT10⑫:15，厚方唇。口径 36、残高 20 厘米（图六五，5）。IIT29⑫:100，圆唇，器内明显有泥条盘筑的痕迹。口径 46、残高 21.6 厘米（图六五，1）。IIT53⑩:106，圆唇。口径 44、残高 16.8 厘米（图六五，3）。IT20⑫:47，夹砂褐陶。厚圆唇，上腹内弧。口径 52、残高 20 厘米（图六五，2）。IT13⑫:6，夹砂褐陶。厚圆唇，口径 48、残高 12 厘米（图六五，7）。IT16⑫:37，腹片，夹砂灰陶。腹壁斜直较深。残高 14 厘米（图六四，7；图版二四，1）。IIT40⑬:55，腹片，夹砂灰陶。腹壁斜直较深。残高 12.6 厘米（图六五，6；图版二四，2）。IT10⑬:55，腹片，夹砂褐陶。残高 12.5 厘米（图六四，6）。IIT40⑬:90，腹片，夹砂褐陶。圈足上有方形镂孔装饰。残高 10.6 厘米（图六四，8；图版二四，3）。

器圈足　97 件。依据圈足的大小，可分 4 型。

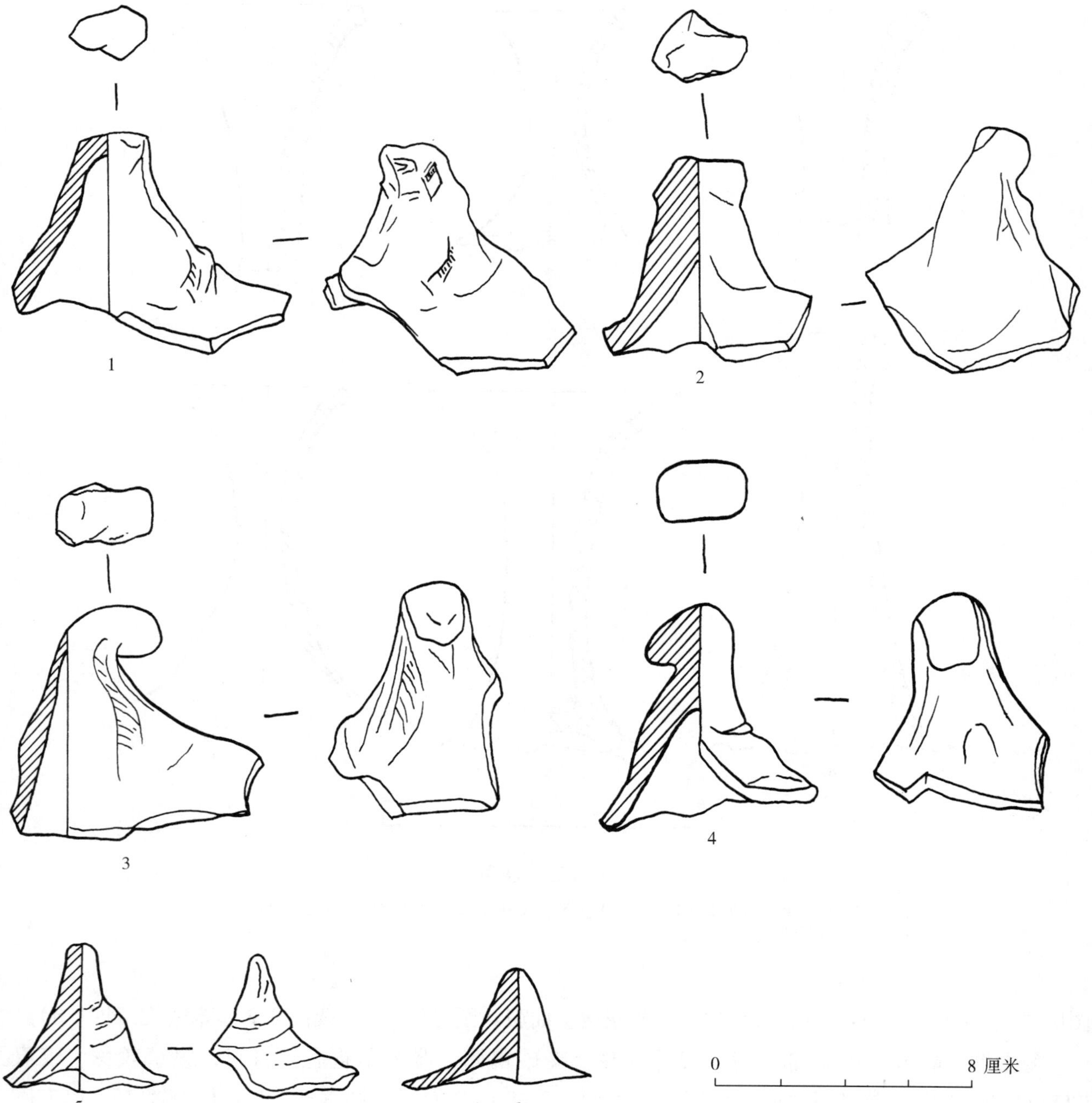

图六三　器盖

1～6. G型（ⅠT14⑫:20、ⅠT12⑫:16、ⅠT12⑫:15、ⅠT16⑫:86、ⅠT7⑫:126、ⅠT14⑫:19）

A型　48件。圈足较小，器身与圈足相接处较细，多数偏高。推测该型大多是圈足罐的圈足。IIT30⑬:23，夹砂灰陶。圈足径6.2、圈足高2、整器残高8.3厘米（图六六，7）。ⅡT7：⑬117，夹砂灰陶。圈足径7.2、圈足高2.8、整器残高5.2厘米（图六六，1）。IT14⑫:14，夹砂褐陶。圈足上部有2组对称的呈“品”字形的圆形镂孔。圈足径14.3、圈足高7.4、整器残高9厘米（图六六，10；

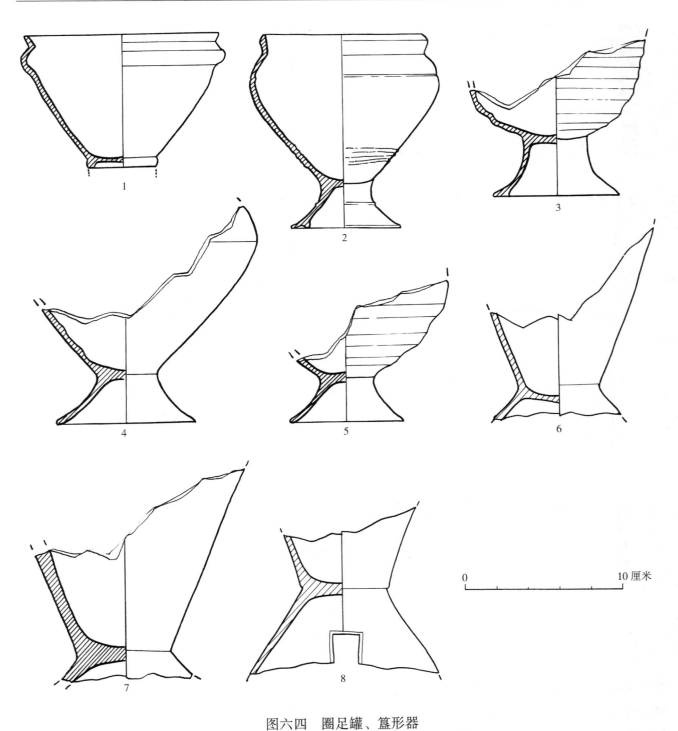

图六四　圈足罐、簋形器

1～5. 圈足罐（ⅡT50⑬：32、ⅠT16⑫：35、ⅠT1⑫：17、ⅡT50⑬：10、ⅡT30⑪：11）
6～8. 簋形器（ⅠT10⑬：55、ⅠT16⑫：37、ⅡT40⑬：90）

图版二四，5）。IT1⑫：16，夹砂褐陶。圈足径12.8、圈足高6.2厘米（图六六，11；图版二四，6）。IT7⑫：110，夹砂灰陶。圈足径8.7、圈足高7、整器残高8.4厘米（图六六，8）。ⅡT50⑫：54，夹砂褐陶。圈足径9.8、圈足高5.6厘米（图六六，5）。IT14⑫：16，夹砂褐陶。圈足径7.4、圈足高3.4、

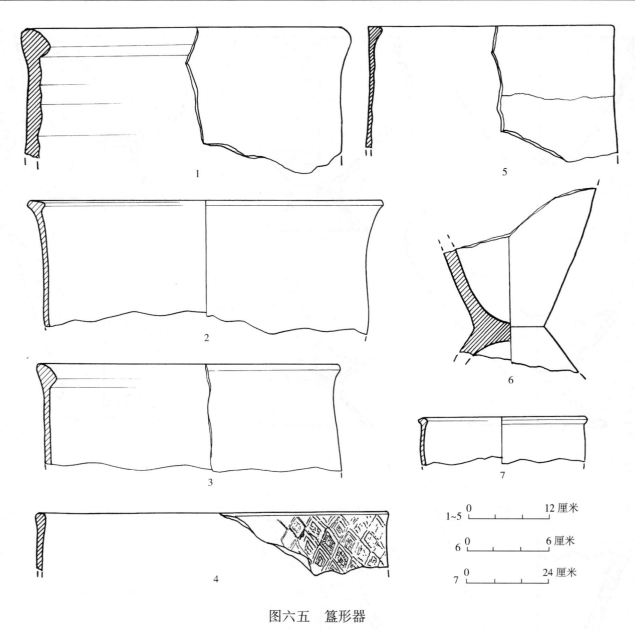

图六五　簋形器

1~7（Ⅱ T29⑫：100、Ⅰ T20⑫：47、Ⅱ T53⑩：106、Ⅱ T54⑬：53、Ⅰ T10⑫：15、Ⅱ T40⑬：55、Ⅰ T13⑫：6）

整器残高6.8厘米（图六六，9；图版二四，4）。ⅠT7⑫：113，夹砂褐陶。圈足径7.6、圈足高3.6、整器残高4.6厘米（图六六，4）。ⅡT50⑪：91，圈足为夹砂褐陶，器身为细泥灰陶，可见是上下分别做成然后接合上的。圈足径6.6、圈足高2.6、整器残高4厘米（图六六，3）。ⅡT29⑩：89，夹砂灰陶。圈足径7.2、圈足高3.8厘米（图六六，6）。ⅡT64⑩：36，夹砂灰陶。圈足径9.4、圈足高4.7厘米（图六六，2）。

　　B型　23件。器形较A型大，普遍偏低。推测大多是簋形器或圈足盆的圈足。ⅡT50⑬：30，夹砂灰陶。足壁斜直，上部有一圆形镂孔。圈足径12.6、圈足高4.2、整器残高4.2厘米（图六七，7；图版二五，1）。ⅠT1⑬：36，夹砂褐陶。足上部有一圆形镂孔。圈足径11、圈足高4.4厘米（图六七，2）。

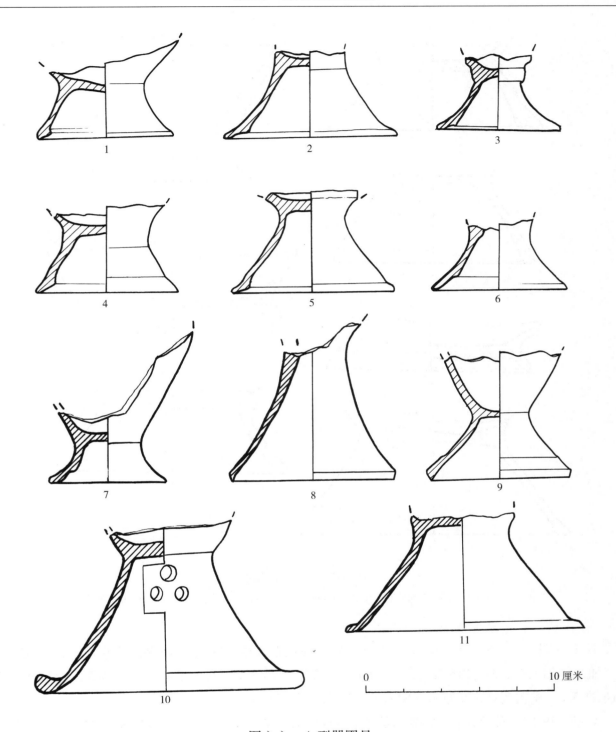

图六六　A 型器圈足

1～11（ⅡT7⑬:117、ⅡT64⑩:36、ⅡT50⑪:91、ⅠT7⑫:113、ⅡT50⑫:54、ⅡT29⑩:89、ⅡT30⑬:23、
ⅠT7⑫:110、ⅠT14⑫:16、ⅠT14⑫:14、ⅠT1⑫:16）

ⅡT40⑬:61，夹砂灰陶。圈足径9.2、圈足高2.4、整器残高7.8厘米（图六七，5；图版二五，2）。
ⅠT7⑫:45，泥质灰陶。足壁呈双弧形。圈足径11.6、圈足高3.4、整器残高4.8厘米（图六七，1；
图版二五，3）。ⅠT15⑫:84，夹砂褐陶。圈足特别低矮，足壁外弧。圈足径11、圈足高1.8、整器残

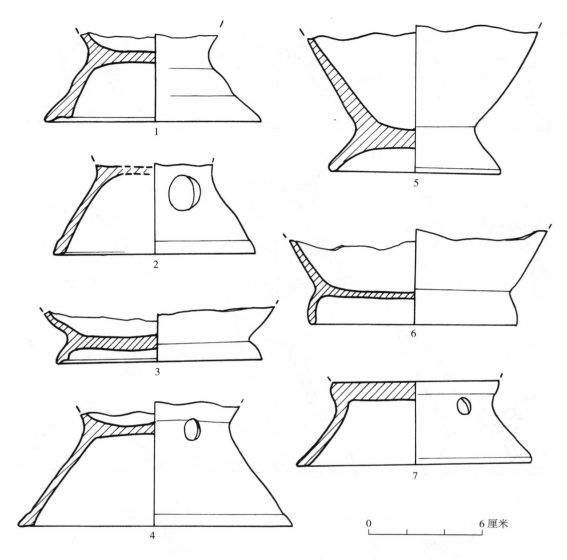

图六七　B型器圈足

1～7（ⅠT7⑫:45、ⅠT1⑬:36、ⅠT1⑫:67、ⅡT30⑪:27、ⅡT40⑬:61、ⅠT15⑫:84、ⅡT50⑬:30）

高5厘米（图六七，6）。IT1⑫:67，夹砂灰陶。圈足很低矮。圈足径10.9、圈足高0.8、整器残高2.8厘米（图六七，3；图版二五，4）。ⅡT30⑪:27，夹砂灰陶。足上部有一圆形镂孔。圈足径14.8、圈足高5.8、整器残高5.6厘米（图六七，4；图版二五，5）。

　　C型　19件。器形更大。推测当是簋形器或罍的圈足。IT6⑬:45，夹砂灰陶。圜底，圈足残，器身满饰云雷纹。残足径18.6、残高8.6厘米（图六八，1）。IT2⑬:19，夹砂灰陶。圈足径19.4、圈足高4.2、整器残高9.4厘米（图六八，3）。IT7⑫:11，夹砂灰陶。圈足上部有2个对称的圆形镂孔。圈足径18.2、圈足高9厘米（图六八，2；图版二五，6）。IT12⑫:27，夹砂褐陶。圈足径26、圈足高8.3厘米（图六八，5）。IT20⑫:26，夹砂褐陶。圈足径14、圈足高7.8、整器残高8.6厘米（图六八，6）。ⅡT30⑪:30，夹砂褐陶。足缘饰一周斜向绳纹。圈足径16.8、圈足高9.2厘米（图六八，4；图版二六，1）。

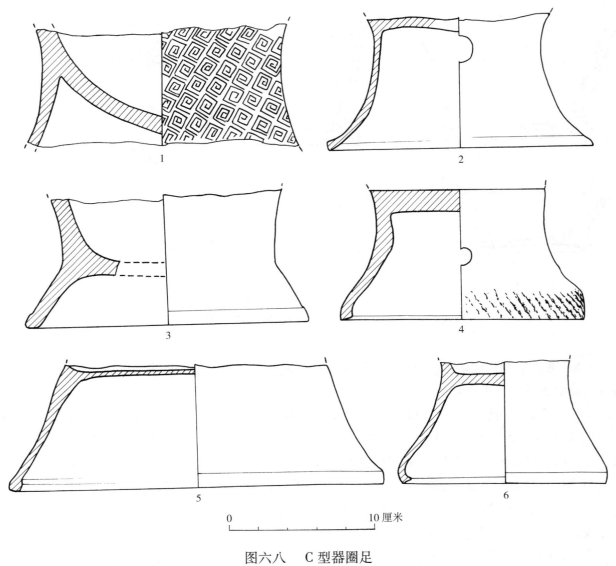

图六八　C 型器圈足

1~6 (ⅠT6⑬：45、ⅠT7⑫：11、ⅠT2⑬：19、ⅡT30⑪：30、ⅠT12⑫：27、ⅠT20⑫：26)

D 型　7 件。该型与前三型区别较大，陶质以细泥灰陶为主，个别夹砂褐陶。器形较小，圈足低矮，部分近于假圈足。ⅠT7⑫：22，细泥灰陶。圈足很低矮。圈足径 6.2、圈足高 0.3、整器残高 1.7 厘米（图六九，5；图版二六，2）。ⅡT39⑫：44，细泥灰陶。圈足径 6.4、圈足高 0.8、整器残高 2.6 厘米（图六九，3；图版二六，3）。ⅠT17⑫：31，细泥灰陶，外施黑色陶衣。器壁斜直。腹部有 2 道凹弦纹。圈足径 5.7、圈足高 0.8、整器残高 6.6 厘米（图六九，2）。ⅠT7⑫：115，细泥灰陶。底部内凹形成一极低的圈足。圈足径 5、圈足高 0.3、整器残高 1.6 厘米（图六九，4；图版二六，4）。ⅠT12⑫：14，夹砂褐陶。器腹斜直，假圈足。足径 3.8、整器残高 3.1 厘米（图六九，1）。

高柄豆（豆形器）　255 件。数量较多，无一完整者，只好分成豆盘、豆柄、圈足分别加以介绍。

豆盘　49 件。依据豆盘的形态特征，分 3 型。

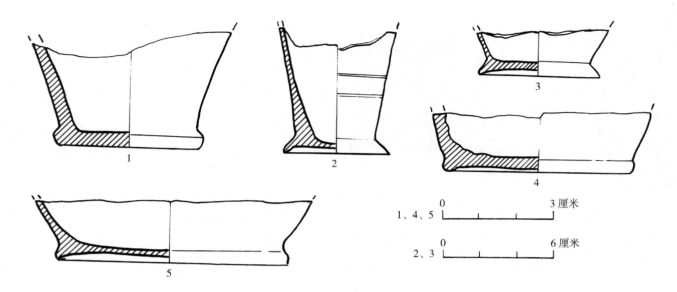

图六九　D 型器圈足

1～5（Ⅰ T12⑫：14、Ⅰ T17⑫：31、Ⅱ T39⑫：44、Ⅰ T7⑫：115、Ⅰ T7⑫：22）

A 型　8 件。盘形或盏形。以夹砂褐陶为主，个别夹砂灰陶。器形呈浅盘形或盏形。依据其腹部特征及盘之深浅，分 4 个亚型。

Aa 型　2 件。折腹较深。IT6⑬：5，夹砂褐陶，器表呈灰黑色。敞口，沿外折。口径 13.9、盘深 3.7、整器残高 5.5 厘米（图七〇，5；图版二六，5）。IT15⑫：43，夹砂褐陶，器表呈铁锈色。大敞口，外折沿。口径 16.4、盘深 3.8、整器残高 6.6 厘米（图七〇，4；图版二六，6）。

Ab 型　2 件。沿外翻，弧腹较深。依据其口部特征及腹之深浅，分 2 式。

Ⅰ式　1 件。IIT29⑬：85，夹砂褐陶，器表呈灰黑色。口沿外折，弧腹稍浅。口径 14、盘深 3.4、整器残高 5.2 厘米（图七〇，8；图版二七，1）。

Ⅱ式　1 件。IIT50⑪：9，夹砂褐陶，器表呈灰色。口微敛，弧腹较深，内底有一小孔与柄相通。口径 12、盘深 4.4、整器残高 4.6 厘米（图七〇，7）。

Ac 型　2 件。敞口，腹略斜直，浅盘如盏形。IT19⑬：11，夹砂褐陶，器表呈灰色，器表粗糙。口径 11.4、盘深 2.4、整器残高 3.2 厘米（图七〇，1；图版二七，2）。IT11⑬：15，夹砂褐陶，器表呈灰色。口径 15.2、盘深 3.2、整器残高 3.8 厘米（图七〇，2；图版二七，3）。

Ad 型　2 件。直口，弧腹。依据其腹之深浅，分 2 式。

Ⅰ式　1 件。IIT29⑫：73，夹砂褐陶，器表呈灰色。盘较大而稍显浅。口径 16.2、盘深 4.6、整器残高 5 厘米（图七〇，6）。

Ⅱ式　1 件。Ⅰ采：4，夹砂褐陶，器表呈灰色。盘稍小而显深。口径 14、盘深 4.4、整器残高 5.2 厘米（图七〇，3；图版二七，4）。

B 型　34 件。喇叭状杯形，杯底有孔与柄相通。依据杯的胖瘦，分 2 亚型。

Ba 型　12 件。较瘦高。IIT40⑪：32，细泥灰陶，外施黑色陶衣。器表磨光，竹节状柄。口径 12.2、杯高 10、整器残高 21 厘米（图七一，1；彩版一六，1）。IT2⑬：16，夹砂褐陶，器表呈灰黑

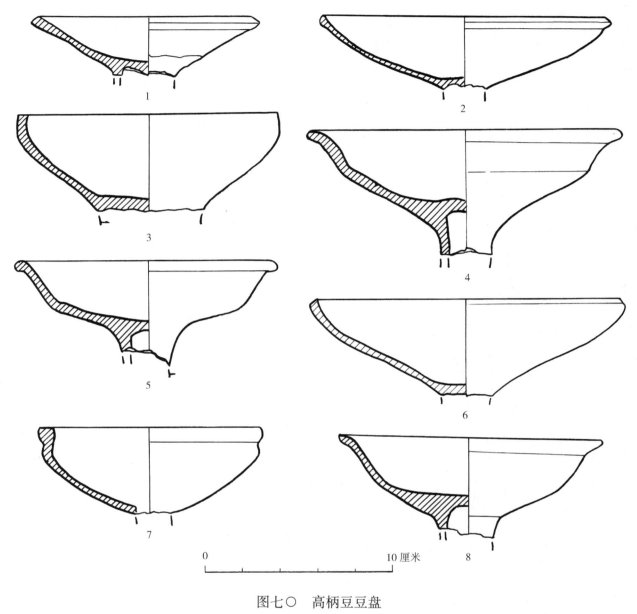

图七〇　高柄豆豆盘

1、2. Ac 型（ⅠT19⑬：11、ⅠT11⑬：15）　3. Ad 型Ⅱ式（Ⅰ采:4）　4、5. Aa 型（ⅠT15⑫：43、ⅠT6⑬：5）　6. Ad 型Ⅰ
式（ⅡT29⑫：73）　7. Ab 型Ⅱ式（ⅡT50⑪：9）　8. Ab 型Ⅰ式（ⅡT29⑬：85）

色，器表粗糙。口径 10、杯高 8.8、整器残高 14.6 厘米（图七一，2；图版二七，5）。IT1⑬：14，细
泥灰陶。器表留有许多轮制留下的弦痕。口径 8.6、杯高 12.8 厘米（图七一，4）。IT1⑫：20，泥质
褐陶，器表呈灰色。口径 11、杯高 14.4 厘米（图七一，9；图版二七，6）。IT16⑫：36，细泥灰陶。
腹部有许多轮制留下的弦痕。口径 8.8、杯高 13.9 厘米（图七一，5；图版二八，1）。IT16⑫：49，
细泥灰陶。腹部有许多轮制留下的弦痕。口径 9.2、杯高 13.4 厘米（图七一，3）。

　　Bb 型　22 件。较矮胖。IT19⑬：8，夹砂灰陶。口径 13.8、杯高 12 厘米（图七一，6；图版二
八，2）。IT7⑬：80，夹砂褐陶。口径 15、杯高 9.6 厘米（图七一，7）。IT22⑬：18，夹砂褐陶。口径
14.6、杯高 10 厘米（图七一，11；图版二八，3）。IIT40⑬：53，口部残，夹砂褐陶，器表呈灰色，

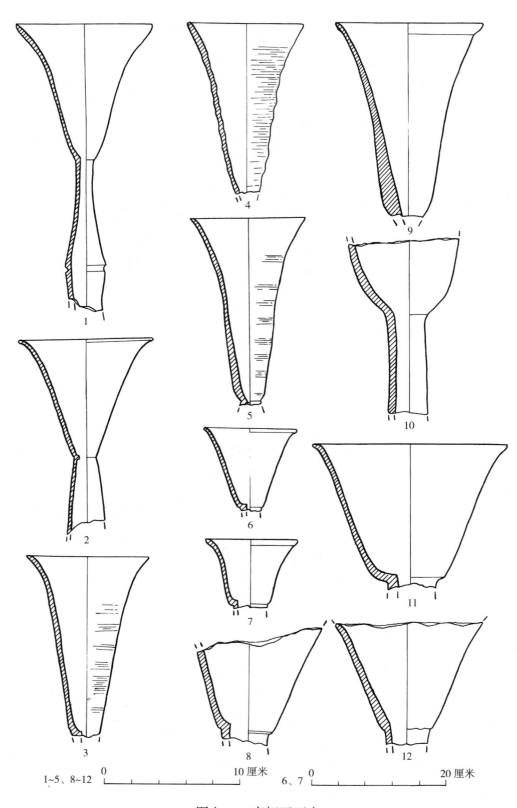

图七一 高柄豆豆盘

1～5、9. Ba 型（Ⅱ T40⑬:32、Ⅰ T2⑬:16、Ⅰ T16⑫:49、Ⅰ T1⑬:14、Ⅰ T16⑫:36、Ⅰ T1⑫:20）

6～8、10～12. Bb 型（Ⅰ T19⑬:8、Ⅰ T7⑫:8、Ⅱ T40⑬:53、Ⅰ T3⑬:15、Ⅰ T22⑬:18、Ⅰ T15⑫:6）

器壁较厚，器表粗糙。残口径 10.8、残高 8.6 厘米（图七一，8；图版二八，4）。IT15⑫：6，口部残，夹砂褐陶，器壁较厚，器表粗糙，呈铁锈色。残口径 11、残高 9 厘米（图七一，12；图版二八，5）。IT3⑬：15，口部残，夹砂褐陶，器壁较厚。残口径 8.2、残高 12.8 厘米（图七一，10；图版二八，6）。

C 型 7 件。均较残，该型的主要特征是，柄上接有一肥胖带镂孔的杯形器身，器身中空，有孔与柄足相通，可以明显看出，杯形器身上还有一豆盘，豆盘底部有镂孔。IIT50⑬：29，泥质褐陶。器形较大。杯形器身上有对称的圆形镂孔。残口径 14.3、残高 13.4 厘米（图七二，2）。IT19⑬：40，泥质褐陶。器身稍小，豆盘内底有三个等距离的长方形镂孔与下相通。杯形器身上有两对称的圆形镂孔和三道凹弦纹。残口径 7.8、残高 8 厘米（图七二，5；图版二九，1）。IT7⑫：36，夹砂褐陶。器形稍小，豆盘内底有一长方形镂孔与下相通。杯形器身上有两道凹弦纹和两个对称的圆形镂孔。残口

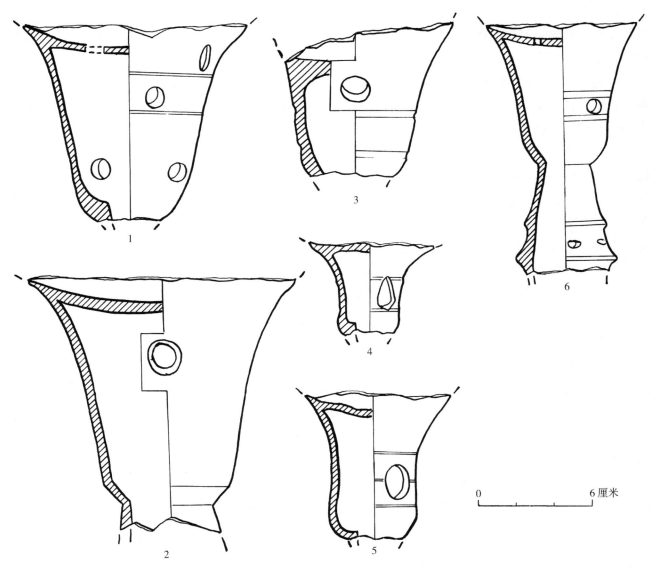

图七二 高柄豆豆盘

1～6. C 型（Ⅰ采：71、ⅡT50⑬：29、ⅠT7⑫：36、ⅡT50⑪：31、ⅠT19⑬：40、Ⅰ采：70）

径9.9、残高8.4厘米（图七二，3；图版二九，2）。IIT50⑪：31，细泥灰陶。器形较小。杯形器身上有两道凹弦纹，弦纹间有两个对称的心形镂孔。残口径6.6、残高5.8厘米（图七二，4；图版二九，3）。Ⅰ采：70，细泥灰陶，外施黑色陶衣。器形较大，豆盘内底有四个等距离的长方形镂孔与下相通。杯形器身上有四道凹弦纹，中部有两个对称的圆形镂孔，竹节状柄，竹节处有五个等距离的椭圆形镂孔。残口径8、残高13.2厘米（图七二，6）。Ⅰ采：71，细泥灰陶。器形较大，豆盘内底有四个等距离的长方形镂孔与下相通。杯形器身上有两道凹弦纹，弦纹下有两组各四个等距离的圆形镂孔上下相错排列，上部有四个等距离的长方形镂孔。残口径12、残高10.4厘米（图七二，1）。

豆柄　103件。以夹砂褐陶为主，其次是细泥灰陶，少量夹砂灰陶和细泥褐陶。依据其外形特征，分5型。

A型　46件。圆柱状柄。大部分轮修，少部分手制痕明显，手制者器表多粗糙。IIT29⑬：106，夹砂褐陶，器表有刮痕。柄径3.6、残高32.6厘米（图七三，11；图版二九，4）。IT8⑫：13，夹砂褐陶，器表有刮痕。柄径5.2、残高40.4厘米（图七三，4）。IT15⑫：26，夹砂褐陶。手制痕明显，器表粗糙。柄径6.4、残高30.4厘米（图七三，12）。IT1⑬：27，细泥灰陶。器表有刮痕，圈足上饰有云雷纹。柄径4.2、残高30.4厘米（图七三，1；图版二九，5）。IT7⑬：85，细泥灰陶。近圈足处有两道凹弦纹。柄径3.2、残高28.4厘米（图七三，7）。

B型　29件。呈上下细、中部略粗的圆柱形。以细泥灰陶和细泥褐陶为主，外施黑色陶衣，少量夹砂灰陶和夹砂褐陶。IIT40⑬：100，细泥褐陶。器表有刮痕。最大径3.6、残高17厘米（图七三，5）。IIT30⑬：34，细泥褐陶。最大径3.6、残高18.3厘米（图七三，3；图版二九，6）。IT5⑫：41，细泥灰陶。器表有刮痕。最大径2.6、残高24.7厘米（图七三，2；图版三〇，1）。IT8⑫：81，细泥灰陶。最大径2.5、残高23.6厘米（图七三，6；图版三〇，2）。

C型　7件。较残，柄部近圈足处外鼓较粗大。以夹砂褐陶为主，个别夹砂灰陶。手制痕明显，器表粗糙。IT16⑫：32，夹砂褐陶。最大径8.2、残高23.6厘米（图七三，9）。IT14⑫：5，夹砂褐陶。近圈足处有两对称的圆形镂孔。最大径8、残高27.2厘米（图七三，8）。

D型　18件。竹节状柄。依据竹节形状，分2亚型。

Da型　9件。竹节处有三道凸棱。IT18⑬：7，细泥灰陶，外施黑色陶衣。在竹节凸棱间有椭圆形镂孔，上下两组各五个等距离相错排列。最大径3、残高10厘米（图七三，10；图版三〇，3）。IT3⑫：14，细泥灰陶，外施黑色陶衣。竹节凸棱间有六个椭圆形镂孔，上下各三个距离不相等。最大径5.8、残高16.6厘米（图七四，5；图版三〇，4）。Ⅰ T16⑫：79，细泥灰陶，外施黑色陶衣。竹节凸棱间有圆形镂孔，上下两组各四个等距离相错排列。最大径4.4、残高14.4厘米（图七四，6；图版三〇，5）。IT20⑫：20，细泥褐陶，外施黑色陶衣。柄上部残存两道凸弦纹，竹节凸棱间有圆形镂孔，上下各两个对称相错排列。最大径5.6、残高11.7厘米（图七四，4；图版三〇，6）。

Db型　9件。较残，竹节处只有一道凸棱。IT16⑫：45，细泥褐陶，外施黑色陶衣。近竹节处有一圆形镂孔。最大径5.2、残高19.8厘米（图七四，1；图版三一，1）。IT16⑫：8，细泥灰陶，外施黑色陶衣。最大径2.7、残高16.6厘米（图七四，2）。

E型　3件。柄部有二至三道凸棱，凸棱间饰精美的阴线纹饰。IT3⑬：8，细泥灰陶，外施黑色陶衣。柄部有两道凸棱，凸棱间饰一周倒"S"形纹。最大径4.2、残高11.2厘米（图七四，7）。

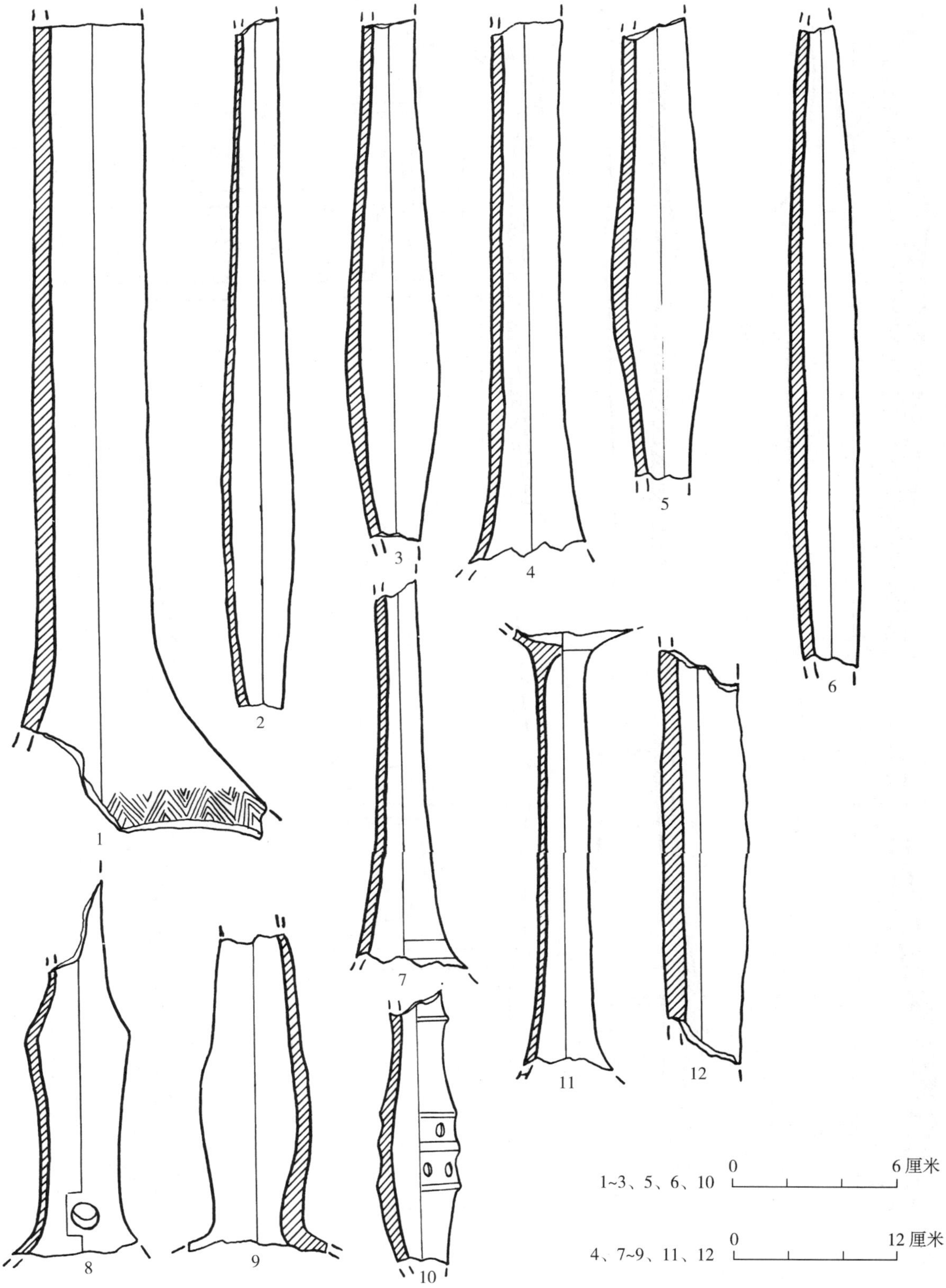

图七三　高柄豆豆柄

1、4、7、11、12. A型（ⅠT1⑬:27、ⅠT8⑫:13、ⅠT7⑬:85、ⅡT29⑬:106、ⅠT15⑫:26）　2、3、5、6. B型（ⅠT5⑫:41、ⅡT30⑬:34、ⅡT40⑬:100、ⅠT8⑫:81）　8、9. C型（ⅠT14⑫:5、ⅠT16⑫:32）　10. Da型（ⅠT18⑬:7）

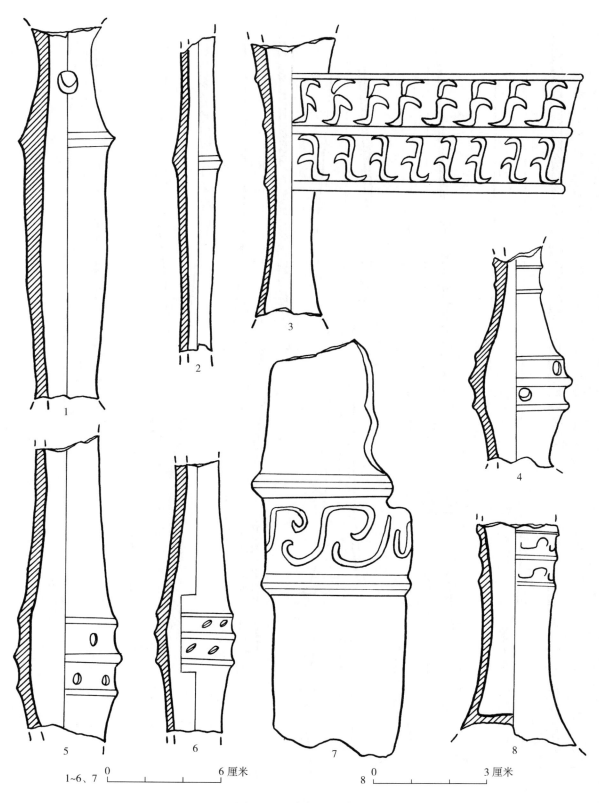

图七四　高柄豆豆柄

1、2. Db 型（Ⅰ T16⑫：45、Ⅰ T16⑫：8）　　3、7、8. E 型（Ⅱ T39⑩：40、Ⅰ T3⑬：8、Ⅰ T16⑫：78）
4～6. Da 型（Ⅰ T20⑫：20、Ⅰ T3⑫：14、Ⅰ T16⑫：79）

IT16⑫：78，细泥灰陶，外施黑色陶衣。有三道凸棱，凸棱间饰两周倒"S"形纹。最大径 4.2、残高 10.5 厘米（图七四，8；图版三一，2）。IIT39⑩：40，细泥褐陶，外施黑色陶衣。柄部有三道凸棱，凸棱间饰两周相反方向的"F"形纹。最大径 4.6、残高 14.9 厘米（图七四，3；图版三一，3）。

豆圈足　103 件。依圈足的足壁特征，分 3 型。

A 型　85 件。足壁内弧。IT22⑬：17，细泥灰陶，外施黑色陶衣。柄部见有两周凸弦纹，呈竹节状。圈足径 18.1、残高 15.3 厘米（图七五，2；图版三一，4）。IT2⑬：12，细泥灰陶，外施黑色陶衣。圈足近柄部有三周凸弦纹。圈足径 13、残高 10.4 厘米（图七五，4）。IIT50⑬：49，夹砂灰陶，较粗糙。柱状柄，从上端柄部残痕看，豆盘与柄是分别做成然后接合上的。圈足径 12.2、残高 30.4 厘米（图七五，6）。IT23⑬：17，夹砂褐陶，器表粗糙。圈足径 14.8、残高 18.4 厘米（图七五，8；图版三一，5）。IIT38⑫：41，夹砂褐陶，器表粗糙。圈足径 16、残高 15.4 厘米（图七五，1）。IT5⑫：19，细泥灰陶。柄部能见两周凹弦纹。圈足径 12、残高 11.4 厘米（图七五，9）。IIT29⑫：74，夹砂褐陶，器表较粗糙。柄部能见两周凹弦纹。圈足径 13、残高 14.4 厘米（图七五，10）。IT16⑫：10，夹砂褐陶，器表特别粗糙。圈足较矮小，柱状柄。圈足径 10.4、残高 20 厘米（图七五，7；图版三一，6）。

B 型　17 件。均较残，足壁外鼓。IT6⑬：7，夹砂褐陶。圈足径 13.4、残高 19.5 厘米（图七五，3）。IT17⑬：6，夹砂褐陶。圈足径 14.4、残高 15.3 厘米（图七五，11；图版三二，1）。IT15⑫：40，夹砂褐陶，器表粗糙。圈足径 11.3、残高 8.2 厘米（图七五，12；图版三二，2）。

C 型　1 件。IT16⑫：38，夹砂褐陶，器表特别粗糙。圈足似覆钵状。圈足径 11.4、残高 22.2 厘米（图七五，5；图版三二，3）。

细柄豆　21 件。均残存柄部或圈足。器形较高柄豆小，柄部较高柄豆低。依据柄的差异可分 2 型。

A 型　17 件。圆柱状柄。该型有 5 件保存有圈足，其圈足形态有覆钵状和喇叭状。IT22⑬：9，细泥灰陶。从残存的豆盘看，为浅盘。柄部饰十道凹弦纹，覆钵状圈足，在圈足中部及圈足近柄部处有两个一组，共四组圆形镂孔。圈足径 8.7、残高 12 厘米（图七六，1；图版三二，4）。IIT50⑬：51，细泥灰陶。覆钵状圈足。柄部残存有两道凹弦纹。圈足径 6.8、残高 5.8 厘米（图七六，6；图版三二，5）。IT15⑫：44，细泥褐陶，仅残存圈足部分。覆钵状圈足。圈足上饰有两排各三个圆形镂孔。圈足径 16.2、残高 6 厘米（图七六，2；图版三二，6）。IIT50⑬：36，细泥灰陶，豆盘残。喇叭状圈足。圈足径 7.4、残高 12.2 厘米（图七六，12；图版三三，1）。IT2⑬：15，细泥灰陶。喇叭状圈足。残存的柄部见有三道凹弦纹。圈足径 8.6、残高 6.8 厘米（图七六，5；图版三三，2）。IT3⑬：16，细泥灰陶。残存柄部。柄中部有三道凹弦纹。残高 8.3 厘米（图七六，3；图版三三，3）。IT1⑫：34，细泥灰陶。柄下部有五道凹弦纹。残高 12.2 厘米（图七六，8）。IT16⑫：80，细泥褐陶。柄中部有三道凹弦纹。残高 7.5 厘米（图七六，4）。IIT54⑪：10，细泥灰陶。喇叭状圈足，较小。圈足径 3.6、残高 7 厘米（图七六，10）。IIT50⑪：90，细泥灰陶。喇叭状圈足，较小。圈足径 3.8、残高 6.8 厘米（图七六，13；图版三三，4）。

B 型　4 件。竹节状柄，均只残存柄部。IT6⑬：4，细泥灰陶。柄下部有两道凸棱。残高 15.1 厘米（图七六，11；图版三三，5）。IT7⑫：77，细泥灰陶。柄中部有两道凸棱。残高 11.8 厘米（图七六，7；图版三三，6）。IT23⑫：26，细泥灰陶。柄中部外鼓，有两道凸棱。残高 6.6 厘米（图七六，9）。

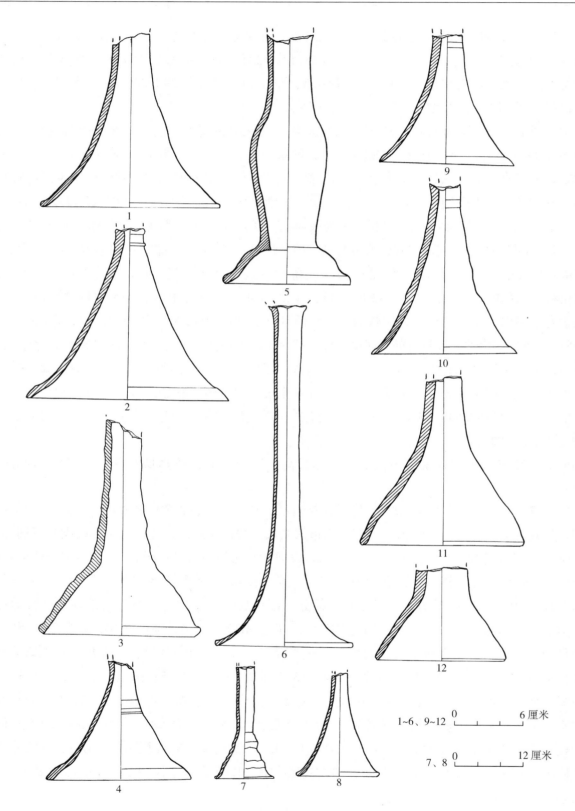

图七五　高柄豆圈足

1、2、4、6~10. A 型（ⅡT38⑫：41、ⅠT22⑬：17、ⅠT2⑬：12、ⅡT50⑬：49、ⅠT16⑫：10、ⅠT23⑫：17、ⅠT5⑫：19、
ⅡT29⑫：74）　 3、11、12. B 型（ⅠT6⑬：7、ⅠT17⑬：6、ⅠT15⑫：40）　 5. C 型（ⅠT16⑫：38）

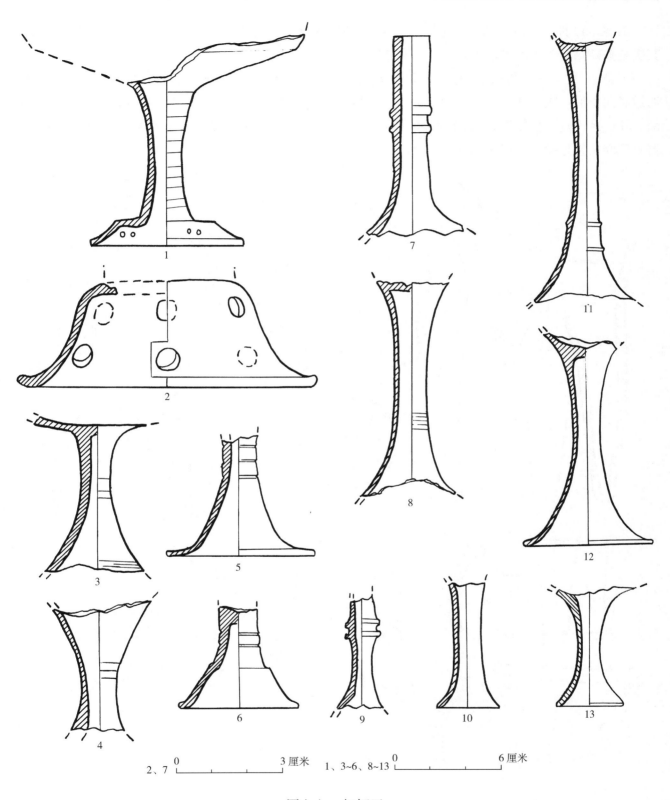

图七六　细柄豆

1～6、8、10、12、13. A 型（ⅠT22⑬：9、ⅠT15⑫：44、ⅠT3⑬：16、ⅠT16⑫：80、ⅠT2⑬：15、ⅡT50⑬：51、ⅠT1⑫：34、ⅡT54⑪：10、ⅡT50⑬：36、ⅡT50⑪：90）　7、9、11. B 型（ⅠT7⑫：77、ⅠT23⑫：26、ⅠT6⑬：4）

陶盉　50件。均较残，无一完整器。以袋足部分较多，少量器身和器耳。陶质以夹砂灰陶为主，其次是夹砂褐陶。器表多呈灰黑色，有烟炱痕。

盉身　3件。有3件腹片稍大，IT2⑬：7，夹砂灰陶。口微敛，尖唇，腹较直，桥形耳。耳上有四道竖向划痕。腹径9.8、残高12.3厘米（图七七，4；图版三四，1）。IT6⑬：21，夹砂褐陶。口部、耳、足均残。腹径7.2、残高10.6厘米（图七七，5）。IT16⑫：50，夹砂褐陶。尚残存一袋足，器身肥胖，袋足瘦高。腹径10.4、残高20.2厘米（图七七，1；图版三四，2）。

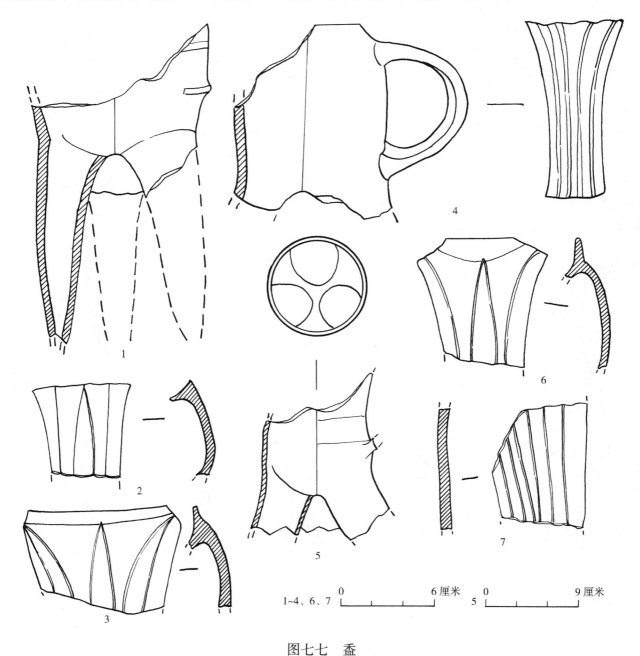

1~4、6、7　0　　　　　6厘米　　0　　　　　9厘米
　　　　　　　　　　　　　　　　　5

图七七　盉

1、4、5. 盉身（ⅠT16⑫：50、ⅠT2⑬：7、ⅠT6⑬：21）　2、3、6、7. 盉耳（ⅠT19⑬：44、ⅡT29⑫：97、ⅠT8⑫：92、ⅠT11⑬：36）

盉耳　9件。均为桥形耳，其上均有划痕，均是上宽下窄，唯其宽窄及划痕形式略有不同。IT19⑬：44，夹砂灰陶。耳稍宽，其上有四道竖向划痕，中间两道于耳顶部相交。耳宽6.4、残高6厘米（图七七，2）。IT11⑬：36，夹砂灰陶。其上有六道竖向划痕。耳残宽6、残高7.8厘米（图七七，7）。IIT29⑫：97，夹砂灰陶。耳较宽，其上有六道竖向划痕，中间两道和左右各两道分别于耳顶部相交，左右向两侧分开，形成如花瓣状。耳宽10.2、残高6.4厘米（图七七，3）。IT8⑫：92，夹砂灰陶。其上有四道竖向划痕，中间两道于耳顶部相交。耳宽8.2、残高8.3厘米（图七七，6）。

盉袋足　38件。依据袋足的胖瘦，分2型。

A型　14件。袋足相对肥胖。IT2⑬：6，夹砂褐陶。足尖呈尖锥状。袋足最大径7.8、残高22厘米（图七八，1；图版三四，3）。IT15⑬：71，夹砂灰陶。足尖呈尖锥状。最大径6、残高16.8厘米（图七八，11；图版三四，4）。IT7⑫：68，夹砂灰陶。残径约4、残高8.6厘米（图七八，10）。I采：58，夹砂灰陶。残径5.4、残高9.7厘米（图七八，13）。IT8⑫：12，夹砂灰陶。足尖较长，呈圆柱状。残径5、残高11.6厘米（图七八，3）。IT11⑫：18，夹砂灰陶。足尖较长，呈圆柱状。残径5.4、残高11厘米（图七八，5；图版三四，5）。

B型　24件。袋足瘦小或瘦高。IT19⑬：43，夹砂灰陶。袋足瘦小。最大径4.4、残高11.7厘米（图七八，9）。IT17⑬：29，夹砂灰陶，器表粗糙，手制。袋足较瘦高，实足尖较短。最大径4.5、残高18.8厘米（图七八，2；图版三四，6）。IT19⑬：28，夹砂褐陶，器表粗糙，手制。最大径4.8、残高12.7厘米（图七八，4）。IT6⑬：6，夹砂灰陶。袋足较瘦高，实足尖稍长。最大径6.4、残高24.8厘米（图七八，7）。IIT40⑬：36，夹砂灰陶，器表粗糙，手制。最大径5.6、残高22.6厘米（图七八，12；图版三五，1）。IIT30⑫：4，夹砂灰陶，器表粗糙。袋足瘦高。最大径6、残高26厘米（图七八，6；图版三五，2）。IIT54⑪：43，夹砂灰陶，器表粗糙，手制。袋足瘦小，足尖呈乳头状。最大径3.2、残高12.8厘米（图七八，8；图版三五，3）。

器座　7件。有3件完整，4件残。均为腰部内束的圆筒状，每件都有不同程度的差异。IT6⑫：3，下部残，夹砂灰陶。侈口，圆唇，束腰。腰部有两道凹弦纹，弦纹间有两个圆形镂孔。口径11、残高8.5厘米（图七九，1；图版三六，1）。IT13⑫：5，上部残，夹砂褐陶。腰微束，足缘外侈。腰部残存有一圆形镂孔。足径12、残高10.4厘米（图七九，2）。I采：65，泥质褐陶。器形较小，口沿外翻，圆唇，足缘外折。口径7.2、足径7.4、高5.8厘米（图七九，7）。I采：66，泥质褐陶。上小下大，口沿微外翻，圆唇，足缘外折。腰部有三个等距离的圆形镂孔。口径8.2、足径9.8、高5.1厘米（图七九，6；图版三六，2）。IT1⑫：25，泥质褐陶。上小下大，侈口，圆唇，曲腹，足缘外叠较厚。腰部有四个等距离的圆形镂孔。口径10、足径10.5、高6.4厘米（图七九，5；图版三六，3）。IT7⑫：145，上部残，夹砂灰陶。足缘外翻。近足部有一周凸棱，腰部残存有圆形镂孔。足径14、残高4.6厘米（图七九，3）。IT23⑫：57，上部残，夹砂灰陶。足缘外翻，直腹。腰部见有较大的圆形镂孔。足径10.2、残高6.2厘米（图七九，4）。

筒形器　58件。均较残破，直筒状，器壁较厚，器表粗糙，不知其用途。依其底部特征，分3型。

A型　13件。平底或平底内凹。IT16⑫：18，上部残，夹砂褐陶。素面无纹。腹中部外鼓，腹部有圆形镂孔。残口径8、底径6.1、残高7.2厘米（图八〇，3；图版三六，4）。IT15⑫：75，夹砂褐

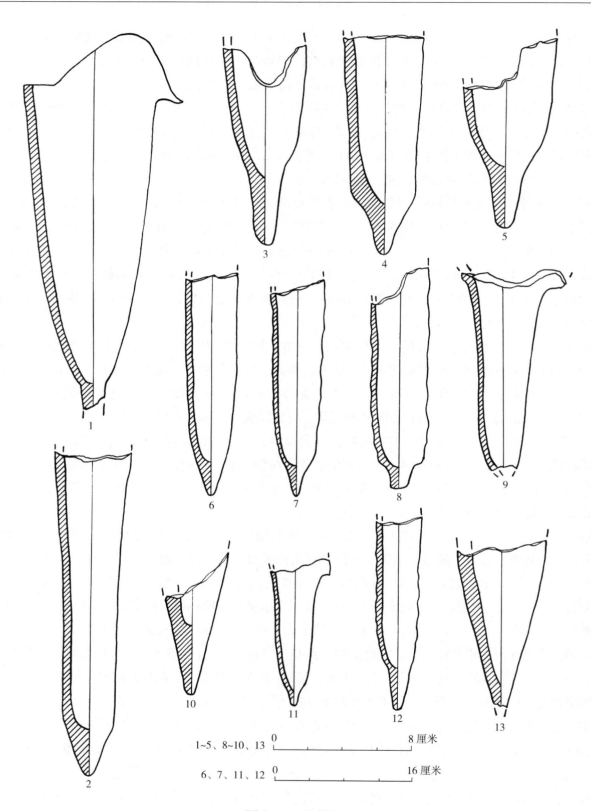

图七八　盉袋足

1、3、5、10、11、13. A型（ⅠT2⑬:6、ⅠT8⑫:12、ⅠT11⑫:18、ⅠT7⑫:68、ⅠT15⑬:71、Ⅰ采:58）　2、4、6～9、12. B
型（ⅠT17⑬:29、ⅠT19⑬:28、ⅡT30⑫:4、ⅠT6⑬:6、ⅡT54⑪:43、ⅠT19⑬:43、ⅡT40⑬:36）

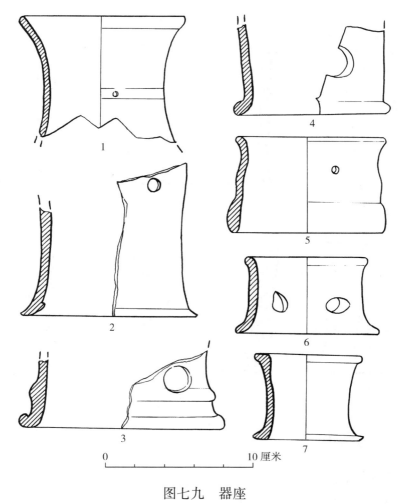

图七九　器座

1～7（ⅠT6⑫:3、ⅠT13⑫:5、ⅠT7⑫:145、ⅠT23⑫:57、ⅠT1⑫:25、Ⅰ采:66、Ⅰ采:65）

陶。器表有较粗深的压印条痕。残腹径10.6、底径8、残高7.6厘米（图八〇，7；图版三六，5）。ⅡT49⑫:28，夹砂灰陶。器表有明显的刮痕。残存有两个较大的三角形镂孔。残腹径9.8、底径6.4、残高12厘米（图八〇，1；图版三六，6）。

B型　30件。底部中间有穿孔。IT15⑫:74，夹砂褐陶，器壁特别厚。残腹径10、底径8.2、残高8.8厘米（图八〇，6；图版三七，1）。IT10⑫:11，夹砂褐陶。残存有两个圆形镂孔。残腹径9.6、底径7、残高9.2厘米（图八〇，9；图版三七，2）。IT11⑫:38，夹砂褐陶。残存有较粗深的压印条痕和圆形镂孔。残腹径10.5、底径10、残高6.3厘米（图八〇，5）。IT12⑫:29，夹砂褐陶。其上有绳纹和镂孔装饰。残腹径11.6、底径10.4、残高5.5厘米（图八〇，8）。

C型　15件。无底。IT9⑫:21，夹砂褐陶。残腹径11.2、底径11.6、残高8.1厘米（图八〇，4）。IT12⑫:39，夹砂褐陶。残存有镂孔装饰。残腹径10、底径10、残高9.2厘米（图八〇，2）。

鸟头形勺柄　9件。均残存柄部，为细泥灰陶，大多外施黑色陶衣，个别器表有刮痕，柄中空。出土的9件其眼睛做法和喙部特征都有不同程度的差异，依据这些差异，分7型。

A型　1件。IT1⑬:11，颈部断面呈心形，眼睛位于上部，用阴线刻划，喙部微弯曲。残长9.6

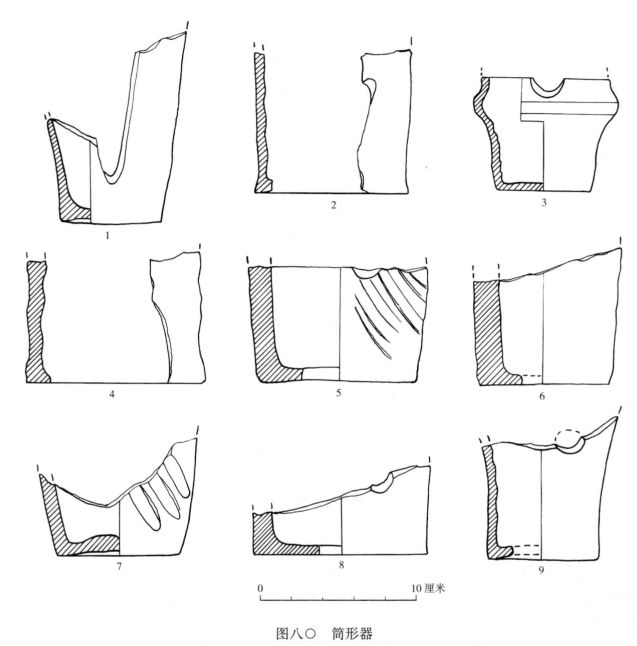

图八〇　筒形器

1、3、7. A 型（Ⅱ T49⑫：28、Ⅰ T16⑫：18、Ⅰ T15⑫：75）　2、4. C 型（Ⅰ T12⑫：39、Ⅰ T9⑫：21）
5、6、8、9. B 型（Ⅰ T11⑫：38、Ⅰ T15⑫：74、Ⅰ T12⑫：29、Ⅰ T10⑫：11）

厘米（图八一，1；彩版一六，3）。

B 型　2 件。颈部断面呈圆形，喙部向下弯勾。IT22⑬：27，没有眼睛，上下喙间透刻。残长
10.4 厘米（图八一，9）。IT22⑬：28，眼睛为阴线圆圈，上下喙间未刻穿。残长 10.6 厘米（图八一，
5；图版三七，3）。

C 型　2 件。颈部断面呈圆形，喙部下弯不内勾，均有眼睛。IT3⑬：7，眼睛为阴线圆圈。残长
8.5 厘米（图八一，6；彩版一六，4）。IT1⑬：30，近勺处断面呈椭圆形，眼睛为圆形穿孔，颈部下
面有一长条形穿孔。残长 21.1 厘米（图八一，2）。

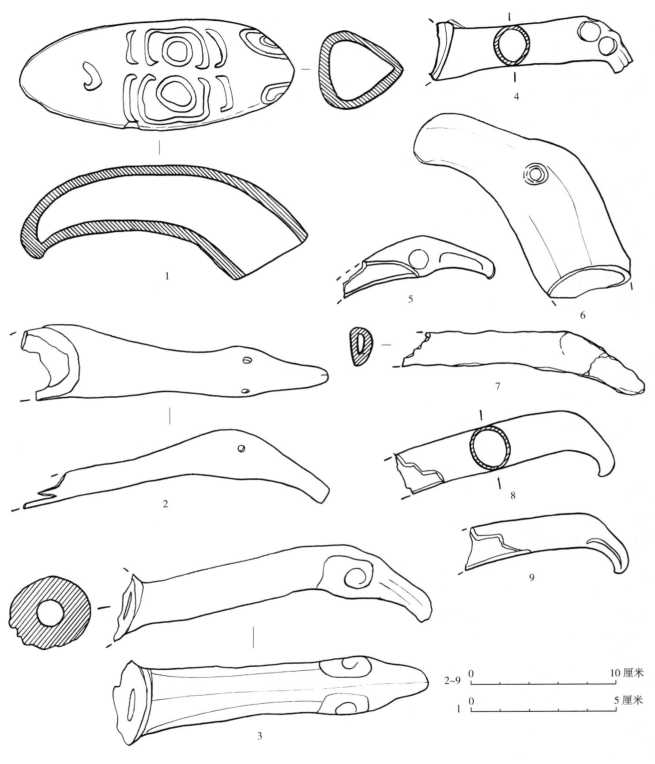

图八一　鸟头形勺柄

1. A 型（ⅠT1⑬：11）　　2、6. C 型（ⅠT1⑬：30、ⅠT3⑬：7）　　3. E 型（ⅠT7⑬：94）　　4. G 型（ⅠT25⑤：1）
5、9. B 型（ⅠT22⑬：28、ⅠT22⑬：27）　　7. F 型（ⅠT6⑬：36）　　8. D 型（ⅠT3⑬：10）

D 型　1 件。IT3⑬：10，颈部断面呈圆形，喙部弯曲内勾，没有眼睛装饰。残长 15 厘米（图八一，8）。

E 型　1 件。IT7⑬：94，柄部完整，器表有刮痕。颈部断面呈椭圆形，眼睛用阴线刻划，呈云雷纹状，颈部下有两个长条形穿孔。长 21.8 厘米（图八一，3）。

F 型　1 件。IT6⑬：36，器表粗糙。颈部断面呈椭圆形，喙部较直，未作任何装饰，颈部下有一长条形穿孔。残长 16.8 厘米（图八一，7）。

G 型　1 件。IT25⑤：1，喙部略残。颈部断面呈圆形，眼睛用泥堆塑，颈部下有三个小圆孔。残长 13 厘米（图八一，4；图版三七，4）。

纺轮　61 件。依其外形特征，分 6 型。

A 型　4 件。算珠形。依据器形高低和腰部转折的不同，分 3 式。

Ⅰ式　2 件。器形低矮，中腰硬折。IT8⑬：24，泥质灰陶，器表打磨光滑。上、下径 2.7、最大径 3.7、穿径 0.4、高 1.7 厘米（图八二，2；图版三七，5）。IT22⑬：14，泥质灰陶，器表打磨光滑。上腰有一道凹弦纹。上径 1.8、下径 2.5、最大径 3.2、穿径 0.4、高 1.2 厘米（图八二，3；图版三七，6）。

Ⅱ式　1 件。ⅡT39⑫：36，上部残，夹砂灰陶，器表略粗糙。中腰圆鼓。上部残径 2.3、下径 2.3、最大径 3、穿径 0.4、残高 1.5 厘米（图八二，4；图版三八，1）。

Ⅲ式　1 件。IT22⑫：3，泥质灰陶，器表打磨光滑。上小下大，下腰圆折，上腰见有"六"、"木"两个刻划符号。上径 1.7、下径 2.8、最大径 3.6、穿径 0.6、高 2.2 厘米（图八二，1；彩版一七，1）。

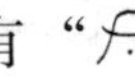

B 型　8 件。帽形。上小下大，中腰内收，外形如草帽状。ⅡT30⑫：8，泥质灰陶。腰部有两周凸棱。上径 1.1、下径 3.6、穿径 0.29、高 1.6 厘米（图八二，5；图版三八，2）。ⅡT39⑫：84，泥质灰陶，下部残。腰中部有两周凸棱。上径 1.6、下部残径 3.9、穿径 0.4、残高 1.3 厘米（图八二，8）。ⅡT40⑫：23，泥质红褐陶。腰部有三周凸棱。上径 0.8、下径 3.1、穿径 0.4、高 1.7 厘米（图八二，6；图版三八，3）。IT8⑫：5，泥质红褐陶。中腰有三周凸棱。上径 0.9、下径 3.5、穿径 0.5、高 1.4 厘米（图八二，7；图版三八，4）。IT4⑫：16，泥质灰陶。中腰有三周凸棱。上径 1、下径 3.6、穿径 0.6、高 1.9 厘米（图八二，9；图版三八，5）。IT16⑫：59，泥质灰陶。中腰有两周凸棱。上径 0.7、下径 3、穿径 0.5、高 1.7 厘米（图八三，5）。IT17⑫：27，泥质灰陶。中腰有三周凸棱。上径 0.9、下径 3.2、穿径 0.5、高 1.7 厘米（图八三，7；图版三八，6）。

C 型　6 件。圆台形。上小下大，断面呈梯形，依据其上有无凸棱装饰，分 2 亚型。

Ca 型　2 件。无凸棱装饰。IT12⑫：19，泥质灰陶。上径 0.6、下径 2.7、穿径 0.6、高 2.4 厘米（图八三，4；图版三九，1）。IT12⑫：6，泥质灰陶。上径 0.5、下径 3、穿径 0.5、高 1.7 厘米（图八三，8；图版三九，2）。

Cb 型　4 件。有凸棱装饰。ⅡT39⑫：23，泥质灰陶。近顶部有三周凸棱。上径 1.2、下径 4.7、穿径 0.6、高 1.8 厘米（图八三，2；图版三九，3）。IT7⑫：108，泥质灰陶，略残。近顶处有两周凸棱。上径 1、下径 4.9、穿径 0.5、高 2.3 厘米（图八三，3）。ⅡT30⑪：13，泥质灰陶。腰部有三周凸棱。上径 0.8、下径 3.2、穿径 0.3、高 1.6 厘米（图八三，9；图版三九，4）。ⅡT43⑪：61，泥质灰陶。

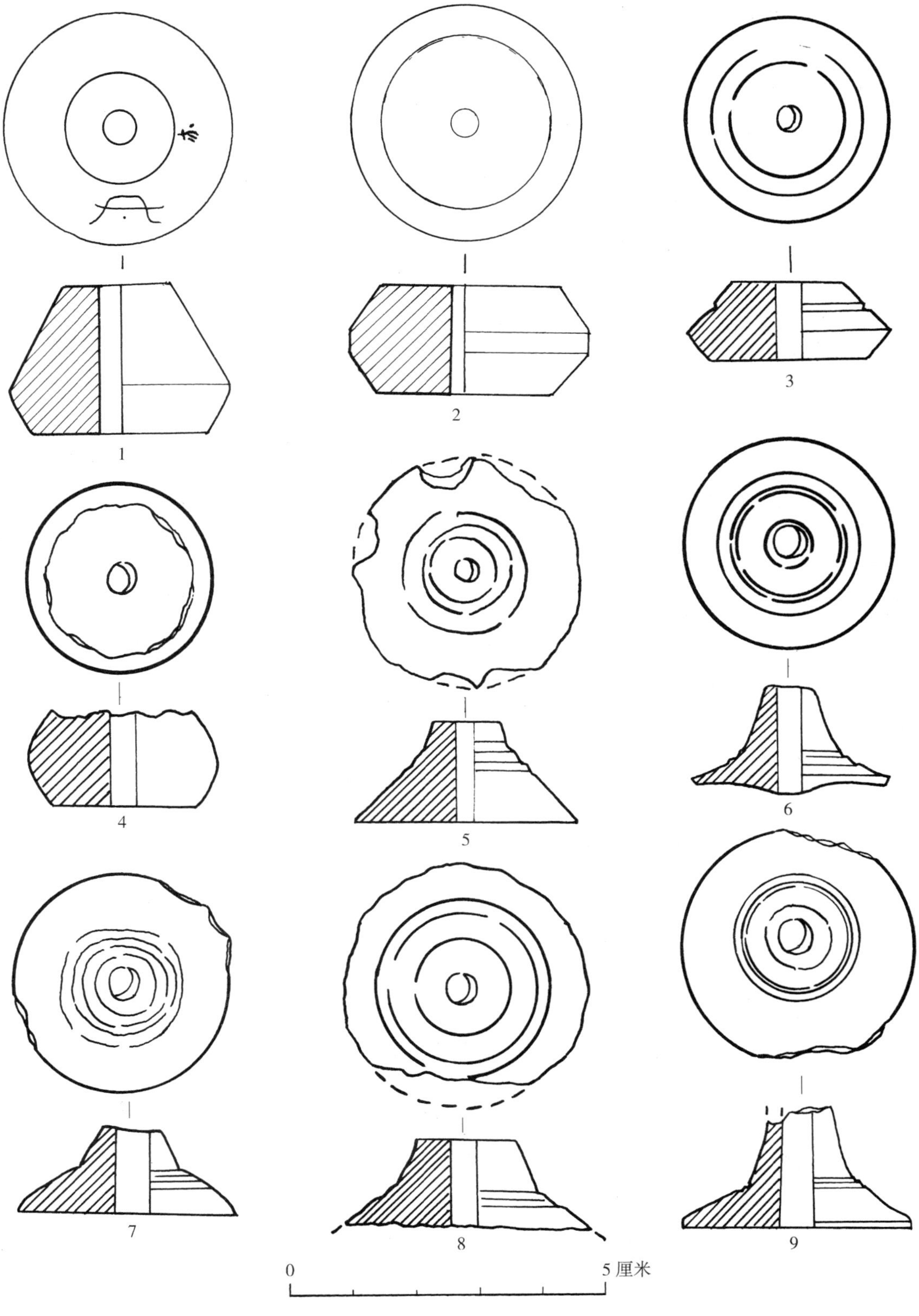

图八二　纺轮

1. A型Ⅲ式（ⅠT22⑫:3）　2、3. A型Ⅰ式（ⅠT8⑬:24、ⅠT22⑬:14）　4. A型Ⅱ式（ⅡT39⑫:36）
5～9. B型（ⅡT30⑫:8、ⅡT40⑫:23、ⅠT8⑫:5、ⅡT39⑫:84、ⅠT4⑫:16）

图八三 纺轮

1～3、9. Cb型（ⅡT43⑪：61、ⅡT39⑫：23、ⅠT7⑫：108、ⅡT30⑪：13） 4、8. Ca型（ⅠT12⑫：19、ⅠT12⑫：6）
5、7. B型（ⅠT16⑫：59、ⅠT17⑫：27） 6. D型（ⅠT14⑫：6）

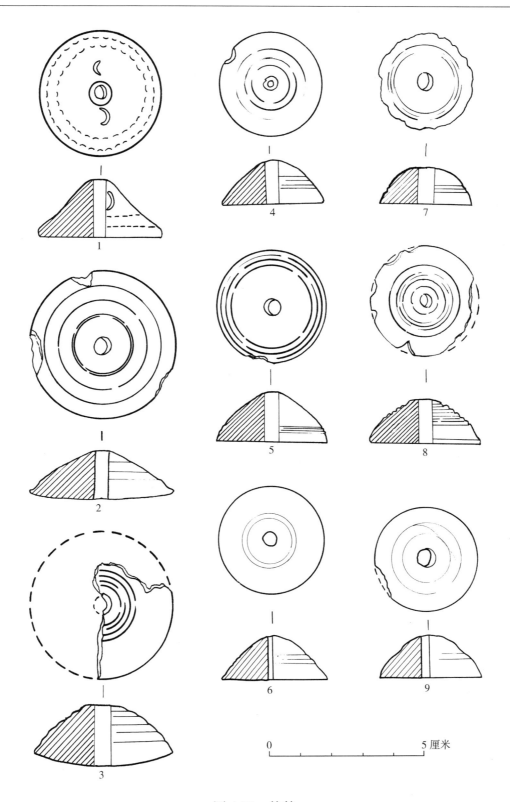

图八四　纺轮

1～9. D 型（ⅠT15⑫：77、ⅠT8⑫：20、ⅡT43⑪：122、ⅠT8⑫：4、ⅠT5⑫：1、ⅠT16⑫：76、ⅠT7⑫：78、ⅡT39⑪：13、ⅠT4⑫：15）

图八五 纺轮

1. D型（ⅡT38⑫:52） 2、3、8. E型（ⅡT39⑫:27、ⅠT22⑬:25、ⅠT17⑬:17）
4～7、9、10. F型（ⅠT8⑫:33、ⅡT29⑩:90、ⅡT50⑫:40、ⅡT50⑫:18、ⅠT5⑫:11、ⅠT18⑬:11）

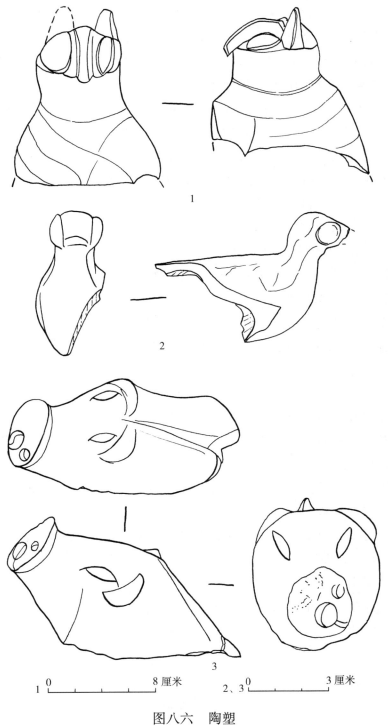

图八六　陶塑

1、2. 鸟（ⅠT22⑬：22、ⅠT14⑫：10）　　3. 猪（ⅠT9⑬：7）

器身低矮，近顶处有两周凸棱，似阶梯状。上径1.5、下径4.6、穿径0.6、高1.2厘米（图八三，1）。

D型　11件。圆丘形，上小下大，顶部隆起如馒头状。IT14⑫：6，泥质褐陶。腰部有两道凸棱。

下径3.2、穿径0.4、高2厘米（图八三，6）。IT15⑫：77，泥质红褐陶。腰略内弧，上有两周锥刺纹和两个对称的月牙纹。下径4、穿径0.4、高1.8厘米（图八四，1）。IT8⑫：4，泥质灰陶。腰部有三道凸弦纹。下径3.3、穿径0.5、高1.4厘米（图八四，4；图版三九，5）。IT8⑫：20，泥质灰陶。腰部有两道凸弦纹。下径4.7、穿径0.4、高1.6厘米（图八四，2；图版三九，6）。IT5⑫：1，泥质灰陶。腰下部有三道凸弦纹。下径3.7、穿径0.6、高1.6厘米（图八四，5；图版四〇，1）。IT7⑫：78，泥质灰陶。腰部有三道凸弦纹。下径3、穿径0.5、高1.2厘米（图八四，7）。IT4⑫：15，泥质灰陶。中腰内束。下径3.4、穿径0.5、高1.4厘米（图八四，9）。IT16⑫：76，泥质灰陶。腰部有三道凸弦纹。下径3.5、穿径0.4、高1.4厘米（图八四，6）。IIT39⑪：13，泥质灰陶。上有六道凹弦纹。下径3.5、穿径0.4、高1.4厘米（图八四，8）。IIT43⑪：122，泥质灰陶。上有五道凹弦纹。下径4.6、穿径0.5、高1.8厘米（图八四，3）。IIT38⑫：52，泥质灰陶。腰部有三道凸弦纹。下径3.8、穿径0.5、高1.5厘米（图八五，1；图版四〇，2）。

E型　3件。圆饼形。IT22⑬：25，夹砂灰陶。上下面均不平。直径4.2、穿径0.6、厚1.6厘米（图八五，3；图版四〇，3）。IT17⑬：17，夹砂灰陶。直径3、穿径0.7~1厘米（图八五，8；图版四〇，4）。IIT39⑫：27，夹砂灰陶。直径4、穿径0.6~1.2厘米（图八五，2；图版四〇，5）。

F型　29件。利用陶片二次制作而成，其钻孔多为两头粗，中间细的蜂腰形。IT18⑬：11，夹砂灰陶。陶片一面有篮纹。直径6.2、穿径0.3~1.4、厚1.6厘米（图八五，10；图版四〇，6）。IIT50⑫：18，夹砂褐陶。素面无纹。直径4.2、穿径0.9~1.5、厚1.2厘米（图八五，7）。IIT50⑫：40，夹砂灰陶。素面无纹。直径5、穿径0.6~1.1、厚0.9厘米（图八五，6；图版四一，1）。IT5⑫：11，夹砂褐陶。陶片一面有绳纹。直径6.4、穿径0.4~0.6、厚0.4厘米（图八五，9；图版四一，2）。IT8⑫：33，夹砂褐陶。陶片一面有绳纹。直径5.9、穿径0.6~1、厚0.7厘米（图八五，4；图版四一，3）。IIT29⑩：90，夹砂褐陶。素面无纹。直径5.6、穿径1~1.8、厚1.2厘米（图八五，5）。

陶塑　3件。有陶鸟、陶猪。

陶鸟　2件。IT22⑬：22，夹砂灰陶，下部身体残，手捏制。如猫头鹰状，竖耳，大圆眼，钩喙。残高6.5厘米（图八六，1；图版四一，4）。IT14⑫：10，泥质灰陶，嘴和尾部残。眼睛为圆形泥饼堆塑。残长7.3、高4.7厘米（图八六，2）。

陶猪　1件。IT9⑬：7，夹砂褐陶，器表呈灰色，仅残存猪头。嘴上翘，眼为阴线刻。残长8.6厘米（图八六，3）。

二　铜器

均为小型青铜器，有剑、镞、刻刀、凿等。

剑　1件。ⅠT4⑫：5，茎端略残，柳叶形，扁茎无格，体扁薄，中有凸棱状的脊。残长20.2、本部宽0.8厘米（图八七，5；彩版一七，2）。

镞　5件。根据翼的不同，分2型。

A型　4件。翼较宽，中脊高凸直达前锋，后锋倒刺，方锥状铤。ⅡT36⑫：11，后锋处宽2、身

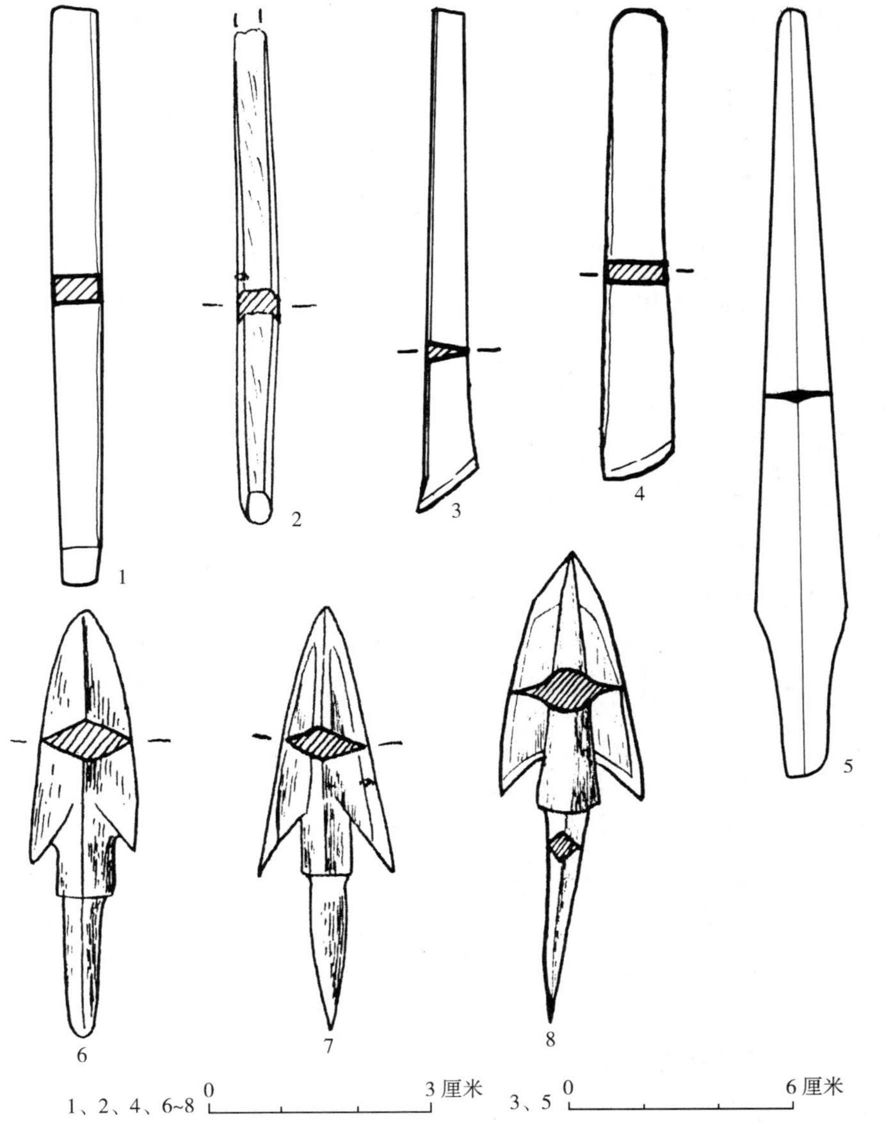

图八七　铜器

1、2. 凿（ⅡT40⑫:20、ⅠT5⑫:8）　3、4. 刻刀（ⅠT8⑫:5、ⅠT8⑫:2）　5. 剑（ⅠT4⑫:5）
6. B型镞（ⅠT5⑫:2）　7、8. A型镞（ⅠT16⑫:52、ⅡT36⑫:11）

长4、铤长2.3、通长6.3厘米（图八七，8；图版四一，5）。ⅠT16⑫:52，后锋处宽1.8、身长3.6、铤长2、通长5.6厘米（图八七，7；彩版一七，3）。

B型　1件。ⅠT5⑫:2，翼稍窄，器身断面呈棱形，后锋倒刺，方锥状铤。后锋处宽1.5、器身长3.8、铤长1.8、通长5.6厘米（图八七，6；图版四一，6）。

刻刀　2件。长条形薄片状，斜端刃。ⅠT18⑫:5，长条形，身窄刃宽，体扁薄，断面呈楔形。刃口斜长2、身宽0.8~1.4、通长13.3、厚0.1~0.5厘米（图八七，3）。ⅠT18⑫:2，刃较身略宽，器身断面呈长方形。刃口斜长1.1、身宽0.6~1、通长6.3、厚0.3厘米（图八七，4）。

凿　2件。长条形，中锋端刃，刃略窄于器身。ⅠT5⑫:8，器身断面呈梯形。宽0.6、残长6.5，厚 0.3 厘米（图八七，2；彩版一七，4）。Ⅱ T40⑫：20，器身断面呈长方形。宽 0.7、长 7.6、厚 0.4 厘米（图八七，1）。

三　骨器

包括有簪、针、锥、镞、卜甲等。

簪　5 件。磨制，依据簪身不同，分 2 型。

A 型　1 件。Ⅰ T10⑫：5，尖部残，簪身为扁状长条形，簪帽呈等腰三角形。残长 17、簪身至簪帽宽 0.5～1.4、簪帽高 0.9、厚 0.2 厘米（图八八，2；彩版一八，1）。

B 型　4 件。簪身为圆箸形，大多残断，残存上部的有 4 件，依其有无簪帽，分 2 亚型。

Ba 型　1 件。Ⅰ T7⑫：76，无簪帽。长 19、最大直径 0.7 厘米（图八八，1）。

Bb 型　3 件。有圆锥状簪帽。Ⅱ T38⑪：34，通长 16.1、最大径 0.8、簪帽高 0.5、簪帽底径 1 厘米（图八八，3；图版四二，1）。Ⅱ T36⑫：10，残长 8.3、最大径 0.8、簪帽高 0.4、簪帽底径 1 厘米（图八八，4）。Ⅱ T38⑪：32，残长 6.5、最大径 0.5、簪帽高 0.5、簪帽底径 0.9 厘米（图八八，5；图版四二，2）。

针　1 件。Ⅰ T8⑫：10，磨制，尖残。针身上部断面近方形，下部为圆形，首端一穿。残长 5.4、上部宽 0.4、厚 0.3、穿孔径约 0.15 厘米（图八九，4；图版四二，3）。

锥　12 件。主要磨制尖端，其他部位只稍加琢磨。Ⅰ T9⑫：3，用带有关节的肢骨作成，上端尚留有节臼，下端磨成尖状。最大径 1.2、长 10.4 厘米（图八九，1；图版四二，4）。Ⅱ T40⑫：19，骨片磨制而成。最宽 1.5、厚 0.7、长 9 厘米（图八九，2；图版四二，5）。Ⅱ T39⑫：17，骨片磨制而成。最宽 1.8、厚 0.9、长 13.4 厘米（图八九，3）。Ⅰ T9⑫：1，首端残，骨片磨制而成，断面呈椭圆形。宽 1.2、厚 0.6、残长 7 厘米（图八九，5）。

镞　1 件。Ⅱ T40⑫：22，锋呈三棱形，尖端残，后部为管状。残长 6、径 1 厘米（图八九，6；图版四二，6）。

卜甲　11 件。均为龟腹甲，孔为圆形挖孔，不甚规整，孔径较大，孔底呈锅底形，有灼烧痕，大多在兆枝面与孔对应处有焦黄灼痕。Ⅰ T1⑬：1，残存 7 个孔，分布较为稀疏。残长 8.7、残宽 5、孔径 1.1 厘米（图九〇，1）。Ⅰ T7⑫：83，为腹甲甲首部分。残长 8.5、残宽 5.2 厘米。上有孔 7 个，分布密集，呈梅花状，有重叠现象，孔径 1.3～1.5 厘米（图九〇，2；彩版一八，2、3）。Ⅰ T7⑫：78，残长 6.9、残宽 6.3 厘米。上有 5 个孔，呈两排，分布密集，相互重叠，孔径约 1.7 厘米（图九一，1；彩版一八，4、5）。Ⅱ T43⑩：124，残存部分呈不规则圆形，径约 9 厘米。上有 2 个孔，孔径分别为 1.2 和 1.9 厘米（图九一，2）。Ⅰ T5⑫：7，残长 4.7、残宽 4.5 厘米。残存 1 个孔，已穿，孔径 1.1 厘米（图九二，1）。Ⅰ T4⑫：7，残长 6.2、残宽 3.7 厘米。孔均在残断的边缘处，能见到 6 个，分布较稀疏（图九二，2）。

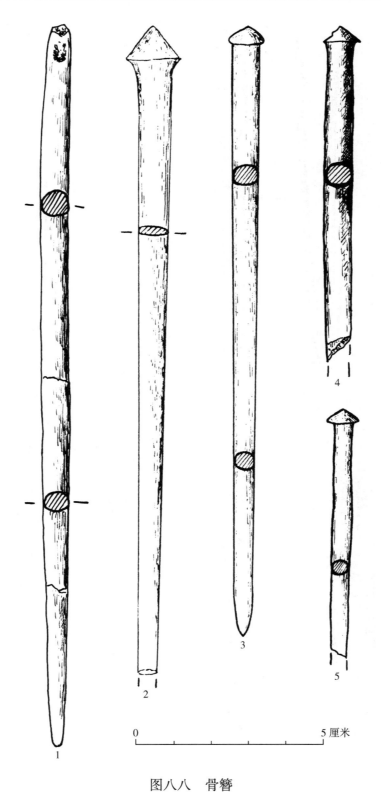

图八八　骨簪

1. Ba 型（ⅠT7⑫：76）　　2. A 型（ⅠT10⑫：5）
3 ~ 5. Bb 型（ⅡT38⑪：34、ⅡT36⑫：10、ⅡT36⑫：10、ⅡT38⑪：32）

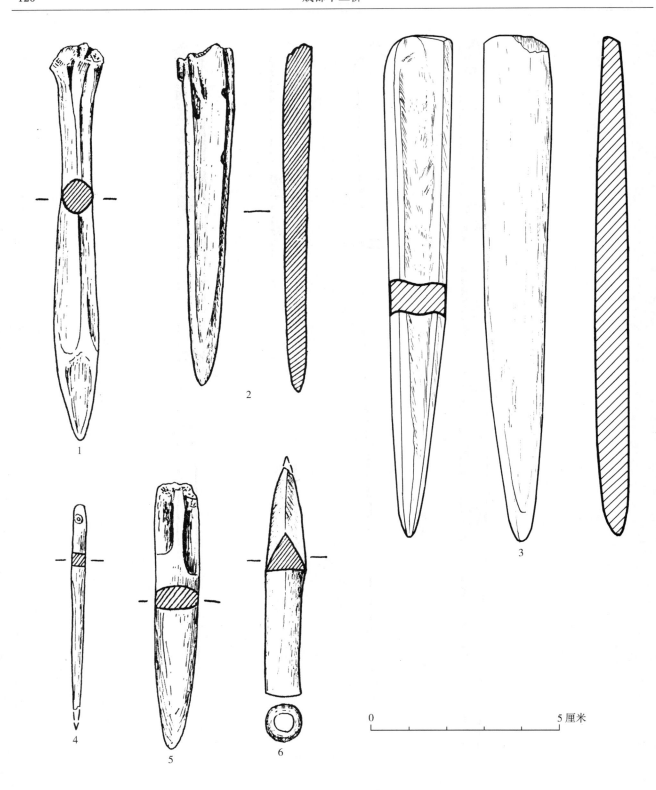

图八九　骨器

1～3、5. 锥（ⅠT9⑫：3、ⅡT40⑫：19、ⅡT39⑫：17、ⅠT9⑫：1）　4. 针（ⅠT8⑫：10）　6. 镞（ⅡT40⑫：22）

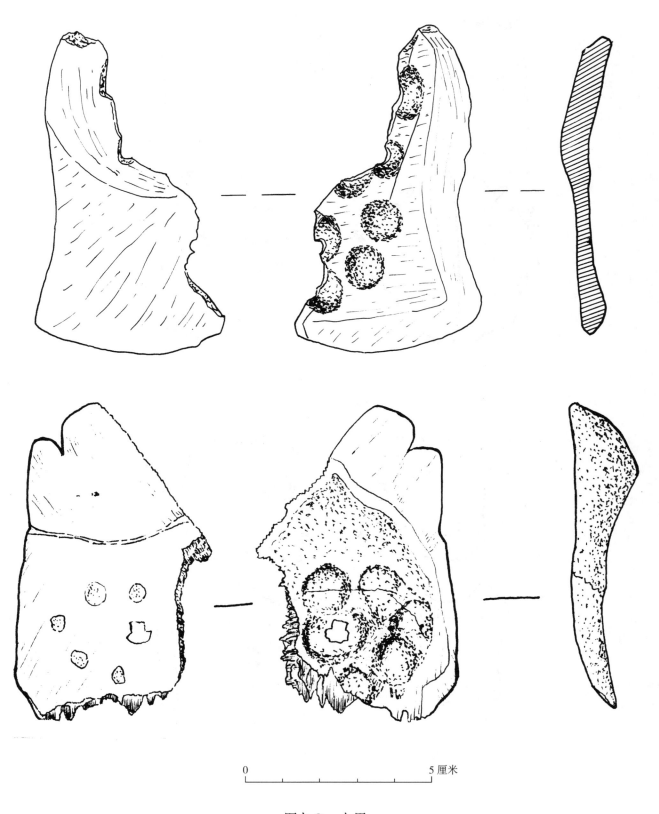

0　　　　　　　　　　　　5 厘米

图九〇　卜甲

1、2.（ⅠT1⑬：1、ⅠT7⑫：83）

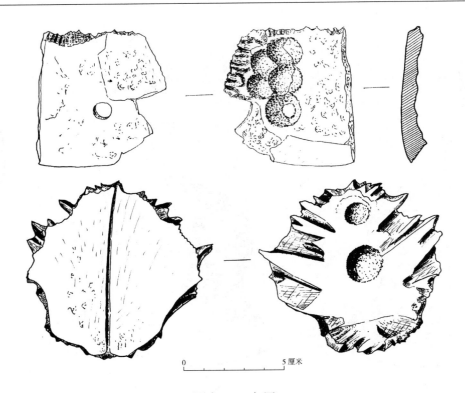

图九一　卜甲

1、2.（ⅠT7⑫：78、ⅡT43⑩：124）

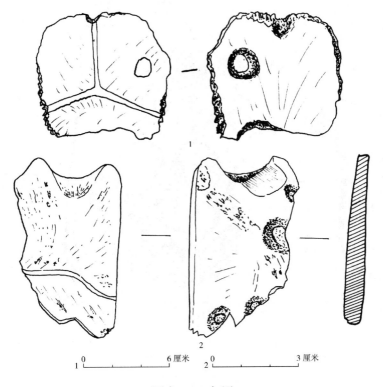

图九二　卜甲

1、2（ⅠT5⑫：7、ⅠT4⑫：7）

四　石器

主要有小型的磨制生产工具斧、锛、凿，装饰品璜，少量磨制的璋、粗磨的璧和数量较多的打制盘状器等。

斧　8件。均为磨制，平面呈顶窄刃宽的梯形，中锋。ⅠT1⑬：12，弧顶，刃略直。顶宽4.5、刃宽5、长7.6、厚1.6厘米（图九三，1；图版四三，1）。ⅠT11⑫：4，顶和刃部均残。顶残宽4.2、刃残宽4.5、残长7.1、厚1.7厘米（图九三，2；图版四三，2）。ⅡT39⑫：16，顶部不规整，弧刃。顶宽3.1、刃宽4.5、长7、厚1.2厘米（图九三，3；图版四三，4）。ⅡT39⑫：25，顶和刃均稍残。顶残宽4.3、刃残宽3.5、残长6、厚1.9厘米（图九三，4；图版四四，1）。ⅠT6⑬：30，弧顶略残。顶宽4、刃宽6.4、残长8.4、厚3.2厘米（图九三，5；图版四三，3）。ⅡT43⑫：63，顶和刃口均稍残。顶残宽2.9、刃宽3、残长5.8、厚1.2厘米（图九三，6；图版四四，2）。

锛　4件。均为顶窄刃宽的梯形，弧形顶，偏刃。ⅡT40⑬：45，刃部略残。刃宽3.1、长5.1、厚0.7厘米（图九四，1）。ⅠT11⑫：2，刃宽4.6、长7.4、厚1.5厘米（图九四，2）。

凿　13件。均为磨制，依据其平面形状，分3型。

A型　3件。平面呈圭形。ⅠT1⑬：13，一端为尖状刃，一端残。宽3.4、残长11.3、厚1.2厘米（图九四，3；图版四四，3）。ⅠT15⑫：4，一端为平直刃，一端平面呈尖状，侧面呈平直刃。长7.3、宽2、厚0.95厘米（图九四，4；彩版一九，1）。ⅠT1⑬：28，一端为偏锋弧刃，一端平面呈尖状，侧面呈平直刃。长6、宽1.3、厚0.7厘米（图九四，5；图版四四，4）。

B型　2件。窄长条形，一端刃，中锋。ⅡT29⑬：76，弧刃，较厚。长9、顶宽1.2、刃宽1.1、厚1.7厘米（图九五，4；图版四五，2）。ⅠT11⑫：3，斜弧刃，刃口较上端宽，较厚。长7.8、顶宽1.3、刃宽2.3、厚1.2厘米（图九五，5；图版四五，1）。

C型　8件。顶窄刃宽的梯形，偏刃。ⅠT15⑫：63，较薄。顶宽1.6、刃宽1.8、长3.4、厚0.5厘米（图九五，6；图版四五，3）。ⅠT6⑬：24，斜弧偏刃。顶宽2、刃宽2.4、长6.6、厚0.8厘米（图九五，1）。ⅠT17⑬：11，斜弧偏刃。顶宽2.2、刃宽2.2、长5.4、厚1厘米（图九五，2）。ⅠT1⑬：26，斜弧刃。顶宽1.5、刃宽2.5、长4.5、厚0.4厘米（图九五，3；图版四五，4）。ⅡT29⑬：75，斜弧刃。顶宽1.5、刃宽2.7、长4.3、厚0.6厘米（图九五，7；图版四六，1）。

璜　13件。均为磨制，器形较小，基本残断。ⅠT14⑫：1，直径约7.5厘米，断面近方形。肉宽0.7、厚0.7、残直长5.8厘米（图九六，1）。ⅠT8⑫：13，直径约4.4厘米，断面近长方形。肉宽1.1、厚0.2、残直长4.4厘米（图九六，2；图版四六，2）。ⅠT23⑫：8，直径约3厘米，从肉中部向内外缘斜磨，断面呈菱形。肉宽0.5、厚0.2、残直长2.6厘米（图九六，3）。ⅠT23⑫：6，直径约6厘米，肉内缘厚，外缘斜磨成刃口状，断面呈圭形。肉宽1.1、厚0.4、残直长6厘米（图九六，4；彩版一九，2）。ⅠT23⑫：5，直径约5.8厘米，从肉内缘向外缘斜磨，断面呈三角形。肉宽0.9、内缘厚0.3、残直长3.5厘米（图九六，5）。ⅠT23⑫：4，直径约5.6厘米，从肉内缘向外缘斜磨，断面呈三角形。肉宽0.7、内缘厚0.4、残直长2厘米（图九六，6）。ⅠT23⑫：3，直径约6厘米，从

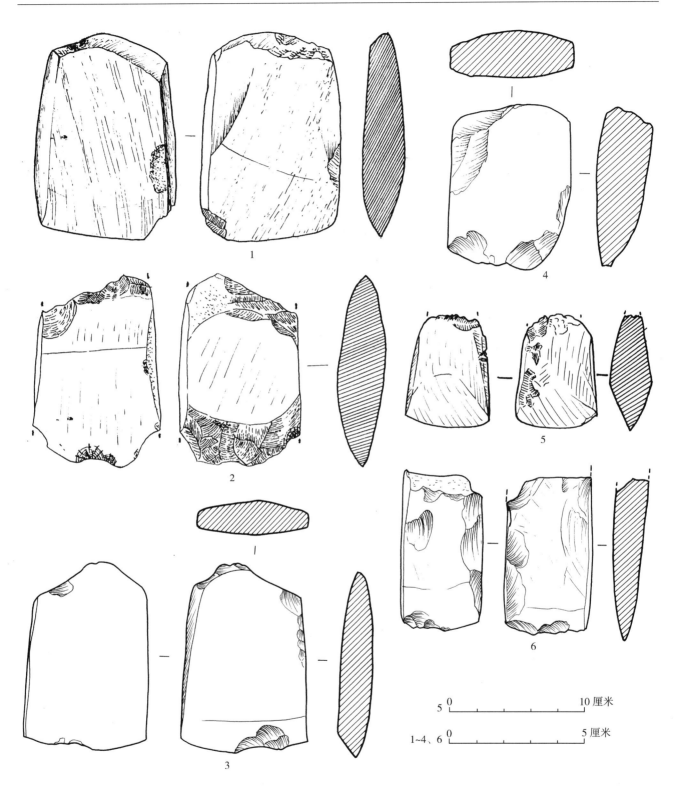

图九三　石斧

1~6（Ⅰ T1⑬：12、Ⅰ T11⑫：4、Ⅱ T39⑫：16、Ⅱ T39⑫：25、Ⅰ T6⑬：30、Ⅱ T43⑫：63）

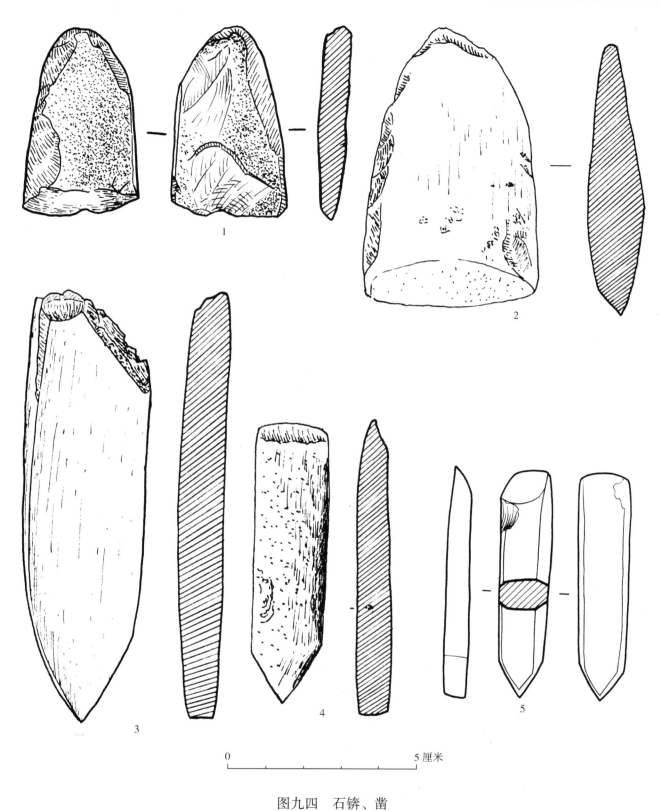

图九四 石锛、凿

1、2. 石斧（ⅡT40⑬：45、ⅠT11⑫：2） 3～5. A型石凿（ⅠT1⑬：13、ⅠT15⑫：4、ⅠT1⑬：28）

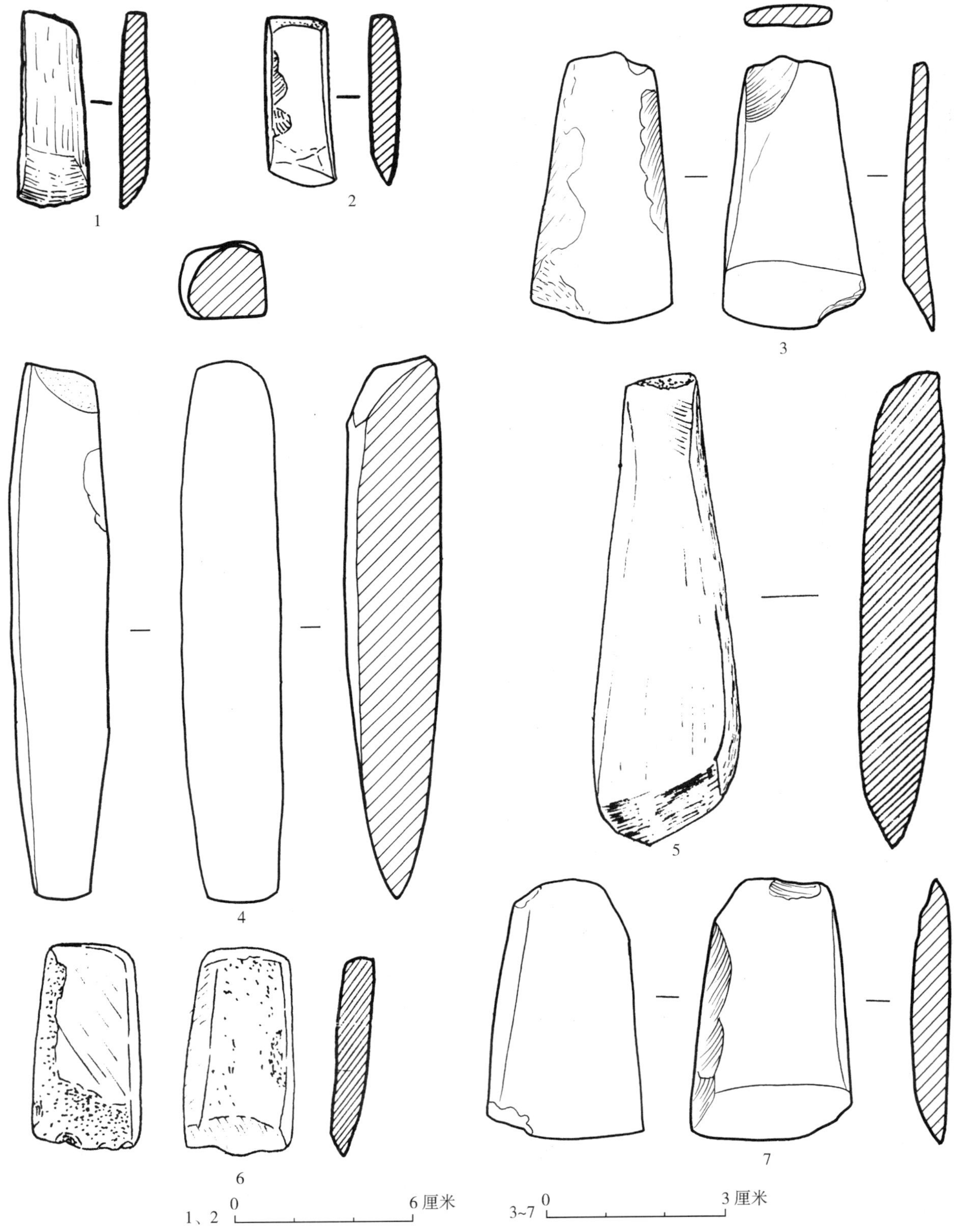
1
2
3
4
5
6
7
1、2 0 6厘米
3~7 0 3厘米

图九五　石凿

1～3、6、7. C型（ⅠT6⑬：24、ⅠT17⑬：11、ⅠT1⑬：26、ⅠT15⑫：63、ⅡT29⑬：75）
4、5. B型（ⅡT29⑬：76、ⅠT11⑫：3）

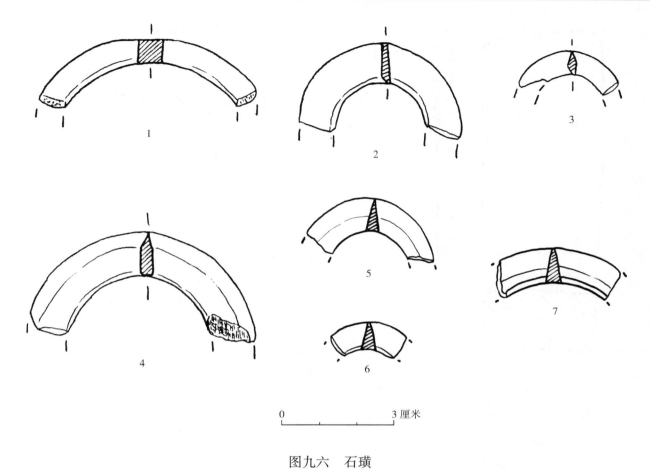

0 ———————— 3厘米

图九六　石璜

1～7（Ⅰ T14⑫: 1、Ⅰ T8⑫: 13、Ⅰ T23⑫: 8、Ⅰ T23⑫: 6、Ⅰ T23⑫: 5、Ⅰ T23⑫: 4、Ⅰ T23⑫: 3）

肉内缘向外缘斜磨，断面呈三角形。肉宽0.9、内缘厚0.4、残直长3.3厘米（图九六，7）。

璋　2件。均残，为灰色页岩磨制。Ⅰ T1⑬: 27，残存一段，素面无纹。残长16.6、宽9.4、厚1.6厘米（图九七，1；图版四六，4）。Ⅰ T7⑬: 89，残存柄部，一面有网状阴线刻纹。残长10.8、宽9.2、厚0.8厘米（图九七，2；图版四六，3）。

璧　3件。均残，灰色页岩粗磨而成，好孔为管钻，一端大，一端小。Ⅰ T1⑬: 29，直径12、好孔径4～4.8、肉宽3.6～4、厚0.4～0.8厘米（图九七，3）。ⅡT43⑪: 123，直径19.3、好孔径4.8～5.6、肉宽6.8～7.2、厚2.8厘米（图九七，4；图版四七，1）。Ⅱ T54⑩: 35，直径15.8、好孔径3.4～4.4、肉宽5.7～6.2、厚0.7厘米（图九七，6；图版四七，2）。

盘状器　142件。石质主要为灰色页岩，打制，少量从卵石上打下一块，再修整。大小厚薄不一，大者直径约40厘米，小者仅4厘米左右。薄者约0.3厘米，厚者可达4厘米左右。ⅡT43⑪: 12，从卵石上打下的一块，仅在劈裂面加工，另一面保持自然的光面。直径11.6、厚2.6厘米（图九七，5）。ⅠT2⑬: 5，灰色页岩质。直径18、厚2.2厘米（图九八，1；图版四七，3）。ⅠT15⑫: 30，灰色页岩质。直径10、厚2厘米（图九八，2；图版四七，5）。Ⅰ T15⑫: 58，灰色页岩质。直径11、厚1.8厘米（图九八，3；图版四七，4）。Ⅰ T6⑬: 29，灰色页岩质，残，一面有一管钻痕。直径约10、厚2.2厘米（图九八，4）。Ⅰ T25⑤: 4，灰黑色页岩，残存半块，直径10.1、厚1.8厘米（图版四七，6）。

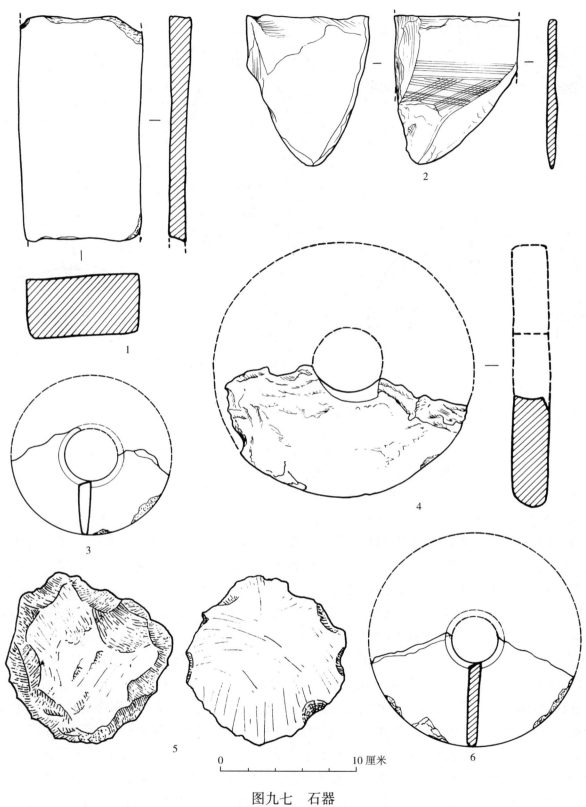

图九七　石器

1、2. 石璋（Ⅰ T1⑬：27、Ⅰ T7⑬：89）　　3、4、6. 石璧（Ⅰ T1⑬：29、ⅡT43⑪：123、ⅡT54⑩：35）
5. 盘状器（ⅡT43⑪：12）

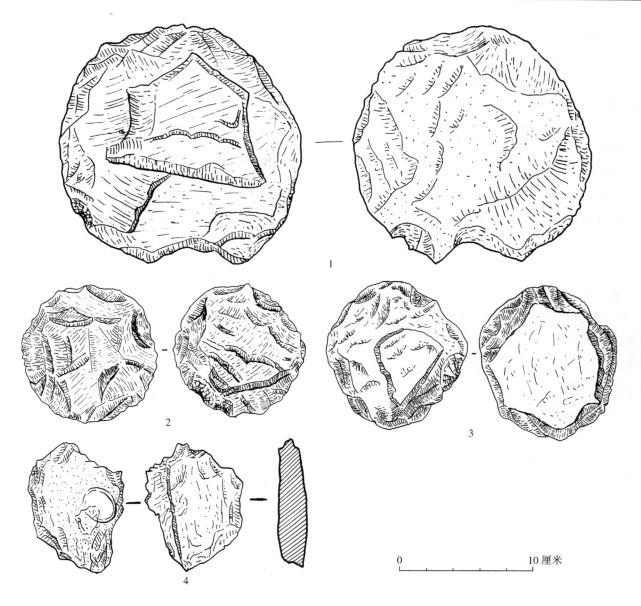

图九八　石盘状器

1～4（Ⅰ T2⑬:5、Ⅰ T15⑫:30、Ⅰ T15⑫:58、Ⅰ T6⑬:29）

第三节　结　　语

一　文化分期与年代

首先我们将各地层单位出土陶器列一个器类统计表（详见第 133 页"商周时期陶器类统计表"），

从表中我们可以清楚地看出各类陶器在诸地层单位中的共存关系和早晚变化。比较明显的是第13层和12层比较接近，11层和10层较为接近，而13、12层与11、10层区别比较明显。因此我们依据陶器的变化，可以将十二桥遗址商周时期文化遗存分为早、晚两期，即第13层和12层为早期，11层和10层为晚期。

早期陶器以夹砂褐陶为主，约为67%，其次是夹砂灰陶，约为20%，少量泥质灰陶，泥质褐陶更少。陶器器表大多呈灰黑色，部分陶色不一，褐、黑相杂，部分小平底罐器表多烟炱痕。纹饰较少，以素面陶为主，只有少量的绳纹、重菱纹、鸟纹、弦纹和附加堆纹，泥质灰陶器表多施黑色陶衣。陶器制法分轮制和手制，手制主要为泥条盘筑，然后经慢轮修整，器内多留有明显的泥条盘筑痕。早期陶器器类比较丰富，出土数量也较多，有各式小平底罐，Ⅰ式~Ⅵ式高领罐，Ⅰ式~Ⅲ式喇叭口罐，Ⅰ式~Ⅲ式尖底罐，各式花边口罐，Aa型、Ab型、Ac型、B型Ⅰ式、B型Ⅱ式、C型Ⅰ式、C型Ⅱ式、D型Ⅰ式~Ⅴ式敛口罐，广肩罐，A型、B型绳纹罐，A型~C型带耳罐，A型~G型壶，A型~E型盆，尊形器，瓶，钵，盘，瓠，Aa型、Ab型Ⅰ式~Ⅲ式、B型、C型尖底杯，A型、B型、C型、D型Ⅰ式~Ⅱ式、E型Ⅰ式~Ⅲ式尖底盏，各型器盖，圈足罐，篮形器，高柄豆，细柄豆，盉，器座，鸟头形勺柄，各型纺轮等。这一时期石器主要有打制的盘状器，磨制的斧、锛、凿、璜、璋、璧等。骨器中多簪、锥，少量针、镞等。这一时期还出土一定数量的卜甲，均为腹甲，不见背甲。出土青铜器主要是小件器物，有剑、刻刀、镞、凿等。第13层与12层所出陶器还有一些小的差异，因此又可以将早期分为早、晚两段。在陶质方面，晚段与早段相比，晚段的夹砂褐陶比例有所增加，夹砂灰陶的比例有所减少。从器类来看，晚段既有从早段沿袭下来的陶器，如小平底罐，高领罐，A型尖底罐，花边口沿罐，A型~D型敛口罐，广肩罐，A型~C型带耳罐，E型、F型和G型壶，A型~E型盆，尊形器，Aa型、Ad型和B型瓶，尖底杯，A型、E型尖底盏，Ba型、Bc型、Ea型、Eb型、Fa型器盖，圈足罐，篮形器，高柄豆，陶盉，E型、F型纺轮等。晚段也出现了一些新器形，如喇叭口罐，Ac型敛口罐，A型、B型绳纹罐，Ad型瓶，C型钵，C型、D型盘，B型、C型、D型尖底盏，Ad型、Ae型、Af型、Bb型、Bd型、C型、Ec型、Fb型和G型器盖，器座，B型~D型纺轮等。只存在于早段，而晚段没有的器形很少，有A型~E型壶、D型器盖等。

晚期夹砂灰陶比例明显增加，约为54%，夹砂褐陶比例明显下降，约为41%，少量泥质灰陶和泥质褐陶。陶器制法与早期差不多，有轮制和泥条盘筑。仍以素面陶为主，纹饰很少，仅见绳纹、弦纹和重菱纹。由于Ⅰ区大部分区域发掘前12层以上的地层已被挖掉，因此第11层和10层出土的陶器数量较少。这一时期陶器有Ⅳ式小平底罐，Ⅳ式、Ⅵ式、Ⅶ式高领罐，Ⅳ式喇叭口罐，A型Ⅳ式和B型尖底罐，Ac型、Ad型、B型Ⅲ式、C型Ⅲ式、D型Ⅴ式敛口罐，C型、E型盆，A型尊形器，A型Ⅱ式钵，Ab型Ⅰ式、Ⅱ式、Ⅳ式尖底杯，D型Ⅲ式、Ⅳ式和E型Ⅳ式、Ⅴ式尖底盏，Bc型、Ea型、Fa型器盖，圈足罐，篮形器，少量高柄豆和盉，Cb型、D型和F型纺轮等。这一时期陶器种类明显减少，早期流行的许多器形在此时已基本消失，如花边口沿罐，带耳罐，A型、B型和D型盆，瓶，盘，瓠，B型、C型尖底杯，A型、Ba型、Bb型、C型、D型、Eb型、Ec型、Fb型、G型器盖，A型、B型纺轮等。有些虽然有发现，但数量很少，很有可能属晚期地层出早期遗物的因素，如小平底罐、壶、盉、高柄豆、细柄豆等。这一时期石质工具很少见，有少量打制的盘状器；卜甲仍然存在。

关于各期年代，早期早段做了两个[14]C 数据，分别为距今 3520±80 年和距今 3680±80 年[1]，与三星堆文化一期的年代相近，这与出土遗物明显不符，因此靠不住。值得注意的是十二桥遗址早期出土的 A 型尖底盏与三星堆一号坑出土的 A 型尖底盏十分相近[2]，这种尖底盏的主要特征就是有外翻的沿，弧腹，是一种早期类型的尖底盏。十二桥遗址早期晚段出土的 Cc 型器盖与三星堆一号坑出土的 B 型尖底盏十分相近。三星堆一号坑出土的罐（K1：193）应是高领罐，与十二桥遗址早期早段出土的 II 式高领罐相近。十二桥遗址早期晚段出土的筒形器座与三星堆一号坑出土的器座形制也十分相近。根据上述陶器的比较，我们有理由认为十二桥遗址早期的年代应与三星堆一号坑的下埋年代相近。关于三星堆祭祀坑的年代，报告将一号坑的年代推定在下限不会晚于殷墟二期，上限不会早于殷墟一期，应在殷墟一期末与殷墟二期之间。二号坑的下埋年代推定在殷墟二期至三、四期之间[3]。其实一号坑中也有一些器物可晚至殷墟二期，如 A 型玉戈当中的部分形态与妇好墓出土的玉戈相近[4]，B 型玉戈也普遍要晚至殷墟二期，而 C 型玉戈一般都见于殷墟二期，在殷墟主要出在妇好墓中[5]，那么一号坑的下埋年代当不早于坑中器物，即不早于殷墟二期。因此出有与三星堆一号坑相近特征陶器的十二桥遗址早期的年代不会早于殷墟二期。另外，十二桥遗址早期的重菱纹、云雷纹与陕西武功郑家坡中、晚期出现的重菱纹、变形重菱纹和云雷纹特征比较一致[6]。有学者研究认为，郑家坡中期的年代与殷墟三、四期相当，郑家坡晚期可能相当于殷墟四期至西周初年[7]。而相当于殷墟一、二期的郑家坡早期就不见重菱纹。陕西壹家堡出现重菱纹的第四期的年代在殷墟四期[8]。这种重菱纹一直延续至西周早期，如陕西张家坡遗址西周早期遗存中仍见此种纹饰，但风格特征有所变化[9]。十二桥遗址早期晚段出土的 D 型 II 式尖底盏，其特征是敛口、圆肩、弧腹较深，与陕西茹家庄遗址出土的尖底盏十分相近[10]，有学者据茹家庄遗址尖底盏与先周陶鬲共存推断其年代当在殷墟四期左右[11]。综合上述情况分析，可将十二桥遗址早期的年代大致推定在殷墟三期、四期，即早段约当殷墟三期，晚段约当殷墟四期。

第 13 层为木结构建筑倒塌形成的堆积，那么早期早段的年代代表是木结构建筑的废弃年代，即木结构建筑当废弃于殷墟三期，其修建与使用的年代当早于殷墟三期。由于其打破的地层未作发掘，因此其上限年代不明，推测不会相距太远。至于 I 区 T25 第 5 层下的建筑遗迹 F2 的年代，据叠压其上的第 5 层出土有陶鸟头形勺柄、陶高柄豆豆柄和石盘状器等早期遗物（图九九 1~4；图版四八，1），因此

① 中国社会科学院考古研究所实验室：《放射性碳素测定年代报告》（一四），《考古》1987 年第 7 期。

② 四川省文物考古研究所编：《三星堆祭祀坑》，文物出版社，1999 年。

③ 同②。

④ 中国社会科学院编：《殷墟妇好墓》，文物出版社，1980 年。

⑤ 中国社会科学院考古研究所编：《殷墟的发现与研究》，科学出版社，1994 年。

⑥ 宝鸡市考古工作队：《陕西武功郑家坡先周遗址发掘简报》，《文物》1984 年第 7 期。

⑦ 饭岛武次：《先周文化陶器研究——试论周原出土陶器的性质》，北京大学考古系编：《考古学研究》（一），文物出版社，1992 年。

⑧ 北京大学考古系商周组：《陕西扶风县壹家堡遗址 1986 年度发掘报告》，北京大学考古系编：《考古学研究》（二），北京大学出版社，1994 年。

⑨ 中国科学院考古研究所：《沣西发掘报告》，文物出版社，1962 年。

⑩ 卢连成、胡智生：《宝鸡强国墓地》，文物出版社，1988 年。

⑪ 孙华：《试论广汉三星堆遗址的分期》，四川大学博物馆、中国古代铜鼓研究学会编：《南方民族考古》第五辑，四川科学技术出版社，1992 年。

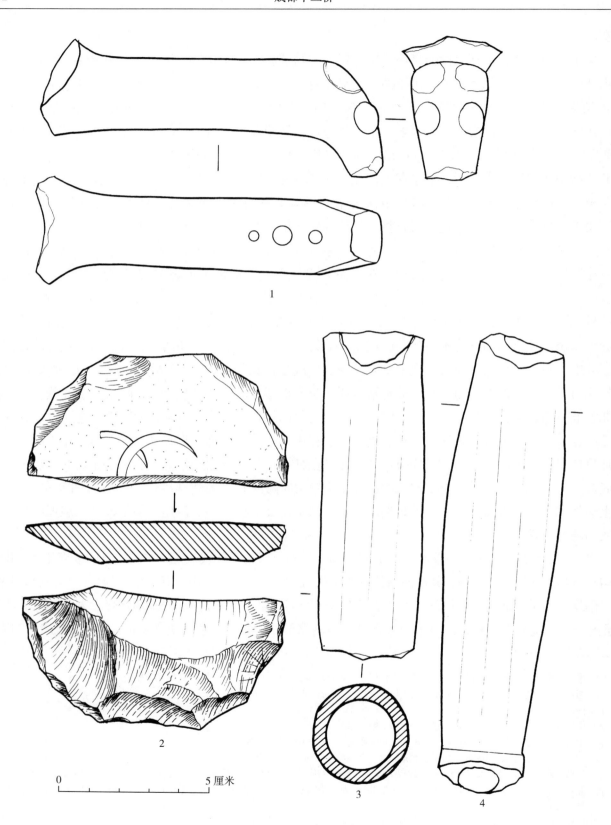

0 _____ 5 厘米

图九九　Ⅰ区 T25 出土遗物

1. 陶鸟头形勺柄（Ⅰ T25⑤∶1）　　2. 石盘状器（Ⅰ T25⑤∶4）　　3. 陶豆柄（Ⅰ T25⑤∶5）　　4. 陶豆柄（Ⅰ T25⑤∶6）

其年代也应在早期，应与其他木结构建筑遗迹同时。

晚期可资比较的器物太少，但是从其典型陶器尖底杯、尖底盏、尖底罐、喇叭口罐、敛口罐等的形态特征看，均是从早期同类型的器物紧密发展而来，因此其时代应紧密衔接。晚期仍出有重菱纹，其风格特征与陕西张家坡西周早期的重菱纹相近，这一时期所见的绳纹罐与宝鸡强国墓地出土的西周早期的绳纹罐比较相近。许多考古材料显示，这个时期强国文化与成都平原的蜀文化有联系。综合考虑，可将十二桥遗址晚期的年代推定在西周早期。

二　文化性质

十二桥遗址早期的陶器明显可分为 A、B 两群。A 群陶器主要包括有小平底罐、高柄豆、盉、瓶、壶、鸟头形柄勺、尊形器、瓢、细柄等。B 群陶器主要有尖底杯、尖底盏、尖底罐、喇叭口罐、高领罐、盆、钵、绳纹罐、广肩罐、敛口罐、圈足罐、簋形器等。A 群陶器属三星堆文化的典型陶器，而 B 群陶器基本不见于三星堆文化，这是十二桥遗址与三星堆文化的区别所在。三星堆遗址的第四期出土有尖底杯等属十二桥遗址早期特征的陶器[①]，应与十二桥遗址早期的时代相当。鉴于这时期出现一群不同于三星堆文化的新器物，标志着成都平原考古学文化进入了一个新的阶段，即以最早发现的典型遗址十二桥遗址，将这一考古学文化命名为"十二桥文化"。尽管十二桥遗址早期还有大量三星堆文化因素的陶器，考虑到考古学文化遗存的变化当晚于社会与政治的变革，因此这一阶段也应归入十二桥文化较为合适。十二桥遗址早期阶段正处在三星堆文化与十二桥文化的过渡期。

十二桥遗址晚期的典型陶器主要是从早期的 B 群陶器承袭发展而来，因此其文化属性也属十二桥文化。三星堆文化因素的陶器到这一时期逐渐消失，虽然还有少量三星堆文化因素的陶器出土，但不排除属晚期地层出早期遗物的因素。

商周时期陶器器类统计表

器类\地层	小平底罐				高领罐							喇叭口罐				尖底罐				
																A 型				B 型
	I式	II式	III式	IV式	I式	II式	III式	IV式	V式	VI式	VII式	I式	II式	III式	IV式	I式	II式	III式	IV式	
13	12	88	3		1	1	6									1				
12	4	35		1			3	1		6		2	4	6			1	3		
11				1			1		2	1					1					2
10				4						1					1				1	

---

① 中国科学院考古研究所：《沣西发掘报告》，文物出版社，1962 年。

表一　花边口沿罐、敛口罐

器类＼地层	花边口沿罐 I式	花边口沿罐 II式	花边口沿罐 III式	花边口沿罐 IV式	花边口沿罐 V式	敛口罐A型 Aa型	敛口罐A型 Ab型	敛口罐A型 Ac型	敛口罐A型 Ad型	敛口罐B型 I式	敛口罐B型 II式	敛口罐B型 III式	敛口罐C型 I式	敛口罐C型 II式	敛口罐C型 III式	敛口罐D型 I式	敛口罐D型 II式	敛口罐D型 III式	敛口罐D型 IV式	敛口罐D型 V式
13	6	1	1			3	22		1				2			5	6	14		
12		1	5	4		7	83	1			8		12					23	38	
11								3	1	1					1					
10								1	3						1					3

表二　广肩罐、绳纹罐、带耳罐、壶

器类＼地层	广肩罐 A型	广肩罐 B型	绳纹罐 A型	绳纹罐 B型	绳纹罐 C型	带耳罐A型 I式	带耳罐A型 II式	带耳罐B型 I式	带耳罐B型 II式	带耳罐C型 I式	带耳罐C型 II式	壶 A型	壶 B型	壶 C型	壶 D型	壶 E型	壶 F型	壶 G型
13	3	2				1		2		1		2	1	1	1	6	1	1
12	5	1	1	1			1		1		2					6	3	2
11					1													
10					2											1		

表三　盆、尊形器、瓶、钵

器类＼地层	盆 A型	盆 B型	盆 C型	盆 D型	盆 E型	尊形器 A型	尊形器 B型	瓶A型 Aa型	瓶A型 Ab型	瓶A型 Ac型	瓶A型 Ad型	瓶B型 I式	瓶B型 II式	瓶 C型	钵A型 I式	钵A型 II式	钵B型 I式	钵B型 II式	钵B型 III式	钵 C型
13	15	2	2	1	1	2		1	1	1		1		1	1		1			
12	6	3	3	3	1	3	1	9			1		1					1	1	1
11			2															1		
10			3			2	1													

表四　盘、觚、尖底杯

器类＼地层	盘A型 I式	盘A型 II式	盘B型 I式	盘B型 II式	盘 C型	盘 D型	觚 A型	觚 B型	尖底杯Aa型 I式	尖底杯Aa型 II式	尖底杯Ab型 I式	尖底杯Ab型 II式	尖底杯Ab型 III式	尖底杯Ab型 IV式	尖底杯B型 I式	尖底杯B型 II式	尖底杯B型 III式	尖底杯C型 I式	尖底杯C型 II式	尖底杯C型 III式
13	2		1				1		6	2	28					1			1	
12		2	1		1	1	2	1	1	22	56	63	4		1	1			1	6
11												6	3	40						
10													3	17						

尖底盏 / 器盖 A型

地层	尖底盏A型I式	A型II式	B型I式	B型II式	C型	D型I式	D型II式	D型III式	D型IV式	E型I式	E型II式	E型III式	E型IV式	E型V式	器盖A型Aa型	Ab型	Ac型	Ad型	Ae型	Af型
13	1									1					1	1	1			
12		1	1	1	1	1	1				2	3						14	1	1
11								1					3							
10								1	2					3						

器盖（B～G型）/ 圈足罐 / 簋形器 / 器圈足

地层	器盖B型Ba型	Bb型	Bc型	Bd型	C型Ca型	Cb型	Cc型	Cd型	D型	E型Ea型	Eb型	Ec型	F型Fa型	Fb型	G型	圈足罐	簋形器	器圈足A型	B型	C型	D型
13	1		3						2	12	3		2			2	4	7	5	3	
12	1	6	8	1	1	1	1	1		15	8		10	1	9	2	6	34	15	15	6
11			4							1			1		1			4	1	1	1
10			2														1	3	2		

高柄豆豆盘 / 高柄豆豆柄 / 高柄豆圈足 / 细柄豆 / 盉

地层	豆盘A型Aa型	Ab型	Ac型	Ad型	B型Ba型	Bb型	C型	豆柄A型	B型	C型	D型Da型	Db型	E型	圈足A型	B型	C型	细柄豆A型	B型	盉身	盉耳
13	1	1	2		7	6	1	14	5		3	2	1	15	12		8	2	2	4
12	1			1	5	15	3	28	19	5	6	7	1	69	5	1	7	2	1	5
11		1				1			5	2				1			1			
10														1			1			

盉足 / 器座 / 纺轮

地层	盉足A型	B型	器座	纺轮A型I式	II式	III式	B型	C型Ca	Cb	D型	E型	F型
13	8	15		2	1						2	1
12	6	6	5			1	8	2	2	9	1	26
11		2						2	2			
10												2

第四章　战国、秦汉时期文化遗存

第一节　文化遗迹

战国、秦汉时期的文化遗存中发现有建筑遗迹 F3、F4，水井，灰坑等。

一　建筑遗迹

1. F3　发现于Ⅱ区 T64、T63、T62 和 T51～T54 中，距地表深 365～374 厘米，叠压在第 8 层下。

在Ⅱ区 T64、T63、T62 的北边，有两排几乎平行的竹桩由东向西排列成行，并略微向北偏斜。竹桩东起 T64，西至Ⅱ区 T62，在Ⅱ区 T62 的东部两排竹桩变成了一排竹桩，并在Ⅱ区 T62 西北角延伸进入其北隔梁之中，在接近西壁约 35 厘米处竹桩消失。另外，在这排竹桩的南面约 40 厘米，又出现一排东西向排列稀疏的竹桩，在Ⅱ区 T61 的东隔梁中消失。在Ⅱ区 T64 的东边，也有两排几乎平行的竹桩由北向南排列成行，向南延伸约 140 厘米消失。南北向成行的两排竹桩的北端与东西向成行的两排竹桩的东端相连，在Ⅱ区 T64 的东北部形成了一个近似直角的转角，使整个竹桩遗迹构成了一个曲尺形的平面布局。两排竹桩的间距一般在 25 厘米左右，最宽处达 38 厘米。竹桩的直径 2.5～7 厘米。在曲尺形竹桩遗迹的北侧与东侧，紧紧挨着竹桩的是用卵石密集铺筑的比较平整的卵石面。Ⅱ区 T64 东侧的卵石面紧靠 T64 的东壁，北侧卵石面距 T64 北壁 46～97 厘米不等。在曲尺形竹桩遗迹东侧的卵石面遗迹由北向南延伸至Ⅱ区 T54 的北边，再向南延伸并逐渐稀疏直至消失。在曲尺形竹桩遗迹北侧的卵石面遗迹由东向西延伸，卵石面遗迹逐渐稀疏，至Ⅱ区 T63 的西壁处卵石面遗迹消失。这个卵石面遗迹因其与竹桩紧紧相连，又与竹桩向西、向南的走向一致，因此，卵石面遗迹也在Ⅱ区 T64 的东北部形成了一个近似直角的转角，卵石面遗迹也形成曲尺形的平面布局（彩版二〇）。由此可知，竹桩与卵石面遗迹应为同一建筑遗迹。揭露的竹桩遗迹东西长度为 14.6 米，南北长 1.4 米。卵石面东西长约 10.8 米，宽约 1.2 米，南北长度为 5.4 米，宽约 2 米。我们初步认为，竹桩遗迹可能是建筑的墙体遗迹，卵石面遗迹可能是建筑的散水遗迹。另外，在Ⅱ区 T64 中，即该建筑的东边散水遗迹中还发现一个木柱，木柱距Ⅱ区 T64 的南壁约 95 厘米，距西侧的竹桩约 117 厘米，木柱直径 13 厘米，柱洞直径 26 厘米（图一〇〇）。

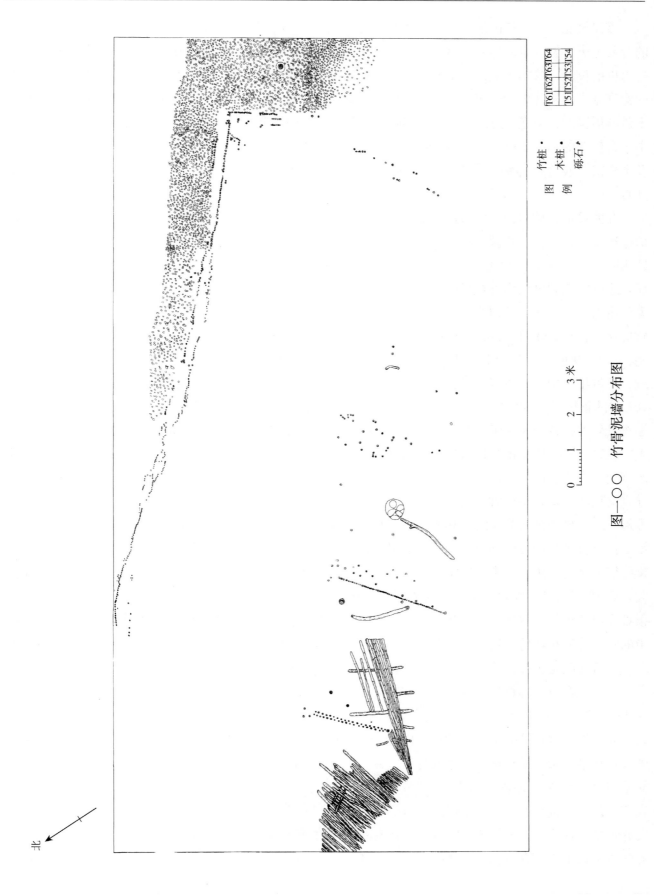

| T61 | T62 | T63 | T64 |
| T51 | T52 | T53 | T54 |

图
例

竹桩 ·
木桩 ·
砾石 ·

0　　1　　2　　3 米

图一〇〇　竹骨泥墙分布图

　　该建筑北墙竹桩打破的土层，可以依稀地看到有一条自东向西的灰褐色的长条形土带，与周围的青灰色土有着一定的界限。这条灰褐色土带自Ⅱ区T64中延伸至Ⅱ区T62的东部，主要分布在有两排竹桩的位置，单排竹桩处则未见灰褐色土带痕迹。灰褐色土带东西长11.4米，其宽度同竹桩分布的宽度基本相同，为25～38厘米。但该建筑的东墙竹桩打破的土层则未发现有灰褐色土带，这里的土色与周围的青灰色土没有明显的界限。我们对北墙的灰褐色土带进行了局部解剖，灰褐色土带中包含较多的陶片、卵石以及木炭灰、残竹片等，土质结构比较紧密。可以看出，这些陶片、卵石以及木炭灰、残竹片等物是作为一种填充物。由此情况可以看出，是先挖基槽，然后于基槽内埋设圆竹。

　　在曲尺形竹桩与卵石面遗迹南面的Ⅱ区T54、T53、T52、T51中未发现相对应成排的竹桩与卵石面遗迹，但是，在这些探方和T54中也发现有倒塌的竹桩和基本成排的竹桩遗迹（图一〇〇）。在Ⅱ区T54、T53、T52、T51中，由西至东分布着4排竹桩遗迹，靠西边的第一与第二排竹桩排列整齐，靠东边的第三和第四排竹桩显得散乱不规整。第一排竹桩在Ⅱ区T51北部，为双排并列的竹桩组成，大致由西南至东北向排列成行，其东北端至Ⅱ区T61的南部，距Ⅱ区T61的北壁5.22厘米。第一排竹桩遗迹长约260厘米，竹桩直径3～7厘米，间距6～10厘米，西南与东北两端竹桩的直径较大一些，有8～9厘米。第一排竹桩遗迹的东边出现第二排竹桩遗迹，位于Ⅱ区T52中，为单排的竹桩组成，竹桩排列的方向与第一排竹桩基本一致，并延伸至Ⅱ区T62南部，第二排竹桩的东北端距Ⅱ区T62中的竹桩遗迹580厘米。第二排竹桩排列较密，长325厘米，竹桩直径3～7厘米，西南与东北两端竹桩较大，直径8厘米。第一排竹桩遗迹与第二排竹桩遗迹基本平行，两排竹桩之间相距370厘米。在第一排竹桩和第二排竹桩打破的青灰土中，没有发现基槽。第三排竹桩遗迹在第二排竹桩遗迹的东边，位于Ⅱ区T52的东隔梁处，西距第二排竹桩320厘米左右。第三排竹桩遗迹排列不太整齐，并且又比较稀疏，整排竹桩的分布呈刀形，即其西南部一段可见一排竹桩，东北边一段的竹桩略呈长方形。第三排竹桩南北长约310厘米，其中竹桩呈长方形的一段长约168厘米，宽在70厘米左右。第三排竹桩排列的方向与第一和第二排竹桩基本一致，也没发现基槽痕迹。第四排竹桩遗迹在第三排竹桩遗迹的东边，位于Ⅱ区T54的中部偏西的地方，西距第三排竹桩680～700厘米。第四排竹桩共计有18根竹桩，大致与上述三排竹桩遗迹的方向一致，但是，竹桩排列断断续续，显得不规整，很难看出竹桩是呈双排分布还是呈单排分布，也没有发现基槽。第四排竹桩遗迹的东北端距Ⅱ区T64中的建筑遗迹东墙竹桩约135厘米左右，但是，第四排竹桩又与Ⅱ区T64中的东墙竹桩不在一条直线上，二者之间是否存在着一定的关系，是否原本为同一遗迹，无法确认。

　　另外，在第一排竹桩的西侧，揭露出倒塌的39根竹桩遗迹，有的还压在隔梁内，仅揭露出部分。这39根竹桩直径6～11厘米，以居中的最长，达240厘米，靠近西壁一侧的竹桩长度在146厘米左右，靠近第一排竹桩的10根为短竹桩，仅56～70厘米。39根竹桩排列紧密，方向基本一致，一端削尖。在第一排与第二排竹桩遗迹之间，有大致呈南北向的竹桩5根，方向基本一致，其一端削尖，间距在30～62厘米之间。其中保存比较完整的有两根竹桩，在西一侧的竹桩长184、直径10厘米，在东一侧的竹桩长161、直径8厘米，两根竹桩相距112厘米。这两根竹桩之上压着14根大致呈东西向的竹杆，在北的3根竹子间距较稀，在南的11根竹子紧紧相连。这14根竹杆直径在6厘米左右。短的竹竿长152～220厘米，长竹竿长398～400厘米。

在第二排竹桩遗迹的西侧有一根弯曲的圆木，长 170 厘米左右，直径 10 厘米。在第二排竹桩遗迹的西侧偏北约 48 厘米处有一插入土中的木桩，呈椭圆形，直径 14～16 厘米。在第二排竹桩与第三排竹桩之间，有一个坑，呈椭圆形，直径 50～58 厘米，深 21 厘米，坑中放置五个卵石。坑的一侧有一根圆木，长 193、直径 10 厘米，圆木靠近坑的一端还保留叉形，另一端略呈尖状，可能是与建筑有关的构件（图一〇〇）。在第三排竹桩与第四排竹桩遗迹之间，则发现比较多的竹片痕迹、圆竹残节腐朽的痕迹，有的地方还堆积得比较厚，如在第四排竹桩的南边，发现有很多竹片叠压着，仔细观看，可以发现有些竹片遗迹好像呈经纬状，可能经过人工编织加工的。但是，因这些竹片遗迹腐朽过甚，又夹杂着较湿的黏土，看上去就像一堆淤土，已无法揭取，更无法保存了。

从以上种种现象分析，我们认定曲尺形竹桩与卵石面遗迹是一组建筑遗迹，编号为 F3。F3 的建造方法，首先挖好沟槽，然后埋竹桩。竹桩作为建筑墙体的筋骨，在竹桩筋骨上抹泥形成墙体，即竹骨泥墙，而在 Ⅱ 区 T64 的东北部保存着比较完好的竹骨泥墙的转角，为我们进一步确定该建筑遗迹提供了帮助。可以认定，在 Ⅱ 区 T64 与 T54 东部的竹骨泥墙应是该建筑的东墙遗迹，在 Ⅱ 区 T64、T63、T62 北边的竹骨泥墙是该建筑的北墙遗迹。另外，分布在竹骨泥墙之外的卵石面遗迹，无疑是这个建筑的散水遗迹，只发现了东墙的散水和北墙的散水。F3 北墙已揭露的长度为 14.6 米，东墙长度为 1.4 米。东墙散水的长度为 5.4、宽约 2 米。北墙散水长约 10.8、宽约 1.2 米。

另外，在 Ⅱ 区 T51、T52、T53、T54 中，由西向东分布着倒塌的竹桩遗迹、双排竹桩遗迹、单排竹桩遗迹和一些散乱的竹桩遗迹。这些双排与单排竹桩遗迹，也应是竹骨泥墙遗迹。密集排列与相互连接倒塌的竹桩遗迹，可能是一种竹栅栏遗迹。在 Ⅱ 区 T54 中发现 18 根竹桩，也可能是竹骨泥墙遗迹。但是，这些竹桩没有发现基槽痕迹。在 Ⅱ 区 T53、T54 中发现很多竹片、竹子的腐朽痕迹，有的似经编织加工，这些很可能是建筑墙体倒塌的遗留，由于被晚期地层破坏过甚，无法了解其全貌。

2. F4　发现于 Ⅱ 区 T64、T63、T62、T61 和 T54、T53、T52、T51 和 T43、T42、T41 之中，叠压于第 7C 层下（注：在 Ⅱ 区 T64、T63、T62、T61 中出现 7B 和 7C 两个亚层，在 Ⅱ 区 T54、T53、T52、T51 和 T43、T42、T41 中，只有 7A 层，没有 7B 和 7C 层），叠压并打破第 8 层。F4 已揭露出的范围，东达 Ⅱ 区 T64 和 T54 的东壁，南至 Ⅱ 区 T41、T42、T43 之中，西到 Ⅱ 区 T41、T51、T61 的西壁，北边抵 Ⅱ 区 T61 的北壁，在 Ⅱ 区 T62、T63、T64 中距其北壁 54～155 厘米，其北边略呈倾斜状。F4 北边呈斜坡状，已揭露部分东西长约 23 米，南北宽 15.5～17 米，面积约 380 平方米。该建筑遗迹发现有一层黄土夹卵石的垫土，厚度一般在 20 厘米左右，表面不平整，特别在其中部，即 Ⅱ 区 T62、T63 和 Ⅱ 区 T52、T53 中形成一个不规则的长方形凹地，可能是被晚期地层破坏所形成的。黄土夹卵石层中夹有少量的碎陶片，所夹的卵石大小不一，也比较稀疏，但是，土质结构紧密并且比较坚硬。黄土夹卵石层下还发现夹有一层薄薄的灰烬痕迹，在 Ⅱ 区 T61 和 T51 中保存特别明显。

在 Ⅱ 区 T61 的中部于黄土夹卵石层的表面，有一层铺砌比较平整、排列密集的卵石面（图版四八，2）。这个卵石面在距 Ⅱ 区 T61 西壁约 25～48 厘米起，呈东西走向，延伸到 Ⅱ 区 T61 的东隔梁中。东西向铺砌的卵石西段比较整齐，中段向外鼓凸，特别是其北边形成一个大弧形，然后渐渐收缩，到了卵石面的东段就已收缩成条状了，西段宽约 100 厘米，中段最宽处约 140 厘米，东段宽 25～75 厘米，东西长约 500 厘米。在东西向的卵石面的西边，卵石面折而由北向南延伸，其南端距 Ⅱ 区 T61 南壁约

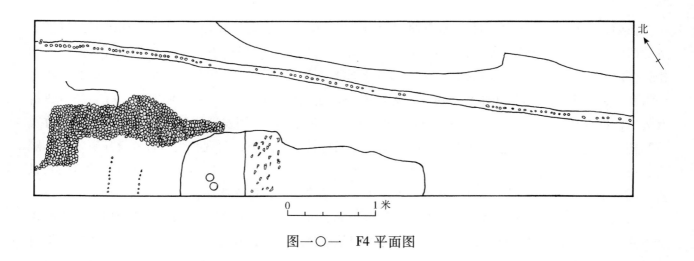

图一〇一　F4 平面图

80 厘米。南北向的卵石面铺砌比较整齐，南北长约 175 厘米，宽 95 厘米左右。在南北向卵石面的西南角上，又有宽度 12 ~ 18 厘米的一排卵石斜伸进了 II 区 T61 的西壁之中。东西向的卵石面与南北向的卵石面在 II 区 T61 的西部组成一个转角，形成了一个"┓"形的平面形状。这个"┓"形卵石面虽然露出黄土，但所铺砌的卵石与黄土紧紧相连，并与黄土中夹着的卵石相连为一体，而且，在铺砌卵石的黄土上也没有发现沟槽的痕迹。所以，可初步认为在 II 区 T61 的中部出现的卵石面，应该是与黄土夹卵石遗迹为同一个遗迹，而不是属于两个遗迹。当时的人们可能是先铺垫黄土卵石层，再在其上铺上一层密集的卵石形成一个活动面（图一〇一）。

在 II 区 T61 的南部，卵石面的南侧还发现两排平行的呈南北走向的"洞"遗迹，西边一排有 9 个"洞"，已揭露长度约 112 厘米，东边一排有 6 个"洞"，已揭露长度约 76 厘米。"洞"径 4 ~ 5 厘米，"洞"之间的间距 3 ~ 7 厘米不等。东西两排"洞"相距约 77 厘米。两排"洞"的北端距卵石面约 51 ~ 70 厘米，其南端延伸至 T51 之中。由于 II 区 T51 中有一口唐代水井和一口汉代的水井打破此层直至下面的砾石层，对其下的各个文化堆积破坏严重，所以，在 II 区 T51 中没有找到从 II 区 T61 南边延伸过来的两排"洞"的遗迹。

F4 北边为斜坡状，在近斜坡的边缘有一排"洞"（彩版一九，3、4），打破垫土层。"洞"西端位于 II 区 T61 西壁偏北处，向东在 II 区 T63 的东隔梁中消失了。因其西端只发掘到 II 区 T61，II 区 T61 的西侧的探方没有发掘，故"洞"遗迹的西端延伸到什么地点不能确定。已揭露的长度为 17.3 米，方向 312 度，"洞"之间的间距 3 ~ 7 厘米，直径 4 ~ 5 厘米左右，有圆形和椭圆形两种。"洞"为管状，"洞"壁较硬，似有一硬面，仔细观察方知可能是地下水中含有钙类物质，长期积淀形成的管状"硬壁"，而非人工制作而成的。"洞"内填满灰色黏土，很湿，"洞"中没有发现竹木腐朽的痕迹。

F4 虽然被扰乱和被破坏严重，不能探明它们的整体布局与结构。但是，从它们出现在同一层位，又 II 区 T61 南部的卵石面与两排平行的"洞"遗迹紧密相连，可初步认为，黄土夹卵石垫土、卵石面和成排的"洞"遗迹应是同一建筑遗迹。

二 水井

汉代水井发现 5 口，均使用陶质井圈，除 J3 保存比较完整外，其余的水井破坏严重，上部均在挖掘地下室基坑时就已毁坏。尤其 I 区 T14 中的 J13，仅存底部一团淤泥及几片陶井圈残片，在淤泥中却出土了一个保存完整的泥质灰陶双耳陶罐。

J3 位于 II 区 T51 的东南角，开口于第 6 层下，打破第 7 ~ 13 层，一直延伸至卵石上；开口距地表 235 厘米。井穴上大下小，坑口直径 155 厘米。井圈为陶制，共计 7 层，井深 275 厘米。井圈直径高矮有细微的差别，从上至下，第 1 ~ 3 层井圈内径 77、高 21 ~ 22、厚 1 ~ 3 厘米，第 4 层井圈内径 76.5、高 62、厚 3.5 厘米，第 5 层井圈内径 76.5、高 57、厚 3.5 厘米，第 6 层井圈内径 72、高 39、厚 2 厘米，第 7 层井圈内径 65、高 52、厚 2 厘米。井穴与井圈之间除填充泥土外，在第 7 层井圈内外有竹片紧贴井壁，竹片长 57、宽 6、厚 0.2 厘米，共计 16 片（图一○二）。井中出土遗物有陶钵、陶罐、陶盆以及鼎足、绳纹瓦片、砖块等，以泥质灰陶为主。

J7 位于 I 区 T22 的西北角，早年就已毁坏。现存井穴为圆形，开口于第 6 层下，打破第 7 ~ 13 层，井口距地表 319 厘米。井穴口直径 86 厘米，井穴内填土上部比较干燥、疏松，下部填土逐渐变潮湿并带黏性，以灰色土为主，土中夹杂残碎的绳纹陶井圈残片与卵石，几乎不见其他遗物。距井穴口约 73 厘米处出现陶井圈，共计 3 层（图一○三）。第 1 层井圈内径 64、高 22、厚 3 厘米，第 2 层井圈内径 62、高 39、厚 2.5 厘米，第 3 层井圈坐落在卵石上，规格与第 1 层基本相同。

J8 位于 I 区 T16 东北部，因建设单位在挖掘地下室基坑时，已将上部破坏，仅存下部，现存井口距地表 401 厘米左右，打破第 12 层和第 13 层，井底坐落在卵石上。井穴为圆形，直径 87 厘米。现存陶质井圈两层，已残。第 1 层井圈内径 74、高 54、厚 2 ~ 2.5 厘米，第 2 层井圈内径 71、高 38、厚 2 厘米（图一○四）。井穴与井圈之间填土为灰黑色、较湿润、略带黏性。井内填土为青黑色、湿润、黏性。井中出土陶罐一个，比较完整。

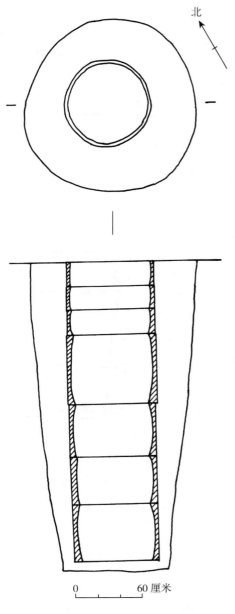

图一○二 J3 平、剖面图

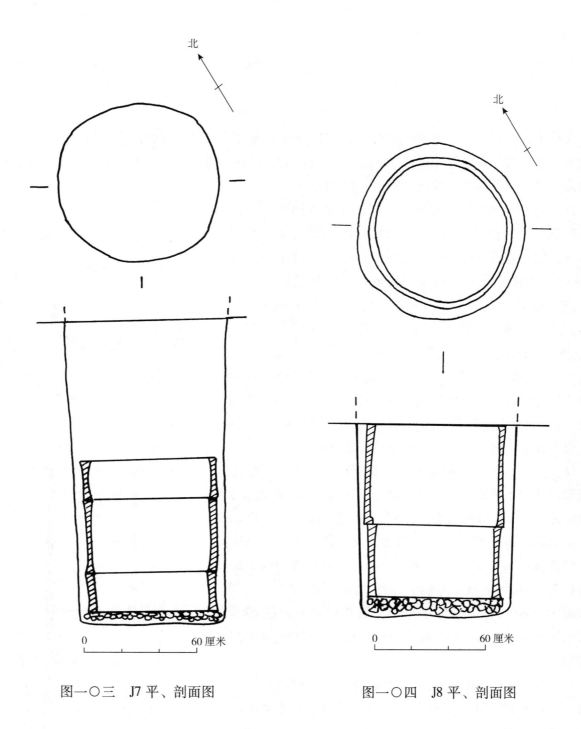

图一〇三　J7 平、剖面图　　　　　　　图一〇四　J8 平、剖面图

三　灰坑

灰坑共计 3 个，有长条形、袋形和浅钵形 3 种，分述如下。

H6　位于 Ⅱ 区 T49 北部，西距探方西壁 25 厘米，东端延伸到探方的东隔梁内。由于发掘期间下

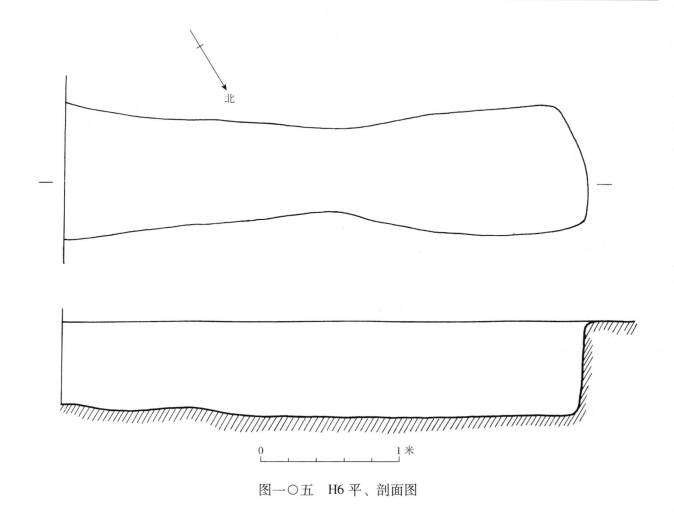

图一〇五　H6 平、剖面图

雨，东隔梁坍塌，灰坑东部的边际不清。开口于第 5 层下，打破第 6 层和第 7 层。坑口距地表 290 厘米，呈长条形，残长 475、宽 62～100、深 65～70 厘米（图一〇五）。坑壁不规整，坑底不平整。坑内填土上部为灰黄土并夹有少量草木灰，其下有一层极薄的黄色泛红的沙土，靠坑的西侧，东西长 310 厘米，宽度与灰坑宽度一致。黄色泛红的沙土之下是一层草木灰堆积。出土遗物有泥质灰陶片和褐色陶片、绳纹瓦片以及动物骨骸等。器形有陶缸口沿、陶碗口沿、陶钵的底部。

H3　位于 Ⅱ 区 T40 北部，一部分延伸到北隔梁内。开口于第 8 层下，打破第 9 层和第 10 层。距地表深 311 厘米，坑口略呈椭圆形，长径 113、短径 99、深 89 厘米。上大下小，底部略圆，近似袋状（图一〇六）。坑中放置两个大陶器，上下重叠，口部与底部残。上者为一圜底陶釜，腹径 65、残高约 30 厘米。下者为一平底罐，腹径 65、残高约 54 厘米。两件陶容器中填有泥土，为浅黄色，疏松，含细沙，土中夹着陶片，有陶器口沿、鼎足等残片。下面陶罐中还有两块石头，排列整齐，上有人工敲打过的痕迹，似人为有意置放。

H5　位于 Ⅱ 区 T61 南侧，一部分延伸到 T51 北隔梁内。开口在第 8 层，打破第 9 层，距地表 360 厘米。坑口圆形，弧形壁，浅钵状。坑口径 140、底径 100、深 20 厘米（图一〇七）。坑中填土为灰黑色，潮湿疏松，包含较多的草木灰及夹砂褐陶片，器形主要为矮圈足豆、钵以及鼎足等。

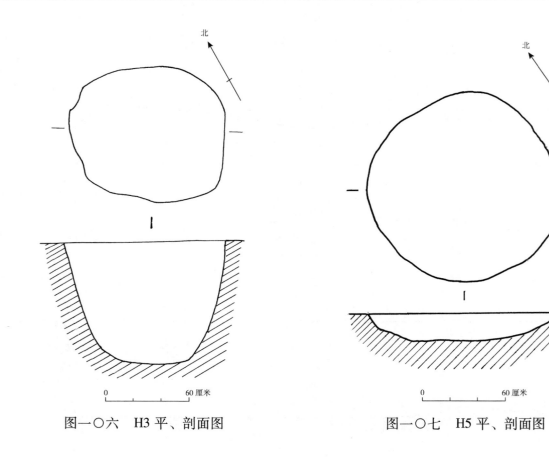

图一〇六　H3 平、剖面图　　　　　　　图一〇七　H5 平、剖面图

第二节　文化遗物

战国至秦汉时期的地层单位出土遗物主要是陶器，有鼎、豆、釜、罐、盆、钵、盘、圈足碗和瓦当等。

鼎　8 件。均为夹砂灰陶，圜底釜形，圆柱状足，足尖外撇。依其颈部与腹部特征，分 3 型。

A 型　1 件。ⅡT72⑨：33，颈较短，溜肩，腹下垂。肩部有一道凹弦纹，腹部饰篮纹。口径 17.5、腹径 23.5、残高 21 厘米（图一〇八，2；图版四九，1）。

B 型　6 件。颈较短，鼓肩，弧腹。ⅡT53⑧：35，底部饰绳纹，足根部有刮痕。口径 24.4、腹径 29.6、高 29.2 厘米（图一〇八，3）。ⅡT53⑧：73，腹部和足部装饰绳纹。口径 26.4、腹径 26.8、高 29.2 厘米（图一〇八，6；图版四九，2）。ⅡT53⑧：76，腹部装饰篮纹，底部装饰绳纹。口径 20、腹径 25.6、高 28.8 厘米（图一〇八，7）。ⅡT53⑧：78，底部装饰绳纹。口径 23、腹径 31、高 30 厘米（图一〇八，5；图版四九，3）。ⅡT52⑧：20，腹部饰篮纹，底部饰绳纹。口径 25.5、腹径 29.5、高 29.5 厘米（图一〇八，8）。ⅡT53⑦：27，足残。底部饰绳纹。口径 24.5、腹径 30、残高 15.5 厘米（图一〇八，1）。

C 型　1 件。ⅡT54⑧：18，颈部较高，鼓肩。腹部密布刮痕。口径 21.2、腹径 24、高 26.4 厘米

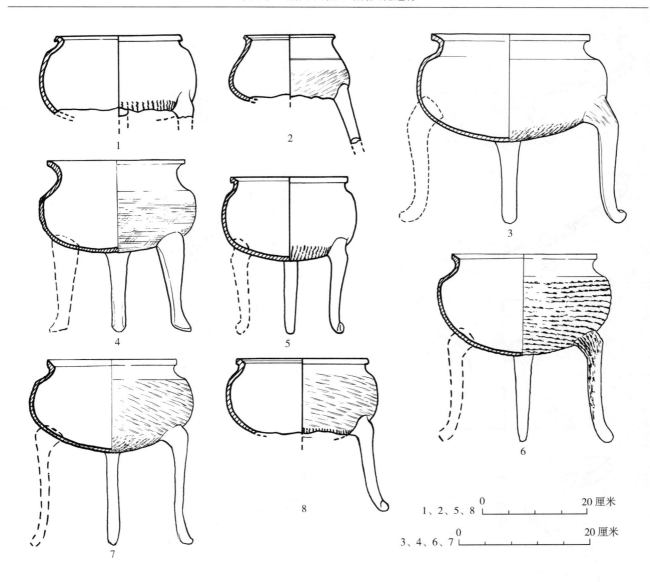

图一〇八　鼎

1、3、5～8. B 型（ⅡT53⑦:27、ⅡT53⑧:35、ⅡT53⑧:78、ⅡT53⑧:73、ⅡT53⑧:76、ⅡT52⑧:20）
2. A 型（ⅡT22⑨:33）　　4. C 型（ⅡT54⑧:18）

（图一〇八，4；图版四九，4）。

豆　10 件。依其器身特征，分为 2 型。

A 型　4 件。盏形。依其圈足之高低，分为 2 亚型。

Aa 型　3 件。圈足较高。ⅡT53⑨:38，夹砂褐陶，豆柄稍细。口径 10、足径 6.8、高 7 厘米（图一〇九，6；图版五〇，1）。ⅡT63⑨:20，泥质灰陶，豆柄较粗。口径 10、足径 7.4、高 6.8 厘米（图一〇九，5）。ⅡT38⑧:54，泥质灰陶，豆柄较粗。口径 10.6、足径 8、高 9 厘米（图一〇九，9）。

Ab 型　1 件。ⅡT38⑧:53，泥质灰陶，圈足较低。口径 10.2、足径 6.2、高 4.6 厘米（图一〇九，7）。

B 型　6 件。浅盘形，口微敛，沿外内束，斜弧腹，矮圈足。ⅡT63⑨:18，泥质灰陶。口径 13.4、

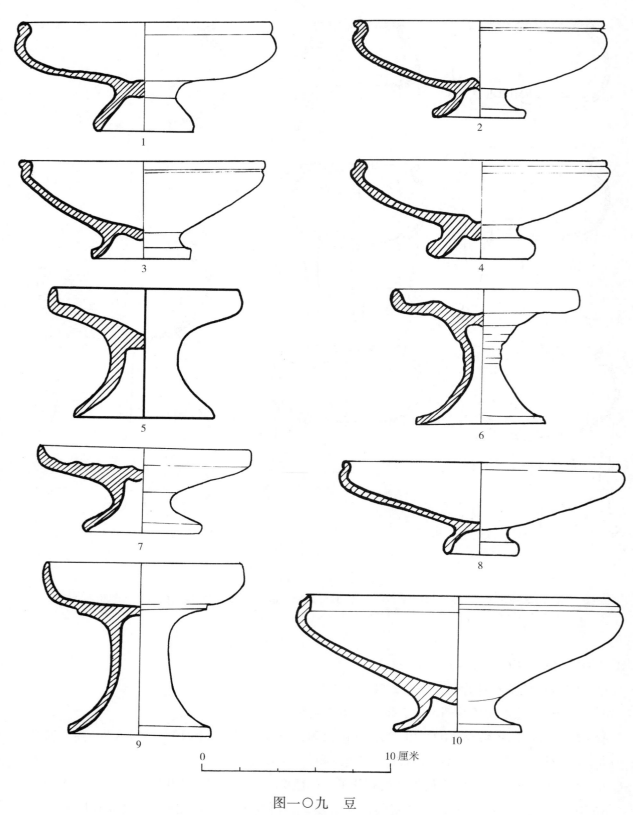

图一〇九　豆

1～4、8、10. B 型（ⅡT62⑧: 12、ⅡT54⑧: 13、ⅡT63⑨: 15、ⅡT63⑨: 18、ⅡT54⑧: 15、ⅡT52⑧: 16）
5、6、9. Aa 型（ⅡT63⑨: 20、ⅡT53⑨: 38、ⅡT38⑧: 54）　7. Ab 型（ⅡT38⑧: 53）

足径 5.4、高 5.2 厘米（图一〇九，4）。ⅡT63⑨：15，泥质灰陶。口径 13.2、足径 5.2、高 5 厘米（图一〇九，3）。ⅡT54⑧：13，泥质灰陶。口径 13.2、足径 4.8、高 5 厘米（图一〇九，2；图版五〇，2）。ⅡT54⑧：15，泥质灰陶。口径 14.6、足径 4、高 5 厘米（图一〇九，8；图版五〇，3）。ⅡT62⑧：12，泥质灰陶。口径 13.6、足径 5.2、高 5.8 厘米（图一〇九，1）。Ⅱ T52⑧：16，泥质灰陶。口径 16.2、足径 7、高 7 厘米（图一〇九、10）。

釜　8 件。依其口部与腹部特征，分 4 型。

A 型　1 件，ⅡT52⑧：37，夹砂褐陶，直口，球腹，圜底。肩部有三周、近颈部有一周凹弦纹，肩以下饰绳纹。口径 22、高 26 厘米（图一一〇，2）。

B 型　2 件。喇叭口，高领，扁球腹，圜底。腹部饰绳纹。ⅡT73⑦B：17，夹砂褐陶。口径 32.4、高 20 厘米（图一一〇，5；图版五〇，4）。ⅡT53⑤：12，夹砂褐陶。口径 24.4、高 13.2 厘米（图一一〇，3；图版五〇，5）。

C 型　1 件。ⅡT54⑦A：11，夹砂褐陶，高领，扁球腹，圜底，带柄。腹部有弦痕，柄残。口径 13.4、柄残长 1.6、器高 13 厘米（图一一〇，8；图版五〇，6）。

D 型　4 件。喇叭形侈口，领部稍低，扁球腹，圜底。ⅡT52⑥：5，泥质褐陶。腹部有四周戳印纹。口径 12、高 6 厘米（图一一〇，4；图版五一，1）。ⅡT29⑥：66，泥质灰陶。腹部有三周戳印纹，底部有划纹。口径 12.2、高 7 厘米（图一一〇，6；图版五一，2）。ⅡT62⑥：2，泥质灰陶，领部稍高。素面无纹。口径 12.2、高 7.2 厘米（图一一〇，7；图版五一，3）。ⅡT73⑤：4，夹砂红褐陶。口径 13.4、高 8.4 厘米（图一一〇，1）。

罐　18 件。分 7 型。

A 型　7 件。依其胖瘦及颈肩特征，分 5 式。

Ⅰ式　1 件。ⅡT50⑧：43，夹砂灰褐陶，器身矮胖，鼓肩，颈部稍高，沿外翻。肩部有凸弦纹和一周戳印纹。口径 8、肩径 22、底径 13.2、高 22.4 厘米（图一一一，1；图版五一，4）。

Ⅱ式　1 件。J3：1，泥质灰陶，器身瘦高，圆肩，颈部略低。器身满布轮制留下的弦痕，颈下部有一周戳印纹。口径 9.2、肩径 24、底径 13.2、高 26.8 厘米（图一一一，4；图版五一，5）。

Ⅲ式　1 件。ⅡT73⑦A：10，泥质灰陶，器身稍矮胖，颈部很低，溜肩。器身满布轮制留下的弦痕。口径 8.4、肩径 22.8、底径 15.2、高 24 厘米（图一一一，5；图版五一，6）。

Ⅳ式　2 件。器身矮胖，颈部较低，溜肩，最大径近腹中部。器身满布轮制留下的弦痕，肩部有一周戳印纹。ⅡT77⑥：12，泥质灰陶。口径 8、腹径 24、底径 14.4、高 22.4 厘米（图一一一，2；图版五二，1）。ⅡT77⑥：14，泥质灰陶。口径 7.6、腹径 18.4、底径 12、高 18.8 厘米（图一一一，6；图版五二，2）。

Ⅴ式　2 件。器身稍矮胖，颈部较高，沿外折，圆肩。ⅡT29⑤：62，泥质灰陶。器身满布轮制留下的弦痕。口径 10.8、肩径 27、底径 13.5、高 27 厘米（图一一一，8；图版五二，3）。ⅡT39⑤：30，泥质灰陶。肩部有凸弦纹。口径 10、肩径 19.5、底径 10.2、高 16.8 厘米（图一一一，3；图版五二，4）。

B 型　1 件。ⅡT52⑧：18，夹砂褐陶。器身矮胖，敞口，短颈，圆肩。肩部和颈部各有一周凹弦纹。口径 13.4、肩径 17.6、底径 7.6、高 10.2 厘米（图一一一，7）。

C 型　4 件。器身矮胖，颈部较低，圆折肩。依其腹部特征，分 2 式。

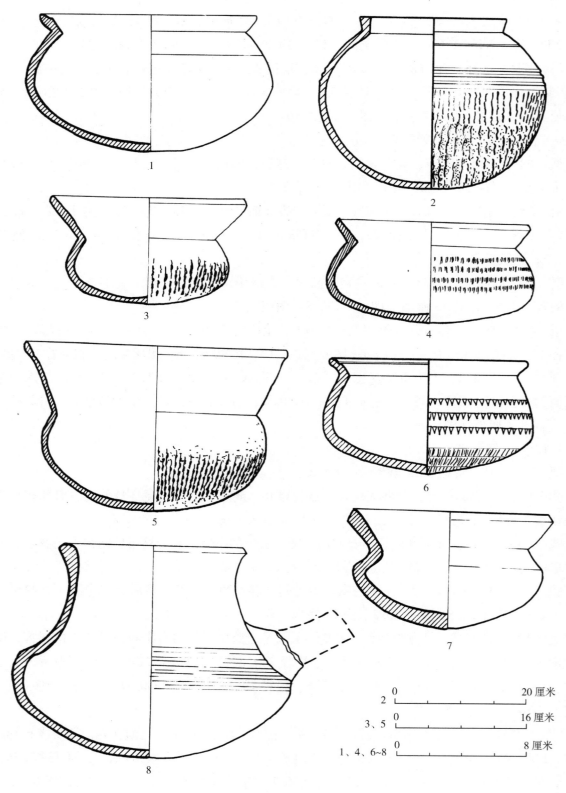

图一一〇　釜

1、4、6、7. D型（ⅡT73⑤：4、ⅡT52⑥：5、ⅡT29⑥：66、ⅡT62⑥：2）　　2. A型（ⅡT52⑧：37）

3、5. B型（ⅡT53⑤：12、ⅡT73⑦B：17）　　8. C型（ⅡT54⑦A：11）

图一一一　罐

1. A型Ⅰ式（ⅡT50⑧：43）　　2、6. A型Ⅳ式（ⅡT77⑥：12、ⅡT77⑥：14）　　3、8. A型Ⅴ式（ⅡT39⑤：30、ⅡT29⑤：62）
4. A型Ⅱ式（J3：1）　　5. A型Ⅲ式（ⅡT73⑦A：10）　　7. B型（ⅡT52⑧：18）　　9. c型Ⅰ式（ⅡT72⑦C：2）

Ⅰ式　3件。下腹斜直。ⅡT72⑦C：2，夹砂灰陶。器身满布轮制留下的弦痕。口径8.6、肩径14.8、底径7.4、高10.6厘米（图一一一，9；图版五二，5）。ⅡT62⑦A：34，泥质灰陶。肩上部有凸弦纹。口径12、肩径26、底径18、高16.4厘米（图一一二，3）。ⅡT52⑥：2，泥质灰陶。肩部和腹部各一周戳印纹。口径9.2、肩径16.4、底径9.4、高13.2厘米（图一一二，6；图版五二，6）。

Ⅱ式　1件。ⅡT49⑥：12，泥质褐陶。下腹内弧。肩部有一周凹弦纹。口径9.2、肩径15.2、底径7.4、高11厘米（图一一二，1；图版五三，1）。

D型　1件。ⅡT62⑦B：29，夹砂褐陶。器形较小，直口，无颈，广肩。口径6.2、肩径7.6、底径3.6、高5.8厘米（图一一二，5）。

E型　2件。器形较小，可分2式。

Ⅰ式　1件。ⅡT62⑥：18，泥质灰陶。小口，溜肩，鼓腹。肩上部有两周凹弦纹。口径3.2、腹径7.4、底径2.8、高6.6厘米（图一一二，4）。

Ⅱ式　1件。ⅡT52⑤：1，泥质灰陶。小口，圆折肩，下腹内弧。口径2.6、肩径5.3、底径2.1、高4.7厘米（图一一二，2）。

F型　1件。ⅡT62⑥：2，泥质灰陶。器形较小，沿外翻，高领，圆肩，下腹内弧，底部内凹。肩与领部装饰有斜向和波折划纹。口径10.8、肩径12、底径7.2、高8厘米（图一一二，7；图版五三，2）。

G型　2件。器形较大，器身矮胖。ⅡT52⑤：11，泥质灰陶。敛口，溜肩，下腹斜直，底部内凹。口径20.4、肩径34.4、底径18、高28.4厘米（图一一二，8；图版五三，3）。ⅡT53⑤：11，泥质灰陶。敛口，鼓肩，下腹近底处内弧。腹部饰8周戳印方格纹组成的连续三角纹带，近底处有一穿孔。口径39.6、肩径55.2、底径21、高41.4厘米（图一一二，9；图版五三，4）。

盆　18件。依腹部特征，分7型。

A型　8件。敞口，束颈，弧腹。依其颈腹特征，分5式。

Ⅰ式　2件。短颈、鼓腹。ⅡT51⑧：4，夹砂灰陶。腹部有轮制留下的弦痕。口径25.2、底径9、高10.8厘米（图一一三，1；图版五三，5）。ⅡT52⑧：40，夹砂褐陶。肩部有两周凹弦纹。口径32.8、底径11.2、高16厘米（图一一三，3）。

Ⅱ式　1件。ⅡT61⑦A：26，泥质灰陶。短颈，腹略斜直，下腹内弧。口径23.8、底径10.6、高10厘米（图一一三，8；图版五三，6）。

Ⅲ式　2件。长颈，弧腹略深。J3：6，泥质褐陶。口径18.4、底径8、高7.6厘米（图一一三，2；图版五四，1）。ⅡT39⑥：31，泥质褐陶。口径20、底径7、高9.2厘米（图一一三，5）。

Ⅳ式　2件。短颈，腹斜直，底内凹。ⅡT53⑤：10，泥质灰陶。口径22.2、底径8.4、高10厘米（图一一三，6）。ⅡT53⑤：15，泥质灰陶。口径23.4、底径10.4、高8.8厘米（图一一三，4）。

Ⅴ式　1件。ⅡT77⑤：9，泥质灰陶。颈很长，深腹。肩部有两周凹弦纹。口径21.8、底径10.4、高12厘米（图一一三，7；图版五四，2）。

B型　2件。外折沿，束颈，斜腹。ⅡT72⑦C：29，泥质褐陶。口径28、底径12.4、高12厘米（图一一四，2）。ⅡT72⑦C：31，泥质灰陶。口径20.8、底径13.2、高12.8厘米（图一一四，3；图版五四，3）。

C型　1件。ⅡT52⑥：59，泥质褐陶。敞口，束颈，斜腹。器内密布戳印的坑点，可能为研磨器。

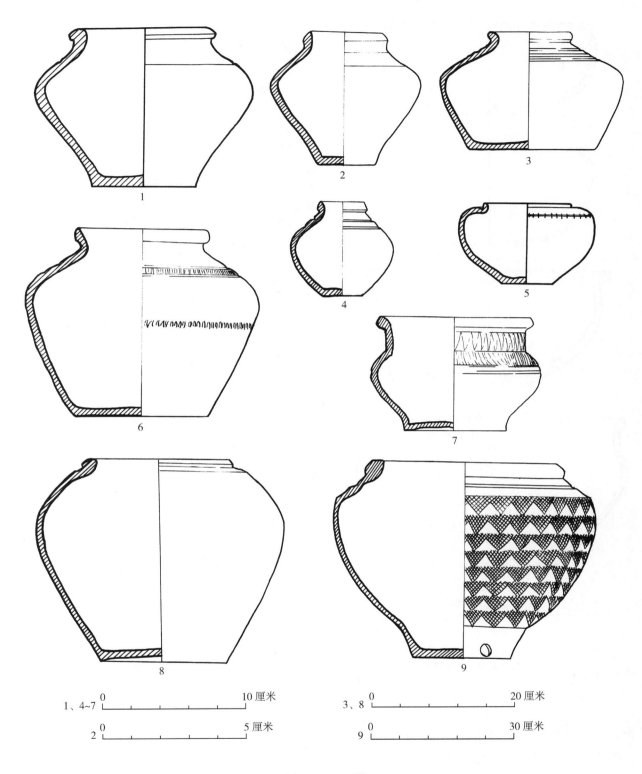

图一一二　罐

1. C 型 Ⅱ 式（Ⅱ T49⑥:12）　2. E 型 Ⅱ 式（Ⅱ T52⑤:1）　3、6. C 型 Ⅰ 式（Ⅱ T62⑦A:34、Ⅱ T52⑥:2）　4. E 型 Ⅰ 式
（Ⅱ T62⑥:18）　5. D 型（Ⅱ T62⑦B:29）　7. F 型（Ⅱ T62⑥:2）　8、9. G 型（Ⅱ T52⑤:11、T53⑤:11）

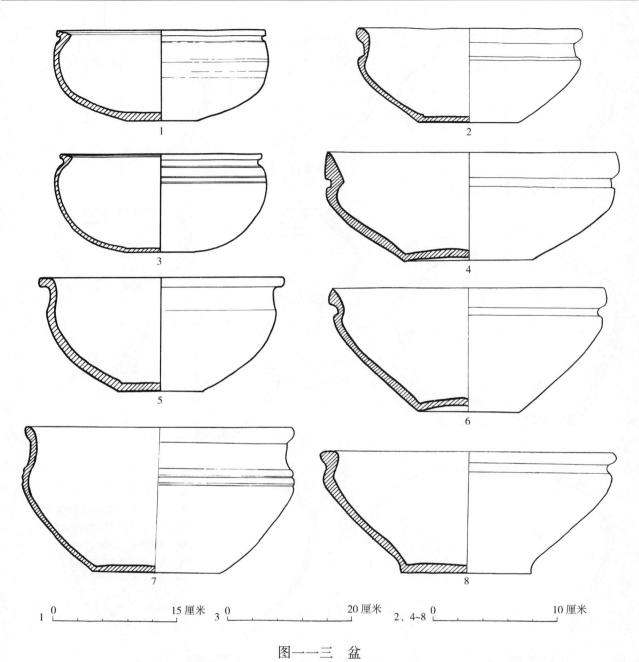

图一一三　盆

1、3. A 型 I 式（ⅡT51⑧：4、ⅡT52⑧：40）　2、5. A 型Ⅲ式（J3：6、ⅡT39⑥：31）　4、6. A 型Ⅳ式（ⅡT53⑤：15、
ⅡT53⑤：10）　7. A 型 V 式（ⅡT77⑤：9）　8. A 型Ⅱ式（ⅡT61⑦A：26）

口径 26.8、底径 10.8、高 12 厘米（图一一四，7）。

　　D 型　2 件。敞口，斜腹。依其腹之深浅，分 2 式。

　　I 式　1 件。ⅡT39⑥：6，泥质灰褐陶。腹较深，底内凹。口径 22.8、底径 16、高 14 厘米（图一一四，5；图版五四，4）。

　　Ⅱ式　1 件。ⅡT54⑤：27，泥质灰陶。腹较浅。口径 24.8、底径 16.8、高 8 厘米（图一一四，1）。

　　E 型　3 件。器形较大，大敞口，双唇，腹斜直略内弧，腹较浅。ⅡT43⑥：24，泥质灰陶。口径

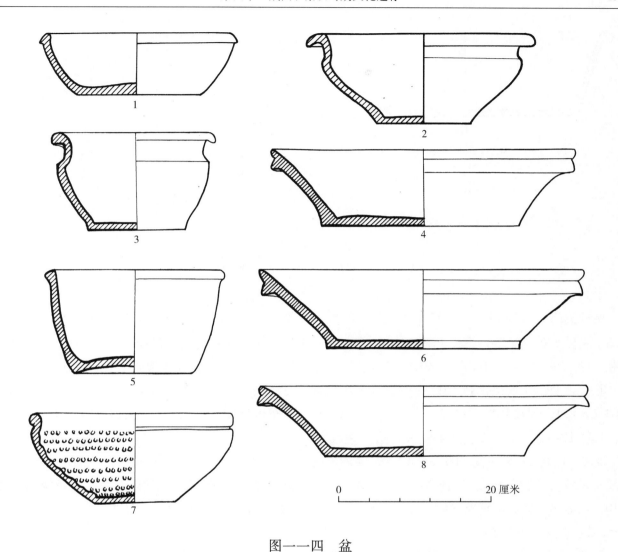

图一一四　盆

1. D 型 II 式（II T54⑤∶27）　　2、3. B 型（II T72⑦C∶29、II T72⑦C∶31）　　4、6、8. E 型（II T43⑥∶24、
II T53⑤∶10、II T43⑤∶23）　　5. D 型 I 式（II T39⑥∶6）　　7. C 型（II T52⑥∶59）

40、底径 26、高 10 厘米（图一一四，4；图版五四，5）。IIT43⑤∶23，泥质灰陶。口径 43.8、底径
26、高 9.6 厘米（图一一四，8；图版五四，6）。IIT53⑤∶10，泥质灰陶。口径 42.8、底径 25.6、高
10.4 厘米（图一一四，6）。

F 型　1 件。IIT43⑥∶25，泥质灰陶。器形较大，大敞口，沿外折，斜腹略内弧，腹较深。器身
密布轮制留下的弦痕。口径 59.2、底径 32.8、高 35.6 厘米（图一一五，2）。

G 型　1 件。IIT42⑥∶4，泥质灰陶。器形较大，敞口，折沿，斜直腹较浅，近底处有一穿孔。口
径 62、底径 48、高 17.6 厘米（图一一五，1；图版五五，1）。

钵　25 件。依其腹部特征，分 6 型。

A 型　18 件。折腹。依腹部变化，分 5 式。

I 式　9 件。上、下腹均内弧。IIT52⑧∶27，泥质褐陶。口径 20、底径 7.4、高 9.4 厘米（图
一一六，1）。IIT53⑧∶64，夹砂褐陶。口径 14.6、底径 4.2、高 6.2 厘米（图一一六，2）。IIT61⑧∶

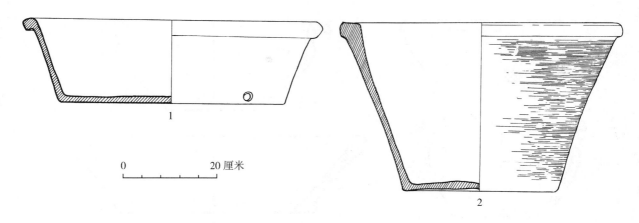

图一一五　盆
1. G 型（ⅡT42⑥：4）　　2. F（ⅡT43⑥：25）

28，夹砂褐陶。口径 14.6、底径 4.8、高 5.8 厘米（图一一六，5）。ⅡT52⑧：38，泥质灰陶。口径 16.2、底径 5.6、高 5.4 厘米（图一一六，3）。ⅡT63⑦C：34，夹砂褐陶。口径 13.4、底径 4、高 5.6 厘米（图一一六，4）。ⅡT53⑧：49，泥质褐陶。口径 14.4、底径 6、高 5.4 厘米（图一一六，6）。

Ⅱ式　3 件。上腹略内弧。ⅡT53⑧：39，泥质褐陶。口径 12、底径 5.6、高 4.4 厘米（图一一六，8）。ⅡT64⑦B：24，泥质褐陶。口径 17.2、底径 5.8、高 6.8 厘米（图一一六，7）。ⅡT72⑦B：24，泥质褐陶。口径 12.4、底径 4.2、高 4 厘米（图一一六，9）。

Ⅲ式　4 件。上腹斜直。ⅡT72⑦A：20，泥质褐陶。口径 20.2、底径 7.2、高 8 厘米（图一一七，1）。ⅡT52⑦A：27，泥质褐陶。口径 23、底径 10、高 9 厘米（图一一七，3）。ⅡT62⑥：1，泥质灰陶。口径 19、底径 7、高 7.8 厘米（图一一七，5）。J3：4，泥质褐陶。口径 19.4、底径 7、高 8 厘米（图一一七，2；图版五五，2）。

Ⅳ式　1 件。ⅡT43⑤：22，泥质灰陶，上、下腹斜直，腹较浅。口径 18.4、底径 6.2、高 7 厘米（图一一七，6）。

Ⅴ式　1 件。ⅡT64⑤：30，泥质褐陶，腹斜直，有一矮圈足。口径 27、底径 16.2、高 6.9 厘米（图一一七，4；图版五五，3）。

B 型　1 件。ⅡT62⑦C：16，泥质褐陶，侈口，束颈，斜弧腹。口径 15.4、底径 5.8、高 6.4 厘米（图一一八，3）。

C 型　1 件。ⅡT73⑦A：12，泥质褐陶，敞口，腹内弧，圜底。口径 12、高 3.8 厘米（图一一八，2）。

D 型　2 件。口微敛，弧腹近直筒形。ⅡT64⑦A：19，泥质灰陶。底中心有一直径 1.2 厘米的穿孔。口径 12、底径 12.6、高 7.6 厘米（图一一八，6）。ⅡT64⑦A：17，泥质褐陶。底内凹。口径 14.4、底径 9.8、高 7.2 厘米（图一一八，4；图版五五，4）。

E 型　2 件。斜弧腹，饼足。ⅡT61⑤：11，泥质陶，内红外灰。口径 14.4、底径 8、高 5.8 厘米（图一一八，1）。ⅡT73⑤：2，泥质灰陶。口径 17.6、底径 9.2、高 7 厘米（图一一八，5；图版五五，5）。

F 型　1 件。ⅡT72⑤：11，泥质灰陶。敞口，束颈，弧腹，饼足。口径 10.4、底径 4、高 4.8 厘米（图一一八，7）。

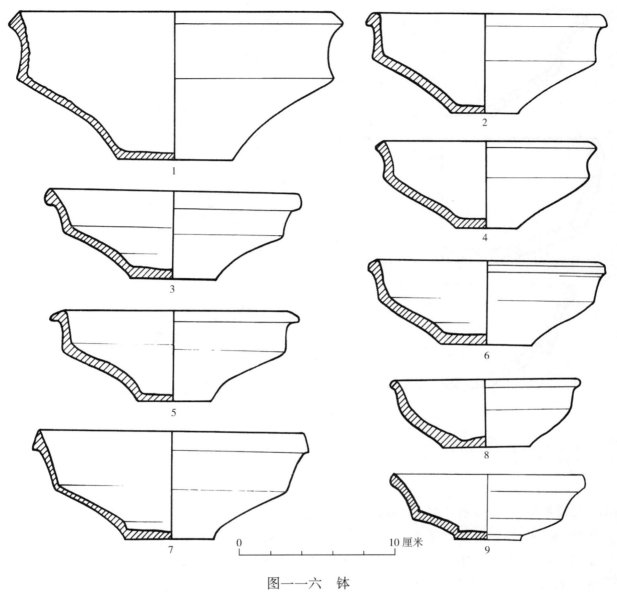

图一一六　钵

1～6. A型 I 式（ⅡT52⑧:27、ⅡT53⑧:64、ⅡT52⑧:38、ⅡT63⑦C:34、ⅡT61⑧:28、ⅡT53⑧:49）　7～9. A型 II
式（ⅡT64⑦B:24、ⅡT53⑧:39、ⅡT72⑦B:24）

盘　2件。可分2式。

I 式　1件。ⅡT43⑥:27，泥质灰陶。折沿，方唇，斜直腹，底内凹。口径23、底径22.4、高5
厘米（图一一八，9；图版五六，1）。

II 式　1件。ⅡT77⑤:8，泥质灰陶。敞口，圆唇，腹略内弧，平底。口径30、底径26、高4.4
厘米（图一一八，8；图版五六，2）。

圈足碗　10件。依其腹部与圈足特征，分3型。

A型　2件。敞口，弧腹，圈足特别低。ⅡT39⑦A:12，泥质褐陶。沿外有两周凹弦纹。口径
13.6、足径6.6、高5.8厘米（图一一九，10）。ⅡT39⑥:7，泥质灰陶。沿外有一周凹弦纹。口径

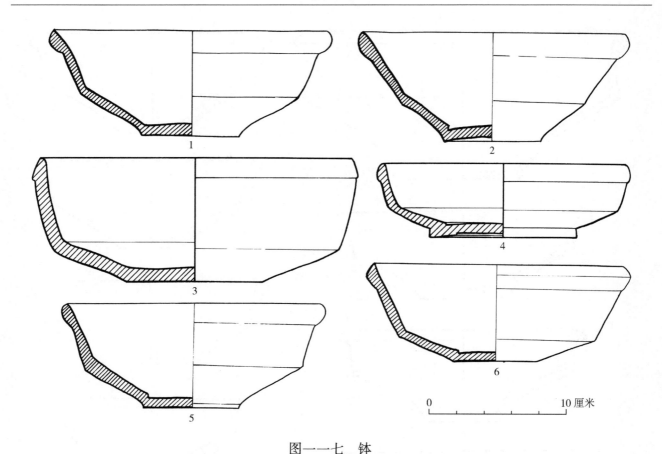

图一一七　钵

1～3、5. A 型Ⅲ式（ⅡT72⑦A∶20、J3∶4、ⅡT52⑦A∶27、ⅡT62⑥∶1）　4. A 型Ⅴ式（ⅡT64⑤∶30）　6. A 型Ⅳ式
（ⅡT43⑤∶22）

14.2、足径8.6、高6厘米（图一一九，9；图版五六，3）。

　　B 型　6件。弧腹，沿外内束，圈足稍高。依其口部特征，分2式。

　　Ⅰ式　2件。敞口。ⅡT63⑦B∶8，泥质灰陶。口径19、足径9.2、高8.6厘米（图一一九，2）。
ⅡT77⑥∶17，泥质灰陶。口径16.6、足径6、高7.2厘米（图一一九，6；图版五六，4）。

　　Ⅱ式　4件。敛口。ⅡT29⑥∶61，泥质灰陶。口径13、足径6.8、高6.8厘米（图一一九，8；图
版五六，5）。ⅡT52⑥∶6，泥质褐陶。口径18、足径9.4、高9.6厘米（图一一九，1；图版五六，6）。
ⅡT72⑥∶13，泥质褐陶。口径18.2、足径9.2、高8.8厘米（图一一九，4；图版五七，1）。ⅡT52⑥∶
10，泥质褐陶。器内密布网格状划痕。口径12.4、足径6.8、高7.6厘米（图一一九，7；图版五七，
2）。

　　C 型　2件。折腹，依其腹之深浅，分2式。

　　Ⅰ式　1件。ⅡT39⑦A∶11，泥质褐陶。腹较深。口径20.4、足径9、高8.6厘米（图一一九，3；图
版五七，3）。

　　Ⅱ式　1件。ⅡT52⑥∶58，泥质灰陶。腹较浅。口径18.6、足径6.8、高6.4厘米（图一一九，5；图
版五七，4）。

　　瓦当　16件。均为泥质灰陶，呈深灰色。圆形瓦当，当面纹饰有卷云纹、卷云纹带文字和卷云

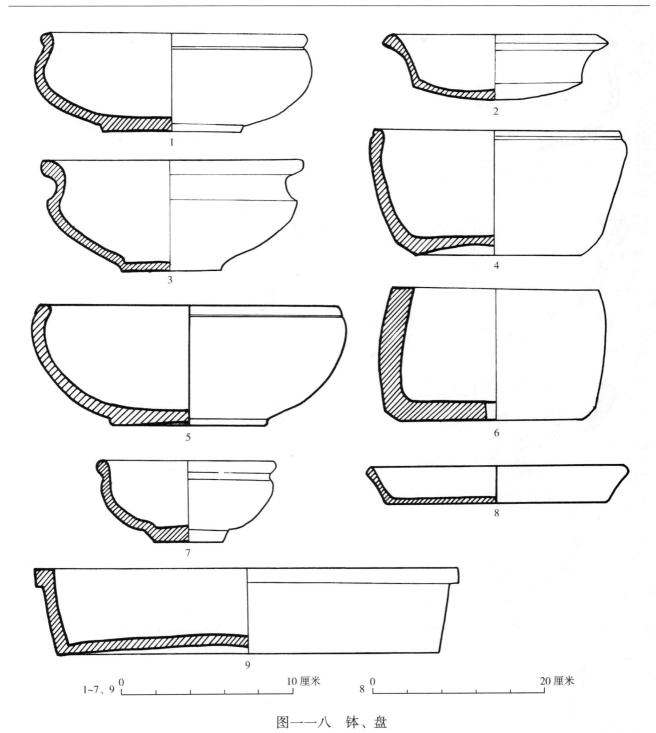

图一一八 钵、盘

1、5. E 型钵（ⅡT61⑤:11、ⅡT73⑤:2） 2. C 型钵（ⅡT73⑦A:12） 3. B 型钵（ⅡT62⑦C:16） 4、6. D 型钵
（ⅡT64⑦A:17、ⅡT64⑦A:19） 7. G 型钵（ⅡT72⑤:11） 8. Ⅱ式盘（ⅡT77⑤:8） 9. Ⅰ式盘（ⅡT43⑥:27）

纹带图案。根据当面纹饰的差异，分 6 型。

A 型 6 件。当心为一大乳钉，当心外置一圆，当面双线四界格，内饰卷云纹。依据当面纹饰小
的差异，分为 3 个亚型。

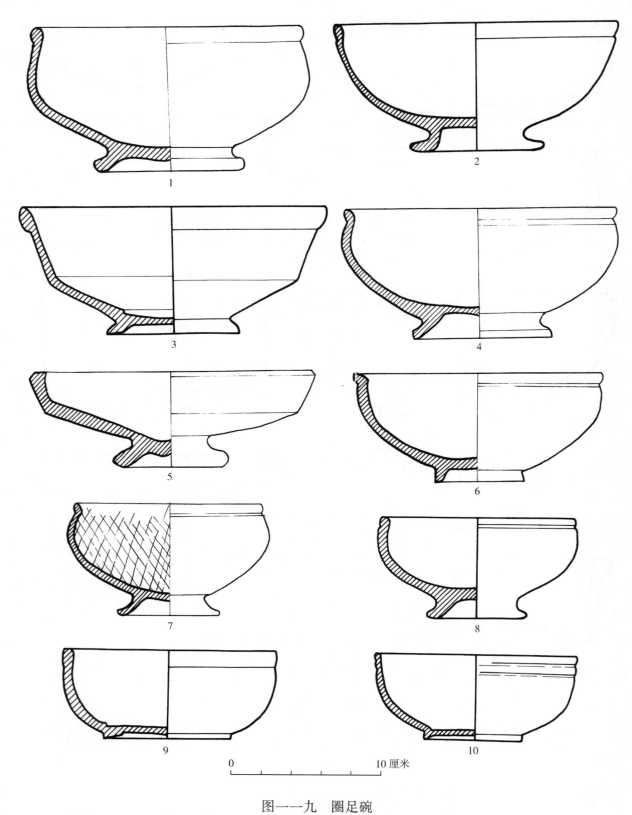

图一一九　圈足碗

1、4、7、8. B 型 Ⅱ 式（Ⅱ T52⑥: 6、Ⅱ T72⑥: 13、Ⅱ T52⑥: 10、Ⅱ T29⑥: 61）　2、6. B 型 Ⅰ 式（Ⅱ T63⑦B: 8、Ⅱ T77⑥: 17）
3. C 型 Ⅰ 式（Ⅱ T39⑦A: 11）　　5. C 型 Ⅱ 式（Ⅱ T52⑥: 58）　　9、10. A 型（Ⅱ T39⑥: 7、Ⅱ T39⑦A: 12）

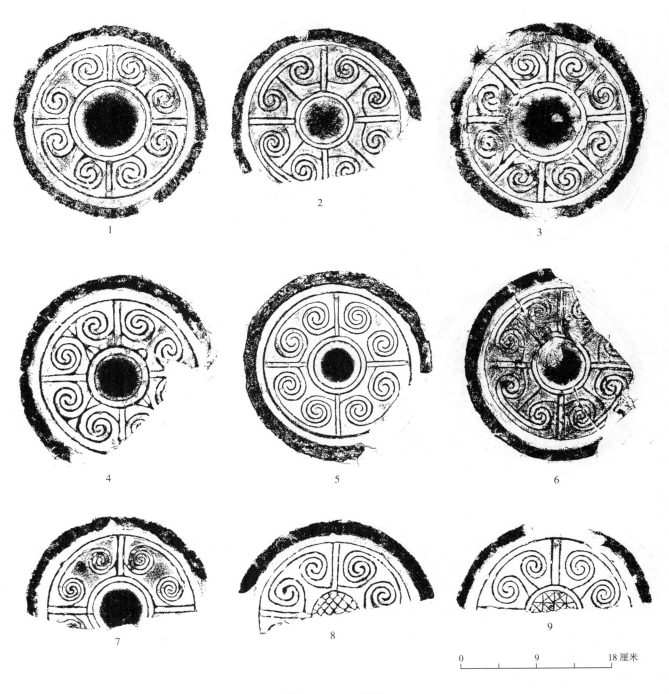

图一二〇　瓦当

1、5、7. Aa 型（ⅡT54⑦A：86、ⅡT63⑦B：13、ⅡT64⑥：21）　2、6. Ab 型（ⅡT72⑤：10、ⅡT63⑦A：10）
4. Ac 型（ⅡT64⑦A：23）　3. B 型（ⅡT72⑥：15）　8、9. C 型（ⅡT63⑦A：62、ⅡT61⑥：37）

Aa 型　3 件。当面四界格内除卷云纹外，没有其他线。ⅡT54⑦A：86。当面径 17、边轮宽 0.8 厘米（图一二〇，1）。ⅡT63⑦B：13，稍残。当面径 15、边轮宽 1 厘米（图一二〇，5）。ⅡT64⑥：21，残存一半多。当面径 14.6、边轮宽 1 厘米（图一二〇，7）。

Ab 型　2 件。当心外圆伸出四条直线，连至每朵云纹中部。ⅡT72⑤：10，稍残。当面径 15.2、

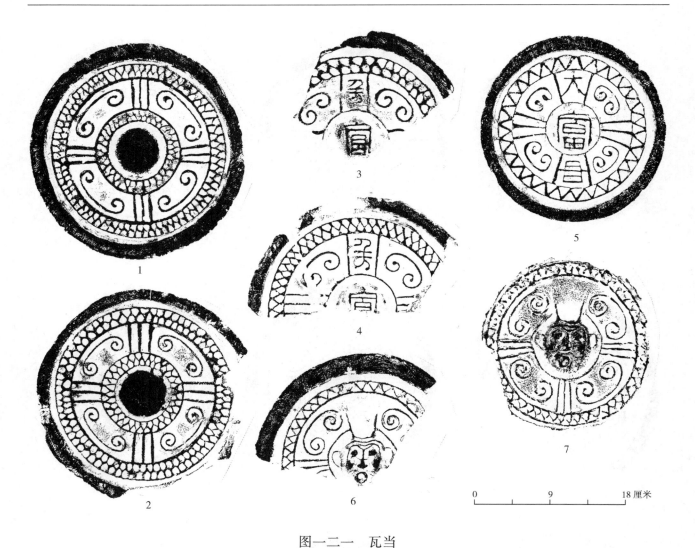

图一二一　瓦当

1、2. D 型（J3∶6、ⅡT72⑤∶7）　　3～5. E 型（ⅡT29⑤∶115、ⅡT64⑦A∶20、ⅡT53⑥∶14）
6、7. F 型（ⅡT73⑥∶69、ⅡT62⑦B∶15）

边轮宽 1 厘米（图一二〇，2）。ⅡT63⑦A∶10，稍残。当面径 15.4、边轮宽 1 厘米（图一二〇，6）。

　　Ac 型　1 件。ⅡT64⑦A∶23，稍残。当心外圆伸出四个两端呈三叉形的线纹连至云纹中部。当面径 16、边轮宽 1 厘米（图一二〇，4）。

　　B 型　1 件。ⅡT72⑥∶15，当心为一大乳钉，当心外置一圆，当面双线八界格，内饰卷云纹。当面径 16、边轮宽 1 厘米（图一二〇，3）。

　　C 型　2 件。当心为方形网格纹或三角形网格纹，当面双线四界格，内饰卷云纹。ⅡT63⑦A∶62，残存一半。当心饰方形网格纹。当面径 16、边轮宽 1 厘米（图一二〇，8）。ⅡT61⑥∶37，残存一半。当心饰三角形网格纹。当面径 15.6、边轮宽 1 厘米（图一二〇，9）。

　　D 型　2 件。当心为一大乳钉，当面三线四界格，内饰卷云纹，当心与云纹间和边轮与云纹间各饰一周网格纹。J3∶6。当面径 17、边轮宽 1.2 厘米（图一二一，1）。ⅡT72⑤∶7，稍残。当面径 17、边轮宽 1 厘米（图一二一，2）。

　　E 型　3 件。当心为一大乳钉，当面四界格，横向左右两个界格为三线，竖向两个界格为较宽的双线，四界格内饰较小的卷云纹，竖向双线界格内和当心，由上至下排列有三个篆书文字，边轮与云纹间饰一周网格纹。ⅡT29⑤∶115，残存一小部分。上残存有篆书"侯富"两个字。当面径约 18、边轮宽 1.2 厘米（图一二一，3）。ⅡT64⑦A∶20，较残。残存"侯富"两字。当面径约 16.4、边轮宽 1 厘米（图一二一，4）。ⅡT53⑥∶14。上有文字"大富昌"。当面径 14.6、边轮宽 1 厘米（图一二一，5）。

　　F 型　2 件。当心饰浮雕状猴面，当面四界格，猴面头顶上界格为较宽的双线，其余界格为三线，界格内饰卷云纹，边轮与云纹间饰一周网格纹。ⅡT73⑥∶69，较残。当面径约 16.4、边轮宽 1.2 厘米（图一二一，6）。ⅡT62⑦B∶15，边轮残。当面残径 13.4 厘米（图一二一，7）。

第三节　结　　语

　　十二桥遗址战国至秦汉时期的地层单位中出土遗物主要是陶器，依据各地层单位陶器特征，可以分为早、中、晚三期，即第 9 层为早期，第 8 层为中期，第 7～5 层和 J3、J6、J7、J8 为晚期。从器物群的变化程度来看，早期与中期相同因素较多一些，表明时代衔接比较紧密，而中期与晚期区别较大，表明其间应有时间缺环。

　　早期出土陶器较少，器类主要有 Aa 型豆、B 型豆、A 型鼎。Aa 型浅盘高圈足豆在成都地区主要流行于战国中期至战国晚期，B 型矮圈足豆主要流行于战国晚期至西汉早期，而 A 型鼎在成都地区最早出现在战国晚期，如大邑五龙 M3，流行至西汉早期[1]。考虑到不见西汉早期常见的其他陶器，因此可以将早期的年代推定在战国晚期至秦。

　　中期出土陶器较为丰富，器类有 Aa 型豆、Ab 型豆、B 型豆、B 型鼎、C 型鼎、A 型釜、A 型Ⅰ式罐、B 型罐、A 型Ⅰ式盆、A 型Ⅰ式钵、A 型Ⅱ式钵等。其中的豆和鼎明显是从早期的豆和鼎发展而来。该期的陶器均为西汉早期的典型陶器，如釜形鼎在西汉早期墓中比较常见，矮圈足豆在西汉早期也比较流行。中期出土的 A 型Ⅰ式、Ⅱ式折腹钵，其腹内弧，这种特征的折腹钵为西汉早期常见的特征。上述三类陶器在郫县"民族风情园"和"花园别墅"发掘的西汉早期墓中出土较多[2]。因此中期的年代当在西汉早期。

　　晚期出土陶器的数量和种类都较丰富，器类有 A～F 型钵、A 型Ⅱ～Ⅵ式罐、B 型～G 型罐、A～G 型盆、B～D 型釜、A～C 型圈足碗、盘等。这一时期已不见中期常见的鼎和豆。十二桥遗址第 5 层出土的 A 型Ⅴ式折腹钵与成都市新都区三河镇互助村崖墓 M4 出土的Ⅰ式、Ⅱ式钵形制十分相近，第 5 层出土的饰方格纹的 G 型罐与三河镇互助村崖墓 M3 出土的Ⅱ式瓮形制十分相近，三河镇互助村

　①　江章华、张擎：《巴蜀墓葬的分区与分期初论》，《四川文物》1999 年第 3 期；颜劲松：《成都市郫县外南战国秦汉墓地分析》，《四川文物》2005 年第 1 期。
　②　颜劲松：《成都市郫县外南战国秦汉墓地分析》，《四川文物》2005 年第 1 期。

崖墓 M3、M4 的年代为东汉中期偏晚[①]。十二桥遗址第 6 层出土的 D 型釜与成都市高新区紫荆路东汉中期砖室墓 M1 出土的Ⅳ式釜形制相近,第 6 层出土的 A 型Ⅳ式罐也与紫荆路 M1 出土的 A 型Ⅴ式罐相近[②]。第 6 层出土数量较多的 B 型Ⅱ式圈足碗,形制与新都区三河镇互助村崖墓 M1 出土的圈足碗十分相近,三河镇互助村崖墓 M1 的年代也在东汉中期[③]。但是十二桥遗址第 5 层和第 6 层出土的部分陶器也具有东汉晚期的特征,比较典型的如 E 型大敞口浅腹的盆,该种形制的盆在 1994 年发掘的成都市南郊 611 所东汉砖室墓有出土,611 所汉墓有明确纪年,为东汉晚期[④]。因此,十二桥遗址第5、6 层出土的部分遗物年代可早到东汉中期,地层的年代可能要晚到东汉晚期。第 7A 层出土的 A 型圈足碗与成都市双流华阳镇"绿水康城"东汉早、中期之际的砖室墓 M3 出土的 C 型Ⅱ式钵形制相近,该层出土的折腹钵也与"绿水康城"M3 出土的折腹钵相近[⑤]。因此十二桥遗址第 7A 层的年代当在东汉早、中期之际。第 7B 层出土的 B 型Ⅰ式圈足碗与成都市南郊勤俭村东汉早期砖室墓 M1 出土的圈足碗(报告称豆)形态相近,该层出土的 B 型釜也与勤俭村 M1 出土的釜(报告称盂)形制十分相近[⑥]。因此十二桥遗址第 7B 层的年代当在东汉早期。第 7C 层出土陶器较少,但该层见有与 7A 层形态相近的 C 型Ⅰ式罐,其折腹钵与 7B 层的折腹钵也相近,因此推测其年代与 7B 层应相去不远,可能在东汉早期左右。根据上面的比较分析,可以将晚期的年代推定在东汉早期至东汉晚期。与中期有一时间缺环,这与陶器特征反映出来的情况是相吻合的。

　　那么叠压于第 8 层下打破第 9 层的竹骨泥墙建筑 F3,其修建年代当早不过秦,废弃年代当不会晚于西汉早期,其使用年代可能在秦至西汉早期。叠压于第 7C 层下打破第 8 层的 F4,其建筑年代早不过西汉早期,废弃年代则晚不过东汉早期,使用年代当在西汉时期。

① 成都文物考古研究所:《成都市新都区互助村、凉水村崖墓发掘简报》,成都文物考古研究所编:《成都考古发现 2002》,科学出版社,2004 年。

② 成都文物考古研究所:《成都高新区紫荆路汉墓发掘简报》,成都文物考古研究所编:《成都考古发现 2000》,科学出版社,2002 年。

③ 同①。

④ 资料现存成都文物考古研究所,报告正在整理中。

⑤ 成都文物考古研究所:《成都市双流县华阳镇绿水康城小区发现一批砖室墓》,成都文物考古研究所编:《成都考古发现 2003》,科学出版社,2005 年。

⑥ 成都文物考古研究所:《成都市南郊勤俭村汉代砖室墓发掘简报》,成都文物考古研究所编:《成都考古发现 2001》,科学出版社,2003 年。

第五章　隋唐时期文化遗存

第一节　文化遗迹

此时期发现的遗迹现象有灰坑、水井、作坊等。

一　灰坑

共计3个，有三角形、椭圆形、长方形3种。分述于下。

H1　位于Ⅱ区T38的西壁一侧，其中一半延伸至西邻的Ⅱ区T37的东壁内，因T37未发掘，所以H1仅发掘了一部分。开口于第3层下，打破第4层，开口距地表121～172厘米。已暴露坑口略呈三角形，长168、宽82厘米，坑底长108、宽60厘米，坑深70厘米。坑中填土为黑色，土中夹有草木灰，土质略带黏性，疏松。包含物有青瓷杯、青瓷片、窑具、陶罐口沿与底部、砖块等（图一二二）。

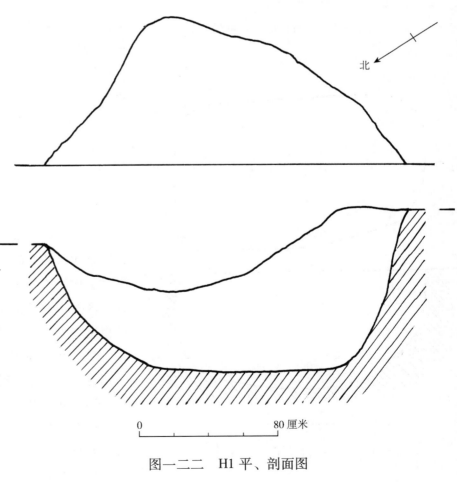

北

0　　　　　　　　80厘米

图一二二　H1平、剖面图

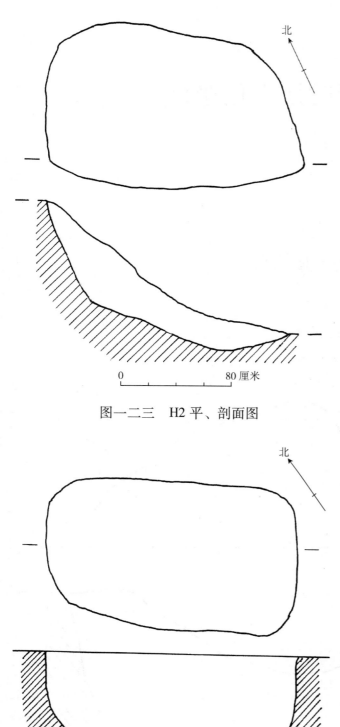

图一二三　H2 平、剖面图

图一二四　H4 平、剖面图

H2　位于Ⅱ区 T38 的南壁一侧，并延伸至Ⅱ区 T28 的北隔梁内。开口于第 4 层下，打破第 5 层和第 6 层。坑口椭圆形并且呈斜坡状，剖面呈浅钵形，东端距地表 175 厘米，西端距地表 263 厘米。坑口长 196、宽 82～99、坑深 38 厘米。坑中填土为浅黑色黏土，土质较疏松，土中夹有草木灰及少许红烧土。包含物有青瓷片、陶片，可辨器物有罐口沿与底部、绳纹筒瓦、连璧纹砖等（图一二三）。

H4　位于Ⅱ区 T61 的西南角，开口于第 3 层下，打破第 4 层，坑口距地表 140 厘米。坑口呈圆角长方形，长 173、宽 80～100、深 80 厘米。四壁上部较直，下部为弧形，底部较窄，宽仅 50 厘米。坑中填土为黑褐色，湿润，比较疏松。包含物主要为陶片，还有一些青瓷片。陶片多为泥质陶，少许夹砂陶，以罐、盆、钵、缸的口沿及底部为多，也有少量的碟和绳纹筒瓦的残片。泥质灰陶罐、盆、钵陶片上有弦纹，夹砂陶片中的缸口沿上饰方格纹和绳纹，其中一件较大的残陶缸上饰几何钱币纹。较完整的器物有泥质灰陶碟 2 件，盘口青瓷盏托 1 件（图一二四）。

二　水井

隋唐时期的水井共计 8 口，其中唐代水井 7 口，隋代水井 1 口。均为砖井，有圆形井、八角形井。均先挖井穴，再用青灰砖砌建井圈。分布在Ⅰ区的水井，由于建设单位挖掘地下室基坑，已将这些水井的开口及上部破坏，仅存下部，如 J4、J9、J10，而 J1 仅存底部；分布在Ⅱ区的水井相对保存较好。现介绍于下：

J2　位于Ⅱ区 T51 西北角，开口于第 4 层下，打破第 5～13 层，距地表 190 厘米。底部坐落在卵石上，井残深 236 厘米。井穴为圆形，上大下小，上部直径 180 厘米，中填黑灰色土，土中夹有碎砖块。在距井穴口140厘米处开始出现青灰砖砌的井圈，井穴与井圈之间填充含沙的泥土。砖井圈平面呈七角形，直径77厘米。最上层采用两块立砖直立砌法，第2层是用砖错缝平砌法，第3层以下全采用两块立砖错缝直立的砌法。平砌用砖长38、宽17、厚6厘米。立砌用砖长36、宽19、厚4厘米。井中出土有直口短颈双耳平底青釉罐及陶片，保存比较完整的有青瓷罐（图一二五）。

　　J5　位于Ⅱ区T61中，开口于第2层下，打破第3~9层及以下地层（注：ⅡT61仅发掘到第9层），距地表70厘米。井底坐落在卵石上，井深348厘米。先挖井穴，再砌井圈。井穴为圆形，上大下小，上部直径178厘米，下部直径147厘米，中填满灰褐色土，土中夹有碎砖块、青瓷片及陶片。井圈上部毁坏，在距井穴口191厘米处开始出现青灰砖砌的井圈，井圈为圆形，内径80厘米，外径120厘米，井圈残深150厘米左右。井穴与井圈之间填充泥土，井圈用大小不一的半块青砖重叠错缝平砌而成，每层井圈用砖20块左右，砖多为素面，也有菱形纹，残长20左右、宽17、厚4厘米。井圈砖缝中发现一枚"开元通宝"钱币，背面有指甲纹。井中出土有青瓷盘口壶、碗、杯、筒瓦等遗物（图一二六）。

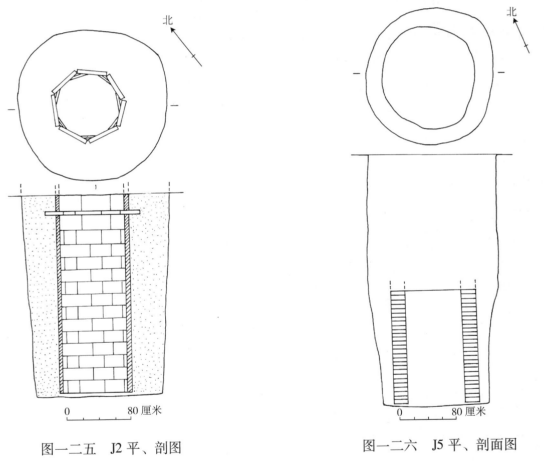

图一二五　J2平、剖图　　　　　　　　　　图一二六　J5平、剖面图

　　J4　位于Ⅰ区T20西北部。因建设单位挖掘地下室基坑，已将开口及上部破坏，仅存下部，现存井口距地表396厘米，打破第12、13层，井底坐落在卵石上。该井仍是先挖掘井穴，再用半截青砖，有花纹的一端向外，重叠错缝平砌而成。井穴与井圈为圆形，井穴直径150厘米，井圈内径102厘米。井穴与井圈之间填充灰褐色土，井残深121厘米。青砖残长19厘米左右，宽18.2、厚6厘米，花纹有几何形花纹和菱形花纹。井中出土有青瓷器残片、圆形支钉和垫圈等窑具，还有板瓦及筒瓦等

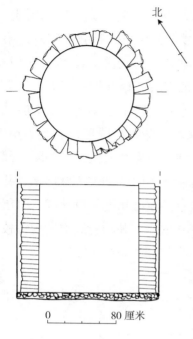

北

图一二七　J4 平、剖面图

0 ——— 80 厘米

遗物，保存比较完整的有青瓷罐等（图一二七）。

三　作坊遗迹

作坊遗迹仅在Ⅱ区 T36 和 T29 中发现。

因Ⅱ区 T36 四周的探方都没有发掘，Ⅱ区 T36 中发现的作坊遗迹叠压于第 2 层下，叠压并打破第 3 层。揭露的作坊遗迹为一长条形的沟，沟的横截面为梯形，在沟的南北两壁，用青砖紧贴沟壁砌建墙体，底平铺有铺地砖。两排墙体大致呈东西走向，横截面亦为梯形（图一二八）。靠南壁的一排砖墙遗迹，由西壁向东延伸至南壁的中部。在北侧的一排砖墙遗迹，也是由西壁向东延伸，一直伸至东壁内。并且，在北侧一排砖墙遗迹的底部，还保存着用青砖平铺的地砖。南边的墙体残存四层青砖，已揭露的长度 330 厘米，残高 25 厘米。北侧的墙体残存八层青砖，已揭露的长度 500 厘米，残高 44 厘米（图一二九）。砖墙都是采用青砖错缝平铺的方法砌建。青砖以素面的为主，少数饰有

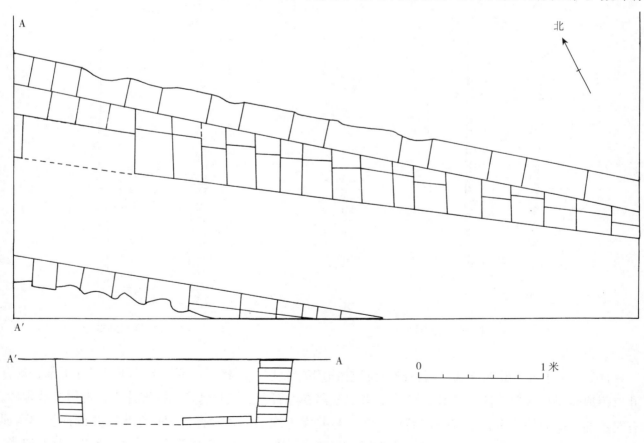

北

0 ——— 1 米

图一二八　Ⅱ区 T36②下作坊遗迹平、剖面图

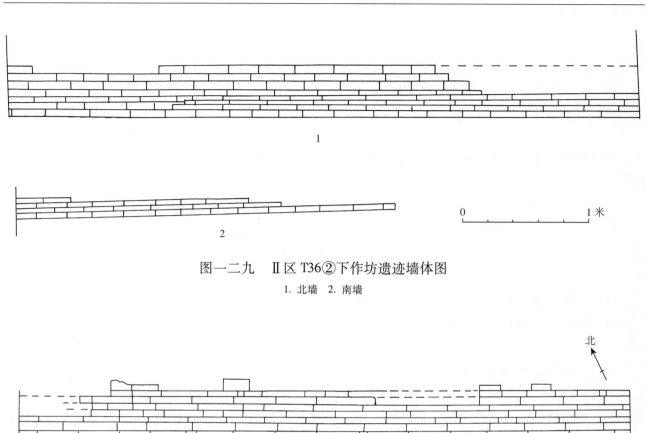

图一二九　Ⅱ区T36②下作坊遗迹墙体图
1. 北墙　2. 南墙

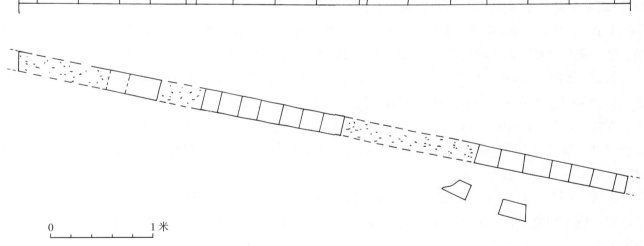

图一三〇　ⅡT29③下作坊遗迹平、剖面图

菱形纹。青砖规格不一，素面砖一般长39、宽20、厚5厘米，菱形纹砖长32～37、宽19、厚6厘米。在Ⅱ区T29发现的作坊遗迹也叠压于第2层，为一残砖墙遗迹，保存不如Ⅱ区T36的完整，砌建方法基本相同。墙体也为东西走向，残长600、残高63、宽20厘米（图一三〇）。过去，曾在Ⅱ区的周边发现有隋唐时期的窑炉和作坊遗迹，以及拌泥池、陶水缸、八角井等与作坊遗迹紧密相关的遗迹。这次发掘的砖墙遗迹与过去发现的作坊遗迹基本相同，所以，我们认为此次发掘的砖墙遗迹是属于制作陶瓷器的作坊遗迹。

第二节　文化遗物

隋唐时期地层单位出土遗物以青瓷器为主，陶器次之，还有部分板瓦、筒瓦等建筑构件，以及窑具等。

一　青瓷器

有碗、杯、盘、罐、钵、盆、碟、砚、壶等。

碗　108 件。依据其底足有假圈足、圈足、饼足之分，再结合碗的腹壁之间变化情况，可分为 4 型。

A 型　85 件。假圈足，依据腹部的变化，可分 15 式。

Ⅰ式　2 件。ⅡT29④: 30，直口微敛、尖唇、深腹，腹下部缓收成假圈足，足底部内凹严重且削去边棱。灰白胎，施豆青色半釉，釉面有微细的冰裂纹，足底中间刻有一周弦纹。口径 12.2、足径 4.3、高 8.5 厘米（图一三一，1；图版五七，5）。

Ⅱ式　1 件。ⅡT64④: 5，侈口、圆唇，深弧腹，腹下部缓收成圆饼状假圈足，其足外斜。淡红胎，施米黄色半釉，内底中间刻有弦纹两周。口径 17、足径 8、高 9.8 厘米（图一三一，2）。

Ⅲ式　2 件。ⅡT29④: 42，侈口、圆唇，深腹，假圈足微上凹且削去边棱。紫胎，施米黄色半釉。口径 13.6、足 4.4、高 7.7 厘米（图一三一，3）。

Ⅳ式　1 件。ⅡT29④: 38，侈口、圆唇，弧腹径下斜收成假圈足，足削挖成凹底。牙白胎，施象牙色半釉，外口沿饰有一周弦纹，下腹和足底均有不规整的拉坯痕迹。口径 15.7、足径 6、高 7 厘米（图一三一，4；图版五七，6）。

Ⅴ式　2 件。ⅡT36④: 18，敛口、平唇、弧腹骤收成小圆饼状假圈足，足底上凹，足边削棱。淡红色胎，施青灰色半釉，釉汁下垂，有流釉痕迹。口径 13、足径 4.9、高 6.8 厘米（图一三一，5；图版五八，1）。

Ⅵ式　2 件。ⅡT36④: 4，口微侈、沿微折、圆唇微外翻，折腹骤收成小圆饼状假圈足。红胎，施米黄色半釉，釉面已严重剥落。口径 11.2、足径 3.9、高 5 厘米（图一三一，6；图版五八，2）。

Ⅶ式　1 件。ⅡT36④: 17，敛口、圆唇，折腹略呈弧状，平底，假圈足薄而大且削去边棱。紫胎，施青灰色半釉。口径 11.6、足径 5.8、高 4.7 厘米（图一三一，7；图版五八，3）。

Ⅷ式　1 件。ⅡT29③: 32，敛口、平唇、深腹往下骤收成假圈足，足底内凹严重。灰色胎，施豆青色半釉。口径 12.3、足径 3.6 米、高 7 厘米（图一三一，8）。

Ⅸ式　2 件。ⅡT29③: 8，微侈口、圆唇，深腹缓收成薄饼状假圈足，底部微凹且削边棱。紫灰胎，施米黄色半釉。口径 14.2、足径 6.4、高 8.4 厘米（图一三一，9）。

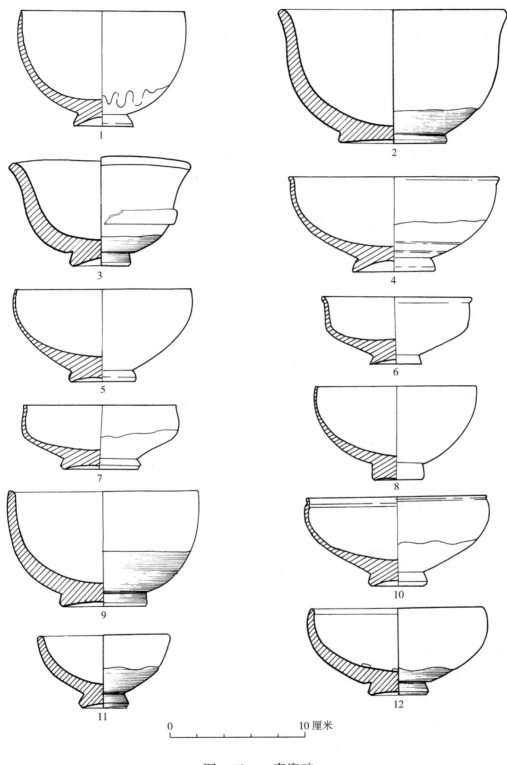

图一三一　青瓷碗

1. A 型 I 式（ⅡT29④:30）　2. A 型 II 式（ⅡT64④:5）　3. A 型 III 式（ⅡT29④:42）　4. A 型 IV 式（ⅡT29④:38）
5. A 型 V 式（ⅡT36④:18）　6. A 型 VI 式（ⅡT36④:4）　7. A 型 VII 式（ⅡT36④:17）　8. A 型 VIII 式（ⅡT29③:32）
9. A 型 IX 式（ⅡT29③:8）　10. A 型 X 式（ⅡT53③:3）11. A 型 XII 式（ⅡT40③:48）12. A 型 XI 式（ⅡT38③:16）

Ⅹ式 13件。ⅡT53③:3,敛口、尖唇、弧腹较深,骤收成小圆饼状假圈足,足底上凹且削边棱。灰红胎,施青灰色半釉,口沿外边饰有一周弦纹。口径13.4、足径4.3、高6.4厘米(图一三一,10)。

Ⅺ式 7件。ⅡT38③:16,敛口、尖唇、弧腹,小圆饼状假圈足,紫灰胎,施豆青色半釉,釉色光润,釉面布满冰裂纹。口径13、足径4.4、高6.4厘米(图一三一,12)。

Ⅻ式 5件。ⅡT40③:48,敛口、圆唇、弧腹,小圆饼状假圈足,足底上凹,足边削棱。紫灰胎,施青灰色或米黄色半釉,釉色呆涩;有的外口沿边饰有弦纹。口径11、足径3.7、高5.8厘米(图一三一,11)。

ⅩⅢ式 3件。ⅡT29③:19,侈口、尖唇、弧腹斜收成小圆饼状假圈足,足边削棱,底上凹。淡红胎,施米黄色半釉,釉层严重剥落。口径11、足径3.2、高5.8厘米(图一三二,1)。

ⅩⅣ式 40件。ⅡT43③:11,敛口、平唇、弧腹外鼓聚收成小圆饼状假圈足,足削边棱,底中上凹。灰胎,施豆青色半釉,釉面带有微细冰裂纹。口径14.4、足径4.4、高6.8厘米(图一三二,2)。

ⅩⅤ式 3件。ⅡT36③:19,直口、平唇、浅形折腹斜收成假圈足,足削边棱,底部微上凹。红胎,施米黄色半釉。口径13、足径4.5、高4.4厘米(图一三二,3;图版五八,4)。

B型 12件。饼足,可分7式。

Ⅰ式 2件。ⅡT54④:4,直口、尖唇、弧腹斜收成圆饼足,灰白胎。施豆青色半釉,釉色光润、明亮,足底边刻有一周弦纹。口径10.6、足径4.6、高5.6厘米(图一三二,4;图版五八,5)。

Ⅱ式 1件。ⅡT36④:15,敛口、圆唇、弧腹下收成饼足,紫胎。施米黄色半釉,釉色明亮,釉面带有细微冰裂纹。口径11、足径6.2、高5厘米(图一三二,5;图版五八,6)。

Ⅲ式 1件。ⅡT29④:21,直口、圆唇,直浅腹下折缓收成饼足,足外斜且削边棱。红胎,施米黄色半釉。口径11.2、足径5.4、高4.8厘米(图一三二,7;图版五九,1)。

Ⅳ式 1件。ⅡT36④:20,直口微侈,平唇,弧腹,饼足削去边棱。紫胎,施米黄色釉,口径11、足径5.5、高4.6厘米(图一三二,9;图版五九,2)。

Ⅴ式 3件。ⅡT29③:35,敛口、圆唇、弧腹缓收成大饼足。红胎,施米黄色半釉。口径15.7、足径8.4、高5.8厘米(图一三二,6;图版五九,3)。

Ⅵ式 2件。ⅡT63③:38,敛口、弧唇、微翻沿,圆饼形足。淡红色胎,施米黄色半釉。口径16.2、足径8.6、高5.7厘米(图一三二,10;图版五九,4)。

Ⅶ式 2件。ⅡT29③:17,侈口、折腹,大圆饼足。紫灰胎,施青灰色半釉。口径16,足径8.3、高6厘米(图一三二,8;图版五九,5)。

C型 8件。圈足,可分6式。

Ⅰ式 1件。ⅡT40④:47,微侈口、弧唇、微翻沿,弧腹缓收成环形矮圈足,足边外斜。紫胎,施青灰色半釉。口径17、足径9.2、高6.4厘米(图一三三,1;图版五九,6)。

Ⅱ式 1件。ⅡT38③:17,敞口、尖唇、斜深腹、宽边形矮圈足。紫红胎,施酱褐色半釉。口径15.2、足径7.2、高7.8厘米(图一三三,2;图版六〇,1)。

Ⅲ式 1件。ⅡT30③:18,直口、平底、弧腹,宽边形矮圈足,足部中间内凹成槽。紫色胎,施青灰色半釉。口径16.4、足径7.8、高6.4厘米(图一三三,3;图版六〇,2)。

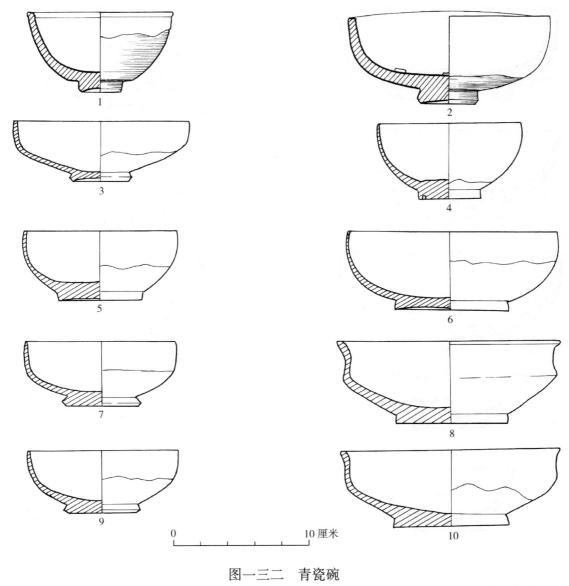

图一三二　青瓷碗

1. A 型ⅩⅢ式（ⅡT29③：19）　2. A 型ⅩⅣ式（ⅡT43③：11）　3. A 型ⅩⅤ式（ⅡT36③：19）　4. B 型Ⅰ式（ⅡT54④：4）
5. B 型Ⅱ式（ⅡT36④：15）　6. B 型Ⅴ式（ⅡT29③：35）　7. B 型Ⅲ式（ⅡT29④：21）　8. B 型Ⅶ式（ⅡT29③：17）
9. B 型Ⅳ式（ⅡT36④：20）　10. B 型Ⅵ式（ⅡT63③：38）

Ⅳ式　1件。ⅡT29③：12，侈口、弧唇、斜弧腹、玉璧形矮圈足。紫灰色胎，施青灰色半釉。口径15.8、足径8.4、高6.9厘米（图一三三，4）。

Ⅴ式　1件。ⅡT29③：21，直口、圆唇、微翻沿，弧腹缓收成玉璧形矮圈足。红胎，施米黄色半釉，釉层严重剥落。口径16.6、足径8.8、高16.6厘米（图一三三，5；图版六〇，3）。

Ⅵ式　3件。ⅡT29③：25，直口微侈、圆唇、弧腹缓收，宽边矮圈足。紫胎，施青灰色半釉，口径15.2、足径8.8、高6.2厘米（图一三三，6）。

D 型　3件。饼足斜腹，可分3式。

Ⅰ式　1件。ⅡT36④：14，侈口、圆唇、折腹、圆饼形足。紫灰色胎，施青灰色半釉，外腹中部

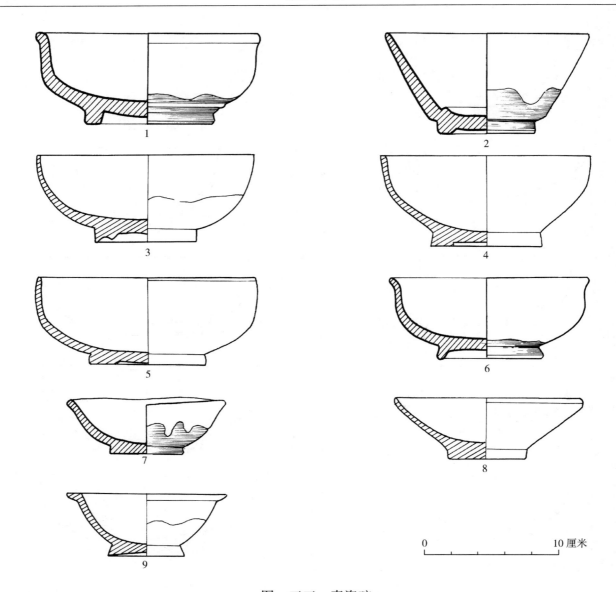

图一三三　青瓷碗

1. C 型 I 式（ⅡT40④:47）　　2. C 型 II 式（ⅡT38③:17）　　3. C 型 III 式（ⅡT30③:18）　　4. C 型 IV 式（ⅡT29③:12）
5. C 型 V 式（ⅡT29③:21）　　6. C 型 VI 式（ⅡT29③:25）　　7. D 型 I 式（ⅡT36④:14）　　8. D 型 II 式（ⅡT39③:1）
9. D 型 III 式（ⅡT36③:1）

饰有凸棱纹一周。口径 12、足径 5.4、高 4.2 厘米（图一三三，7）。

II 式　1 件。ⅡT39③:1，敞口、弧唇、斜腹、圆饼状足。淡红色胎，施酱黄色半釉。口径 13.8、足径 5.4、高 4.6 厘米（图一三三，8；图版六〇，4）。

III 式　1 件。ⅡT36③:1，侈口、平唇、折沿，斜腹略显弧形，假圈足大且足边外斜，底上凹。淡红胎，施米黄色半釉，釉汁下垂成痕。口径 12.2、足径 5.7、高 4.6 厘米（图一三三，9；图版六〇，5）。

杯　36 件。杯身有呈碗状的，有似钵状的，杯足有高足，以及有的杯带耳等特征，可分为 5 型。

A 型　18 件。似碗状。可分 6 式。

Ⅰ式　2件。ⅡT40④：2，微敛口、平唇、弧腹下收，假圈足，足边削棱。灰胎，施豆青色半釉，釉面布满微细冰裂纹。口径8.5、足径3.8、高4.4厘米（图一三四，2；图版六〇，6）。

Ⅱ式　2件。ⅡT40④：3，直口、圆唇、直腹下斜折收，饼足。红胎，施米黄色半釉。口径8.8、足径4.7、高4厘米（图一三四，3；图版六一，1）。

Ⅲ式　1件。ⅡT64③：3，直口微侈，尖唇、深腹略带弧形，假圈足边削棱。灰胎，施米黄色半釉，釉面呆涩。口径9.6、足径3.2、高5.8厘米（图一三四，1；图版六一，2）。

Ⅳ式　2件。ⅡT29③：18，敛口、平唇、弧腹骤收，假圈足，足边削棱。灰胎，施豆青色半釉。口径8.6、足径3.4、高5.5厘米（图一三四，4；图版六一，3）。

Ⅴ式　8件。ⅡT38③：12，直口微敛、平唇浅弧腹，假圈足，足边削棱。灰色胎骨厚重，施豆青色半釉。口径9.6、足径3.1、高5.5厘米（图一三四，5；图版六一，4）。

Ⅵ式　3件。ⅡT64③：8，微敛口、平唇较宽，弧腹下斜收，假圈足，足边削棱。灰胎，施米黄色半釉，釉面有剥落痕迹。口径9.5、足径3.2、高5.1厘米（图一三四，6；图版六一，5）。

B型　3件。高足杯，可分2式。

Ⅰ式　2件。ⅡT29④：47，侈口、尖唇、浅弧腹、喇叭形高圈足。灰胎，施酱青色半釉，釉面有微细冰裂纹，器内底部和口沿外各饰有一道弦纹，足之上部雕刻有竹节状纹。口径9.6、足径6.6、高7.2厘米（图一三四，7，图版六一，6）。

Ⅱ式　1件。ⅡT29④：56，直口微敛、尖唇、弧腹、喇叭形足。灰胎，施豆青色半釉，釉面有微细冰裂纹，外沿部饰有一周弦纹。口径10.8、足径3.5、高6.6厘米（图一三四，8；图版六二，1）。

C型　17件。斜腹杯，可分3式。

Ⅰ式　4件。ⅡT43③：59，残，侈口微敞、尖唇、深斜腹，假圈足，足削边棱。紫灰胎，施豆青色半釉。口径12.6、足径5.4、高9.3厘米（图一三四，15；图版六二，2）。

Ⅱ式　2件。ⅡT43③：58，侈口、尖唇、直深腹、假圈足，足边削棱。灰胎，施豆青色半釉，釉面布满微细冰裂纹，露胎处呈火石红。口径9.4、足径3.6、高7.3厘米（图一三四，12；图版六二，3）。

Ⅲ式　11件。侈口、尖唇、斜腹，假圈足，足削边棱。灰色胎，施青灰色或米黄色半釉，釉色明亮，釉面布满微细冰裂纹。ⅡT38③：3，口径8.2、足径3.7、高6.4厘米（图一三四，9；图版六二，4）。

D型　7件。曲腹带耳杯，分2式。

Ⅰ式　1件。ⅡT29④：57，残，敞口、尖唇、直腹下斜折，圆形单耳，假圈足，足削边棱。紫灰胎，施豆青色半釉，腹部刻有一周弦纹。口径7.4、足径3.2、高6.7厘米（图一三四，16；图版六二，5）。

Ⅱ式　5件。ⅡT40④：10，敞口、尖唇、曲腹、扁条状圆形单耳，假圈足，足削边棱。灰胎，施米黄色半釉，外口沿下饰有一周弦纹，腹部绘有三组草叶纹。口径7.4、足径3.4、高7厘米（图一三四，10；图版六二，6）。ⅡT40④：66，敞口、尖唇、曲腹、圆形单耳，假圈足。灰胎，腹部绘有三组草叶纹。口径7.5、足径3.8、高7.2厘米（图一三四，11）。

Ⅲ式　1件。ⅡT29④：49，大敞口、尖唇、曲腹、圆形单耳，假圈足，足削边棱。施豆青色半釉，灰胎。口径8.3、足径3.1、高5.9厘米（图一三四，13）。

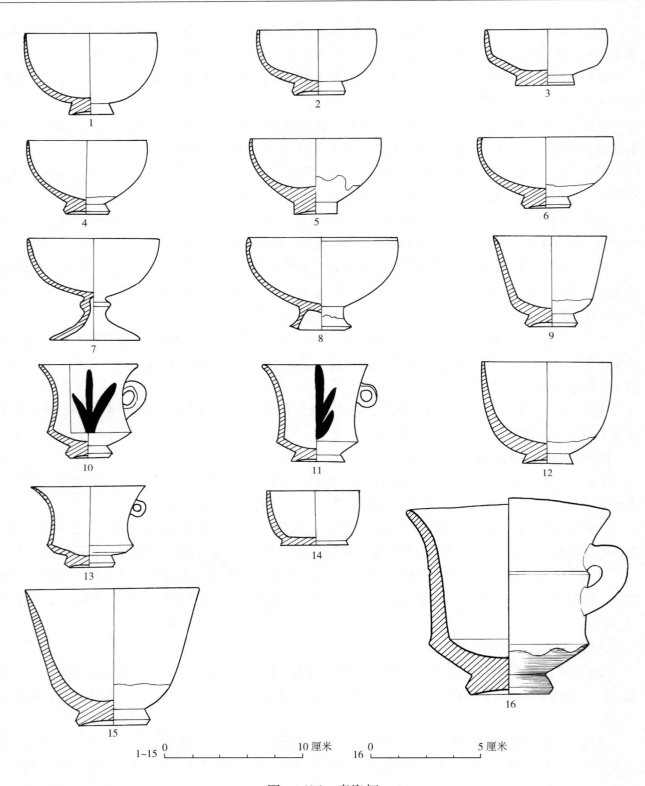

图一三四　青瓷杯

1. A 型Ⅲ式（Ⅱ T64③:3）　　2. A 型Ⅰ式（Ⅱ T40④:2）　　3. A 型Ⅱ式（Ⅱ T40④:3）　　4. A 型Ⅳ式（Ⅱ T29③:18）
5. A 型Ⅴ式（Ⅱ T38③:12）　　6. A 型Ⅵ式（Ⅱ T64③:8）　　7. B 型Ⅰ式（Ⅱ T29④:47）　　8. B 型Ⅱ式（Ⅱ T29④:56）
9. C 型Ⅲ式（Ⅱ T38③:38）　　10. D 型Ⅱ式（T40④:10、Ⅱ T40④:66）　　11. C 型Ⅱ式（Ⅱ T43③:58）　　12. D 型Ⅲ式
（Ⅱ T29④:49）　　13. E 型（Ⅱ T51③:10）　　14. C 型Ⅰ式（Ⅱ T43③:59）　　15. D 型Ⅰ式（Ⅱ T29④:57）

E 型　1 件。ⅡT51③：10，钵形，微侈口、尖唇，弧腹缓收成薄饼足、平底。灰胎，施豆青色釉，釉色明亮，外底有三个支烧痕迹。口径 6.2、足径 5、高 4 厘米（图一三四，14；图版六三，1）。

钵　12 件。根据器底的不同，有圜底、平底和饼足之分，加之腹部的变化，可分为 2 型。

A 型　4 件。圜底，可分 4 式。

Ⅰ 式　1 件。ⅡT61④：31，敛口、弧唇、浅弧腹。淡红色胎，施米黄色半釉，外口沿饰有一道弦纹。口径 15.5、高 5 厘米（图一三五，1；图版六三，2）。

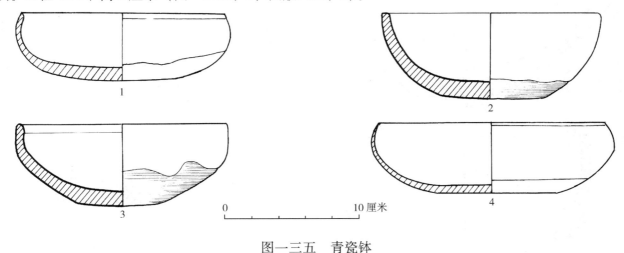

图一三五　青瓷钵

1. A 型Ⅰ式（ⅡT61④：31）　2. A 型Ⅱ式（ⅡT43③：34）　3. A 型Ⅲ式（ⅡT43③：18）　4. A 型Ⅳ式（ⅡT54③：25）

Ⅱ 式　1 件。ⅡT43③：34，侈口、平唇、弧腹。灰色胎，施米黄色半釉。口径 16.4、高 6.4 厘米（图一三五，2；图版六三，3）。

Ⅲ 式　1 件。ⅡT43③：18，敛口、薄弧唇，弧腹下收。灰色胎，施青灰色半釉，口沿外饰有一周弦纹。口径 15.7、底径 6、高 6.2 厘米（图一三五，3；图版六三，4）。

Ⅳ 式　1 件。ⅡT54③：25，敛口、尖唇、浅弧腹。灰色胎，施米黄色半釉，外沿下饰有一周弦纹。口径 17、底径 9.4、高 5.1 厘米（图一三五，4；图版六三，5）。

B 型　6 件。鼓腹平底，可分 5 式。

Ⅰ 式　1 件。ⅡT38④：30，敛口、圆唇、鼓腹。灰色胎，施酱青色半釉，釉面布满微细冰裂纹，外沿下饰有两道平行弦纹，弦纹之间饰有四朵间距相等的模印菊花纹饰。口径 19.3、底径 8.6、高 13.5 厘米（图一三六，5；图版六三，6）。

Ⅱ 式　1 件。ⅡT38④：7，敛口、圆唇、鼓腹。淡红色胎，施酱色半釉，沿腹部施有三周弦纹，并模印有九朵菊花状纹及棱条状，曲条状相间的刻划纹饰。口径 20.5、底径 11.6、高 16.5 厘米（图一三六，1；图版六四，1）。

Ⅲ 式　1 件。ⅡT77③：22，敛口、鼓腹。灰色胎，施酱青色半釉，釉面有微细冰裂纹。沿腹部饰有三周弦纹，弦纹中间饰有七朵菊花状模印纹和五组棱条状纹。口径 24、底径 11.6、高 14.8 厘米（图一三六，4；图版六四，2）。

Ⅳ 式　2 件。ⅡT53③：82，敛口、斜方唇，鼓腹。灰红色胎，施豆青色半釉。器内有五个支烧疤

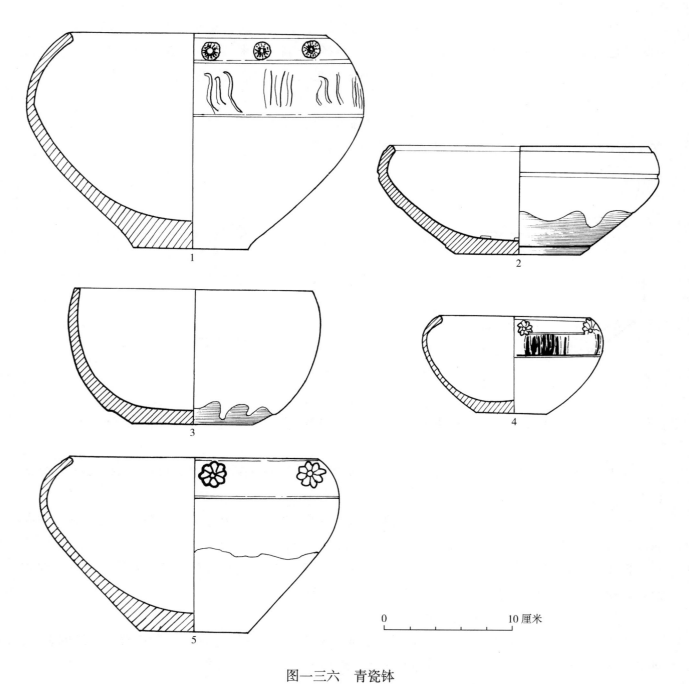

图一三六　青瓷钵

1. B 型Ⅱ式（ⅡT38④：7）　　2. B 型Ⅳ式（ⅡT53③：82）　　3. B 型Ⅴ式（ⅡT38③：9）

4. B 型Ⅲ式（ⅡT77③：22）　　5. B 型Ⅰ式（ⅡT38④：30）

痕。外沿和上腹饰有两周弦纹和七朵菊花状模印纹。口径 19.4、底径 9.8、高 8.4 厘米（图一三六，2；图版六四，3）。

　　Ⅴ式　1件。ⅡT38③：9，敛口、平唇、弧腹、深形。淡红色胎，施豆青色半釉，釉面布满微细冰裂纹，唇沿部露胎。口径 19.2、底径 9、高 10.5 厘米（图一三六，3）。

　　高足盘　17件。根据圈足的高、中、矮之分，分为 3 型。

A 型　5 件。为喇叭高圈足，可分 3 式。

Ⅰ式　1 件。ⅡT29④:87，侈口、圆唇、浅弧腹，底部上凸，喇叭形高圈足外敞。灰红色胎，施米黄色釉，圈足内壁露胎，盘内饰有两周弦纹。口径 15.2、足径 9.8、高 9.5 厘米（图一三七，1；图版六四，4）。

Ⅱ式　3 件。ⅡT54③:42，侈口、尖唇、翻沿、平底、斜腹，喇叭形高圈足，足边上翻。灰色胎，施米黄色半釉，盘内有五个支烧疤痕。口径 15.2、足径 10.4、高 11.4 厘米（图一三七，2；图版六四，5）。

Ⅲ式　1 件。ⅡT43③:35，侈口、尖唇、腹部外曲内斜，平底、喇叭形高圈足，足边垂直下折。淡红色胎，施米黄色釉，圈足内壁无釉，釉面布满微细冰裂纹。口径 16.2、足径 10.5、高 12.6 厘米（图一三七，3；图版六四，6）。

B 型　10 件。为中高喇叭形圈足，可分为 4 式。

Ⅰ式　1 件。ⅡT53③:9，侈口、尖唇、斜方沿，腹部外曲内斜，平底，喇叭形圈足外撇，足边向下往内折收。紫灰色胎，施米黄色半釉，器内底部饰有一圈弦纹。口径 24.2、足径 15.8、高 7.2 厘米（图一三七，4；图版六五，1）。

Ⅱ式　1 件。ⅡT43③:2，撇口、尖唇、腹部外曲内斜，器内中间上凸，喇叭形圈足，足边垂直下折。紫灰色胎，施米黄色半釉，盘内饰有两圈弦纹。口径 21.4、足径 14、高 7.4 厘米（图一三七，7；图版六五，2）。

Ⅲ式　4 件。ⅡT40③:49，侈口、尖唇、平底、喇叭形圈足，足边垂直下折。紫色胎，器内和外腹部施青灰色釉，外底和圈足上部施酱青色半釉。器内中间饰有一圈弦纹。口径 14.9、足径 9.6、高 6.4 厘米（图一三七，5；图版六五，3）。

Ⅳ式　4 件。ⅡT38③:23，侈口、尖唇、平底、腹部外曲内斜，中高喇叭形圈足外撇，内折斜收。红色胎，施米黄色半釉，盘中带有五个支烧疤痕。口径 16、足径 10.4、高 6.3 厘米（图一三七，6；图版六五，4）。

C 型　2 件。喇叭型矮圈足，可分 2 式。

Ⅰ式　1 件。ⅡT29④:55，侈口、斜方唇、平底、腹部外曲内弧，矮圈足外撇。紫色胎，施青灰色半釉。口径 18.5、足径 10、高 4.2 厘米（图一三八，6；图版六五，5）。

Ⅱ式　1 件。ⅡT29③:1，撇口、尖唇、腹部外曲内斜，盘内底呈拱面状，喇叭形圈足较矮，足外撇往下内折斜收。紫色胎，施米黄色半釉，器内底中部饰有一圈弦纹，且有五个支烧疤痕。口径 15、底径 9.4、高 4.5 厘米（图一三八，4，图版六五，6）。

圜底盘　1 件。ⅡT38③:11，侈口、尖唇、斜腹微弧、圜底。灰色胎，施褐青色半釉，器内饰有花瓣、龙、连珠等模印纹。口径 12.6、高 3.8 厘米（图一三八，3）。

饼足盘　1 件。ⅡT29③:11，撇口、圆唇、斜腹下收成饼足。紫灰色胎，施米黄色半釉。口径 16.5、足径 7.4、高 4.1 厘米（图一三八，5）。

盆　2 件。根据盆口、足与底的变化，可分 2 式。

Ⅰ式　1 件。ⅡT43③:8，侈口、圆唇、折沿、鼓腹下斜收，薄饼状足。淡红色胎，施米黄色半釉，釉面有微细冰裂纹。上腹饰有三周弦纹。口径 22.4、足径 10.2、高 11.4 厘米（图一三八，2；

图一三七　青瓷高足盘

1. A 型 I 式（ⅡT29④：87）　　2. A 型Ⅱ式（ⅡT54③：42）　　3. A 型Ⅲ式（ⅡT43③：35）　　4. B 型 I 式（ⅡT53③：9）
5. B 型Ⅲ式（ⅡT40③：49）　　6. B 型Ⅳ式（ⅡT38③：23）　　7. B 型Ⅱ式（ⅡT43③：2）

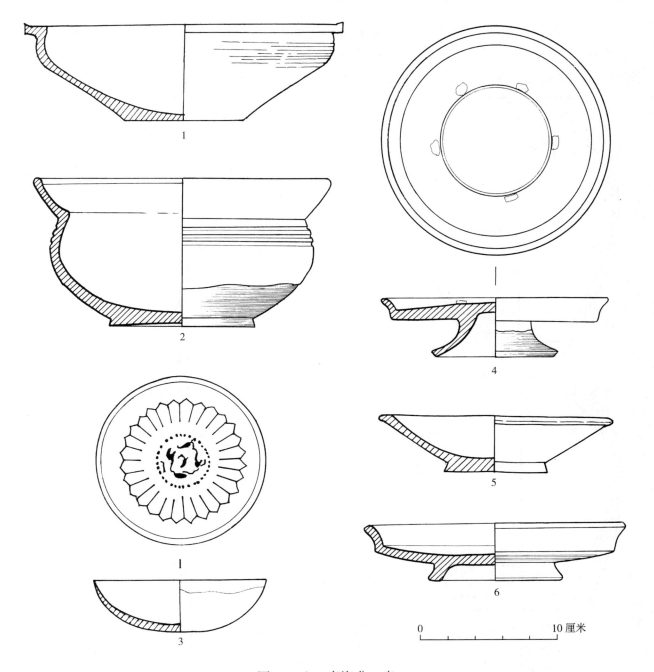

图一三八　青瓷盆、盘

1. Ⅱ式盆（ⅡT29③:13）　　2. Ⅰ式盆（ⅡT43③:8）　　3. 圜底盘（ⅡT38③:11）　　4. C型Ⅱ式高足盘（ⅡT29③:1）
5. 饼足盘（ⅡT29③:11）　　6. C型Ⅰ式高足盘（ⅡT29④:55）

图版六六，1）。

　　Ⅱ式　1件。ⅡT29③:13，敛口，平唇、折沿、弧腹径下斜收成平底。灰红色胎，施豆青色釉，器内底部饰有一圆圈纹。器外上腹刻有多道弦纹。口径23.4、底径9、高7厘米（图一三八，1；图版六六，2）。

　　罐　4件。根据青瓷罐口沿与器耳的变化，可分为4型。

A 型　3 件。为高领，四桥形耳罐，可分 3 式。

Ⅰ式　1 件。J4∶1，敛口、宽平唇、沿微外翻、高领、溜肩、弧腹下斜成平底，肩安四个桥形耳，器身瘦长。紫色胎，施米黄色半釉。口径 12、底径 10.6、高 26.2 厘米（图一三九，7；图版六六，3）。

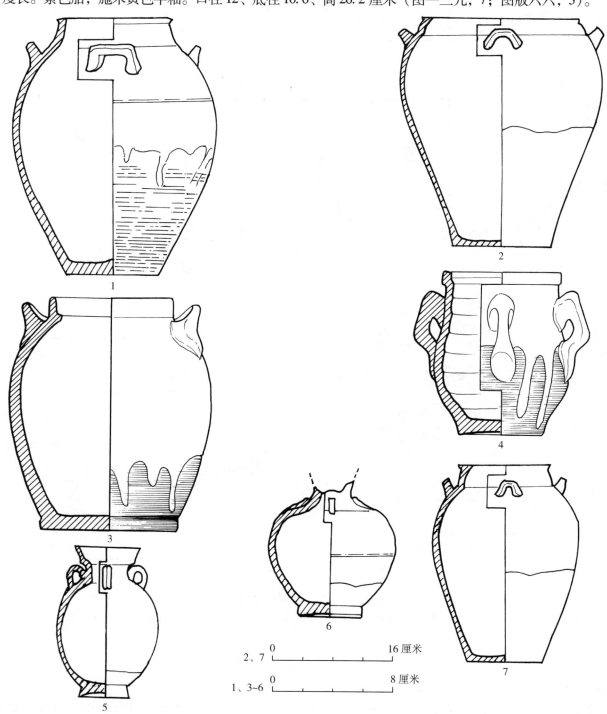

图一三九　青瓷罐

1. A 型Ⅲ式（ⅡT52③∶25）　2. A 型Ⅱ式（J4∶2）　3. B 型（J2∶1）　4. D 型（ⅡT77③∶23）
5. C 型Ⅰ式（ⅡT43③∶19）　6. C 型Ⅱ式（ⅡT64③∶6）　7. A 型Ⅰ式（J4∶1）

Ⅱ式　1件。J4:2，大口内敛、宽平唇、沿微外折、高领、溜肩，鼓腹下斜收成平底，肩部横安四桥形耳。紫色胎，施麻癞状青色半釉。口径21.2、底径13.2、高30.2厘米（图一三九，2）。

Ⅲ式　1件。ⅡT52③:25，直口微敛，平唇、小翻沿，高领斜伸，弧腹，平底、器身较长，肩部横安四个桥形耳。紫灰色胎，施豆青色半釉，上腹饰有弦纹一道。口径7.8、底径6.2、高17厘米（图一三九，1，图版六六，4）。

B型　1件。双耳高领。J2:1，口略带浅盘状，窄平唇，高领、鼓腹、圆饼状足，肩部安有两个泥条状横耳。紫色胎、施酱色半釉。口径8.4、足径9.2、高15.4厘米（图一三九，3；图版六六，5）。

C型　2件。盘口四耳，可分2式。

Ⅰ式　1件。ⅡT43③:19，浅盘、侈口，细短颈，鼓腹，假圈足，颈肩部竖安四个复式耳。灰色胎，施米黄色半釉。口径4.4、足径3.6、高9.8厘米（图一三九，5；图版六六，6）。

Ⅱ式　1件。ⅡT64③:6，口残，细短颈、圆腹、饼足，肩颈部竖安四个复式耳。灰色胎，施豆青色釉，腹中部饰有一道弦纹。足径4.2、残高9厘米（图一三九，6；图版六七，1）。

D型罐　1件。ⅡT77③:23，直口、平唇、长颈、弧腹、平底，颈腹部竖安四个泥条形耳。紫色胎，施豆青色半釉。口径8、底径5.4、高11.8厘米（图一三九，4；图版六七，2）。

砚　2件。根据砚底部及边缘的变化，可将其分为2式。

Ⅰ式　1件。ⅡT29④:53，圆盘状，直子口，圆唇、内面平坦，边缘有槽，凹形底，直腹，底边安有六个圆珠状足。口径13.4、底径14.4、高3.4厘米（图一四〇，1；图版六七，3）。

Ⅱ式　1件。ⅡT52③:48，圆盘状，直子口，圆唇、拱形面，平底边缘安有五个锯齿状足。紫灰色胎，施青灰色半釉。口径4.3、底径4.7、高1.5厘米（图一四〇，2；图版六七，4）。

器盖　4件。均为圆形，根据青瓷器盖钮部与口部的变化，可分为4式。

Ⅰ式　1件。ⅡT29④:52，直子口，弧形面，圆柱状锥形盖钮。紫灰色胎，施米黄色釉，盖面饰

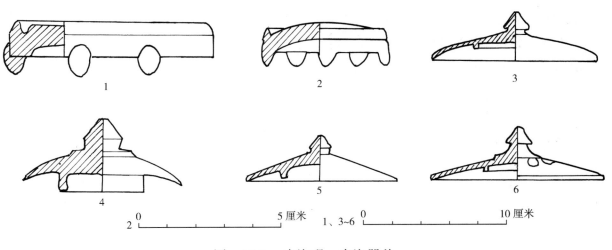

图一四〇　青瓷砚、青瓷器盖

1. Ⅰ式砚（ⅡT29④:53）　2. Ⅱ式砚（ⅡT52③:48）　3. Ⅳ式盖（ⅡT52③:57）　4. Ⅰ式盖（ⅡT29④:52）
5. Ⅱ式盖（ⅡT29④:48）　6. Ⅲ式盖（ⅡT52③:56）

有黄绿色圆圈纹。口径6、盖径11、高5厘米（图一四〇，4；图版六七，5）。

Ⅱ式　1件。ⅡT29④：48，直子口，弧形面，矮圆柱状锥形盖钮。紫灰色胎，施米黄色釉，盖面饰有绿彩草叶纹。口径5.4、盖径10.6、高3.1厘米（图一四〇，5；图版六七，6）。

Ⅲ式　1件。ⅡT52③：56，矮子口，弧形面，矮圆柱状锥形盖钮。红色胎，施米黄色釉，釉面绘圆圈形绿彩釉纹。口径4.9、盖径12.4、高3.6厘米（图一四〇，6；图版六八，1）。

Ⅳ式　1件。ⅡT52③：57，矮子口，弧形面，矮锥形钮。紫色胎，施米黄色釉，釉面严重剥落，紫色胎，盖面绘黄绿彩草叶纹饰。口径5.4、盖径11.7、高3.4厘米（图一四〇，3；图版六八，2）。

碟　10件。根据碟唇部与底部的变化，可分为2型。

A型　9件。可分为3式。

Ⅰ式　1件。ⅡT40④：26，侈口，圆唇，斜腹骤收成平底。紫灰色胎，施黄色半釉。口径8.8、底径4、高3.1厘米（图一四一，1；图版六八，3）。

Ⅱ式　2件。ⅡT40④：7，敛口，圆唇，斜腹，饼足，上腹部直径最大。淡红色胎，施米黄色半釉。口径8.4、腹径9.6、足径4.3、高3.2厘米（图一四一，2；图版六八，4）。

Ⅲ式　6件。ⅡT54③：2，侈口，圆唇，斜腹缓收成平底。红色或紫色胎，施米黄色半釉，口径9.7、底径5.1、高3.1厘米（图一四一，3；图版六八，5）。

B型　1件。ⅡT36④：21，侈口，弧唇，斜腹，小平底，口沿部有一舌形柄，其上有一圆形穿孔。紫灰色胎，施酱黄色半釉。口径9.8、底径3.4、高3厘米（图一四一，5；图版六八，6）。

盏托　1件。H4：3浅盘状，敞口，圆唇，饼足，盘中有一直口，直腹，平底，圆形器座。灰白胎色，施豆青色釉，釉色晶莹，釉面带有微细冰裂纹。器内饰莲瓣形刻划纹，沿边刻有一周弦纹。口径15、足径6.5、高3.4厘米（图一四一，7；图版六九，1）。

瓶　1件。ⅡT29④：84，口残、细长圆柱状颈，广肩，球形腹，假圈足，足边削棱。灰红色胎，施青灰色半釉。足径3.2、残高10.4厘米（图一四一，9；图版六九，2）。

盘口壶　1件。J5：1，仅剩口颈部，深侈盘口、尖唇，宽沿外翻，盘口腹部内弧下折斜收为粗短径。紫色胎骨厚重，施豆青色釉，颈部刻有六道弦纹。口径27.2、残高13厘米（图一四一，4）。

盒　1件。ⅡT29③：2，仅剩上部器盖，圆形直口、平唇、直腹、盖面平坦。淡红色胎，施豆青色釉，盖面饰有三圈凸弦纹，六圈凹弦纹，盖身腹部刻覆莲瓣纹。口径15.8、面径13、高3.5厘米（图一四一，6）。

纺轮　2件。ⅡT64③：61，扁圆形、两面平整、中间有圆形穿，直腹。灰白色胎，施豆青色釉，腹部斜印条状锯齿纹饰。直径3.5、穿径1.25、高1.4厘米（图一四一，8）。

二　陶器

有碗、钵、盆、缸、碟、盘、盘口壶、瓮、砚、纺轮等。

钵　15件。主要根据底部形制的变化，有平底与假圈足之分，可分为2型。

A型　10件。平底，分8式。

1、2、5~7、9、10 ⊢0————————6厘米⊣　　3、8 ⊢0————————3厘米⊣　　4 ⊢0————————8厘米⊣

图一四一　青瓷碟、瓶、盒、盏托、陶钵

1.A型Ⅰ式碟（ⅡT40④:26）　2.A型Ⅱ式碟（ⅡT40④:7）　3.A型Ⅲ式碟（ⅡT54③:2）　4.盘口壶（J5:1）
5.B型碟（ⅡT36④:21）　6.盒（ⅡT29③:2）　7.盏托（H4:3）　8.纺轮（ⅡT64③:61）　9.瓶（ⅡT29④:84）
10.B型Ⅰ式陶钵（ⅡT72④:34）

Ⅰ式　1件。ⅡT52④：54，泥质灰黑陶，侈口，圆唇略带卷沿，平底。口径11.9、底径8、高6.8厘米（图一四二，7）。

Ⅱ式　1件。ⅡT72④：35，泥质灰黑陶，胎厚重，侈口，圆唇，斜腹下骤收为小平底，器内底部平坦。口径11.4、底径3.6、高4.4厘米（图一四二，5）。

Ⅲ式　1件。ⅡT64④：16，泥质灰黑陶，口微侈，薄圆唇，弧腹。外口沿饰有一周弦纹。口径11、底径8.8、高5.4厘米（图一四二，4）。

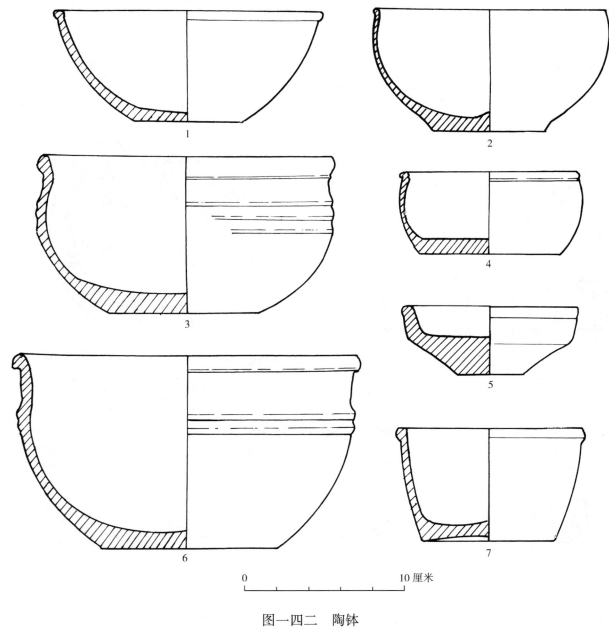

0　　　　　　　　　　10厘米

图一四二　陶钵

1. A 型 Ⅴ 式（ⅡT52④：46）　2. A 型 Ⅳ 式（ⅡT36④：5）　3. A 型 Ⅷ 式（ⅡT64③：11）　4. A 型 Ⅲ 式（ⅡT64④：16）
5. A 型 Ⅱ 式（ⅡT72④：35）　6. A 型 Ⅶ 式（ⅡT64③：2）　7. A 型 Ⅰ 式（ⅡT52④：54）

Ⅳ式　1件。ⅡT36④：5，泥质灰陶，侈口，尖唇，斜弧形深腹。口径14.6、底径7、高7.5厘米（图一四二，2）。

Ⅴ式　2件。ⅡT52④：46，泥质灰陶，侈口，圆唇，微翻沿，斜弧腹。口径17.2、底径8.2、高7厘米（图一四二，1；图版六九，3）。

Ⅵ式　1件。ⅡT43③：13，泥质灰陶，侈口，圆唇，弧腹缓收成平底。外口沿下刻有一道弦纹。口径14.6、底径6.8、高6.2厘米（图一四三，6；图版六九，4）。

Ⅶ式　2件。ⅡT64③：2，泥质灰陶，侈口，圆唇，翻沿，直颈内束，斜弧腹缓收平底。饰弦纹。口径21.8、底径10.4、高11.2厘米（图一四二，6；图版六九，5）。

Ⅷ式　1件。ⅡT64③：11，泥质灰陶，直口微侈，圆唇沿之下部内收，弧腹缓收成平底。腹部饰弦纹。口径18.8、底径9.6、高9.8厘米（图一四二，3）。

B型　4件。假圈足，可分为4式。

Ⅰ式　1件。ⅡT72④：34，泥质灰陶，侈口，尖唇，微翻沿，斜弧腹缓收成假圈足，假圈足较矮。口径14.6、足径8.8、高5.7厘米（图一四一，10；图版六九，6）。

Ⅱ式　1件。ⅡT63④：4，泥质灰陶，敛口，圆唇，弧腹，平底，假圈足较矮。沿外饰有一道弦纹。口径14.1、足径10、高6厘米（图一四三，4）。

Ⅲ式　1件。ⅡT52③：51，泥质灰陶，侈口，圆唇，沿下内束，鼓腹往下缓收成假圈足，假圈足较矮。饰弦纹。口径20.9、足径10.1、高9.5厘米（图一四三，2；图版七〇，1）。

Ⅳ式　1件。ⅡT51③：7，泥质灰陶，侈口，圆唇，斜弧腹，假圈足较矮。沿下饰有弦纹。口径21、足径10.4、高7.6厘米（图一四三，1；图版七〇，2）。

盆　5件。根据口沿与腹部的变化，可分为2型。

A型　3件。可分为3式。

Ⅰ式　1件。ⅡT61④：10，泥质灰陶，侈口，弧唇，折沿，斜弧腹，平底。口径32、底径23、高10.2厘米（图一四三，7；图版七〇，3）。

Ⅱ式　1件。ⅡT30③：17，泥质灰黑陶，侈口，圆唇，微折沿，斜腹，平底。口径25、底径15、高8.2厘米（图一四三，3；图版七〇，4）。

Ⅲ式　1件。ⅡT64③：9，泥质灰黑陶质，侈口，斜平唇，折沿，斜腹，平底。口径32.4、底径20.4、高10.8厘米（图一四三，9；图版七〇，5）。

B型　2件，可分为2式。

Ⅰ式　1件。ⅡT43③：14，泥质灰红陶，敛口，圆唇，翻沿，斜深腹，平底。口径46、底径26、高22厘米（图一四三，8；图版七〇，6）。

Ⅱ式　1件。ⅡT61③：2，泥质灰陶，敛口，圆唇，翻沿，斜腹，平底。口径35.4、底径24、高10.95厘米（图一四三，5；图版七一，1）。

碗　8件。根据碗的口沿与足部的变化，可分2型。

A型　4件。圈足，可分4式。

Ⅰ式　1件。ⅡT52④：53，泥质灰陶，敛口，圆唇，微翻沿，深弧腹，圈足外撇。外沿部刻有一圈弦纹。口径18.4、足径8.8、高8.8厘米（图一四四，1）。

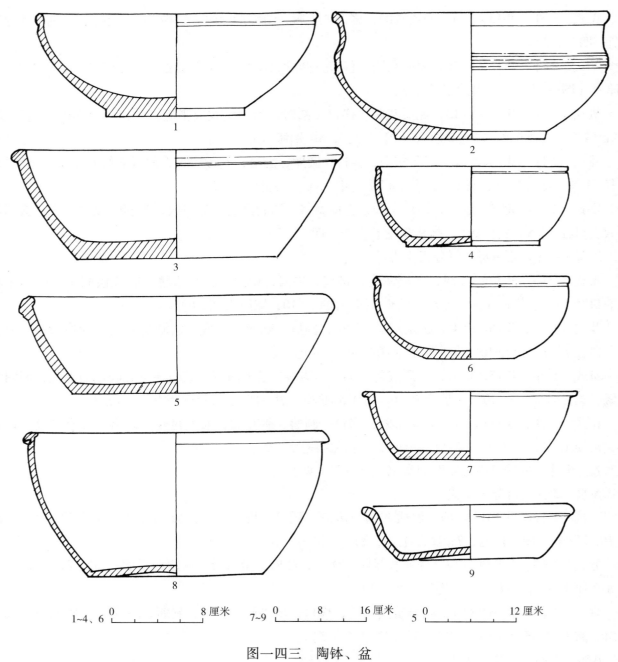

图一四三　陶钵、盆

1. B型Ⅳ式钵（ⅡT51③:7）　　2. B型Ⅲ式钵（ⅡT52③:51）　　3. A型Ⅱ式盆（ⅡT30③:17）
4. B型Ⅱ式钵（ⅡT63④:4）　　5. B型Ⅱ式盆（ⅡT61③:2）　　6. A型Ⅵ式钵（ⅡT43③:13）
7. A型Ⅰ式盆（ⅡT61④:10）　　8. B型Ⅰ式盆（ⅡT43③:14）　　9. A型Ⅲ式盆（ⅡT64③:9）

　　Ⅱ式　1件。ⅡT72③:3，泥质灰黑陶，侈口、平唇、折沿、弧腹、双环状圈足，口沿外部内凹，下腹斜削。口径14、足径7.2、高6.2厘米（图一四四，2；图版七一，2）。

　　Ⅲ式　1件。ⅡT29③:34，泥质灰陶，侈口，圆唇、弧腹、矮圈足微外斜。口径15.8、足径7.2、高5.5厘米（图一四四，3；图版七一，3）。

　　Ⅳ式　1件。ⅡT29③:10，上部陶色为红色、下部为灰色，泥质陶，侈口，圆唇，深弧腹缓收成

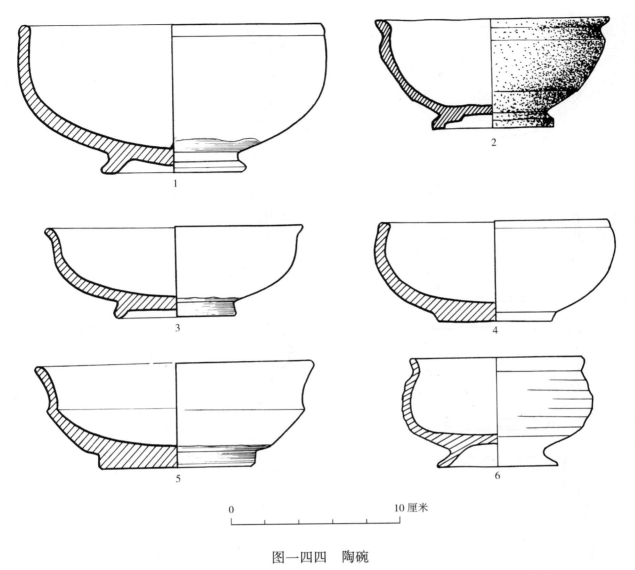

图一四四　陶碗

1. A 型 I 式（ⅡT52④: 53）　2. A 型 II 式（ⅡT72③: 3）　3. A 型 III 式（ⅡT29③: 34）　4. B 型（ⅡT53④: 4）
5. A 型 IV 式（ⅡT29③: 10）　6. C 型（ⅡT38③: 2）

矮圈足。口径 16.6、足径 8.9、高 6.2 厘米（图一四四，5；图版七一，4）。

B 型　1 件。ⅡT53④: 4，泥质灰陶夹有少量细砂，敛口，圆唇，弧腹，圆饼形足。沿部饰有一周弦纹。口径 13.6、足径 6.8、高 6.1 厘米（图一四四，4）。

C 型　1 件。ⅡT38③: 2，泥质灰陶，侈口，圆唇，折沿，矮圈足外撇。饰弦纹。口径 10.4、足径 7.2、高 6.6 厘米（图一四四，6；图版七一，5）。

罐　26 件。根据沿部和腹部的变化，可分 4 型。

A 型　3 件。均平底无耳，可分为 3 式。

I 式　1 件。ⅡT36④: 6，泥质灰陶内含微量细砂，敛口，圆唇，折沿，广肩，鼓腹径下收成平底。肩部饰有两道弦纹。口径 7.6、底径 6.4、腹径 13.9、高 10.2 厘米（图一四五，1；图版七一，6）。

II 式　1 件，ⅡT54④: 3，泥质黑陶，敛口，圆唇，翻沿，弧腹，平底。口径 20.4、底径 14、高

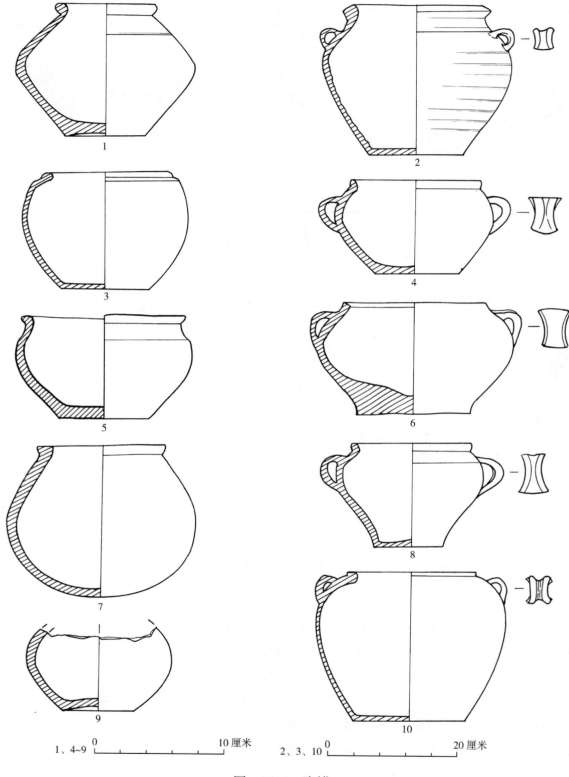

1、4~9　0 ————————— 10 厘米

2、3、10　0 ————————— 20 厘米

图一四五　陶罐

1. A 型 I 式（ⅡT36④:6）　2. B 型 I 式（ⅡT40④:9）　3. A 型 II 式（ⅡT54④:3）　4. B 型 III 式（ⅡT52③:50）
5. A 型 III 式（ⅡT43③:7）　6. B 型 IV 式（ⅡT54③:54）　7. C 型（ⅡT64③:9）　8. B 型 V 式（ⅡT52③:49）
9. D 型（ⅡT53③:7）　10. B 型 II 式（ⅡT36③:2）

18.2厘米（图一四五，3）。

Ⅲ式　1件，ⅡT43③:7，泥质灰陶，敛口，平唇，折沿，鼓腹下斜收为平底。口径12.8、底径7、高8厘米（图一四五，5）。

B型　20件。均有双耳，可分5式。

Ⅰ式　8件。ⅡT40④:9，泥质灰黑陶，敛口，圆唇，翻沿上腹鼓凸，平底，肩部安复式大宽状双耳，饰带状弦纹。口径22.8、底径14.6、高23.2厘米（图一四五，2；图版七二，1）。

Ⅱ式　9件。ⅡT36③:2，泥质灰陶，敛口，圆唇，鼓腹下斜收成平底，肩部竖安两个复式小宽形耳。口径20、底径19、高30厘米（图一四五，10）。

Ⅲ式　1件。ⅡT52③:50，泥质灰陶，敛口，圆唇，微翻沿，弧腹，平底，上腹部竖安两个复式宽状耳。口径11.2、底径6.8、高7厘米（图一四五，4；图版七二，2）。

Ⅳ式　1件。ⅡT54③:54，泥质灰陶，敛口，斜方唇，鼓腹平底，上腹竖安两个宽带状耳。口径11、底径8.9、高8.6厘米（图一四五，6）。

Ⅴ式　1件。ⅡT52③:49，泥质灰陶，敛口，圆唇，微翻沿，上腹鼓凸，下腹骤收，平底，上腹竖安复式双耳。口径11.4、腹径13.4、底径5.2、高7.4厘米（图一四五，8；图版七二，3）。

C型　1件。ⅡT64③:9，泥质灰褐色陶，球形，平底，顶端开有一字形小口。口径、底径均为9.8厘米，高12.2厘米（图一四五，7）。

D型　2件。ⅡT53③:7，泥质红陶，器表有黑衣。口部残缺，鼓腹下斜收，平底。底径5.6、腹径11.4、残高6.6厘米（图一四五，9）。

碟　30件。根据器底有平底与薄饼状足的区别，分为2型。

A型　18件。平底，可分8式。

Ⅰ式　2件。ⅡT52④:47，泥质灰陶且夹有微量细砂，侈口，薄唇，微折沿，弧腹，平底且削去边棱。口径9.6、底径4.5、高3.9厘米（图一四六，1；图版七二，4）。

Ⅱ式　5件。ⅡT39④:5，泥质灰陶，口微敛，薄圆唇，弧腹，平底。沿部饰有一道弦纹。口径7.1、底径4.1、高3.2厘米（图一四六，2；图版七二，5）。

Ⅲ式　1件。ⅡT49④:7，泥质红陶，敛口，薄方唇，斜腹，平底削去边棱。器表有制作时留下的凸棱痕迹。口径6.9、底径4.4、高3.8厘米（图一四六，4；图版七二，6）。

Ⅳ式　1件。H4:2，泥质红陶，直口，尖唇，弧腹，平底。口径6.8、底径4.3、高3.1厘米（图一四六，6；图版七三，1）。

Ⅴ式　3件。ⅡT30③:21，泥质灰陶，侈口，唇沿圆厚，斜腹，平底。口径9.4、底径5、高3厘米（图一四六，7）。

Ⅵ式　2件。ⅡT38③:13，泥质灰陶且胎较厚重，侈口，薄圆唇，斜弧腹，平底。口径7.7、底径4.3、高3.3厘米（图一四六，3）。

Ⅶ式　1件。ⅡT30③:19，泥质灰陶且胎较薄，侈口，圆唇，斜腹。口径7.3、底径4.2、高3.3厘米（图一四六，5；图版七三，2）。

Ⅷ式　3件。ⅡT43③:20，泥质黑陶，侈口，圆唇，斜胎，内为环底。口径7.5、底径3.8、高3厘米（图一四六，8；图版七三，3）。

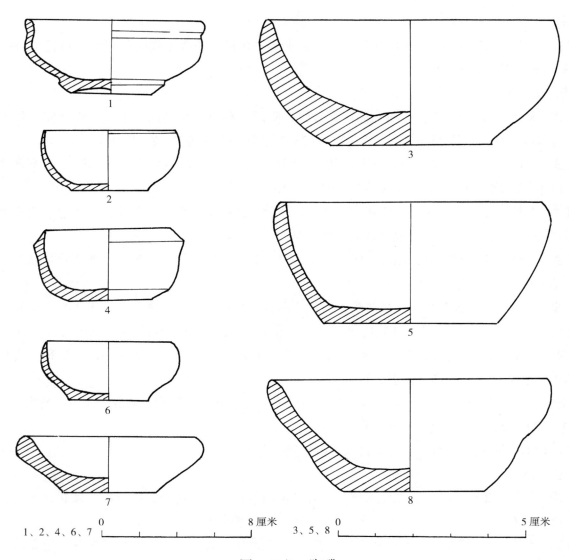

图一四六　陶碟

1. A 型 I 式 （ⅡT52④:47）　　2. A 型 II 式 （ⅡT39④:5）　　3. A 型 VI 式 （ⅡT38③:13）
4. A 型 III 式 （ⅡT49④:7）　　5. A 型 VII 式 （ⅡT30③:19）　6. A 型 IV 式 （H4:2）
7. A 型 V 式 （ⅡT30③:21）　　8. A 型 VIII 式 （ⅡT43③:20）

B 型　12 件。均为薄饼状足，可分为 6 式。

I 式　3 件。ⅡT29④:45，泥质灰陶，敛口，圆唇，斜腹，内底平坦。口径 6.7、足径 2.7、高 3.1 厘米（图一四七，5）。

II 式　2 件。灰陶，侈口，圆唇，斜弧腹，内底较平坦。ⅡT53④:81。口径 6.4、足径 3.7、高 2.5 厘米（图一四七，2；图版七三，4）。

III 式　3 件。泥质灰陶，侈口，圆唇，弧腹下收成薄饼足，内为环底。ⅡT61④:4。口径 7.9、足径 3.8、高 4 厘米（图一四七，4；图版七三，5）。

IV式　2 件。泥质红陶，微敛口，尖唇，弧腹上部较鼓，内环底薄饼足。ⅡT49③:2。口径 6.7、足径 5、高 3.6 厘米（图一四七，6；图版七三，6）。

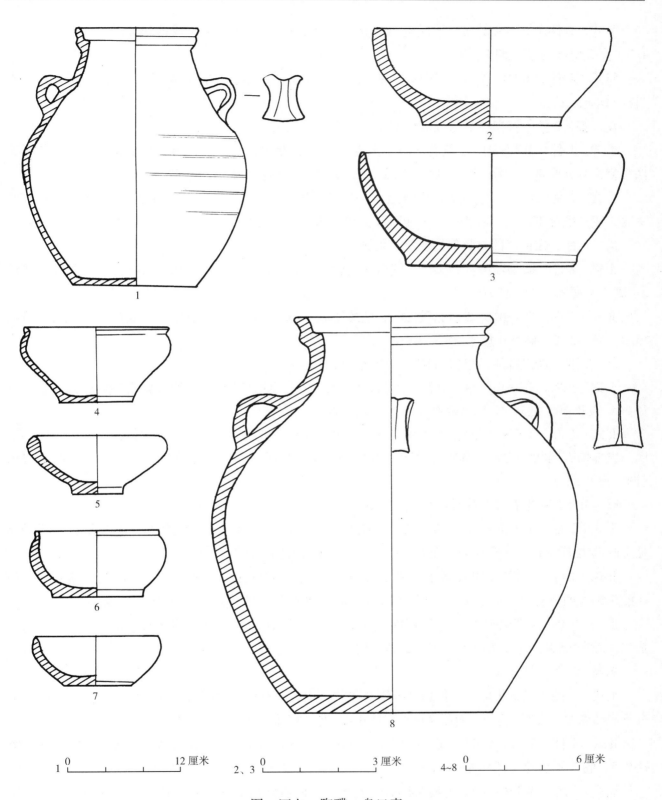

图一四七　陶碟、盘口壶

1. Ⅱ式盘口盘（J1∶1）　　2. B 型Ⅱ式碟（ⅡT53④∶81）　　3. B 型Ⅴ式碟（ⅡT49③∶8）　　4. B 型Ⅲ式碟（ⅡT61④∶4）
5. B 型Ⅰ式碟（ⅡT29④∶45）　　6. B 型Ⅳ式碟（ⅡT49③∶2）　　7. B 型Ⅵ式碟（ⅡT38③∶14）　　8. Ⅰ式盘口壶（ⅡT49④∶8）

Ⅴ式　1件。ⅡT49③：8，泥质红陶，侈口，薄方唇，斜弧腹下收成薄饼足。口径7.2、足径4.7、高3厘米（图一四七，3）。

Ⅵ式　1件。ⅡT38③：14，泥质灰陶，侈口，圆唇，弧腹。口径6.6、足径3.7、高2.6厘米（图一四七，7）。

盘口壶　2件。根据口沿与颈部的变化，可为2式。

Ⅰ式　1件。ⅡT49④：8，泥质灰陶，浅盘，侈口，圆唇，细短颈，斜肩，上腹鼓凸，肩部竖安四个复式耳，平底。口径10.5、底径10.8、高21厘米（图一四七，8；图版七四，1）。

Ⅱ式　1件。J1：1，泥质灰陶胎较厚重，平唇，浅盘，侈口，粗短颈，溜肩，上腹较下腹鼓凸，平底，复式宽形双耳。口径13.2、底径13.2、高27.6厘米（图一四七，1；图版七四，2）。

盘　3件。根据口部与腹部的变化，可分2式。

Ⅰ式　2件。胎均较厚重，侈口，圆唇，斜腹，平底。ⅡT29④：36，泥质褐陶。口径12.6、底径9、高2.4厘米（图一四八，2）。

Ⅱ式　1件。ⅡT30③：22，泥质褐陶，细质薄胎，侈口，薄唇，微翻沿，弧腹微曲，平底。口径13.2、底径8.2、高2.4厘米（图一四八，1）。

瓮　2件。根据口部、腹部和底部的变化，可分2式。

Ⅰ式　1件。ⅡT61④：11，灰陶，敛口，圆唇，鼓腹下收成平底。下腹部留有多圈轮制痕迹。口径30、腹径50、底径25.5、高40.5厘米（图一四八，4）。

Ⅱ式　1件。ⅡT38③：20，泥质灰黑陶，敛口，圆唇，微翻沿，广肩，上腹鼓凸，下腹收成小平底。肩部饰有网状、棱条、草叶等纹组成的拍印纹饰。口径33.2、腹径52、底径12、高35.6厘米（图一四八，7）。

臼　3件。根据唇部与腹部的变化，可分3式。

Ⅰ式　1件。ⅡT51④：45，夹砂灰陶，胎体厚重，敛口，圆唇，弧腹鼓凸，下腹斜收，圆饼形足，底部内圆外平。口径18.8、足径18.8、高19厘米（图一四八，3；图版七四，3）。

Ⅱ式　1件。ⅡT38④：24，夹砂灰陶，敛口，弧唇，上腹较鼓，下腹斜收，底部安圆饼状足。外口沿部刻有两道弦纹。口径10.4、足径12.8、高12.8厘米（图一四八，5；图版七四，4）。

Ⅲ式　1件。ⅡT38④：21，夹砂灰陶，胎体厚重，仅剩底部，圆饼形足上收。足外沿饰有三周凸弦纹。底径15.8、残高7厘米（图一四八，6）。

纺轮　5件。可分为3式。

Ⅰ式　2件。泥质灰黑陶，似两无耳锅对扣状，中腹部有棱，中间有一圆形对穿。上下两面各饰有三周凸弦纹。ⅡT72④：5。直径3.9、穿径0.4、高3厘米（图一四九，1）。

Ⅱ式　1件。ⅡT29④：48，泥质灰红陶，扁圆形，上下两面中间开有对穿。素面。直径3.7、穿径0.5、高2.3厘米（图一四九，2）。

Ⅲ式　2件。ⅡT54③：2，泥质灰陶，扁圆形，中间有圆形对穿。两面各饰有三周凹弦纹。直径3.5、穿径0.4、高2.3厘米（图一四九，3）。

球　1件。ⅡT38④：18，泥质灰陶，球形，中轴顶端有一个直径0.5厘米的圆孔，球内空心。直径9.4厘米（图一四九，4）。

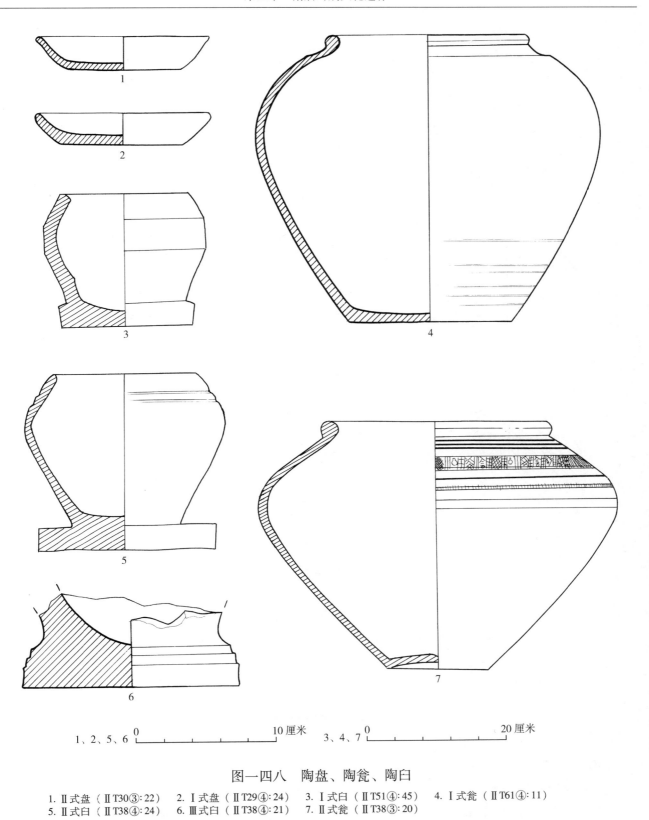

1、2、5、6　0 _____ 10 厘米　　3、4、7　0 _____ 20 厘米

图一四八　陶盘、陶瓮、陶臼

1. Ⅱ式盘（ⅡT30③:22）　　2. Ⅰ式盘（ⅡT29④:24）　　3. Ⅰ式臼（ⅡT51④:45）　　4. Ⅰ式瓮（ⅡT61④:11）

5. Ⅱ式臼（ⅡT38④:24）　　6. Ⅲ式臼（ⅡT38④:21）　　7. Ⅱ式瓮（ⅡT38③:20）

珠　2件。球形，表面凹凸不平，泥质红陶。ⅡT64③:61。直径2.1厘米（图一四九，5）。

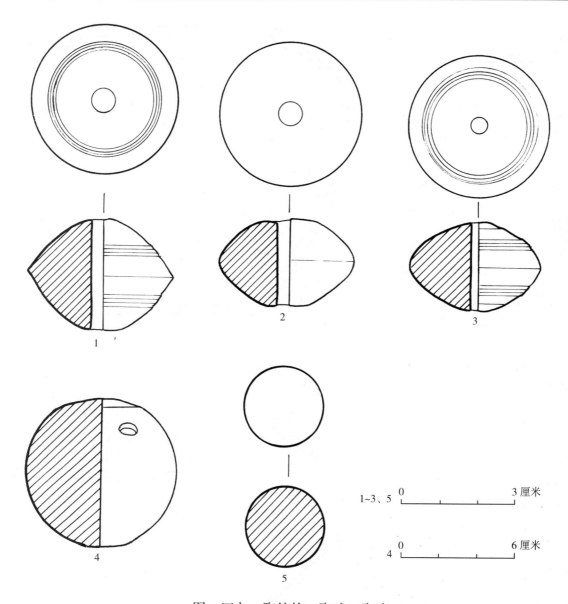

图一四九　陶纺轮、陶球、陶珠

1. Ⅰ式纺轮（ⅡT72④：5）　　2. Ⅱ式纺轮（ⅡT29④：48）　　3. Ⅲ式纺轮（ⅡT54③：2）
4. 陶球（ⅡT38④：18）　　5. 陶珠（ⅡT64③：61）

三　建筑构件

有瓦当、筒瓦、陶水管等。

瓦当　4件。可分为4式。

Ⅰ式　1件。ⅡT72④：6，残，泥质灰陶，兽头纹，眼、鼻鼓凸，面额披毛，张嘴，嘴为田字形。残径13、边厚1.2、边宽1.2厘米（图一五〇，1）。

Ⅱ式　3件。ⅡT61③：4，泥质灰陶。当面饰莲花纹，九瓣莲花纹凸起，当心呈圆柱状鼓凸，直

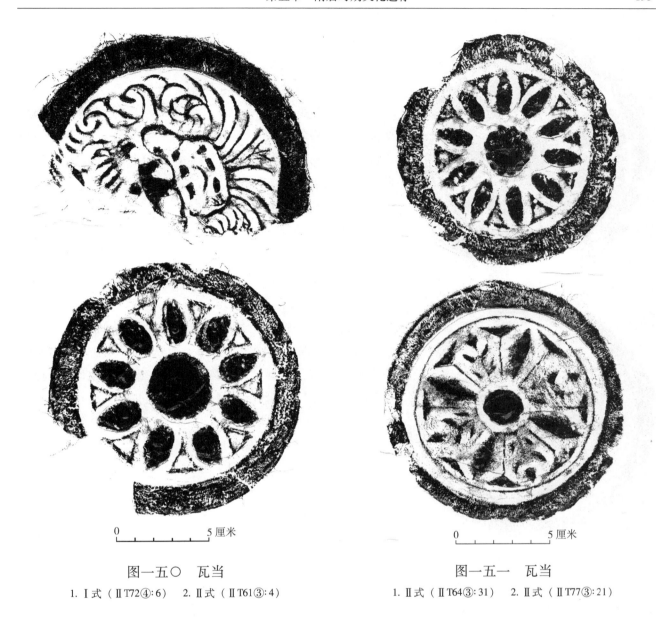

图一五〇　瓦当
1. Ⅰ式（ⅡT72④:6）　2. Ⅱ式（ⅡT61③:4）

图一五一　瓦当
1. Ⅱ式（ⅡT64③:31）　2. Ⅱ式（ⅡT77③:21）

径13.3、边宽1.2、厚1.7厘米（图一五〇，2）。ⅡT64③:31为十瓣莲花纹凸起，余与ⅡT61③:4相同。直径11.8、边宽1.2、厚1.2厘米（图一五一，1）。ⅡT77③:21，当面莲花纹凸起，直径12.7、边宽1.1、厚1.4厘米（图一五一，2）。

Ⅲ式　1件。ⅡT36③:3，泥质灰陶，当面饰莲花纹，九瓣莲花鼓凸，瓣中间带脊，当心呈圆状鼓凸，上有六个小乳钉纹，边缘有一周凹弦纹，背面有指压深窝痕迹。直径13、边宽0.9、厚1.1厘米（图一五二，1）。

Ⅳ式　1件。ⅡT46③:17，泥质灰陶，兽面纹，眼鼻部凸起，鼻梁上延至额头，两边有对称的枝条，形似树木，两颊面有W纹，须、齿均为直条状。直径13.8、边径0.8、厚1.8厘米（图一五二，2）。

筒瓦　9件。可分3式。

Ⅰ式　7件。青灰色，泥质灰陶，多变形，子口，圆唇，半筒形。背面饰细绳纹，内面有布纹。ⅡT38④:28。全长25、宽11.5、厚1.1、口径7.5、唇长3.5、高6.7厘米（图一五三，1）。

0   5厘米

图一五二　瓦当

1. Ⅲ式（ⅡT36③：3）　2. Ⅳ式（ⅡT46③：17）

Ⅱ式　1件。J4：4，青灰色，泥质灰陶，子口，圆唇。半筒形背面光滑无纹，内面有布纹。口径9.2、唇长4、全长35.5、宽14、厚1.6、高6.4厘米（图一五三，4）。

Ⅲ式　1件。ⅡT72③：7，泥质灰陶，残，缺唇口部分，半筒状，器身较粗大。背面前半部饰粗绳纹，后半部分为素面，内面布满横状细绳纹。残长38.2、宽15.4、高9.1、厚1.6厘米（图一五三，2）。

板瓦　7件。J4：5，泥质灰陶，拱形。素面，内面有布纹。长30.7、宽24.3、厚1.2、拱面高6.2厘米（图一五三，5）。

水管　1件。ⅡT77③：2，泥质灰陶，残，子口，筒状。外饰粗绳纹，内有布纹痕迹。残长25.4、直径11、口径6.2、唇长2.8、壁厚1.5厘米（图一五三，3）。

青砖　1件。J4：6，长方形，青灰色，其中一长侧面饰两组草叶纹印花图案，一横侧面也饰一组草叶纹印花图案。长39.5、宽17.7、厚6.5厘米（图一五四）。

四　窑具

有垫具和隔具两大类。

垫具　14件。有直筒形、铜鼓形、井圈形与环形等，可分成5型。

A型　2件。直筒状，可分成2式。

Ⅰ式　1件。ⅡT43③：60，泥质灰陶，敛口，平唇，圈足，圆筒形器身上小下大，足外撇，中空。口径11、足径12.6、高14.4厘米（图一五五，1）。

Ⅱ式　1件。ⅡT43③：6，泥质灰陶，敛口，平唇，直腹，中空，筒形器身上小下大，平底。口径11.9、底径12.7、高14.2厘米（图一五五，2）。

B型　6件。铜鼓形，可分5式。

Ⅰ式　3件。敛口，圆唇，鼓腹，束腰，平底，沿口边开有一弧形缺口。紫色泥胎。ⅡT40④：31，口径7、底径8.2、高6.3厘米（图一五五，7）。

Ⅱ式　1件。ⅡT49③：5，圆唇，微敛口，大平底，上部呈钵形，下部呈筒形且往外斜伸。褐色泥胎。口径7.6、底径10、高16.1厘米（图一五五，5）。

Ⅲ式　1件。ⅡT63③：5，上部为钵形，下部为筒形。圆唇，敛口，弧腹，束颈往下向外斜伸，大平底。泥质褐胎外有黑色陶衣。口径7.2、底径9.2、高10.5厘米（图一五五，3）。

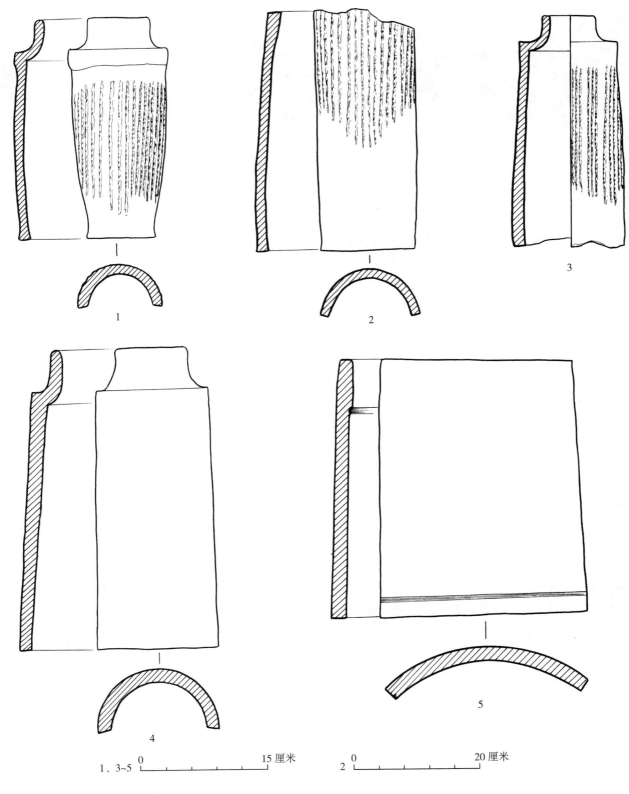

图一五三　筒瓦、板瓦

1. Ⅰ式筒瓦（ⅡT38④:28）　　2. Ⅲ式筒瓦（ⅡT72③:7）　　3. 水管（ⅡT77③:2）
4. Ⅱ式筒瓦（J4:4）　　5. 板瓦（J4:5）

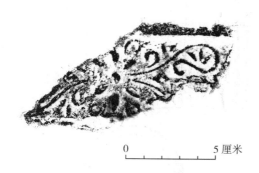

0   5厘米

图一五四　砖纹饰拓片（J4∶6）

1. 侧面　2. 头面

　　Ⅳ式　1件。ⅡT29③∶82，敛口，圆唇，束颈，斜腹，大平底。灰褐色泥胎。口径8、底径8、高6.9厘米（图一五五，4）。

　　Ⅴ式　1件。ⅡT53③∶35，敛口，圆唇，鼓腹，微束腰，下部往外斜伸，平底。灰褐色胎。口径7.6、底径8.2、高3.6厘米（图一五五，6）。

　　C型　2件。井圈状，可分为2式。

　　Ⅰ式　1件。ⅡT39③∶4，矮圈状，敛口，平唇，直腹，平底开有大圆孔，内腹呈槽状，沿唇开有弧形缺口。紫灰色胎中含有细砂粒。口径14.9、底径14.5、高3.4厘米（图一五六，5）。

　　Ⅱ式　1件。H2∶4，敛口，平唇，直腹微弧，圈足。沿唇上开有弧形缺口，腹部开有椭圆形孔。灰褐色胎。口径15、底径13.9、高5.5厘米（图一五六，3）。

　　D型　1件。ⅡT29④∶35，圆形烟缸状，直口，平唇，折沿，直腹，平底，口沿上开有两个缺口。紫色泥胎，内底有旋状纹拉坯痕迹。口径12.8、底径12、高5.2厘米（图一五六，4）。

　　E型　3件。环形，可分为2式。

　　Ⅰ式　1件。ⅡT29③∶37，直口，圆唇，直腹，圈足。紫色泥胎。口径9、足径8.9、高1.6厘米（图一五六，2）。

　　Ⅱ式　2件。ⅡT29③∶39，为不规整圈状形，系手工捏制而成。斜面口沿，直腹。底部粘有窑汗和砂粒，胎体厚薄不匀，紫色泥胎。口径、底径均为9厘米，高2.9厘米（图一五六，1）。

　　隔具　54件。有环形、玉璧形、锯齿状等形状，可分为4型。

　　A型　10件。分2式。

　　Ⅰ式　8件。大小不一，均为环形，敛口或直口，窄平唇，直腹稍内收。均有六个锯齿状足，有的齿足尖部被削成小平面。紫红色胎。ⅡT43③∶1。口径12.2、足径11.3、高5厘米（图一五七，4）。

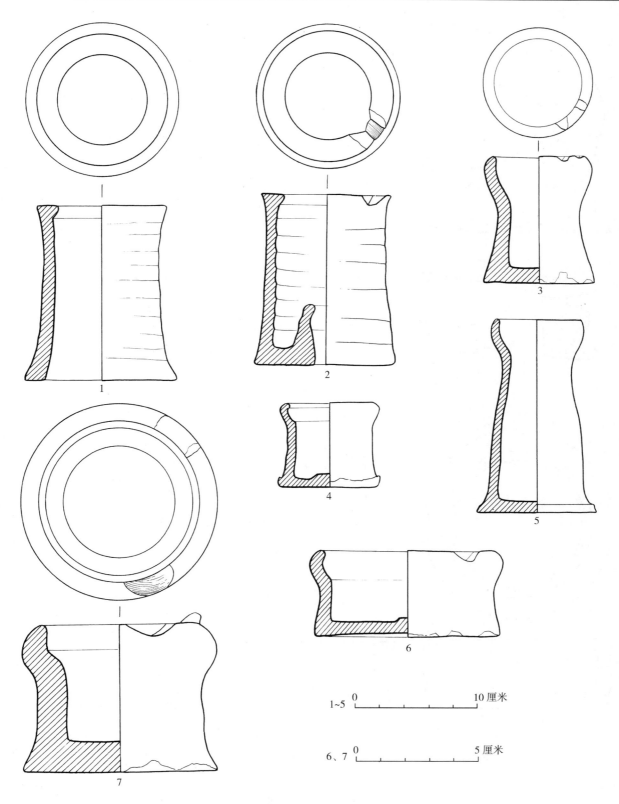

图一五五 垫具

1. A型Ⅰ式（ⅡT43③:60） 2. A型Ⅱ式（ⅡT43③:6） 3. B型Ⅲ式（ⅡT63③:5） 4. B型Ⅳ式（ⅡT29③:82）
5. B型Ⅱ式（ⅡT49③:5） 6. B型Ⅴ式（ⅡT53③:35） 7. B型Ⅰ式（ⅡT40④:31）

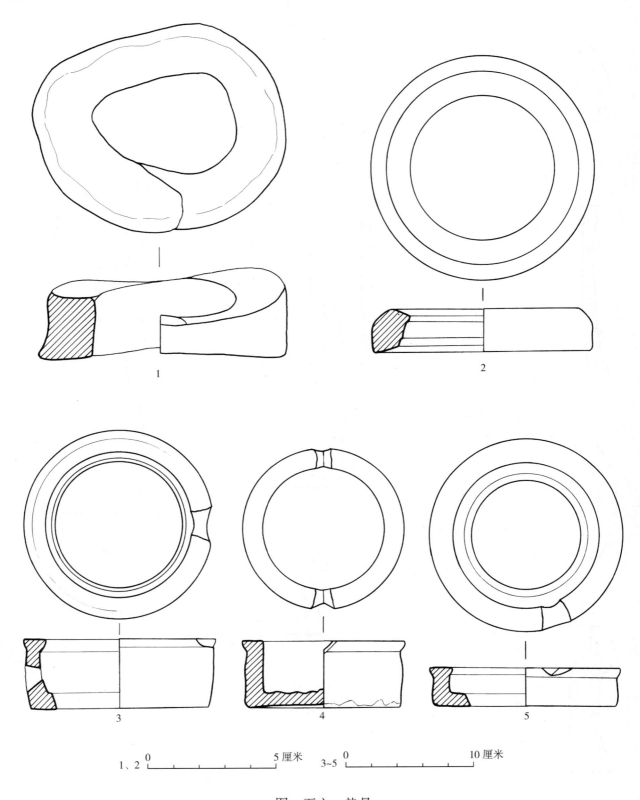

图一五六　垫具

1. E 型 II 式（II T29③：39）　　2. E 型 I 式（II T29③：37）　　3. C 型 II 式（H2：4）
4. D 型（II T29④：35）　　5. C 型 I 式（II T39③：4）

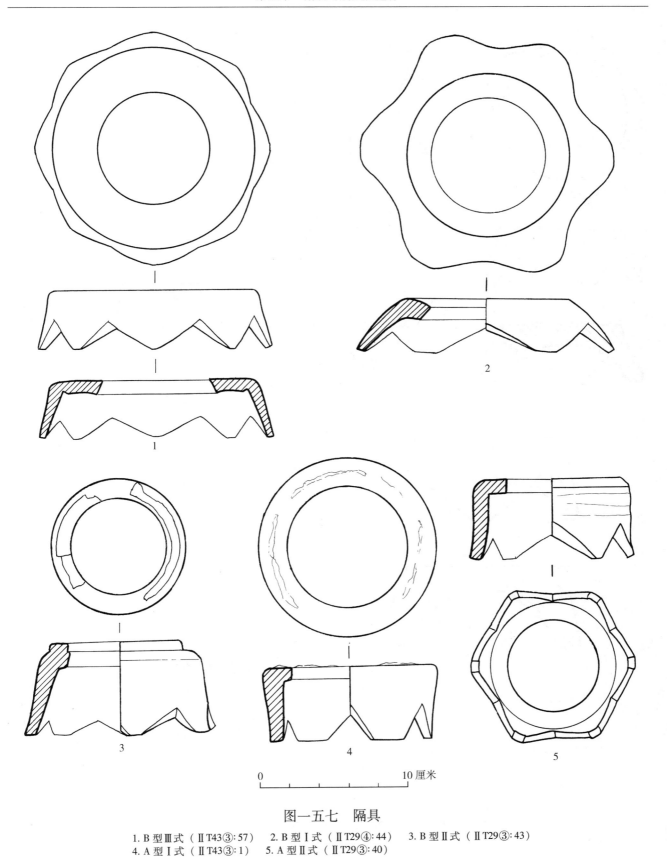

图一五七　隔具

1. B 型Ⅲ式（ⅡT43③:57）　2. B 型Ⅰ式（ⅡT29④:44）　3. B 型Ⅱ式（ⅡT29③:43）
4. A 型Ⅰ式（ⅡT43③:1）　5. A 型Ⅱ式（ⅡT29③:40）

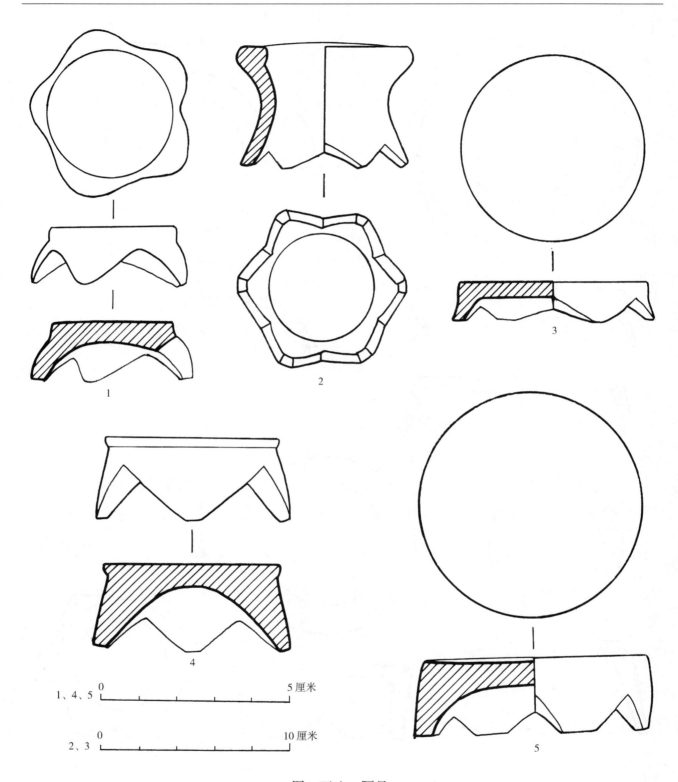

图一五八　隔具

1. C 型Ⅲ式（ⅡT43③：10）　　2. D 型（ⅡT29④：41）　　3. C 型Ⅱ式（ⅡT38③：1）

4. C 型Ⅳ式（ⅡT38③：29）　　5. C 型Ⅰ式（ⅡT38③：10）

Ⅱ式　2件。大小不一，均为环状、侈口或直口，直腹，五锯齿足。紫色胎。ⅡT29③:40，口径9、足径7~9.1、高2.9~3.8厘米（图一五七，5）。

B型　10件。可分3式。

Ⅰ式　8件。大小不一，均为直口，玉璧状，宽平唇沿，斜腹，六锯齿状足。或紫色胎，或红色胎。ⅡT29④:44，口径12.3、足径17.5、高2.4厘米（图一五七，2）。

Ⅱ式　1件。ⅡT29③:43，敛口，口沿部呈玉璧状，斜腹下有七个锯齿足，齿尖削成小平面。紫色胎。口径9.6、足径12.8、高6厘米（图一五七，3）。

Ⅲ式　1件。ⅡT43③:57，敛口、玉璧形口沿，斜腹下有八个锯齿。紫色胎。口径13.6、足径15.8、高3.7厘米（图一五七，1）。

C型　31件。可分4式。

Ⅰ式　3件。大小不一，均为圆平面，斜腹，七锯齿状足，齿足有的削去尖头。均为紫色胎。ⅡT38③:10，面径6.1、足径6.6、高1.9厘米（图一五八，5）。

Ⅱ式　16件。大小不一，圆平面，矮斜腹，六锯齿状足，有的足尖削成小平面形。紫色或红色胎。ⅡT38③:1，面径9.8、足径10.2、高2.2厘米（图一五八，3）。

Ⅲ式　11件。大小不一，均为圆平面，矮斜腹，五锯齿足，有的锯齿足削足尖。紫色胎。ⅡT43③:10。面径3.4、足径4.6、高1.5厘米（图一五八，1）。

Ⅳ式　1件。ⅡT38③:29，圆平面，斜腹，四锯齿足。紫色胎。面径4.8、足径5.4、高2.3厘米（图一五八，4）。

D型　3件。大小不一，直口或喇叭形口，平唇沿，束腰，圈足外斜并带有锯齿状足，锯齿足有五个或六个。紫胎。ⅡT29④:41。为喇叭形口，六个齿。口径9.1、足径9.1、高6.7厘米（图一五八，2）。

第三节　文化分期与年代

根据各地层单位出土的青瓷器、陶器特征，可将这一时期文化遗存大致分为早晚两期。

早期　主要包括第4层，H2、H4、J2和J4。这一时期青瓷器有碗、杯、钵、高足盘、罐、砚、碟、盏托、瓶、盖等。陶器有碗、罐、钵、盆、碟、盘口壶、盘、瓮、臼、瓦当、垫具、隔具等。本期青瓷器有：A型Ⅰ~Ⅶ式、B型Ⅰ~Ⅳ式、C型Ⅰ式、D型Ⅰ式碗，A型Ⅰ式、Ⅱ式、B型Ⅰ式、Ⅱ式、D型Ⅰ~Ⅲ式杯，A型Ⅰ式、B型Ⅰ式、Ⅱ式钵，A型Ⅰ式、C型Ⅰ式高足盘，A型Ⅰ式、Ⅱ式、B型罐，Ⅰ式砚，A型Ⅰ式、Ⅱ式、B型Ⅰ式碟，Ⅰ式、Ⅱ式盖。本期陶器有：A型Ⅰ式、B型Ⅰ式碗，A型Ⅰ式、Ⅱ式、B型Ⅰ式罐，A型Ⅰ~Ⅴ式、B型Ⅰ式、Ⅱ式钵，A型Ⅰ式盆，A型Ⅰ~Ⅳ式、B型Ⅰ~Ⅲ式碟，Ⅰ式盘口壶，Ⅰ式盘，Ⅰ式瓮，Ⅰ~Ⅲ式臼，Ⅰ式、Ⅱ式纺轮，Ⅰ式瓦当，Ⅰ式筒瓦，D型垫具，B型Ⅰ式、D型隔具等。早期出土器物具有典型的隋代时期的风格与特征，有的器物还明显带有南朝时期的风格与特征。

晚期　主要包括第 3 文化层和 J5。这一时期青瓷器仍见碗、杯、钵、高足盘、罐、砚、碟、盖，另有盘、盆、盘口壶、盒、纺轮等。陶器有碗、罐、钵、盆、碟、盘、瓮、纺轮、瓦当、水管、垫具、隔具等。本期青瓷器有：A 型Ⅷ~ⅩⅤ式、B 型Ⅴ~Ⅶ式、C 型Ⅱ~Ⅵ式、D 型Ⅱ式、Ⅲ式碗，A 型Ⅲ~Ⅵ式、C 型Ⅰ~Ⅲ式、E 型杯，A 型Ⅱ~Ⅳ式、B 型Ⅲ~Ⅴ式钵，A 型Ⅱ式、Ⅲ式、B 型Ⅰ~Ⅳ式、C 型Ⅱ式高足盘，Ⅰ式、Ⅱ式盘，Ⅰ式、Ⅱ式盆，A 型Ⅲ式、C 型Ⅰ式、Ⅱ式、D 型罐，Ⅱ式砚，A 型Ⅲ式碟，Ⅲ式、Ⅳ式盖等。本期陶器有：A 型Ⅱ~Ⅳ式、C 型碗，A 型Ⅲ式、B 型Ⅱ~Ⅴ式、C 型、D 型罐，A 型Ⅵ~Ⅷ式、B 型Ⅲ式、Ⅳ式钵，A 型Ⅱ式、Ⅲ式、B 型Ⅰ式、Ⅱ式盆，A 型Ⅴ~Ⅷ式、B 型Ⅳ~Ⅵ式碟，Ⅱ式盘口壶，Ⅱ式盘，Ⅱ式瓮，Ⅲ式纺轮，Ⅱ~Ⅳ式瓦当，Ⅱ式、Ⅲ式筒瓦，A 型Ⅰ式、Ⅱ式、B 型Ⅰ~Ⅴ式、C 型、D 型Ⅰ式、Ⅱ式垫具，A 型Ⅱ式、B 型Ⅱ式、Ⅲ式、C 型Ⅰ~Ⅳ式隔具等。晚期出土器物多数具有典型的唐代器物的风格与特征。

早期的年代：十二桥的 A 型Ⅰ式、Ⅱ式青瓷罐出于 J4 之中，J4 的青砖上饰草叶纹表明井是隋代的。J4 中出土的 A 型Ⅰ式、Ⅱ式青瓷罐，器身瘦长、溜肩，肩上横安四个桥形耳等，是典型的隋代器物的特征，与青羊宫窑址的隋代青瓷罐相同①。另外，A 型Ⅰ式青瓷罐的领部较 A 型Ⅱ式的高，还带有南朝晚期一些特征，与青羊宫窑址的Ⅸ式罐基本相同②。B 型Ⅰ、Ⅱ式青瓷钵，敛口、广肩、斜腹、平底、肩饰一周单朵菊花纹以及腹饰棱条纹特征，是隋代典型器物。A 型、B 型、C 型高足盘与青羊宫窑址出土的隋代高足盘一致③，而 A 型Ⅰ式高足盘，浅盘与盘底隆起的特征，也带有一点南朝晚期的风格。C 型高足盘的足已很矮，年代可能延至唐代早期。Ⅰ式滴水足砚、A 型Ⅰ式、A 型Ⅴ式青瓷碗分与青羊宫窑址出土隋代的Ⅳ式砚、Ⅰ式碗、Ⅴ式碗基本相同④。1 式兽头纹瓦当，兽头突出，田字形嘴，其风格接近于内蒙古托克托县云中古城出土的北魏兽面纹瓦的特征⑤，当具有南北朝时期的风格特征。由以上分析而知，早期的器物主要是隋代的，也有少数器物带有南朝晚期的特征，个别器物可能到唐代初期。所以，这期的年代主要为隋代，其上限可能达到南朝晚期，下限可能在唐代初期。

晚期的年代：第 3 层和第 4 层紧密相连，本期的年代与早期应是相互衔接的。这一时期所见的 A 型Ⅸ式、C 型Ⅴ式青瓷碗分别与青羊宫窑址唐代Ⅸ式碗、Ⅵ式碗相同。Ⅱ式滴水足砚与青羊宫窑址Ⅱ式砚形制相同⑥，当在唐代早中期之际。D 型Ⅱ式青瓷碗、Ⅱ式青瓷盘与成都南郊桐梓林唐代爨公墓出土的青瓷碗、青瓷盘的形制一致，敞口、斜直腹、饼足内凹是其特点⑥。十二桥 D 型Ⅱ式青瓷碗与成都金沙村唐墓 M2 出土的 C 型青瓷碗和 M1 出土的 B 型青瓷碗形制完全相同⑦。Ⅱ式、Ⅲ式莲花纹瓦当花瓣突起，莲花丰满，与五代时期莲花似葵花状特征完全不同，与内蒙古和林格尔县土城子古城出土的唐代莲花纹瓦当则基本一致⑧，Ⅳ式兽面纹瓦当，兽面略为突起，具有唐代中晚期兽面略为低平的特征。成都南郊桐梓林唐代爨公墓有明确的纪年，记载墓主卒于唐贞元二年（公元 786 年），同年三月下葬，可知该墓为唐代中期偏晚的墓葬。成都金沙村唐墓 M2 的年代，发掘者推定在唐代中期

①②③⑥　四川省文管会、成都市文管处：《成都青羊宫窑址发掘简报》，载四川古陶瓷研究编辑组编《四川古陶瓷研究》（二），四川省社会科学院出版社 1984 年 10 月。

⑤　陈永志：《内蒙古出土瓦当》181 页、185 页、187 页、188 页、189 页，文物出版社，2003 年。

⑥　成都文物考古研究所：《成都市南郊桐梓林唐代爨公墓发掘》，载《成都考古发现 1999》，科学出版社，1999 年。

⑦　成都文物考古研究所：《成都市金沙村唐墓发掘简报》，载《成都考古发现 2004》，科学出版社，2004 年。

⑧　同⑤。

偏晚，而 M1 出土一墓志铭，记载了墓主卒于唐大中四年（公元 851 年），同年腊月下葬，可知其为唐代晚期中段的墓葬。所以，根据地层与遗物特征分析，晚期的年代主要在唐代，其上限可达唐代早期，下限到唐代晚期。

十二桥遗址隋唐时期的文化堆积与遗迹现象，应系成都青羊宫窑的遗存。根据历年的调查与发掘，十二桥遗址区和紧邻的隋唐窑址文物保护区一带是青羊宫窑址的中心区。从 1982 年以来，先后在这里发掘隋唐时期窑炉 8 座，以及作坊遗址，出土大批青瓷器。同时，基本弄清楚了青羊宫窑起自南朝烧制，到唐代晚期衰落，经历数百年。所以，十二桥遗址隋唐时期的文化堆积与遗迹现象应与此相当。同时，根据出土器物的一些主要特征可发现器物演变的一些情况。如早期的 A 型青瓷杯直腹下部折收，晚期则呈弧腹下部骤收。早期的 B 型钵弧腹下部骤收，腹与底的比例为 3∶1，多饰有菊花纹等；晚期的弧腹收势较缓，腹与底的比例为 2∶1 左右，素面增多。早期高足盘为浅盘，内底上凸；晚期的盘加深，内底平坦。早期的青瓷砚内面平坦，边缘有槽；晚期的内面为拱形面，边缘无槽，并且砚足减少。陶盘口壶，早期肩部有四个耳系、斜肩、细短颈，晚期的演变成有两个耳系、溜肩、粗短颈。早期的陶瓮为鼓腹下渐收成平底，晚期演变为鼓腹下骤收，平底内凹，等等。

第六章　动植物与环境考古研究

第一节　动物骨骼及其相关问题研究

　　十二桥遗址位于成都十二桥西侧，东边紧邻西郊河，北靠十二桥路，南倚文化公园，西靠省干休所，总面积约 3 万平方米，最早是 1985 年 12 月，成都市干道指挥部修建水公司、煤气公司的办公综合楼地下室时发现，紧接着进行了两次发掘，分别编号为 I、II 区，共揭露面积 1800 平方米[①]。本文所报告的动物骨骼主要出自第 12 层，13、11、10 层 3 个早期文化层仅有少量出土。关于遗址的年代，一般认为第 13 层的年代范围相当于殷墟三期，12 层年代相当于殷墟四期到周初，11、10 层年代相当于西周前期[②]。出土的动物骨骼共 2113 件，包括哺乳纲 2086 件、爬行纲 13 件、鱼纲 2 件和鸟纲 12 件，其中哺乳纲有家猪（*Sus domestius*）、水鹿（*Cervus unicolor*）、斑鹿（*Cervus nippon*）、小麂（*Muntiacus reevesi*）、黄牛（*Bos taurus*）、狗（*Canis familiaris*）、黑熊（*Selenarctos thibetanus*）、猪獾（*Arctonyx collaris*）、藏酋猴（*Macaca thibetana*）、马（*Equus caballus*）等，可鉴定标本（NISP）826 件，代表最小个体数（MNI）92 个（附表一）。有部分大型偶蹄类动物的四肢骨骼和各种鹿角被用做了加工骨角器的原料，骨器的原料在数量上以水鹿的炮骨居多；少量的龟腹甲可见占卜留下的灼痕。

一　动物属种鉴定

　　（一）第 13 层出土动物骨骼

　　第 13 层动物骨骼全部出自 IT30 内，共 53 件，可鉴定标本 10 件，代表最小个体数 3，均为鹿科动物。

　　　哺乳纲（MAMMMALIA）

　　　　偶蹄目（ARTIODACTYLA）

---

①　四川省文物管理委员会、四川省文物考古研究所、成都市博物馆：《成都十二桥商代建筑遗址第一期发掘简报》，《文物》1987 年第 12 期。

②　江章华：《成都十二桥遗址的文化性质及分期研究》，《四川大学考古专业创建三十五周年纪念文集》，四川大学出版社，1998 年。

　　鹿科（Cervidae）

　　　麂亚科（Muntiainae）

　　　　小麂（*Muntiacus reevesi*）

可鉴定标本 3 件，代表最小 1 个个体。

鹿亚科（Cervinae）

　　水鹿（*Cervus unicolor*）

可鉴定标本 6 件，代表最小 1 个个体。

斑鹿（*Cervus nippon*）

仅 1 件骨骼，为左侧肱骨。另外，出土鹿角一截，因为保存比较残，不能鉴定到种。

此外，第 13 层还出土动物肢骨片 42 件，因为破碎严重，不能鉴定到属种。

（二）第 12 层出土动物骨骼

　　十二桥遗址的动物骨骼主要出土于此层，由于该层有水冲过的现象，在很多动物骨骼上一样留有各种刮擦痕迹，对骨骼的破损度有一定的影响。

　　1. 鱼纲（PISCES）

　　（1）鲟形目（ACIPENSERIFORMES）

　　　　鲟科（Acipenseridae）

　　　　　鲟（*Acipenser* sp.）

可鉴定标本 1 件，IT17⑫: 3[①]，经北京大学大生物系院士张弥曼先生鉴定，为鲟鱼头骨碎片（图版七五，7）。

　　（2）鲤形目（CYPRINIFORMES）

　　　　鲤科（Cyprinidae）

　　　　　鲤鱼（*Cyprinus carpio*）

腮盖骨 1 件，标本 IT17⑫: 3，残损比较厉害。

　　2. 爬行纲（REPTILIA）

龟腹甲 13 件，有占卜灼痕的 7 件，如标本 IT23⑫: 24（图版七五，5），由于整理中发现的腹甲都较小，我们没有作进一步鉴定到属种。

　　3. 鸟纲（AVES）

　　雁形目（ANSERIFORMES）

　　　鸭科（Anatidae）

　　　　绿头鸭（*Anas platyrhynchos*）

　　在整理中共发现鸟纲的骨骼 12 件，但均比较破碎，特别是长骨的上下端关节绝大多数未保存下来。标本 IT14⑫: 3，左侧肱骨，通过对比与现代的家鸭肱骨相似，由于标本太少，不能确定是否已经驯养（*Anas platyrhynchos domesticus*），（图版七六，8）但一般认为家鸭是由野生的绿头鸭驯养来的[②]。

---

① 本报告中动物标本为单独编号。

② 丁汉波：《脊椎动物学》第 302 页，高等教育出版社，1983 年。

4. 哺乳纲（MAMMALIA）

    （1）灵长目（PRIMATES）

        猴科（Cercopithecidae）

          藏酋猴（*Macaca thibetana*）

可鉴定标本 8 件，均为肱骨，左右各 4 件，代表最小个体数 4 个。标本 IT23⑫:1，左侧肱骨，保存完整，长 157.62 毫米，上端长 24.96 毫米，宽 24.20 毫米，下端长 18.09 毫米，宽 31.39 毫米（图版七五，4）。

    （2）食肉目（CARNIVORA）

      ①犬科（Canidae）

        狗（*Canis familiaris*）

可鉴定标本 31 件，代表最小个体数 6。

下颌 11 件，其中左侧 5 件，有 4 侧 6 件。标本 IT7⑫:1，左侧下颌，保存 $M_1 - M_2$，M_3 已经出但脱落，M_1 长 17.81 毫米（图版七六，6）；IT9⑫:25，右侧下颌，保存 $P_2 - M_1$，M_1 前高 23.72 毫米（图版七六，5）。

肱骨 7 件，左侧 3 件，右侧 4 件，3 件肱骨下端保存完好。标本 IT15⑫:6，右侧肱骨下端，下端长 19.32 毫米，宽 25.88 毫米（图版七六，4）

表一	狗肱骨下端测量数据		（单位：毫米）	
标本号	左	右	长	宽
IT30⑫:20		√	22.1	25.44
IT15⑫:6		√	19.32	25.88
IT9⑫:27	√		21.37	30.22

桡骨 2 件，均为左侧，标本 IT9⑫:28，保存完整，上端长 9.32、宽 15.12 毫米，下端长 11.67、宽 20.32 毫米。

胫骨 1 件，标本 IT10⑫:39，左侧，下端长 12.27 毫米，宽 16.76 毫米。

      ②熊科（Ursidae）

        黑熊（*Selenarctos thibetanus*）

可鉴定标本 2 件，右侧下颌和左髋骨各 1 件，代表最小 1 个个体。标本 IT15⑫:2，右侧下颌支，保存下颌角至下颌突。

      ③鼬科（Mustelidae）

        獾亚科（Melinae）

          猪獾（*Arctonyx collaris*）

可鉴定标本 2 件，代表最小个体数 1 个。左侧肱骨和右侧股骨 1 件。

    （3）奇蹄目（Perissodactyla）

      ①马科（Equidae）

马 (*Equus caballus*)

可鉴定标本 6 件，代表最小个体数 2 个。

下颌 2 件，左右各 1 件，标本 IT2⑫：14，右下颌，保存 $P_4 - M_3$，M_1 前高 81.65 毫米，$M_1 - M_3$ 长 85.79 毫米，M_3 长 35.07、宽 17.25 毫米（图版七五，1）。

掌骨 2 件，左右各 1 件，标本 IT9⑫：22，左侧第三掌骨，下端稍残，长 206.41 毫米，上端长 33.39、宽 47.55 毫米，下端长 35.76、宽 45.93 毫米（图版七五，3）；标本 IT9⑫：23，右侧第三掌骨，附带第四掌骨，保存完整，上端长 33.87、宽 49.62 毫米，下端长 36.15、宽 48.92 毫米（图版七五，2）。2 件掌骨大小有一定区别，故应该为不同的个体所留下的骨骼。

②犀科 (Rhinocerotidae)

仅出土 1 件，标本 IT20⑫：26，中间指骨/趾骨 1 件（图版七五，6）。

（4）偶蹄目 (ARTIODACTYLA)

①猪科 (Suidae)

家猪 (*Sus domesticus*)

可鉴定标本 488 件，代表最小个体 38 个。

下颌 71 件，其中左侧 25 件、右侧 24 件、下颌联合 13 件和不能分辨左右的 9 件。标本 IT15⑫：1，右下颌，保存 $P_3 - M_3$，M_3 已经磨成梅花状，成年猪，M_2 处的下颌支外侧鼓出很多，应为病理现象（图版七六，7）。

在计算最小个体数时，依据左、右下颌的不同月龄互相匹配来计算，且下颌联合每件单独代表一个个体，故十二桥遗址该层依下颌计算得猪的最小个体数为 42 个。关于猪的死亡年龄是根据上、下颌骨恒齿的萌出来估计的。恒齿的萌出时间是参照 Gail Bull 和 Sebastian 关于家猪牙齿萌出时间的研究，即恒齿替换乳齿的时间和顺序是，$M_1 P_1$，4～5 月龄，$I_3 C$，10～12 月龄，M_2，12～14 月龄，I_1、P_2、P_3、P_4，14～16 月，I_2，18～20 月，M_3，21～24 月龄[①]。十二桥遗址该层猪的死亡年龄结构见表二。

表二　　　　　　　　　　第 12 层家猪的死亡月龄统计表 (MNI)

月龄	1～4（乳齿）	5～9（M_1、P_1 萌出）	10～14（I_3、C、M_2 萌出）	14～16(P_2,P_4,P_3、I_1 萌出)	18～20（I_2 萌出）	21～24（M_3 萌出）	大于 24	小计
个体数	3	6	11	10	2	6	4	42
百分比（%）	7.14	14.29	26.19	23.81	4.76	14.29	9.52	100.00

通过表二我们可以看到 12 层的猪以 M_3 未萌出的未成年猪为主，占 76.19%，这符合家猪的死亡月龄结构；而 10～16 月龄的最多，占总数的 50%，这说明当时的猪主要饲养 10～16 个月才屠宰。

---

① Gail Bull and Sebastian Payne, Tooth Eruption and Epiphysial Fusion in Pigs and Wild Boar, Ageing and Sexing Animal Bones from Archaeological sites, B A R British Series 109, 1982.

上颌骨 20 件，左侧 11 件，右侧 9 件。标本 IT10⑫：15，左侧上颌，M^3 已经萌出。

猪的肢骨保存不好，比较破碎，有些骨骼上还可见砍痕。

肱骨 48 件，左侧 26 件，右侧 22 件，标本 IT10⑫：38，左侧肱骨下端，下端长 49.14 毫米，宽 52.34 毫米。

桡骨 19 件，左侧 14 件，右侧 5 件，标本 IT15⑫：4，右侧桡骨上端，上端长 23.68 毫米，宽 34.37 毫米；标本 IT15⑫：5，右侧桡骨上端，上端长 18.32 毫米，宽 26.50 毫米。

胫骨 43 件，左侧 20 件，右侧 23 件，标本 IT10⑫：24，左侧胫骨，下端长 21.71 毫米，宽 24.29 毫米。

距骨 3 件，左侧 2 件，右侧 1 件，标本 IT39⑫：5，左侧，结节刚愈合，距骨外长 36.66 毫米，内长 34.01 毫米，前宽 21.18 毫米，后宽 18.07 毫米，厚 18.98 毫米。

②牛科（Bovidae）

　　牛亚科（Bovinae）

　　　黄牛（*Bos taurus*）

可鉴定标本 35 件，代表最小个体数 3 个。

下颌 2 件，左右各 1 件，IT9⑫：24，保存 $P_2 - M_1$（图版七六，3）；标本 IT20⑫：22，右上 M3，长 31.02 毫米，宽 28.79 毫米。

肩胛骨 7 件，左侧 3 件，右侧 3 件，不辨左右的 1 件，IT2⑫：1，左侧肩胛骨，保存基本完整，长 309.27、宽 128.76 毫米，肩胛窝长 59.94、宽 50.44 毫米（图版七六，2）。

胫骨 2 件，均为右侧，IT14⑫：1，右侧胫骨上端，上端长 78.85 毫米，宽 93.19 毫米。

③麝科（Moschidae）

　　麝（*Moschus* sp.）

仅犬齿 1 枚，标本 IT15⑫：3，犬齿 1 枚，长 48.52 毫米，齿尖残，齿端稍残，齿端穿空，应该为佩带的装饰品（图版七五，8 右）。

④鹿科（Cervidae）

　　a. 麂亚科（Muntiainae）

　　　小麂（*Muntiacus reevesi*）

可鉴定标本 61 件，代表最小个体数 8 个。

角 3 件，标本 IT22⑫：2，左侧角，非角环处断，保留基部（图版七七，4）。

犬齿 1 枚，标本 IT15⑫：4，长 41.25 毫米，齿端穿空，应该为佩带的装饰品（图版七五，8 左）。

下颌 7 件，左侧 4 件，右侧 2 件，1 件太残不好分辨左右。标本 IT22⑫：1，右下颌，保存 $DM_3 - M_2$，M_1 前高 18.23 毫米（图版七七，5）。

肱骨 3 件，左侧件，右侧 1 件。标本 IT14⑫：4 右侧下端，下端长 23.38 毫米，宽 25.03 毫米。

桡骨 10 件，左右各 5 件，IT12⑫：24，左侧上端，上端长 11.39 毫米，宽 21.12 毫米。

掌骨 9 件，左侧 5 件，右侧 4 件。标本 IIT49⑫：24，右掌骨，保存完整，长 86.45 毫米，上端长 10.39 毫米，宽 14.98 毫米，下端长 8.47 毫米，宽 14.79 毫米（图版七七，8）。

表三　　　　　　　　　　　　　　　　小鹿掌骨上端测量数据　　　　　　　　　　　　（单位：毫米）

标本号	左	右	长	宽
IT12⑫: 5		√	10. 85	15. 47
IT20⑫: 25	√		11. 39	16. 19
IIT49⑫: 2		√	10. 39	14. 93
IT9⑫: 29	√		9. 9	14. 85

胫骨 13 件，左侧 8 件，右侧 5 件，几件胫骨的测量数据如下。

表四　　　　　　　　　　　　　　　　小鹿胫骨上端测量数据　　　　　　　　　　　　（单位：毫米）

标本号	左	右	长	宽
IT30⑫: 21	√		32. 34	36. 72
IT7⑫: 4	√		29. 96	33. 49
IT9⑫: 30	√		29. 17	32. 1

表五　　　　　　　　　　　　　　　　小鹿胫骨下端测量数据　　　　　　　　　　　　（单位：毫米）

标本号	左	右	长	宽
IT30⑫: 18	√		15. 31	20. 34
IT9⑫: 31	√		21. 36	25. 36
IT15⑫: 7	√		14. 52	18. 73
IT9⑫: 32		√	13. 96	19. 24

b. 鹿亚科（Cervinae）

　　水鹿（*Cervus unicolor*）

可鉴定标本 137 件，代表最小个体数 10 个。

角 5 件，标本 IT30⑫: 1，带头骨片，角非角环处断掉（图版七七，2）；标本 IT4⑫: 1 水鹿左侧角主枝（图版七七，3）。

下颌 2 件，均为右侧，标本 IT23⑫: 22，牙齿保存 P_4 – M_2，M_3 已出但脱落，M_1 前高 30.26 毫米，M_1 – M_2 长 42.22 毫米。

肩胛骨 14 件，左侧 4 件，右侧 7 件，不能辨别左右的 3 件。标本 IIT39⑫: 4，右肩胛骨，肩胛窝长 46.71 毫米，宽 42.41 毫米。

表六 　　　　　　　　　　水鹿肩胛窝测量数据 　　　　　　　　（单位：毫米）

标本号	左	右	长	宽
IT30⑫: 6		√	47. 35	39. 14
IIT39⑫: 4		√	46. 71	42. 41
IT14⑫: 5		√	52. 83	45. 26
IT10⑫: 34	√		50. 63	45. 29
IT10⑫: 33		√	43. 79	37. 33
IT20⑫: 5		√	49. 13	44. 26

肱骨17件，左侧10件，右侧4件，不能分辨左右的3件，多为肱骨下端。标本IT9⑫: 34，左侧下端，下端长52. 34毫米，宽64. 01毫米。

表七 　　　　　　　　　　水鹿肱骨下端测量数据 　　　　　　　　（单位：毫米）

标本号	左	右	长	宽
IT10⑫: 40	√		48. 15	57. 45
IT12⑫: 25		√	53. 47	64. 68
IT23⑫: 2		√	50. 14	58. 17
IT9⑫: 31	√		55. 52	69. 83
IT9⑫: 32	√		52. 34	64. 01
IT30⑫: 22	√		53. 49	62. 69
IT30⑫: 23		√	59. 93	73. 19

桡骨13件，左侧5件，右侧6件，不能分辨左右的2件，多为桡骨上端。标本IT10⑫: 26，左侧桡骨上端，上端长30. 12毫米，宽54. 71毫米。

表八 　　　　　　　　　　水鹿桡骨上端测量数据 　　　　　　　　（单位：毫米）

标本号	左	右	长	宽
IT10⑫: 26	√		30. 12	54. 71
IT10⑫: 41		√	30. 81	54. 72
IT10⑫: 42		√	32. 98	64. 29
IT10⑫: 43		√	30. 89	59. 89
IT15⑫: 8	√		29. 39	57. 12
IT30⑫: 23		√	23. 98	43. 85

掌骨12件，左右各6件，多为掌骨下端，标本IT10⑫: 1，右侧下端，下端长27. 69毫米，宽44. 46毫米。

表九　水鹿掌骨下端测量数据　（单位：毫米）

标本号	左	右	长	宽
IT10⑫:1		√	27.69	44.46
IT14⑫:6	√		28.12	42.11
IT14⑫:7		√	28.05	42.14
IT15⑫:9		√	26.54	41.87
IT23⑫:3		√	30.33	48.48
IT30⑫:24	√		28.14	48.12
IT9⑫:31		√	29.6	42.51
IT9⑫:32	√		27.15	44.09

胫骨10件，左侧3件，右侧5件，不能分辨左右的2件，多为胫骨下端。标本IT9⑫:35左侧上端，上端长68.67毫米，宽72.78毫米（图版七七，6）；标本IT14⑫:11右侧胫骨下端，关节愈合，下端长41.34毫米，宽54.23毫米。

表一〇　水鹿胫骨下端测量数据　（单位：毫米）

标本号	左	右	长	宽
IT14⑫:7		√	41.34	54.23
IT12⑫:26		√	44.79	56.56
IT9⑫:33	√		39.18	55.47
IT9⑫:34	√		41.52	54.43

跖骨10件，左侧6件，右侧4件，多为上端。IT12⑫:23，右跖骨上端，上端长41.52毫米，宽38.99毫米。

距骨8件，左侧3件，右侧5件，结节均愈合。标本IT9⑫:1，距骨外长57.54毫米，内宽55.38毫米，前宽36.06毫米，后宽32.29毫米，厚32.06毫米。

表一一　水鹿距骨测量数据　（单位：毫米）

标本号	左	右	距骨外长	距骨内长	距骨前宽	距骨后宽	距骨厚
IT30⑫:25		√	60.2	57.59	38.67	37.39	32.51
ⅡT54⑫:1	√		61.52	57.36	36.81	35.85	29.72
IT10⑫:5	√		62.32	60.16	40.86	37.92	33.7
IT10⑫:6		√	60.47	56.62	38.09	41.02	33.76
IT14⑫:8		√	58.17	54.63	39.31	32.81	30.56
IT9⑫:1	√		57.54	55.38	36.06	32.29	32.06
IT9⑫:2	√		54.05	51.86	32.98	31.62	28.49

跟骨 6 件，左侧 4 件，右侧 2 件，结节均已经愈合，我们对它们进行了测量。

表一二 水鹿跟骨测量数据 （单位：毫米）

标本号	左	右	长	宽	高
IT30⑫: 26	√		128.66	41.39	46.81
IT30⑫: 27	√		121.07	44.76	46.72
IT10⑫: 42		√	118.92	39.79	46.02
IT14⑫: 9		√	121.64	44.53	44.31
IT14⑫: 10	√		117.98	45.56	45.03
IT7⑫: 5	√		122.91	42.97	44.62

斑鹿 （*Cervus nippon*）

可鉴定标本 30 件，代表最小个体数 3 个。

标本 IT2⑫: 12，斑鹿角，主枝和眉枝均有被锯切的痕迹，应系为制作骨器下料所致（图版七七，1）。

掌骨 6 件，左右各 3 件。标本 IT12⑫: 3，右侧下端，下端长 20.69 毫米，宽 31.15 毫米。

胫骨 5 件，左侧 3 件，右侧 2 件。标本 IT30⑫: 17，右侧胫骨下端，下端长 29.78 毫米，宽 39.08 毫米。

跖骨 5 件，左侧 3 件，右侧 2 件。标本 IT12⑫: 24，右跖骨上端，上端长 31.69 毫米，宽 29.21 毫米；标本 IT12⑫: 2，左侧跖骨下端，下端长 27.15 毫米，宽 43.03 毫米。

（5）骨料

另外，在该层我们还发现一些制作骨器遗留下来的骨料，主要为大型偶蹄类的炮骨。标本 IT8⑫: 1，水鹿右跖骨下端，关节上端 5 厘米处被锯断，关节长 29.96 毫米，宽 44.47 毫米。标本 IT23⑫: 1，水鹿右跖骨上端，上关节下约 3 厘米被锯断，上关节长 44.34 毫米，宽 42.53 毫米。标本 IT10⑫: 37，炮骨条，保留上端关节面，应为骨簪类的坯料，长 84.56 毫米，上端长 10.25 毫米，宽 9.87 毫米。标本 IT7⑫: 2，斑鹿右掌骨上端，关节下约 1.2 厘米即被锯断，上端关节长 28.72 毫米，宽 38.76 毫米。这些锯切痕迹都很平整，应为金属工具所锯而至。

（三）第 11 层出土动物骨骼

第 11 层仅于 IIT43 内出土 5 个黄牛角，代表最小个体 3 个。标本 IIT43⑪: 1，左侧角，角尖部断，残长 181.23 毫米，角心前后径 78.76 毫米，背腹径 66.73 毫米（图版七六，1）。

（四）第 10 层出土动物骨骼：

第 10 层动物骨骼出土于 IIT54 内，共 10 件，其中 9 件为可鉴定标本，代表最小个体 4 个。

1. 哺乳纲 （MAMMMALIA）

（1）食肉目 （CARNIVORA）

犬科 （Canidae）

狗 （*Canis familiaris*）

仅胫骨 1 件，标本 IIT54⑩: 1，左侧胫骨下端，下端长 15.86 毫米，宽 20.11 毫米。

（2）偶蹄目（ARTIODACTYLA）

①鹿科（Cervidae）

鹿属（Cervus Linnaeus）

水鹿（*Cervus unicolor*）

可鉴定标本 5 件，右角、左股骨、右掌骨、左肱骨和左距骨各 1 件，代表最小 1 个个体。标本 IT10⑩：1，右掌骨下端，下端长 27.69 毫米，宽 44.46 毫米。标本 IT23⑩：3，左股骨下端，下端长 69.87 毫米，宽 55.08 毫米（图版七七，7）。

斑鹿（*Cervus nippon*）

右侧顶骨 1 件和掌骨 1 件，代表最小个体数 1 个个体。标本 IT23⑩：2，左侧掌骨上端，上端长 16.98 毫米，宽 23.93 毫米。

②猪科（Suidae）

家猪（*Sus domesticus*）

可鉴定标本 3 件，臼齿 1 枚、下颌残块 1 件和左侧胫骨 1 件，代表最小个体数 1。

二　从出土动物骨骼看成都平原的野生动物资源和生态环境

成都平原地处四川盆地西部，河流纵横，植被茂密。十二桥遗址早期文化层出土的动物骨骼，特别是野生动物骨骼为复原商代晚期到西周前期成都平原的动物资源和生态环境提供了很好的材料。在探讨成都平原当时的动物资源前，我们首先要分析哪些属种是本地种，哪些可能是通过交换或其他方式获得的。结合中国动物地理的分布情况，我们认为，十二桥遗址早期文化层出土的动物骨骼绝大多数系成都平原当时生存着的动物，但麝有可能是外来的。麝属现在包括 6 个种，在四川地区有分布的林麝和高山麝现在均生活于川西高原海拔较高的地方①，不适应海拔低的成都平原，加上在十二桥遗址我们仅在第 12 层发现一枚犬齿，故我们认为这枚麝的犬齿可能是外来的，即当时成都平原可能没有麝生长。水鹿现群栖息于针阔混交林、阔叶林和稀林草原等生境；小鹿栖息于常绿阔叶林和针阔混交林，灌丛和河谷灌丛；斑鹿栖息于针阔混交林的林间和林缘草地以及山丘草丛；黑熊属于林栖动物，主要栖息于阔叶林和针阔混交林中。野生动物骨骼以鹿科各种动物为主，系狩猎所获。这几种动物的出现无疑都说明当时成都平原有广阔的阔叶林和草丛，植被茂盛。犀牛在历史时期的成都平原早已绝迹，在十二桥遗址第 12 层虽然仅发现一件，但说明在西周早期还是有可能有犀牛生活着，说明当时有适合它生存的温暖湿润的生境。藏酋猴系猕猴的一种，也生活在较温暖湿润的地区，这都说明当时成都平原可能比现在还要温暖湿润。另外，鲟鱼和鲢鱼等淡水鱼、龟的发现说明当时附近有宽广的水域，这也与成都平原河流纵横的状况吻合。

在十二桥遗址附近还发现了多处同时期的遗址，也出土了大量的文化遗物和动物骨骼，在方池

---

① 王应祥：《中国哺乳动物种和亚种分类名录与分布大全》第 117～119 页，中国林业出版社，2003 年

街遗址出土有猪、犬、羊、水牛、黄牛、马、鸡等[1]，可惜该遗址第 5 层为洪积再生层，包含了从新石器时代到商周的文化遗物[2]。又记在方池街遗址和修建岷山饭店的时候发现了 25 种脊椎动物，哺乳动物有短尾鼩、猕猴、中华竹鼠、家鼠、黑熊、猪獾、灵猫、虎、犀牛、小鹿、赤鹿、梅花鹿、水鹿；鱼有草鱼、鲤鱼；爬行动物有乌龟、黄缘闭壳龟及中国鳖；鸟类有家鸡[3]。指挥街周代遗址出土了大量动物骨骼，其中哺乳纲 10 种、鸟纲 1 种、爬行纲 3 种和鱼纲 1 种，研究者认为家畜和家禽有家猪、狗、马、黄牛和家鸡 5 种，另有在本地早已绝迹的爬行类陆龟甲壳和白唇鹿角等野生动物标本[4]。可惜指挥街遗址第 5、6 层可能是受洪水冲刷了的次生堆积，且动物骨骼鉴定报告中的骨骼标本未按地层单位分别报告，这都制约了这批动物标本资料应有的作用。最值得关注的是在离十二桥遗址不到两公里的金沙遗址发现了大量的象牙、野猪下犬齿、鹿角，其中象牙绝大部分为门齿，难能可贵的是在金沙遗址祭祀区发现了几件亚洲象的臼齿（YGQ000044、YGQ000045 等）和犀牛的臼齿（YGQ000017）。另外在成都博物院收藏了 1 件亚洲象的顶骨，出自十二桥遗址第 3 层，可能系早期遗物被扰乱到晚期地层。

此前在夏商时期的考古发掘中有少量象牙和象的骨骼出土，1935 年在河南安阳殷墟王陵区东区的 M1400 大墓附近发现两座埋象的祭祀坑，一座坑内埋大象一匹和象奴一人，另一座埋小象一匹[5]。1978 年在殷墟王陵区西区大墓 M1550 附近的 M35 中发现一象一猪，象为侧卧状，背脊处有一铜铃[6]。关于 1935 年殷墟发现的亚洲象，杨钟健等认为是人工饲养的[7]；后来王宇信、杨宝成先生也认为在殷商时期，中原地区包括安阳殷墟周围乃是产象之地，商代劳动人民已掌握了猎象和"服象"的技术[8]。《吕氏春秋·古乐篇》"商人服象，为虐于东夷"，说明在殷商时期的黄河流域应该确有亚洲象分布。另外，1976 年，在河北省阳原县丁家堡水库施工过程中，从桑干河河床底部全新统的地层里发现一批动物化石，计软体动物 5 种：厚美带蚌、巴氏丽蚌、杜氏珠蚌、黄蚬、圆旋螺；脊椎动物 7 种：白鹳、貉、亚洲象、野马、披毛犀、赤鹿、原始牛。其中亚洲象是我国已知亚洲象分布最北的纪录，年代为距今三四千年前的夏、商时代[9]。竺可桢先生认为公元前 3000 ~ 前 1000 年间，黄河下游和长江下游各地的月平均温度及年平均温度是：正月份的平均温度比现在高 3 ~ 5 摄氏度，年平均温度比现在高 2 摄氏度[10]。上述事实充分说明了在华北地区的年平均气温比现在高很多，处于"气候最适宜时期"。

亚州象栖息在海拔较低的山坡、沟谷、河边等处的热带森林、稀树草原及竹阔混交林中，喜群居，性喜水。那么商周时期的金沙遗址出土的亚洲象是否就是生活在成都平原本地还是外来的呢？这个问题值得关注。西汉·扬雄《蜀都赋》记"蜀都之地，古曰梁州。……于远则有银铅锡碧，马犀象僰……"西晋·左思《蜀都赋》记载蜀地"孔翠群翔，犀象竞驰"，"拔象齿，戾犀角"。东晋·

①　宋志民：《蜀文化与巴文化》四川大学出版社，1998 年。

②　成都文物考古研究所：《成都方池街古遗址发掘报告》，《考古学报》2003 年第 2 期。

③　徐鹏章：《从近年考古材料看古蜀史》，《成都大学学报》1988 年第 1 期。

④　四川大学博物馆、成都市博物馆：《成都指挥街周代遗址发掘报告》，《南方民族考古》第一辑，四川大学出版社，1987 年。

⑤　高去寻：《安阳殷代王室墓地》，《殷都学刊》1988 年第 4 期。

⑥　中国社会科学院考古研究所安阳工作队：《安阳武官村北地商代祭祀坑的发掘》，《考古》1987 年第 12 期。

⑦　杨钟健等：《安阳殷墟之哺乳动物群》，《中国古生物志》丙种第 12 号第 1 册，1936 年。

⑧　王宇信、杨宝成：《殷墟象坑和"殷人服象"的再探讨》，《甲骨探史录》，生活·读书·新知三联书店，1982 年。

⑨　贾兰坡、卫奇：《桑干河阳原县丁家堡水库全新世中的动物化石》，《古脊椎动物与古人类》18 卷 4 期，1980 年。

⑩　竺可桢：《中国近五千年来气象变迁的初步研究》，《考古学报》1972 年第 1 期。

常璩《华阳国志·蜀志》记载蜀地"其宝则有璧玉、金、银、珠、碧、铜、铁、铅、锡……犀、象……桑、漆、麻、纻之饶"。这些记载以前因为没有实物发现而被认为是对古蜀王国的动物资源丰度的夸大美化，但近年，随着考古发掘工作的开展和大量实物的出土，给我们提供了一些线索。成都平原早在三星堆文化时期就发现有不少象牙，两个祭祀坑共出土象牙 70 多根[①]，江玉祥先生从成都平原西周时期出土青铜器上的写实象纹装饰和古代四川产象的文献，推测三星堆遗址出土的象牙为巴蜀本地所产[②]。十二桥遗址出土的亚洲象顶骨，金沙遗址大批量门齿和少量臼齿的出土，都说明当时成都平原出现过亚洲象，也使我们有理由相信在商周时期的成都平原本地有亚洲象栖息。另外，十二桥遗址发现的犀牛趾骨的发现和金沙遗址出土的犀牛臼齿，同样印证了古文献关于蜀地有犀牛分布的记载。根据文献记载，到公元前 9 世纪发生的一二世纪的寒冷期，中国的亚洲象从黄河流域迁移到长江流域活动；一直到战国时期或更晚一些，长江流域一带还有亚洲象和犀（印度犀）生存[③]。

此前，成都平原的古遗址做过孢粉分析的很少，商周时期的遗址仅有指挥街的孢粉分析研究报告已经发表，虽然指挥街遗址第 5、6 层的地层恐非原生地层，但其出土的尖底杯、尖底罐和尖底盏等与十二桥遗址第 10、11 层的风格大体一致，年代也应相差不远，因此，我们认为指挥街的孢粉分析研究对研究成都平原西周时期的植被和环境依然有一定的参考价值。取自成都指挥街第 6 层的 1 号样品孢粉组合是木本植物花粉居首位，其中又以落叶阔叶的乔木花粉最多，针叶植物花粉较少，说明该地区的植被可能是落叶阔叶林，花粉组合多为亚热带类型。研究者依据花粉组合勾画出当时的植被状况，在距今约 3000 余年前，该地区生长着茂盛的森林，树木高大，系由阔叶树为主而组成的阔叶林，在密林之下以及树干上生长着阴湿的蕨类植物，此外还有水源丰富的湖沼凹地存在于周围，气候温暖湿润[④]。总的看来，成都平原商周时期的动物考古研究和植物孢粉分析研究是基本吻合的，都说明当时成都平原野生动物资源丰富，植被茂密，水域宽广，环境可能比现在要温暖湿润，是人类栖息的好场所。优越的生态和气候环境使成都平原的农业生产高度发达，也为先民的经济生活提供了广阔的狩猎空间，这当是平原内部遗址分布密集的一个重要原因。

三　西周时期成都平原的家畜及家禽

下面我们以十二桥遗址发现的动物骨骼为主，结合方池街、岷山饭店等遗址出土的动物骨骼对成都平原商代晚期到西周前期先民所驯养的家畜和家禽问题进行简单总结。十二桥遗址发现的能确定为家畜的有猪、狗、黄牛和马，方池街和岷山饭店发现的家畜和家禽有猪、狗、羊、水牛、黄牛、马、鸡等，六畜齐全，但这两个遗址未见详尽的动物骨骼报告。

十二桥遗址出土的猪骨所体现出的死亡年龄结构和少量头骨形态表明其是家养的，而且驯养技

---

① 四川省文物管理委员会、四川省文物考古研究所、四川省广汉县文化局：《广汉三星堆遗址一号祭祀坑发掘简报》，《文物》1987 年第 10 期；四川省文物管理委员会，四川省文物考古研究所，四川省广汉县文化局、文管所：《广汉三星堆遗址二号祭祀坑发掘简报》，《文物》1989 年第 5 期。

② 江玉祥：《广汉三星堆遗址出土的象牙》；李昭明、林向、赵殿增：《三星堆与巴蜀文化》，巴蜀书社，1993 年。

③ 周明镇、张玉萍：《中国的象化石》，科学出版社，1974 年。

④ 罗二虎、陈放、刘智慧：《成都指挥街遗址孢粉分析研究》，《南方民族考古》第二辑，四川科学技术出版社，1990 年。

术已经比较发达；家畜中以猪为主，说明当时的农业生产已经达到了一定的高度。狗和黄牛从骨骼形态也可辨认是驯养的。十二桥遗址出土的马骨虽然较少，我们无法从骨骼形态方面观察其是否已经驯养，但考虑到中原地区在商代晚期已经驯养了马，可以认为成都平原在西周早期发现的马也应该已经驯养。在十二桥遗址中我们未发现六畜中的羊和鸡，但在方池街和岷山饭店有少量发现，而且确认是驯养的。这样看来，到西周时期，中国传统的六畜在成都平原已经全部成功驯化，但与猪、狗、黄牛比，马、羊和鸡在成都平原发现的数量相对较少。

另外，鸭和象这两种动物也有可能是驯养的，杨升南先生在《商代经济史》中总结了商代已经驯养的家畜和家禽，他认为象和鸭均已经驯养①。中国常见的、分布区域很广的麻鸭是有野生绿头鸭家化而成；在长江以南饲养的家鸭中，有一部分可能是由斑嘴鸭驯化而成，与绿头鸭的区别是在嘴端有黄斑②。就成都平原的情况来看，除十二桥遗址发现的这一件鸭的肱骨外，还未见其他材料的报导，也未发现鸭的仿生艺术品等资料，从现有的材料来看，还没有充分的证据判定其是否已经驯养的。但中原地区在商代晚期已经发现有鸭的仿生艺术品，如殷墟就出土有石鸭和玉鸭且具有家鸭的特征③。《尸子》"野鸭为凫，家鸭为鹜"，说明在战国时期鸭已经肯定驯化成功了，如果商代晚期中原地区对鸭已经驯养成功的话，那么西周时期的成都平原也有可能已经将其驯养为家禽了，只是我们需要更多古动物骨骼学方面的材料证据。

关于象的驯化前人已经有较多的论述，且《吕氏春秋·古乐篇》有"商人服象，为虐于东夷"的记载。象在商周短时期在中国被驯化是有可能的，只是这些推测仅是根据古文献做出的，并没有骨骼形态和牙齿等方面的更直接的证据。地处成都平原腹地商周时期的金沙遗址出土了大量的象牙（门齿）和少量臼齿，说明商周时期的成都平原有适合亚洲象栖息的良好生境，但是否曾经驯化还有待进一步的研究。

四　出土动物骨骼的保存状况及肉量估算

我们用可鉴定标本数（NISP）与总标本数的比值来估算遗址出土哺乳动物骨骼的破碎程度，比值越大说明破碎程度低，保存状况越好。十二桥遗址早期文化层出土哺乳动物骨骼2086件，其中可鉴定标本（NISP）占826件，占总数的39.6%，可以说这个比率并不高，说明十二桥出土动物骨骼的破碎程度较高，这可能与骨骼绝大多数出土于第12层有关系，因为该层有水冲过的痕迹，对骨骼的保存状况有一定程度的影响。

另外，我们用几种主要动物的最小个体数（MNI）与可鉴定标本数（NISP）的比值来观察不同动物属种的保存状况，比值越小，说明该种动物骨骼越破碎，保存状况越差。我们以第12层出土的哺乳动物骨骼为例予以计算，见表一三。

① 杨升南：《商代经济史》，贵州人民出版社，1992年。

② 郭郛、（英）李约瑟、成庆泰著：《中国古代动物学史》第371页，科学出版社，1999年。

③ 中国社会科学院考古研究所安阳工作队：《1975年安阳殷墟的新发现》，《考古》1976年第4期；中国社会科学院考古研究所安阳工作队：《1969－1977年殷墟西区墓葬发掘报告》，《考古学报》1979年第1期。

表一三　　　　　　　　　　第 12 层几种主要哺乳动物骨骼 MNI/NISP 值（%）

动物属种	家猪	水鹿	斑鹿	小鹿	狗	黄牛
MNI	38	10	3	8	6	3
NISP	488	137	30	61	31	35
MNI/NISP（%）	7.78	7.3	10	13.11	19.35	8.57

通过上表可以看到体形较大的几种动物（黄牛、水鹿、家猪和斑鹿）的 MNI/NISP 比值明显小于体形较小的（小鹿和狗）的比值，这说明体型大的动物骨骼破碎程度要比体形小的骨骼保存状况差。同时也说明这两组动物在当时主要是用作食物的，没有特殊的物种用于食物以外诸如祭祀活动为目的的，因为在体形较大的一组中，MNI/NISP 比率基本相同，骨骼破碎程度也差不多，而且均没有发现完整的个体，这也正是聚落内肉量日常消耗的正常状况。基于这点，我们可以认为当时这些骨骼系当时人们日常饮食生活所留下来的，如果暂不考虑对外交换等其他因素的影响，这就为我们估算这些骨骼的肉量提供了有利条件，因此我们采用 White, T. E. 方法来估算肉量，该方法是依据 MNI 来计算的，这种方法的优点在于照顾了大型动物提供肉量的重要性，不会因为单纯依赖 MNI 而被贬低，比较适合于聚落遗址肉量的估算（假定所有被屠宰的动物都在聚落内消费）。

表一四　　　　　　第 12 层部分哺乳动物提供肉量统计表（依照 White, T. E. 方法计算）*

动物种属	个体重量（kg）	最小个体数（个）	活体总重量（kg）	提供的肉量（kg）
水鹿	150~180	10	1500~1800	750~900
斑鹿	100~150	3	300~450	150~225
小鹿	10~15	8	80~120	40~60
黄牛	500	3	1500	750
家猪	170	42	7140	4998
藏酋猴	20	4	80	40
黑熊	150	1	150	105
狗	30	6	180	90
马	500	2	1000	500
犀牛	1000~2000	1	1000~2000	500~1000
猪獾	10~15	1	10	5~7.5
麝	6~15	1	6~15	3~7.5
总计				7931~8683

* White, T. E. 计算方法是：long-legged mammals total weight × 50 percent × archaeological animal MNI = meat weight；birds and short-legged mammals total weight × 70 percent × archaeological animal MNI = meat weight[1].

从表一四可以看到，在第 12 层出土的家猪、黄牛、马、狗等家畜骨骼的可鉴定标本数为 560 件，

[1]　Elizabeth J. Reitz and Elizabeth S. Wing，*Zooarchaeology*，P223-P225，Cambridge University Press，1999.

而水鹿等野生动物的为 242 件，家畜的骨骼占哺乳动物可鉴定标本的 69.83%。从最小个体数来看，家猪、黄牛、马、狗等家畜的最小个体数为 53 个，而水鹿等野生哺乳动物的最小个体数为 29 个，家畜占 64.63%。不论从可鉴定标本数还是从最小个体数，还是这些动物提供的肉量来看，家畜无疑都是占主导的，野生动物应该是作为日常生活中肉食的补充。当然，由于对鱼、龟等淡水动物的骨骼没有充分收集，暂无法对这些淡水食物资源的量进行估算。对十二桥遗址 12 层出土的哺乳动物骨骼所代表的肉量进行了初步估算，大约 7931～8683 千克，相信对了解当时人们的饮食习惯、食物结构会有所帮助。

小　结

前面我们对十二桥遗址早期文化层特别是第 12 层出土的动物骨骼进行了简单的介绍，结合周围其他遗址出土的动物骨骼，我们认为在以遗址第 12 层所代表的商代晚期至西周早期的成都平原野生动物资源丰富。成都平原当时除了分布有数量众多的各种鹿科动物、少量的黑熊和藏酋猴等林栖动物以及各种淡水鱼和龟外，还有在平原内如今早已绝迹的亚洲象和犀牛，说明当时成都平原温暖湿润，植被茂盛，可能比现在的气温还稍高，雨量更充沛，良好的生态环境，为先民提供了舒适的栖居之地和丰富的食物资源。由于农业的发达，家畜及家禽的驯化也发展很快，中国传统上的"六畜"在这一时期的成都平原也已经基本驯化成功，并成为先民日常生活主要的稳定的肉食来源。

第二节　遗址全新统地层孢粉组合与环境分析

成都地处成都平原并交跨有川中丘陵的西缘，龙泉山从东北向西南斜贯东部，成为川西平原与川中丘陵的分界。山体由侏罗纪、白垩纪红色砂岩和泥岩组成。龙泉山以西平原辽阔坦荡，海拔 470～520 米，覆盖着第四纪松散堆积物，其厚度由西而东逐渐递加，东部一般 0～30 米，西部最厚可达 100 米。

成都是祖国大西南古城，远在三千年前在今成都平原已有部落聚居，从事农业蚕桑和丝织，是四川粮仓，有"天府"之称。

悠久的农业除有温暖湿润的气候环境、丰富的水资源外，广布于平原的第四纪沉积沃土是农业赖以生存发展的最基本条件。因此，了解成都的地质史、特别是全新世以来的地质发展史，植被类型特征、发展、演化及以此所反映的气候变化规律，对于成都平原的工农业发展规划有一定的意义。居于此，笔者对成都十二桥发掘文化层中 5 米厚的全新统地层进行了全面系统的孢粉研究。

一　地层简介

剖面位于成都市内十二桥西约 200 米，总厚 5 米。该套地层以洪泛及间歇浅水沼泽沉积物为主，岩性为含粉砂、细砂黏土，有机质特多。自下而上划分为 15 层，其中 1～13 层按考古发掘文化层的划分取样，14 层和 15 层是局部向下解剖划分地层取样。依层简述于下。

15 层：灰色淤泥黏土，含粉砂，未揭露出下界，厚度不详。

14 层：深灰色淤泥黏土层，厚 25～30 厘米。

13 层：灰色淤泥黏土层，中夹多条不规则砂带，厚约 35 厘米。

12 层：灰黄色含泥细至粉砂层，中间局部夹卵石，厚 25 厘米。

11 层：灰色粉砂质黏土层，厚约 40 厘米。

10 层：上部与下部粉砂层，中部细砂层，厚 34 厘米。

9 层：灰褐色黏土层，厚 60 厘米。

8 层：浅褐黄色黏土，厚 44 厘米。

7 层：灰色细至粉砂层，厚 30 厘米。

6 层：黄褐色粉砂质黏土，厚 25 厘米。

5 层：黄褐色黏土，厚 50 厘米。

4 层：褐色黏土，厚 0～40 厘米。

3 层：褐黄色黏土，中夹卵石，厚 60～120 厘米。

2 层：黄灰色黏土，为农耕土，厚 30 厘米。

1 层：现代建筑土，厚 70 厘米。

二　孢粉组合

该剖面的 15 层地层中共分析了 40 余件次孢粉样，其中 15～9 层中含有丰富的孢子花粉类型，8～2 层中只含很少量的孢粉。经鉴定发现的化石孢子花粉计有 86 属，96 种，包括 69 科。在众多的孢粉类型中起主导作用的孢粉有膜蕨属、凤尾蕨属、水龙骨科、水龙骨属、松属、铁杉属、桦属、栎属、禾本科、十字花科、蓼属等，在局部层位中起重要作用的有云杉属、冷杉属、柏属、桤木属、鹅耳枥属等等。现将各层中的孢粉组合简介于后：

15 层，木本植物花粉最丰富，占孢粉总数的 84.4%，蕨类植物孢子和草本植物花粉都比较少，它们分别占孢粉总数的 9.05% 和 6.5%。木本植物花粉中针叶林与阔叶林花粉几乎各占一半（58.2% 和 41.8%）。针叶植物的优势种为松属中的云南松（15.41%）、铁杉属（5.94%）、云杉属（11.67%）、冷杉属（8.74%）；阔叶植物中鹅耳枥属（8.51%）、桦属（7.13%）、桤木属（5.98%）、栎属（5.29%）很多；草本植物花粉以禾本科的几种形态类型较多（3.45%）；蕨类植物

孢子的种类较多，但数量很少。（见表1、表2）

14层，木本植物花粉数量急剧下降，含量仅占孢粉总数的14.6%，蕨类植物孢子的数量猛增，其含量上升为84.2%，草本植物花粉的数量已明显减少，仅占1.2%。蕨类植物的优势分子是膜蕨属，其含量占孢粉总数的33.44%；其次凤尾蕨属（19%）、水龙骨科（14.82%）、水龙骨属（9.12%）、蹄盖蕨属（4.49%）数量也相当多。此外，含量在2%以上的蕨类植物孢子有矩园石韦（2.66%）。木本植物中云杉属（4.56%）、松属（6.76%）花粉较多，其他属种数量很少。草本植物除发现禾本科、百合科的个别花粉外，未发现其他花粉。

13层，木本植物花粉数量回升，百分含量占孢粉总数的28.3%，草本植物迅速发展，花粉含量占42.7%，蕨类植物孢子由于膜蕨属孢子的大量减少，使百分比降至29%。木本植物中铁杉属（7.8%）、松属（6%）、冷杉属（2.1%）、云杉属（1.5%）仍保持一定数量，而阔叶植物花粉含量保持在2%以上的属没有。草本植物由于禾本科花粉数量的剧增（33%）而使草本植物花粉的含量增高，但属种不多。蕨类植物除水蕨孢子含量（4.8%）较高外，其他属种数量比较少。

12层，木本植物花粉的数量仍继续增加，含量占孢粉总数的31%，草本植物发展更快，花粉含量已占65.9%，蕨类植物孢子仅占3.1%。草本植物由于禾本科花粉数量的增加（46.42%）和其他类型属种的大量出现和数量增加，使得它们在孢粉总数的含量百分比加大。木本植物中柏科花粉（11.7%）大量出现，但其他属种如栎属、松属、云杉属、铁杉属、桦属、鹅耳枥属等，除栎属含量在2.73%外，含量都在2%以下。蕨类植物类型单调，数量少，所发现的属种含量在1%以下。

11层下，木本植物花粉保持12层的含量（29.4%），草本植物花粉数量大减，仅占15.95%，蕨类植物孢子数量增加，占孢粉总数的54.7%。蕨类植物中的膜蕨属（19.38%）、卷柏属（8.36%）、铁角蕨属（5.32%）、凤尾蕨属（2.66%）、水龙骨科（9.5%）都有很大数量。草本植物则由于禾本科的花粉由12层的46.41%降低至该层的10.26%而大受其影响。木本植物中除松属（17.1%）、铁杉属（5.32%）含量较高外，其他属种的含量都在2%以下。

11层上，木本植物和草本植物花粉数量回升，百分含量分别为孢粉总数的44.8%和31.8%，蕨类植物孢子数量下降，含量占23.4%。木本植物中的松属（19.76%）、铁杉属（7.56%）数量都比11层下增加，但其他属种含量仍在2%以下。草本植物中禾本科花粉数量增加，含量已占22.32%，十字花粉已占2.16%，同时增加了其他属种类型。蕨类植物则由于在11层下中占优势的膜蕨属、卷柏属、铁角蕨属、水龙骨科孢子的大量减少而受其影响。

10层，木本植物花粉数量下降（占37.4%），草本植物花粉数量继续上升（占55.2%），蕨类植物孢子仅占7.4%。草本植物中仍然是禾本科植物花粉占优势，它在该层中其含量已占孢粉总数的38.85%，十字花科的花粉含量在2%以上的其他花粉有蒿属（2.22%）、Persicaria（3.33%）。木本植物中松属（5.55%）、铁杉属（1.48%）数量减少，而栎属（14.1%）及其他一些阔叶植物花粉数量增加。蕨类植物孢子类型单调、数量少。

9层下，木本植物花粉数量继续下降（21.5%），草本植物花粉数量继续上升（76.7%），蕨类植物孢子仅占1.8%。草本植物中的禾本科花粉已处于高峰（65.01%），加上其他是一些类型的草本植物花粉，如蒿属（2.31%）、藜科（1.65%）、石竹科（1.32%）、毛茛科（3.63%）数量的增加，使草本植物花粉在孢粉总数中的比例大增。木本植物中针叶植物花粉数量很少，所有出现的属种花粉总和其含量仅为孢粉总数的 3.3%，而阔叶植物花粉数量有所增加，其中栎属（6.9%）、山毛榉属（2.97%）数量较多，蕨类植物类型单调，数量稀少。

9 层上，木本植物花粉数量仍继续下降（17.4%），草本植物花粉数量继续上升，在该层它们已处于巅峰（占 80.2%），蕨类植物孢子仅占 2.4%。草本植物花粉仍以禾本科占优势（67.8%），此外，十字花科（2.4%）、Persicaria（2.7%）、蓼属（1.2%）花粉较多。木本植物中的松属花粉比例较大。

三　植被面貌及古气候特征

孢粉地层学的目的在于通过孢粉分析，恢复当时当地的植物群面貌，以供了解和判断沉积时期的古气候、沉积环境和地层年代。因而孢粉分析工作不仅对古老地层年代的研究具有一定的价值，尤其在探讨植被的发展、演化及反映古气候的变化方面具有更为重要的意义。

一些资料证明，现代表土中的孢粉组合能够较客观地反映当时当地植被的主要成分。根据表土中的孢粉组合与原地植被基本一致这一道理，成都十二桥全新统地层沉积物中的孢粉组合也能相应地反映当时的植被面貌及古气候特征。

15 层，由孢粉组合特征可以看出，占孢粉总数 84.45% 的木本植物花粉所反映的植被面貌是森林类型。组成森林的植物为针叶林和阔叶林，木本植物花粉的数量虽然针叶植物占的比例较大（58.2%），但考虑到松科各属花粉的产量大于阔叶植物，实际上阔叶植物的数量可能还略多于针叶植物，因而植被类型属针阔叶混交林。植被类型中数量很多的云南松广布于西南区，在四川分布于盆地边缘和西部高山峡谷的中山地带，它与华山松分布面积最广，是优良的用材林。在植被类型带谱中处于常绿阔叶林带与亚高山绿针叶林带间的铁杉植物也较多。植被类型中很重要一个特征是云杉、冷杉植物花粉的含量高达 20.01%，这两属植物现在四川境内广布于西部高山峡谷和山原地区及盆地西缘山地，盆地北缘也有零星分布，其分布高度一般在 3000 米以上，孢粉组合中有这样高的百分含量，说明当时这两属植物的分布已经达到距沉积区不远的低山地带，海拔 500～600 米。众所周知，云杉、冷杉两属是耐寒针叶植物，性喜寒温阴湿的气候环境。它们此时的生长高度下降约 2500 米，根据同纬度地形每升高 100 米温度下降约 0.5～0.6℃ 这一原则，可推测此时的气温（年平均）至少比现在低出 10℃ 左右。那么，是否这两属花粉（包括松科的其他属）当时是经流水从岷江上游搬运沉积于此？从沉积物以及上面的组合特征分析，这种可能很小，该层沉积物为灰色淤泥黏土，中夹很多有机质，这种沉积物远离主河道并拌有水沼泽沉积物标志（孢粉中有荇系、菱等水生植物），因此它们当时可能就生长于沉积区附近的坡地上。这种可能从云杉、冷杉目前的分布情况分析也合情理：当前它们在盆地西缘山区的分布区，距成都直线距离 60 余公里，所以当时气温下降，它们下降迁移很短距离就到成都平原。如果是流水搬运，那为什么上面地层中的孢粉组合再也没有出现上述情况。另外，植被类型中阔叶植物的属种，除少数（如杨梅、姚金娘、山矾等）是亚热带特有分子外，其余多数为广布分子，有些是亚高山阔叶落叶植物。

该期植被特征，反映此时在地史上有一降温过程，由于气温下降迫使原来生长于高山峡谷和山原地区的耐寒往低处或低纬度迁移，一些喜温植物往更低或更低纬度迁移，或数量减少或消失，一些广布分子则混生于其中。地史上的这个降温过程，笔者认为很可能是第四纪晚更新世到早全新世的过渡期，是地史上第四世末一次冰期，叫冰后期（或小冰期）。

14 层，全新世开始后，随着气温的回升，热能量增加，耐寒针叶植物又撤退到中高山，以膜蕨属、蹄盖蕨属、水龙骨科为主的喜温热的蕨类植物迅速地发展起来，形成了稀疏针叶林和林下繁茂蕨类植物的植被面貌，一些阔叶植物可能由于土壤和空气湿度不适而移居它处，植被类型中仍有 4.56% 的云杉花粉存在，这可能是云杉撤退中的孑遗分子，此时的气温仍比现在稍低。

13 层，该层中的植被面貌为疏林草甸型，疏林以松属数量较多，另有少量阔叶植物，蕨类植物被草本植物代替，此时植被的组成形式不是疏林及林下蕨类植物，而可能是边缘疏林，中间广阔地带为以禾本科为主的草甸或者是耕作植物。植物属种以分布于中、北亚热带地区的木本植物和广布北半球亚热带温带的禾本科为主。蕨类植物以亚热带属较多，仍有个别云杉植物遗留在附近山上。此时气候温暖湿润。此外，植物类型中还有反映沼泽环境的水生植物及藻类出现，如环纹藻、水蕨、狐尾灌等。

12 层，植被面貌仍为疏林草甸型，禾本科植物的数量进一步增加，其他草本植物大量出现，疏林被挤往更远的边缘地带，另外木本植物中出现较多的柏科植物，柏科植物当前在成都平原的坡地、小丘上普遍生长。此时的气候环境与 13 层时很近似，也存在沼泽环境。

11 层下，由于蕨类植物中的一些属（如膜蕨、卷柏、水龙骨科等）和木本植物中针叶植物数量的增加又形成了针叶林及林下繁茂蕨类植物的面貌，以禾本科为主的草甸（或耕作植物）范围缩小，阔叶植物零星夹于针叶林中，此时气候较为湿热，浅水沼泽仍然存在。

11 层以上，禾本科及木本植物的增加，使得植物面貌发生变化，11 层下中起重要作用的膜蕨、卷柏、水龙骨数量的减少，植被面貌为针叶林禾本科草甸型，气候转为温暖湿润，存在浅水沼泽。

10 层和 9 层下，禾本科植物数量进一步增加，蕨类植物更加稀少，木本植物由阔叶植物取代针叶植物，植被面貌又发展成阔叶林禾本草甸型，阔叶林的主要树种是栎属，同时出现栲属数量增高。此时的气温较 11 层上高，湿度可能小一些，仍有浅水沼泽存在。

9 层以上，禾本科植物发展到一个高峰期，木本植物被挤到很远的边缘地带，此时孢粉组合中出现的花粉主要是借助风力搬运而来，由于风对针叶植物和阔叶植物的搬运距离不同，因此组合中显示了针叶植物花粉较多，但植被类型仍为针阔混交林，此时的植被面貌是禾本草甸型，气候条件与今日相近。

小　结

1. 由孢粉组合恢复出的植被特征，表明该地区存在着第四纪晚更新世至早全新世全球第四纪最末一次冰期（冰后期或小冰期）的影响，其表现为气温下降，耐寒针叶植物的分布高度下降 2000～2500 米，已经分布到成都平原，其年平均温度比今日至少低 10℃，全新世以来气温波动幅度很小。

2. 相应地该区存在全新世早期大约 1 万年左右的地层。

3. 全新世以来的植被类型、发展及演化大致有如下规律：早期针阔叶混交林—针叶疏林＋蕨类植物—针叶疏林＋蕨类植物＋禾本草甸—边缘针阔叶混交林中间禾本草甸—针叶林＋蕨类植物＋边缘阔叶林中间禾本草甸—边缘稀疏针阔叶林中间禾本草甸。

4. 全新世以来该区沉积物主要是洪泛及浅水沼泽沉积，其特征是沉积物主要是黏土或粉砂黏土，各层中都有水生植物标志。

5. 从优势属孢粉在纵向上的变化使人有这样一个看法，该区从13层往上禾本科植物有处于明显的优势地位到9层时已经发展到高峰期，另外十字花科植物虽然优势不明显，但从15层开始几乎没有间断，这两类植物的出现似乎表示了它们与成都平原悠久的农业历史有着密切的内在联系，有关资料表明远在三千年前成都平原已有部落聚居，并从事农业蚕桑和丝织，大量的禾本科花粉可能就是耕作区的产物。

6. 8层以上的孢粉很少，应是因为8层以上该区已经被当时的人作为工业或居住区了，即使这样，从所发现的少量孢粉中禾本科花粉仍占优势，由此表明成都平原的农业发展长盛不衰。

表一五　　　　　　　　　　**孢子花粉属种名称及百分含量**

孢子花粉属种名称	15 层	14 层	13 层	12 层	11 层下	11 层上	10 层	9 层下	9 层上
藓类、蕨类植物孢子									
Sphagnaceae									
Sphagnum		0.23							
Lyoopodiaceae									
Lycopodium squarrosum Ham.		0.38							
Lycopodium sp.	0.23		0.30			0.36			
Selaginellaceae									
Selaginella mairel Levl.					6.08				
Selaginella sp	0.46		1.20		2.28	0.72		0.33	0.60
Osmundaceae									
Osmunda	0.46		0.90	0.39	0.76				
Lygodiaceae									
Lygodium			0.90		0.38	2.16	0.37		
Hymenophyllaceae									
Hymenophyllum	0.46	33.44	1.80	0.39	19.38	3.24	1.85	0.33	0.30
Dennstaedtiaceae									
Microlepia		1.52					0.37		
Dlksoniaoeae									
Cibotium			0.30						
Pteridaoeae									

续表

孢子花粉属种名称	15层	14层	13层	12层	11层下	11层上	10层	9层下	9层上
Pteris	1.84	19.00	1.20		2.66	3.6	1.11	0.99	0.60
Sinopteridaceae									
Cryptogramma		0.38							
Adliantaceae									
Adiantum	0.46								
Gymnogrammaceae									
Coniogramma					1.14				
Parkeriaceae									
Ceratopteris thalictroides (L.) Brongn.			4.8	0.39		1.80	0.37		
Athyriaceae									
Athyriopsis					0.76				
Athyrium		4.94	0.30		0.76	1.80	0.37	0.33	
Allantodia					2.28	0.36			
Lunathyrium					0.38				
Aspleniaceae									
Asplenium					5.72	1.44			
Thelypteridaceae									
Abacopteris			0.30						
Cyclosorus			0.30						
Leptogramma			0.60						
Thelypteris			0.60						
Cyatheaoeae									
Cyathea		0.76							
Blechnaceae									
Woodwardia					0.76				
Dryopteridaceae									
Dryopteris						0.36			
Polypodiaceae	0.92	14.8	7.20	0.78	9.50	1.80	2.59	0.66	0.30
Lepidogrammitis	0.92		.060			0.36			
Microsorium	0.46								
Phymatodes	0.69				0.76	0.36	0.37		
Polypodium	1.38	9.12	4.20	1.17	1.52	0.36			

续表

孢子花粉属种名称	15 层	14 层	13 层	12 层	11 层下	11 层上	10 层	9 层下	9 层上
Pyrrosia martinii（Christ）ching		2.66			0.38				
Loxogrammaceae									
Loxogramme			0.30						
木本植物花粉									
Pinaceae						1.08			
Abies	8.74	0.76	2.10			1.08	0.33		
Cedrus	0.69								
Keteleeria	2.07	0.38	0.30		1.56	2.52	0.37		0.90
Larix		0.38							
Picea sp. 1	4.6	4.56	1.50	0.39			0.37		
Picea sp. 2	6.67					2.16			
Pinus armandii Franch.	2.76		0.30			0.76			
Pinus tabulaeformis Carr.	0.46	0.38							
Pinus yunnanensis Franch.	15.41	6.08	6.00		10.64	13.68			
Pinus sp.	0.46			2.34	6.46	5.40	5.55	2.46	8.70
Tsuga dumosa（D. Don）Eichler	4.34	0.38	4.8	0.39	2.66	5.40		0.33	0.90
Tsuga forrestii Downie	1.61		3.00		2.66	2.16	1.48	0.33	1.20
Podocarpaceae									
Podocarpus	0.69								
Darydium						0.36			
Cupressaceae		1.14		11.70	1.52		1.48	1.65	
Ephedraceae									
Ephedra	0.23								
Myricaceae									
Myrica				0.39					
Juglandaceae									
Pterocarya	0.69	0.38			0.76		0.37	1.98	0.90
Juglans			0.30						
Betulaceae									
Alnus	5.98		0.30					0.66	
Betula	7.13		1.50	1.56	0.76	0.36	1.48	1.98	
Carpinus	8.51		0.30	1.17		0.36			

续表

孢子花粉属种名称	15 层	14 层	13 层	12 层	11 层下	11 层上	10 层	9 层下	9 层上
Corylus	2. 30								
Fagaceae									
Querous	5. 29		0. 9.	2. 37	0. 38	1. 80	14. 10	6. 90	2. 40
Castanea				0. 39	0. 76	0. 72	1. 85	0. 99	0. 60
Castanopsis							1. 48	0. 66	0. 60
Fagus	1. 84			1. 17	0. 38		2. 59	2. 97	
Ulmaceae									
Ulmus			0. 90	1. 17					
Zalkova	0. 46								
Moraceae									
Morus	0. 46						0. 37		
Magnoliaceae									
Magnolia				0. 39		0. 36	0. 37		
Hamamelidaceae									
Liquidambar	0. 46		0. 60				0. 37		0. 90
Anacardiaceae									
Rhus	0. 46					0. 72	0. 74		
Aquifoliaceae									
Ilex				0. 39					
Tiliaceae									
Tilia	0. 23			0. 39					
Nyssaceae									
Nyssa						0. 36	0. 74		
Myrtaceae				0. 39			0. 37		
Araliaceae			0. 60	0. 39					
Aralia					0. 38	0. 72		0. 64	
Ericaoeae									
Rhododendron	0. 23		0. 30						
Pieris				0. 39					
Oleaceae	0. 46						0. 37		
Caprifoliaceae									
Lonicera	0. 23		0. 60	0. 39		0. 36	0. 74		
Elaeagnaceae									

续表

孢子花粉属种名称	15 层	14 层	13 层	12 层	11 层下	11 层上	10 层	9 层下	9 层上
Elaeagnus				1. 95	0. 38	1. 08	0. 37		
Euphorbiaceae	0. 23				0. 38				
Alchornea				1. 17					
Sapindaceae				0. 72					
Symplocaceae					1. 08	1. 11	0. 33		
Symplocos				0. 39					
Rosaceae				0. 78					
Rutaceae							0. 74		
草本植物花粉									
Amarathaceae				0. 78					
Caryophyllaceae			0. 90	0. 39		0. 36	0. 74	1. 32	0. 60
Chenopodiaceae	0. 46		0. 90	0. 78		0. 36		1. 65	0. 60
Commelinaceae						0. 72			
Commelina						0. 72			
Compositae				1. 56	0. 38				
Anaphalis				0. 39					
Artemisia	0. 23			5. 46			2. 22	2. 31	
Aster				1. 17	0. 38			0. 33	
Youngia			0. 30	0. 39	0. 76	1. 80	0. 37		
Cruciferae	0. 23		0. 30	0. 78	1. 52	2. 16	5. 92	0. 99	2. 40
Gramineae（光）	2. 07		23. 1	35. 49	3. 42	6. 84	17. 39	33. 66	63. 30
Gramineae（颗粒）	1. 38	0. 38	2. 70	6. 24	4. 94	12. 6	20. 72	30. 36	4. 5
Gramineae（小）			7. 20	4. 29	1. 90	2. 52	0. 74	0. 99	
Gramineae（褐色）				0. 39		0. 36			
Liliaceae		0. 38							
Tulipa？	0. 23								
Malvaceae									
Althaea							0. 36		
Orchidaceae									
Neuwiedia veratriforia Bl.						0. 36			
Neuwiedia sp.					0. 38	0. 36			
Polygonaceae									
Persicaria					0. 76	0. 72	3. 33		2. 70

续表

孢子花粉属种名称	15 层	14 层	13 层	12 层	11 层下	11 层上	10 层	9 层下	9 层上
Polygonum	0.46		0.30	0.78	0.38	1.80	1.11	0.33	1.20
Ranunculaceae			0.90	2.34		0.72		3.63	0.60
Rubiaceae			1.20					0.33	
Emmenopterys（木本）				0.39					
Solanaceae									
Solanum			0.30						
Umbeliferae				1.95			1.11		
Alismataceae	0.69			0.39				1.32	
Cyperaceae				0.39					
Gentiaceae									
Nymphoides					0.38				
Halorrhagidaceae									
Myriopyllum	0.23		0.30	0.39	0.38		0.37		
Hydrocharitaceae	0.23								
Typhaceae									
Typira	0.23							0.37	0.33

表一六　　　　　　　　孢子花粉总量及各类孢粉含量百分比

层号	孢粉总含量百分比（％）	蕨类植物孢子含量百分比（％）	草本植物花粉含量百分比（％）	木本植物花粉含量百分比（％）	木本植物中针、阔叶花粉含量百分比（％）	
					针叶	阔叶
9 层上	328 = 100	8 = 2.4	263 = 80.2	57 = 17.4	39 = 68.4	18 = 31.6
9 层下	303 = 100	8 = 1.8	230 = 76.7	65 = 21.5	16 = 24.6	49 = 75.4
10 层	270 = 100	20 = 7.4	149 = 55.2	101 = 37.4	25 = 24.8	76 = 75.2
11 层上	277 = 100	65 = 23.4	88 = 31.8	124 = 44.8	96 = 77.4	24 = 22.6
11 层下	265 = 100	145 = 54.7	42 = 15.9	78 = 29.4	67 = 86	14 = 14
12 层	255 = 100	8 = 3.1	168 = 65.9	79 = 31	38 = 48	41 = 52
13 层	300 = 100	88 = 29	128 = 42.7	84 = 28.3	63 = 75	21 = 25
14 层	260 = 100	21 = 84.2	3 = 1.2	38 = 14.6	36 = 94.7	2 = 5.3
15 层	431 = 100	39 = 9.05	28 = 6.5	364 = 84.45	212 = 58.2	152 = 11.8

后　记

　　1989 年 3 月，十二桥遗址田野工作结束后，发掘组留下了一部分人员进行发掘资料的整理，包括统计陶片、制作器物卡片、器物分型分式与分期，绘制器物图、遗迹图和木结构建筑的复原图等等，为编写十二桥遗址发掘报告作准备。当时参加整理工作的有李昭和、翁善良、张肖马、江章华、周科华、刘钊、魏绍蘭，陶器修复曾裕儒，绘图彭朝容。

　　上世纪 90 年代初，四川省文物考古研究所因内部机构调整等诸多原因，将其人员撤离发掘组。紧接着，成都市考古队从成都市博物馆分出，整理人员分散，十二桥遗址发掘报告的整理工作停了下来。

　　1995 年秋季，四川省文物考古研究所和成都文物考古研究所、成都市博物馆通过协商，决定再次启动十二桥遗址发掘报告的整理工作。十二桥遗址出土的文物标本、发掘工作的原始记录、线图、照相资料、器物卡片等一切资料，全部移交成都文物考古研究所。同时，还对十二桥遗址发掘报告的编写作了明确的分工，确定了十二桥遗址发掘报告的编写体例。但是，整理工作刚启动，再次遇到原发掘组人员难以集中，整理经费不能落实到位，整理工作又一次搁浅。

　　2006 年 6 月，四川省文物考古研究院与成都文物考古研究所通过友好协商，一致同意双方继续合作，共同整理十二桥遗址发掘报告，报告的整理工作第三次启动。

　　在这次整理工作中，成都文物考古研究所腾出整理房屋，购置大批的文物架，特别是提供整理经费，为十二桥遗址发掘报告整理工作的正常进行和如期完成创造了条件与提供了保障。

　　参加十二桥遗址发掘报告编写工作的有四川省文物考古研究院张肖马，成都文物考古研究所江章华、翁善良等。具体完成的章节是：第一章，第二章，第三章第一节，第四章第一节，第五章第一节由张肖马撰写；第三章第二节、第三节，第四章第二节、第三节由江章华撰写；第五章第二节由翁善良撰写；第五章第三节由张肖马撰写；第六章第一节由成都文物考古研究所何锟宇撰写；第六章第二节由四川大学罗二虎、陈放，成都地质矿产研究所陈乐尧撰写。另外，绘图人员有成都文物考古研究所曾雳、党国平、曹桂梅，四川省文物考古研究院彭朝容、李建伟；摄影由四川省文物考古研究院江聪完成；拓片由成都文物考古研究所戴堂才完成；曾雳还负责器物图的编排工作；商代木结构建筑的复原图由刘钊和李昭和绘制。绘图工作还得到四川省文物考古研究院韦荃、宋艳的帮助。

　　另外，在 1987 年 5 月，我们曾经在《文物》杂志发表了《成都十二桥商代建筑遗址第一期发掘简报》。由于当时发掘工作尚未完成，编写简报的时间仓促，对十二桥遗址中的木结构建筑等遗迹现象的认识有很大的局限性，加之当时可供对比与参考的商周时期的经过科学发掘的同类遗址资料少，我们对十二桥遗址的文化内涵认识也存在局限性，所以，发表的《成都十二桥商代建筑遗址第一期发掘简报》中公布的资料不全面，对十二桥遗址商周时期遗存的文化内涵和文化性质的认识也比较肤浅，甚至还存在个别错误。现在，十二桥遗址发掘的综合性报告终于与大家见面了，公布的发掘资料更为全面，对过去的一些看法与认识作了修正，对个别错误作了修改，对十二桥遗址商周时期遗存的文化内涵和文化性质的认识进一步深化、研究也进一步深入，所以，十二桥遗址发掘公布的材料，应以现在编写的综合报告公布的资料为准。

　　在十二桥遗址的发掘中，承蒙全国许多专家学者亲临现场指导，特别是四川省文物考古研究院的 沈仲常 先生、朱秉章先生对十二桥遗址的发掘与保护工作给予了极大的关心和支持，古建筑专家杨鸿勋、郭黛姮、徐伯安等先生，对木结构建筑的结构分析、保护与复原工作，提出了许多宝贵意见，谨此致谢。另外，在十二桥遗址的发掘与保护工作中，也得到了各级领导和许多同仁的关心和支持，特别是在报告的整理中，国家文物局、四川省文物局给予了大力支持，谨此致谢。

编者

2007 年 12 月

Abstract

The site of Shierqiao is situated on the northwestern side of the Shierqiao sector of Chengdu. It is estimated that the site covers a zone of roughly 142 m long and 133 m wide from North to South with a total area of over 15000 m². The site was discovered during construction work in December of 1985 and the excavation of the site ran from 1985 until 1988 covering a total of 1800 m². Roughly 4 m of cultural deposit were uncovered and these were divided into 13 cultural levels. The bulk of the remains concern the Shang and Zhou period, however the site also contains remains from the Warring States period Qin, Han, Sui and Tang periods.

Cultural levels 10 – 13 represent the Shang and Zhou components of the site. The unearthed remains include pottery, stone tools, and bronze pieces as well as worked bone. Judging from the ceramic chronology it is possible to divide these remains into two different phases: one early and one late period. Layers 13 and 12 represent the early components, whereas layers 11 and 10 represent the later layers of this phase. This earliest period correspond roughly to the third and forth periods of Yinxu, whereas the latter corresponds to the Early Western Zhou. The pottery unearthed from these earliest layers of the site can clearly be divided into types A and B. Group A is mostly composed of small flat bottomed guan, high handled dou, he, ping, hu, bird shaped spoon/handles, zun shaped pieces, gu, fine handled vessels etc. Group B is mostly composed of vessels which have a pointed bottom as a feature such as cups (jiandibei), zhan, guan as well as trumpet shaped guan, high necked guan, pen basins, bo bowls, mianwen guan, wide bellied guan, narrow mouthed guan, footed guan, as well as gui shaped vessels. Vessels of group A are well known from the site of Sanxingdui, however those of group B are not found in the site of Sanxingdui and hence constitute a major point of difference between the two sites. The pointed vessels unearthed in the forth period of the site of Sanxingdui are typical of the site of Shierqiao and correspond to the early levels of the site of Shierqiao. In what concerns the new kinds of cultural remains found at the site of Shierqiao, it is clear that these are representative of the new cultural phase of the Chengdu plain. These remains were termed Shierqiao cultural remains after their type site. The earliest period of the Shierqiao site is representative of a transitional period between Shierqiao and Sanxingdui. The pottery typical of the later period of the site developed out of the B group remains and thus its cultural type is closest to that of Shierqiao. Pottery containing elements of the Sanxingdui period became slowly eliminated around this period of time and despite the fact that small amounts of pottery containing Sanxingdui influence were unearthed, it is not impossible that the pottery unearthed in these layers are in fact representative of earlier cultural remains which had been transmitted.

The most important discovery in these earliest phases of the site is without a doubt the remains of a wooden construction. These remains of this collapsed structure were discovered in layer 13 of the site and it is possible that this structure was destroyed during a flood. Its total surface area covers over 1300 m^2 and is composed of foundations of orderly wooden beams, walls of woven bamboo, and roof composed of layers of grass as well as large amounts of rounded wooden components. The recording of these remains has allowed us to accurately reconstruct the original architecture of this construction.

Layers 5 ~ 9 of the site contain remains ranging from the Warring States to the Qin/Han period including house remains, wells and ash pits. Unearthed cultural remains were dominated by pottery and on the basis of their distribution one can divide these phases into early, middle, and late phases: level 9 corresponds to the early phase, level 8 to the middle phase and levels 7 ~ 5 as well as structures J3, J6, J7 and J8 to the later phase. From the degree of change manifested in the cultural material one can see that the early and middle phase share some similarities which indicates that these two cultures were not separated by a long temporal gap, however the difference between the remains of the middle and the late phase are considerable indicating that there was a lack of continuity between these two phases.

Layers 3 and 4 contain remains from the Sui and Tang dynasties including: ash pits, wells and workshops. The cultural remains uncovered consist mainly of porcelain, followed by more coarse pottery, slightly concave tiles and barrel tiles as well kiln remains. According to the porcelain unearthed in each of the levels as well as the characteristics of the pottery one can further divide this period into two different phases: early and late which covers the period ranging from the Sui to the late Tang. It is likely that the remains from this site are closely associated with those of the kiln site of the Qingyang temple.

图

版

Ⅰ区发掘现场全景（由南向北）

1. I区发掘现场（局部）

2. I区发掘现场（由南向北）

I区发掘现场局部

Ⅱ区发掘现场全景（由东向西）

1. IT17 木构件堆积

2. IT18 木构件堆积

3. IT19 木构件堆积

I 区部分探方木构件堆积状况

IT22—ⅡT40 木结构建筑遗迹（由北向南）

1. IT16 大圆木构件遗迹（由南向北）

2. IT17—IT16 大圆木构件遗迹

I区大圆木构件遗迹

1. ⅡT36 F1 屋顶遗迹（上为北）

2. ⅠT23 茅草遗迹（上为西）

茅草遗迹

1. IT4 茅草编织遗迹

2. IT20 茅草编织遗迹

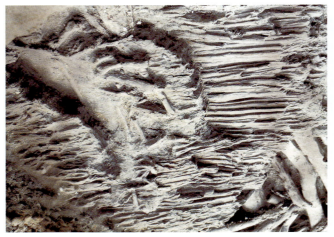

3. IT19 小圆竹堆积遗迹

4. IT15 大圆木构件砍凿痕迹

茅草编织物、小圆竹、砍凿痕迹

1. IT3 木卯孔

2. IT15 木暗榫

3. IT20 大圆木构件原始卯榫梢

4. IT15 木构件锯痕

木构件加工遗迹

IT25（F2）木地梁遗迹（由南向北）

1. IT25. I 号地梁遗迹

2. IT25. I 号地梁 1 号圆形卯孔

3. IT25. I 号地梁 3 号方形卯孔

I 号地梁遗迹

1. IT1 长方 木遗迹（由南向北）

2. IT10 F1 檩子遗迹

木构件遗迹

1. IT16 竹篾绑扎遗迹

2. IT7 小圆竹与木构件连接遗迹

木构件连接遗迹

1. I 式小平底罐 (IT8⑬: 1)

2. II 式小平底罐 (IT2⑬: 5)

3. I 式高领罐 (IT2⑬: 2)

4. I 式喇叭口罐 (IT15⑫: 64)

商周时期陶器 (一)

1. B型陶觚（IT15⑫: 5）

2. Aa型Ⅱ式尖底杯（ⅡT50⑬: 8）

3. Aa型Ⅱ式尖底杯（ⅡT50⑫: 4）

4. Ab型Ⅱ式尖底杯（ⅡT38⑫: 36）

商周时期陶器（二）

1. Ba 型高柄豆盘（ⅡT40⑬：32）

2. V 型高柄豆柄（IT3⑬：8）

3. A 型鸟头形勺柄（IT1⑬：1）

4. C 型鸟头形勺柄（IT3⑬：7）

商周时期陶器（三）

1. A型Ⅲ式陶纺轮（IT22⑫：3）

3. A型铜镞（IT16⑫：52）

2. 铜剑（IT4⑫：5）

4. 铜凿（IT5⑫：8）

商周时期陶器、铜器

1. A 型骨簪（IT10⑫：5）　　　　2. 卜甲（IT7⑫：83 反）　　　　3. 卜甲（IT7⑫：83 正）

4. 卜甲（IT7⑫：78 反）　　　　　　　　5. 卜甲（IT7⑫：78 正）

商周时期骨器、卜甲

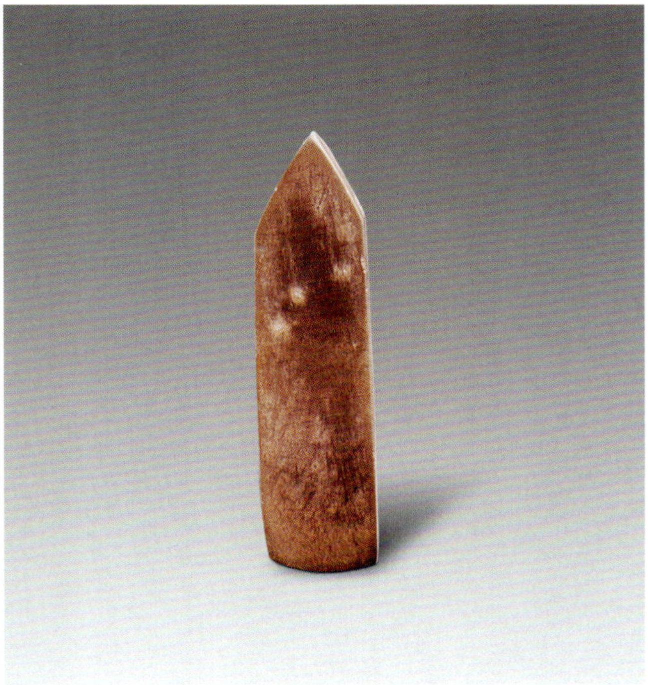

1. A 型石凿（IT15⑫：4）

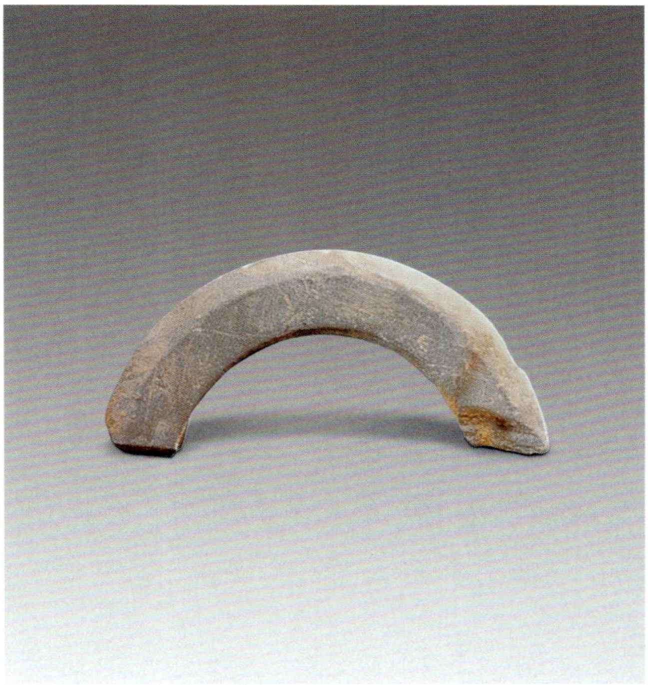

2. 石璜（IT23⑫：6）

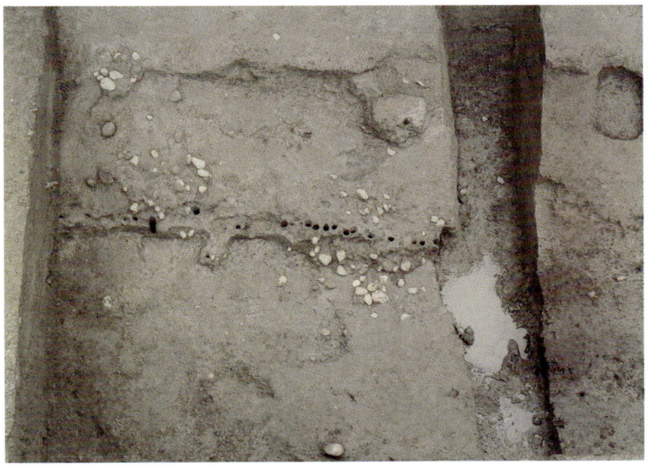

3. ⅡT63“洞”遗迹

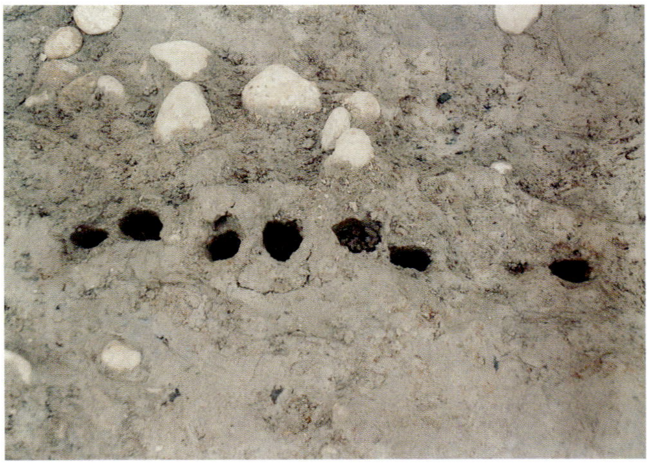

4. ⅡT63“洞”遗迹

商周时期石器、Ⅱ区“洞”遗迹

ⅡT64 竹骨泥墙遗迹（由南向北）

1. 绘制木构工作图

3. 现场拍摄工作照

2. 绘制木构件遗迹的网格

4. I区发掘工作大棚（由西向东）

发掘工作场景

1. IT7 东隔梁木构件堆积

2. IT18 东隔梁木构件堆积

3. IT19、T18、T17、T16 等木构件堆积（由西向东）

4. IT3 竹编茅草遗迹

5. IT4 竹编茅草遗迹

6. IIT50 茅草遗迹

木构件堆积与茅草遗迹

IT22 木桩遗迹（由东向西）

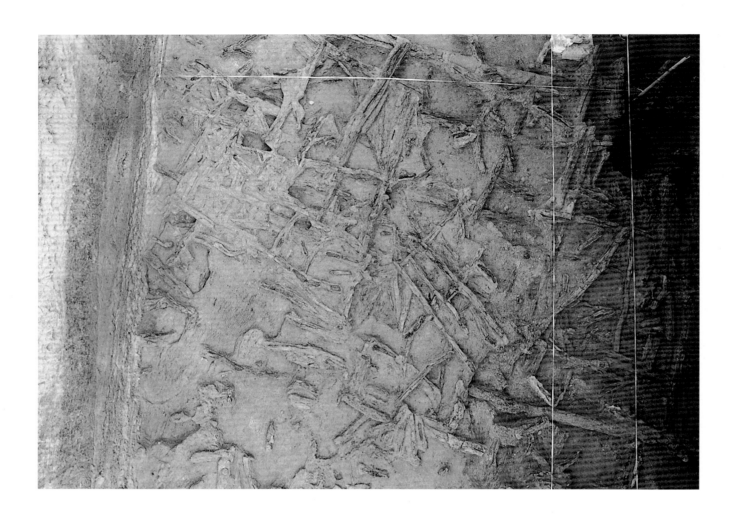

ⅡT40 木建筑网状结构平面遗迹

1. IT2 位移的大图木构件（由南向北）

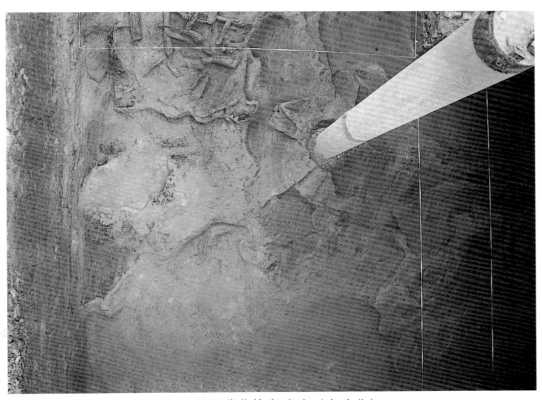

2. IIT30 茅草堆积遗迹（上为北）

（注：图中柱为现代抽水孔）

木构件与茅草遗迹

1. IT22 茅草编织物遗迹

（注：冲印时主要放大茅草编织物部分）

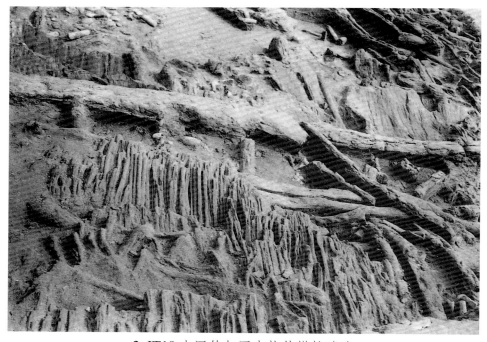

2. IT19 小图竹与圆木构件搭接遗迹

茅草编织物、小圆竹遗迹

ⅡT38 F1 屋顶遗迹（由西向东）

1. Ⅱ式小平底罐（ⅡT50⑬：11）

2. Ⅱ式小平底罐（ⅡT50⑬：12）

3. Ⅱ式小平底罐（ⅡT50⑬：17）

4. Ⅱ式小平底罐（ⅠT6⑬：10）

5. Ⅱ式小平底罐（ⅡT50⑬：13）

6. Ⅲ式小平底罐（ⅡT49⑬：22）

陶小平底罐

1. 大口罐（IT6⑬：11）

2. Ⅱ式喇叭口罐（IT16⑫：53）

3. Ⅲ式喇叭口罐（IT11⑫：16）

4. Ⅳ式喇叭口罐（IT16⑩：14）

5. Ⅱ式喇叭口罐（ⅡT50⑬：14）

6. 釜（IT15⑫：65）

陶罐、陶釜

1. A 式器底（IT5⑫: 48）

2. A 式器底（IT14⑫: 30）

3. B 式器底（IT2⑫: 8）

4. B 式器底（ⅡT40⑬: 62）

5. Aa 型瓶（IT24⑫: 51）

6. Aa 型瓶（IT8⑫: 34）

陶器底、陶瓶

1. Aa型瓶（IT15⑫：76）

2. Ab型瓶（IT22⑬：12）

3. B型Ⅱ式瓶（IT18⑫：97）

4. Ad型（IT18⑫：9）

5. Ac型（IT3⑬：17）

6. C型瓶（IT22⑬：25）

陶　瓶

1. A 型 Ⅰ 式钵（IT9⑬：6）

2. B 型 Ⅰ 式钵（IT29⑬：77）

3. B 型 Ⅱ 式钵（IT11⑫：14）

4. B 型 Ⅲ 式钵（IT15⑫：66）

5. C 型钵（IT2⑫：81）

6. A 型 Ⅰ 式盘（IT7⑬：93）

陶钵、陶盘

1. A 型 I 式盘 (IT22⑬: 16)

2. A 型 II 式盘 (IIT29⑫: 93)

3. B 型 I 式盘 (IIT50⑬: 63)

4. B 型 II 式盘 (IT7⑫: 92)

5. C 型盘 (IT7⑫: 19)

6. D 型盘 (IIT39⑫: 28)

陶　盘

1. A型觚（IT22⑬：29）

2. Ⅰ式平底杯（IT19⑬：29）

3. Ⅱ式平底杯（IT14⑫：29）

4. 圈足杯（ⅡT50⑬：9）

5. Aa型Ⅰ式尖底杯（ⅡT49⑬：14）

6. Aa型Ⅰ式尖底杯（ⅡT50⑬：6）

陶觚、陶杯

1. Aa型Ⅰ式盘（ⅡT50⑬:7）

2. Aa型Ⅱ式盘（ⅡT50⑫:5）

3. Ab型Ⅰ式（IT2⑬:1）

4. Ab型Ⅰ式（IT7⑫:31）

5. Ab型Ⅲ式（ⅡT38⑫:47）

6. B型Ⅰ式（IT6⑬:12）

陶尖底杯

1. B型Ⅱ式尖底杯（ⅡT43⑫：10）

2. C型Ⅰ式尖底杯（ⅠT22⑬：11）

3. C型Ⅲ式尖底杯（ⅠT7⑫：77）

4. 尖底盂（ⅡT30：9）

5. 尖底盂（ⅠT22⑫：5）

6. 尖底盂（ⅡT53⑩：69）

陶尖底杯、陶尖底盂

1. 尖底盂（ⅡT50⑩：39）

2. B型Ⅰ式盏（ⅠT12⑫：3）

3. D型Ⅰ式盏（ⅠT6⑫：34）

4. D型Ⅱ式盏（ⅠT8⑫：3）

5. D型Ⅲ式盏（ⅡT43⑩：8）

6. D型Ⅳ式盏（ⅡT30⑩：2）

陶尖底盂、陶尖底盏

1. D型Ⅳ式盏（ⅡT43⑩：9）

2. E型Ⅳ式盏（ⅡT40⑪：16）

3. E型Ⅴ式盏（ⅡT50⑩：1）

4. E型Ⅴ式盏（ⅡT61⑩：27）

5. Aa型器盖（IT2⑬：17）

6. Ab型器盖（IT19⑬：15）

陶尖底盏、陶器盖

1. Ac 型（IT15⑬：124）

2. Ad 型盖（IT5⑫：12）

3. Bc 型盖（ⅡT40⑫：64）

4. Bc 型盖（IT19⑬：9）

5. Bc 型盖（IT7⑫：188）

6. Bd 型盖（IT11⑫：2）

陶器盖

1. Ca 型盖（IT22⑫：16）

2. Cb 型盖（IT11⑫：17）

3. Cc 型盖（ⅡT38⑫：50）

4. Cd 型盖（IT8⑫：17）

5. D 型盖（IT16⑬：60）

6. D 型盖（IT16⑬：72）

陶器盖

1. Ea 型盖（IIT29⑬：26）

2. Ea 型盖（IT7⑫：81）

3. Ea 型盖（IT15⑫：34）

4. Eb 型盖（IT17⑬：21）

5. Eb 型盖（IT8⑫：35）

6. Eb 型盖（IT16⑫：4）

陶器盖

1. Eb 型 (IT15⑫: 80)

2. Fa 型 (IT4⑬: 25)

3. Fa 型 (ⅡT39⑬: 41)

4. Fa 型 (ⅡT39⑫: 42)

5. Fa 型盖 (IT12⑫: 10)

6. Fb 型 (ⅡT39⑫: 43)

陶器盖

1. G型盖（IT16⑫：86）

2. G型盖（IT12⑫：15）

3. G型盖（IT14⑫：20）

4. G型盖（IT14⑫：19）

5. 圈足罐（IIT50⑬：10）

6. 圈足罐（IT1⑫：17）

陶器盖、陶圈足罐

1. 篮形器（IT16⑫: 37）

2. 篮形器（ⅡT40⑬: 55）

3. 篮形器（ⅡT40⑬: 90）

4. A型器圈足（IT14⑫: 16）

5. A型器圈足（IT14⑫: 14）

6. A型器圈足（IT1⑫: 16）

陶篮形器、陶器圈足

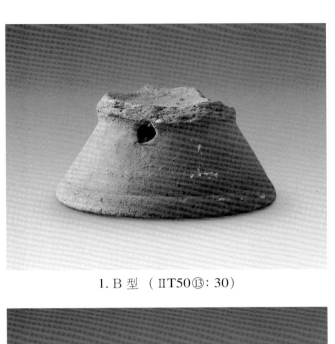

1. B 型（ⅡT50⑬：30）

2. B 型（ⅡT40⑬：61）

3. B 型（IT7⑫：45）

4. B 型（IT1⑫：67）

5. B 型（ⅡT30⑪：27）

6. C 型（IT7⑫：11）

陶器圈足

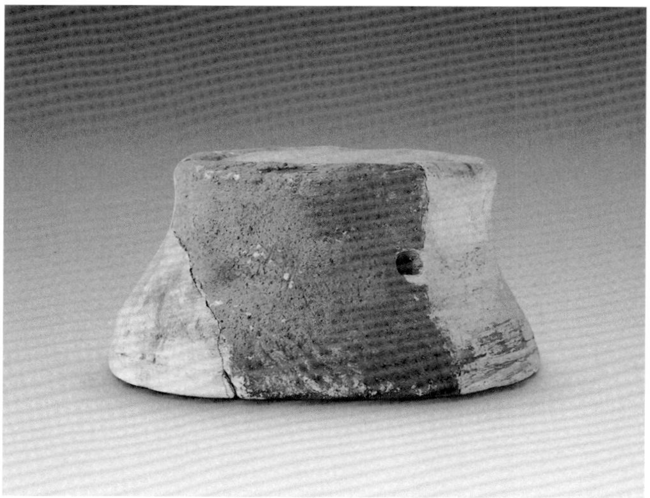

1. C型器圈足（ⅡT30⑪：30）

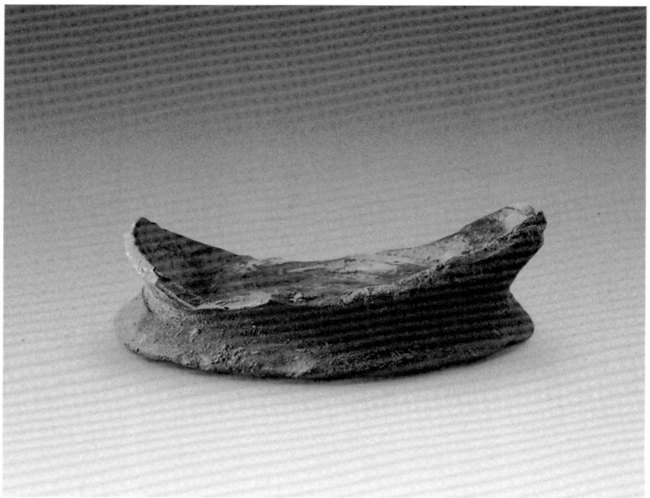

2. D型器圈足（IT27⑫：22）

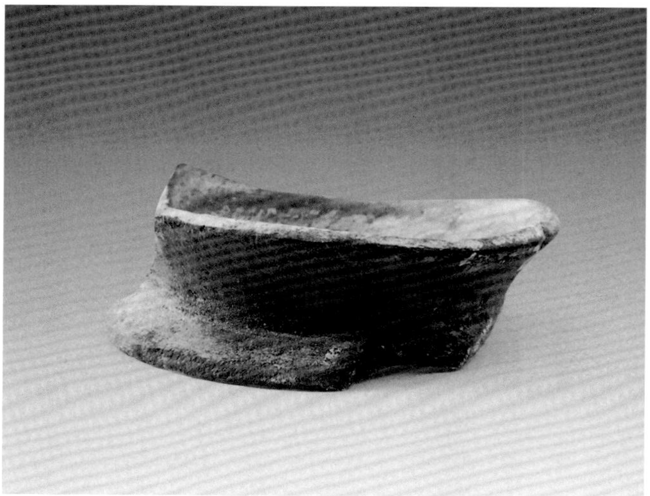

3. D型器圈足（ⅡT39⑫：44）

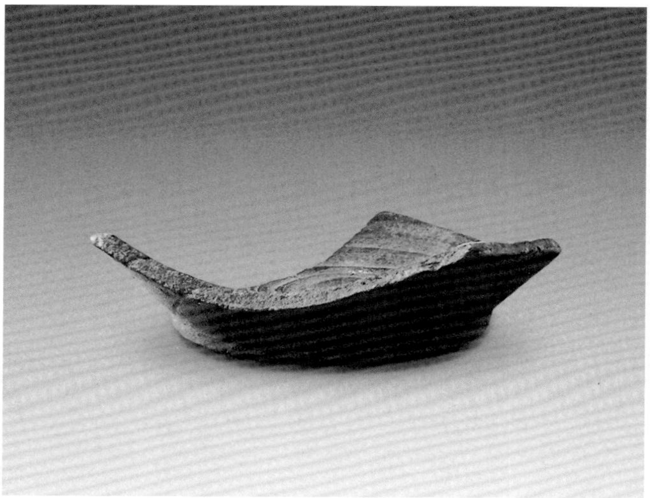

4. D型器圈足（IT7⑫：115）

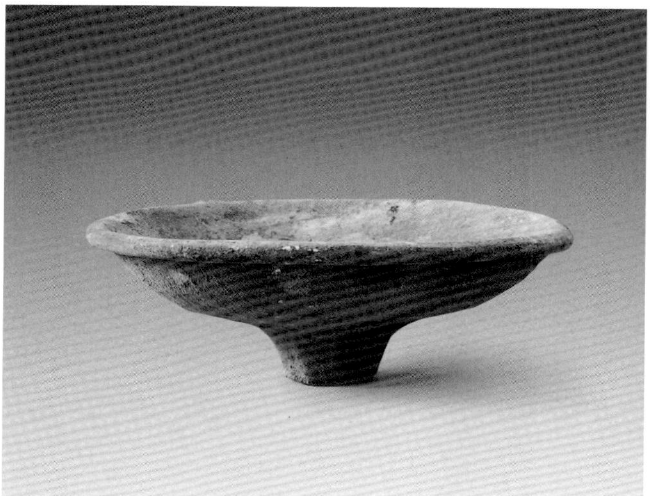

5. Aa型豆盘（IT6⑬：5）

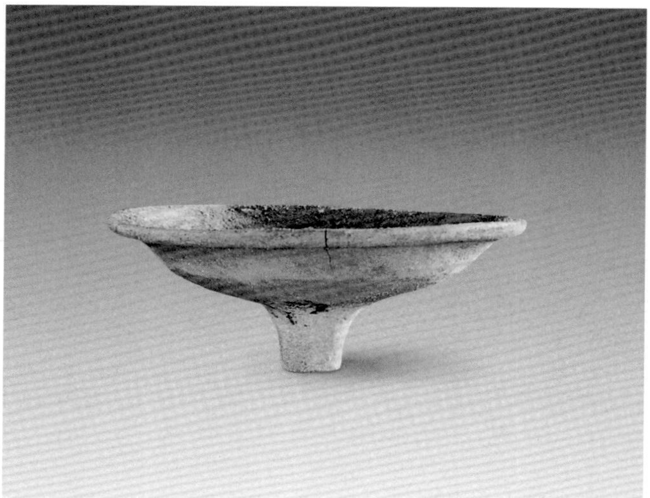

6. Aa型豆盘（IT15⑫：436）

陶器圈足、陶高柄豆盘

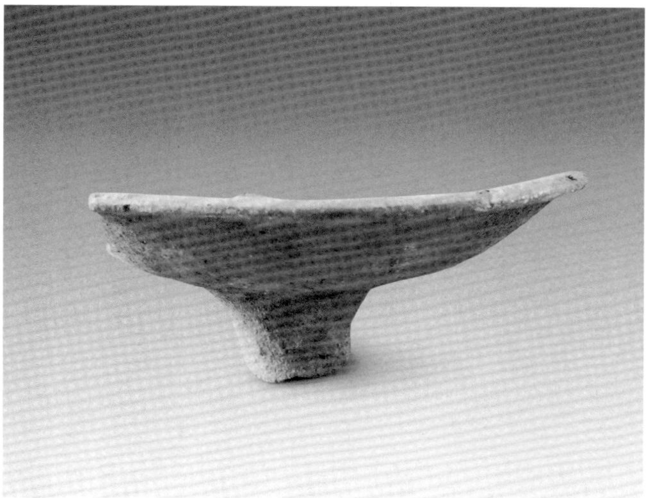

1. Ab 型 Ⅰ 式（ⅡT29⑬: 85）

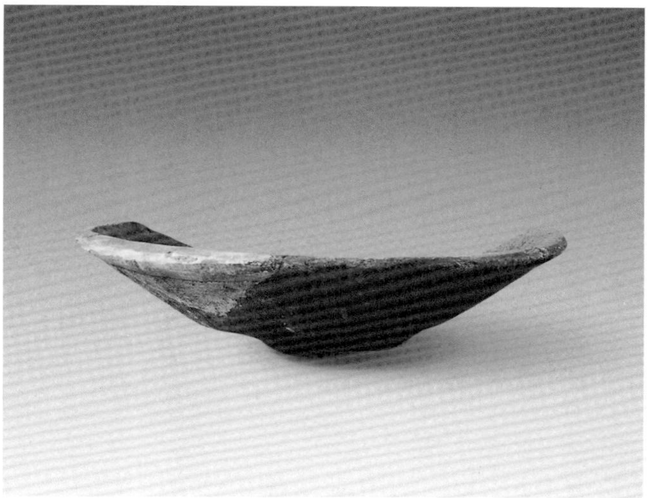

2. Ac 型（ⅠT19⑬: 11）

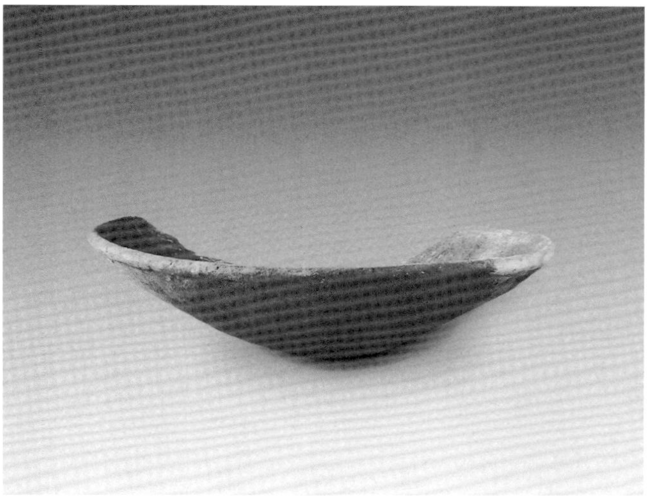

3. Ac 型（ⅠT11⑬: 15）

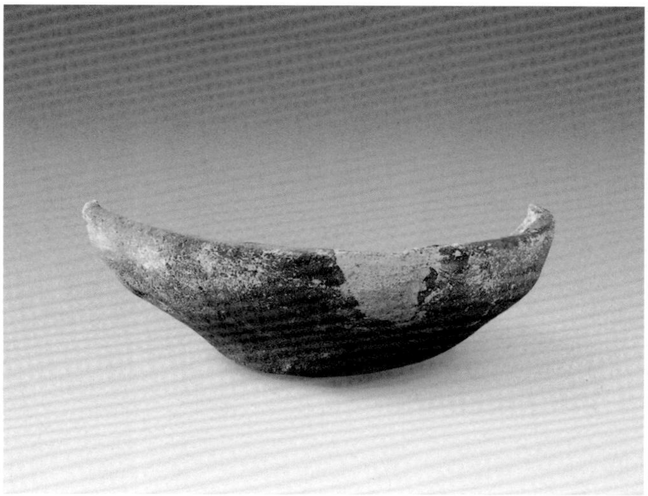

4. Ad 型 Ⅱ 式（Ⅰ: 16）

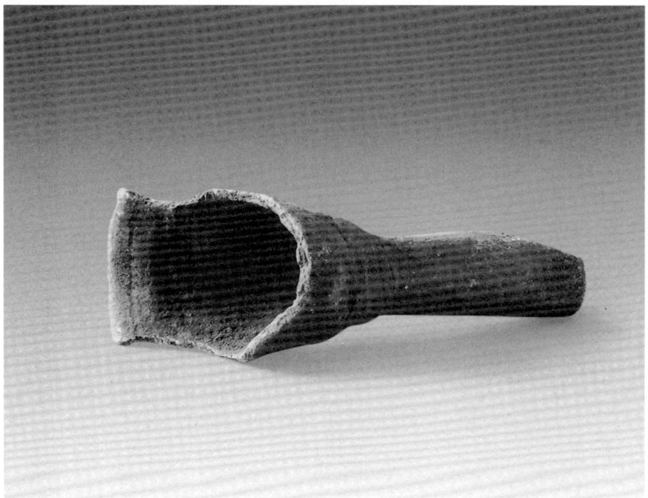

5. Ba 型（ⅠT2⑬: 16）

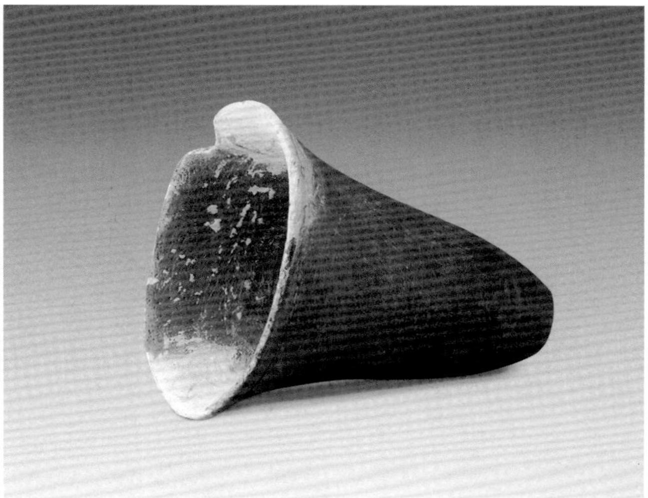

6. Ba 型（ⅠT1⑫: 2）

陶高柄豆盘

1.Ba 型 （IT16⑫: 36）

2. Bb 型 （IT19⑬: 8）

3. Bb 型 （IT22⑬: 18）

4. Bb 型 （ⅡT40⑬: 53）

5. Bb 型 （IT15⑫: 6）

6. Bb 型 （IT3⑬: 15）

陶高柄豆盘

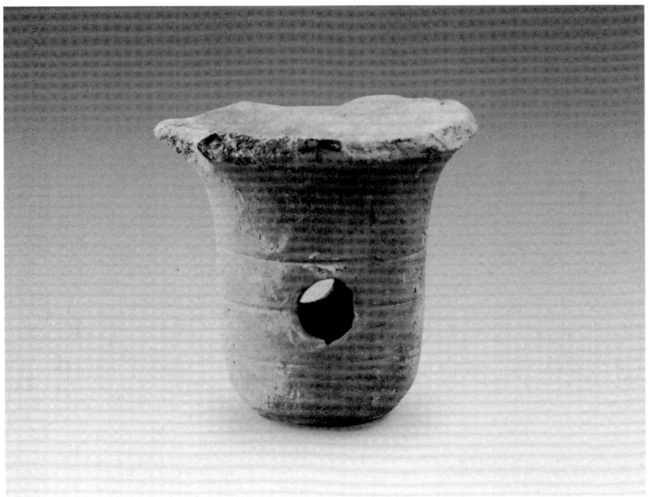

1. C型豆盘（IT19⑬: 40）

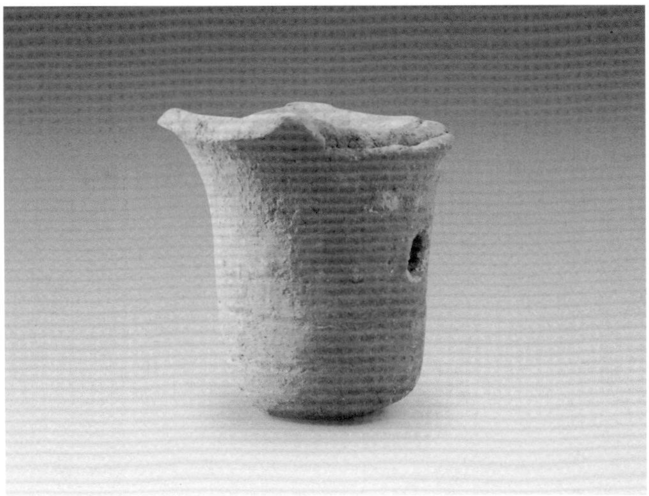

2. C型豆盘（IT7⑬: 36）

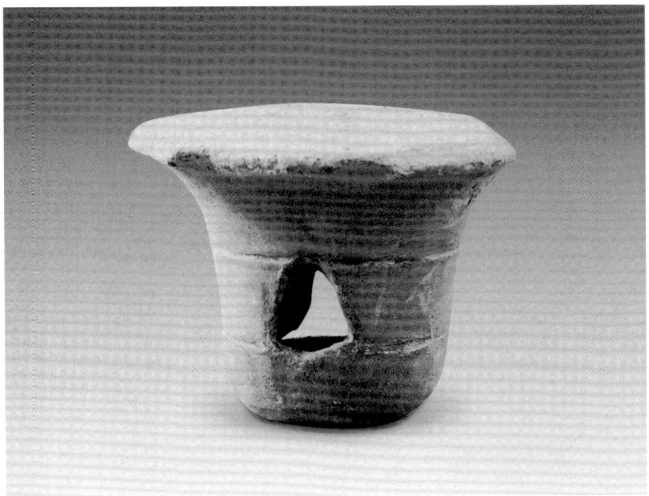

3. C型豆盘（ⅡT50⑪: 31）

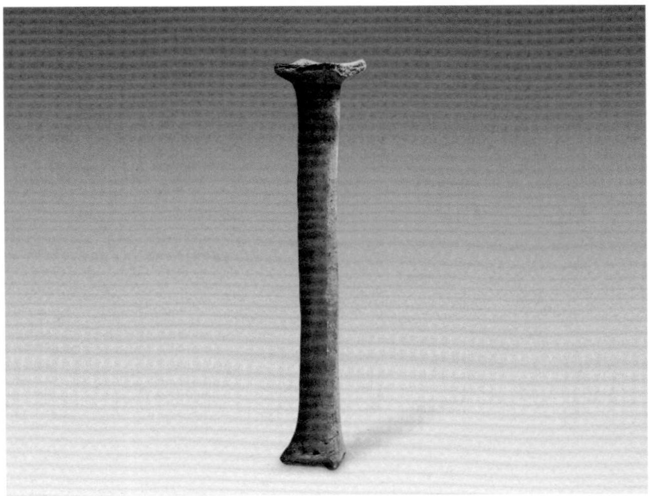

4. A型豆柄（ⅡT29⑬: 106）

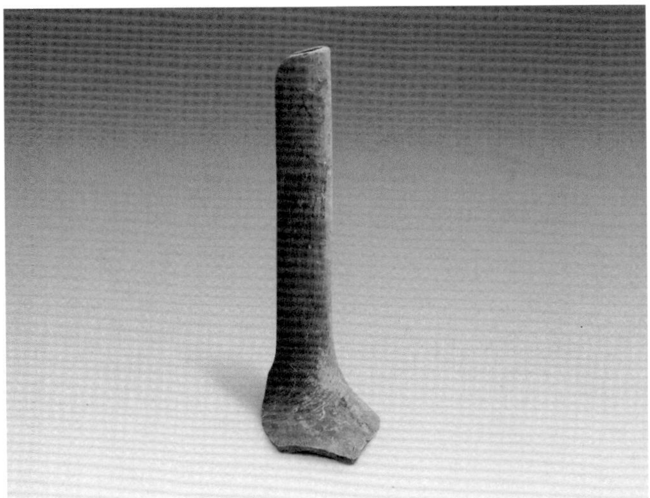

5. A型豆柄（IT1⑬: 27）

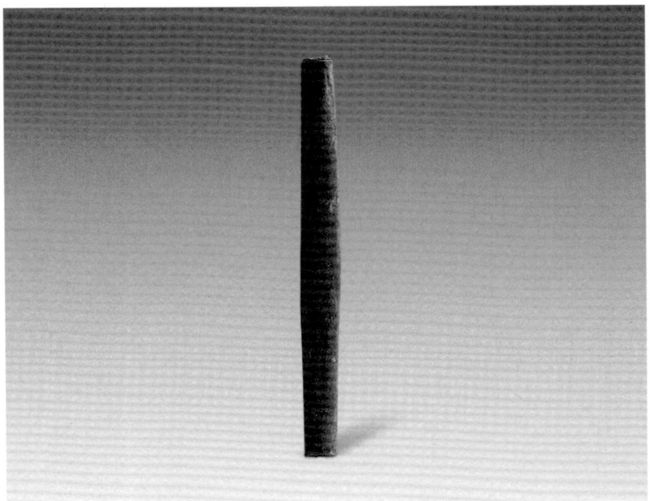

6. B型豆柄（ⅡT30⑬: 34）

陶高柄豆盘、陶高柄豆柄

1. B 型豆柄 （IT5⑫：41）

2. B 型豆柄 （IT8⑫：81）

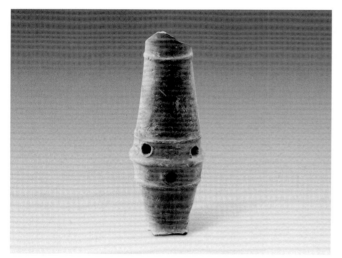

3. Da 型豆柄 （IT18⑬：7）

4. Da 型豆柄 （IT3⑫：14）

5. Da 型豆柄 （IT 16⑫：79）

6. Da 型豆柄 （IT20⑫：20）

陶高柄豆柄

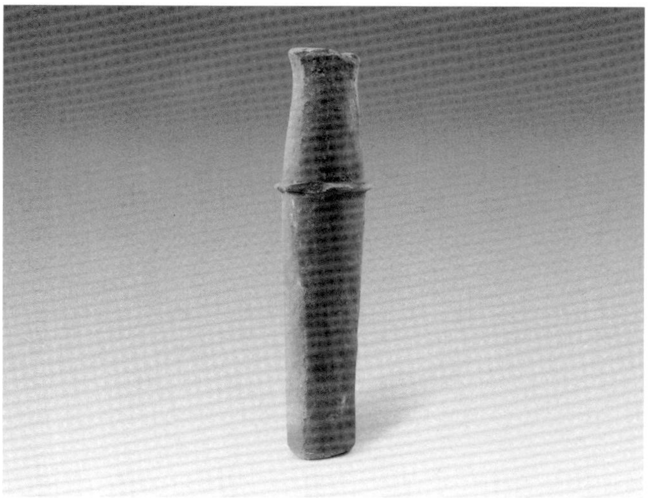
1. Db型豆柄（IT16⑫：45）

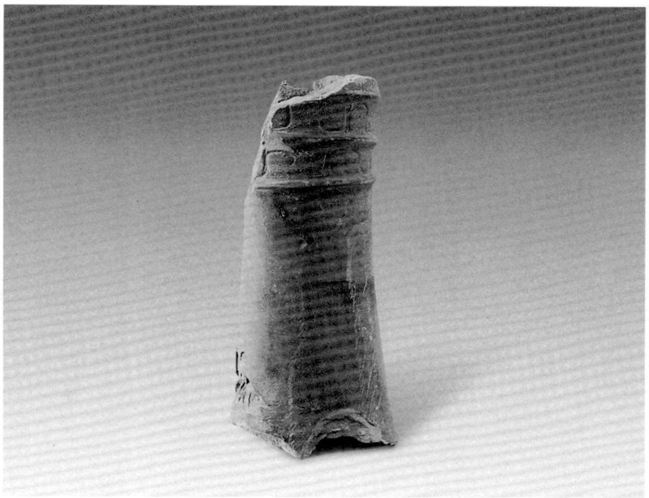
2. E型豆柄（IT16⑫：78）

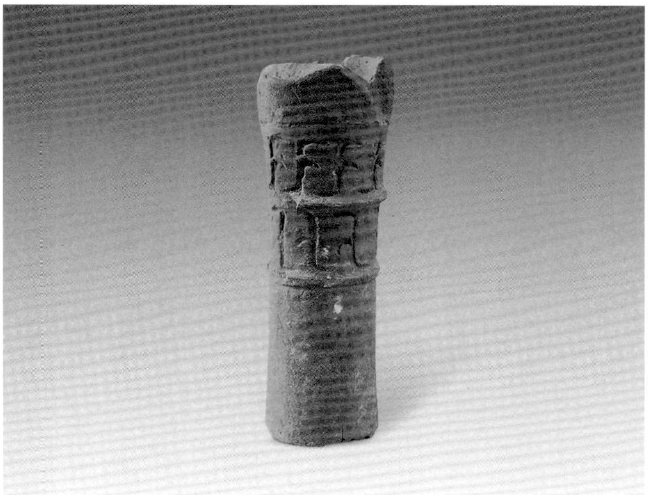
3. E型豆柄（ⅡT39⑩：40）

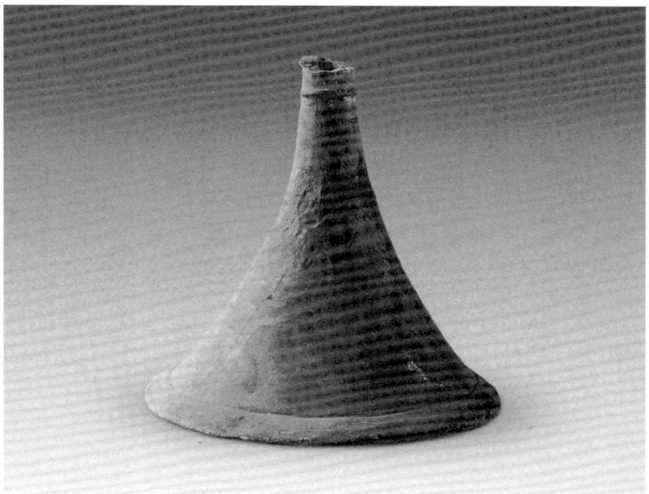
4. A型豆圈足（IT22⑬：17）

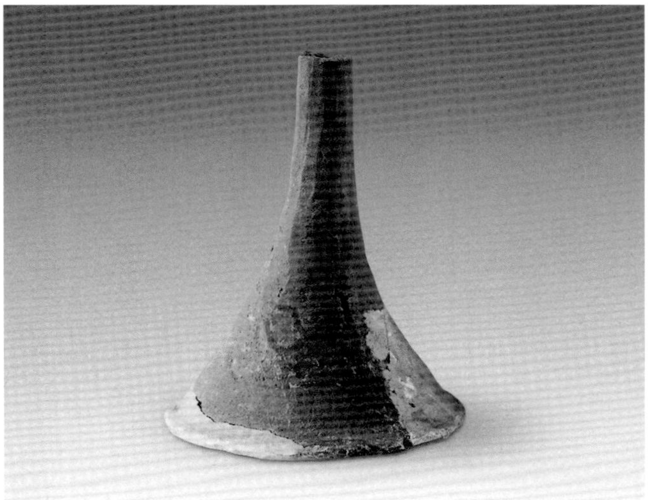
5. A型豆圈足（IT23⑫：17）

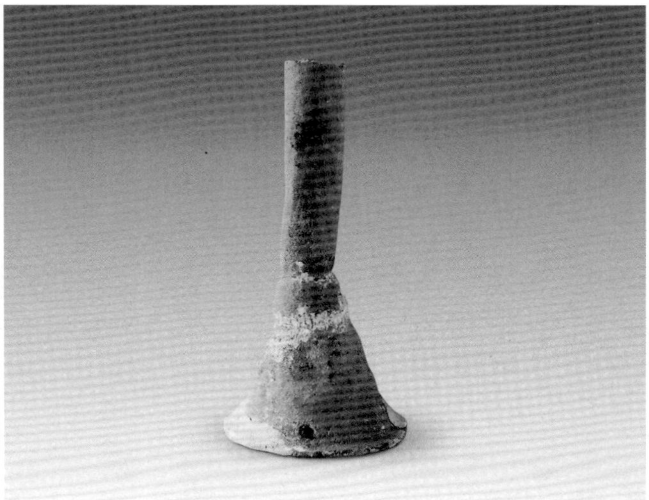
6. A型豆圈足（IT16⑫：10）

陶高柄豆柄、陶高柄豆圈足

1. B 型豆圈足（IT17⑬：67）

2. B 型豆圈足（IT15⑫：40）

3. C 型豆圈足（IT16⑫：38）

4. A 型细柄豆（IT22⑬：9）

5. A 型细柄豆（ⅡT50⑬：51）

6. A 型细柄豆（IT15⑫：44）

陶高柄豆圈足、陶细柄豆

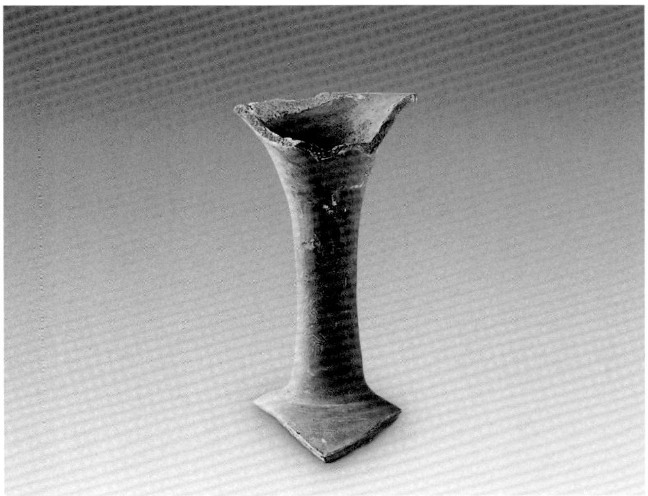

1. A 型（ⅡT50⑬：36）

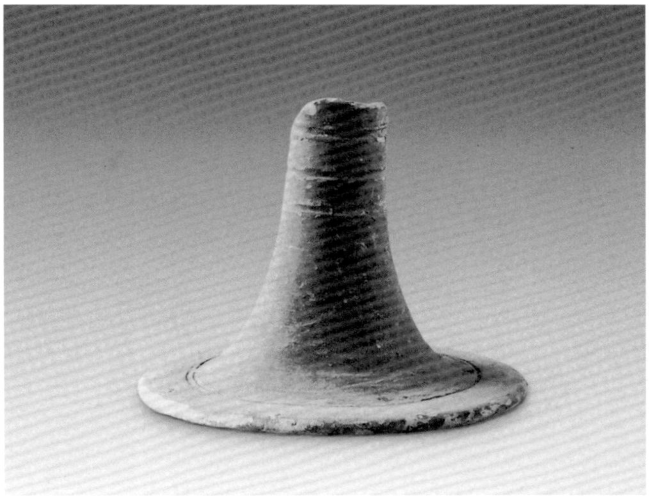

2. A 型（IT2⑬：15）

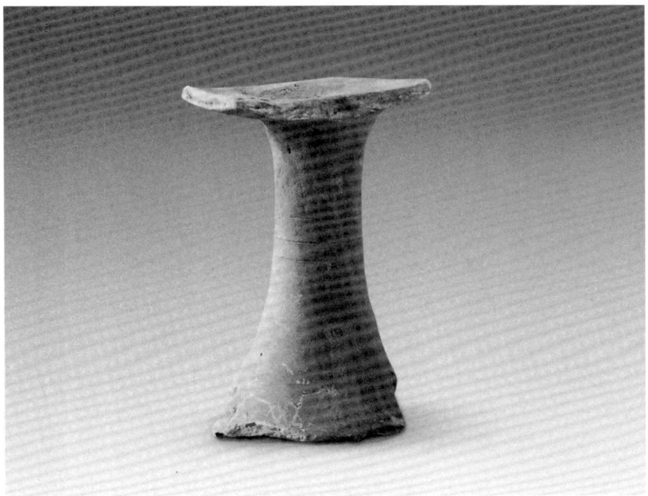

3. A 型细柄豆（IT3⑬：16）

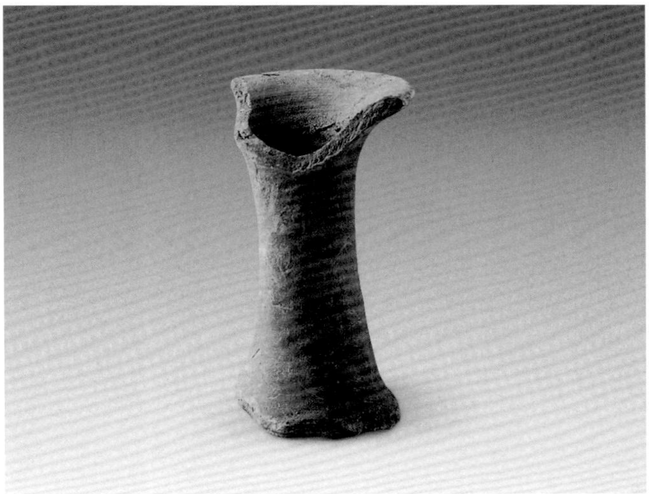

4. A 型细柄豆（ⅡT50⑪：90）

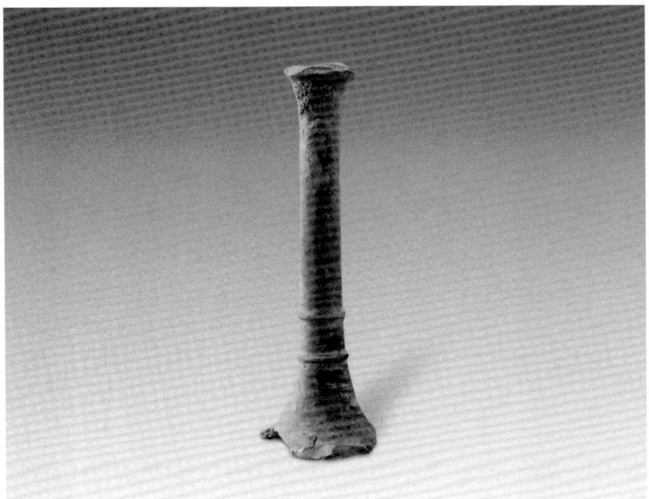

5. B 型（IT6⑬：4）

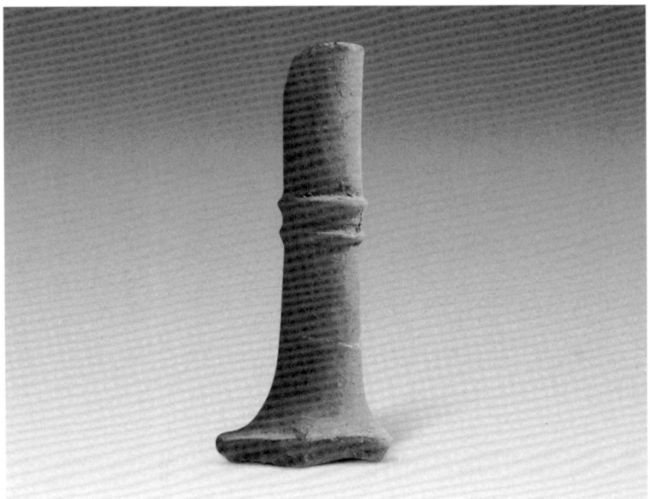

6. B 型（IT7⑫：77）

陶细柄豆

1. 盉身（IT2⑬：7）

2. 盉身（IT16⑫：50）

3. A 型盉足（IT2⑬：6）

4. A 型盉足（IT15⑬：71）

5. A 型盉足（IT11⑫：18）

6. B 型盉足（IT17⑫：29）

盉身、盉足

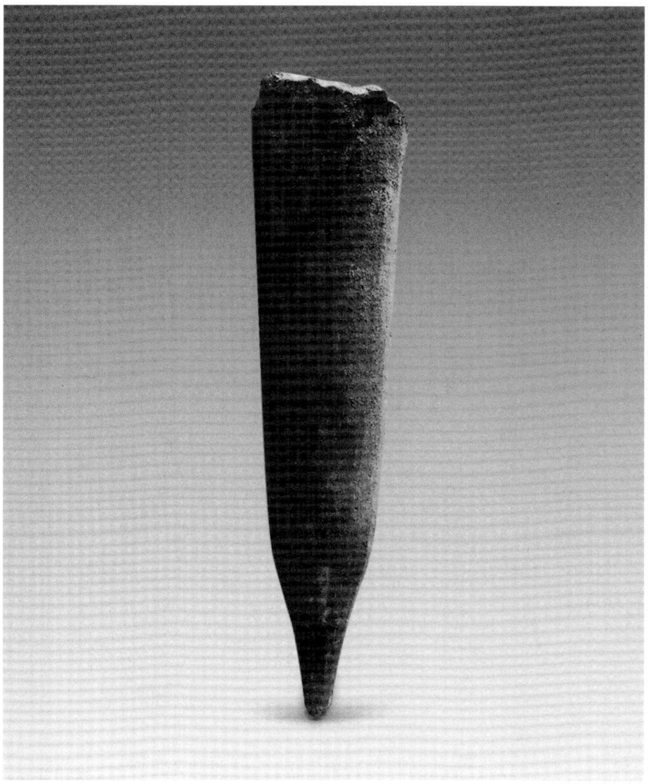

1. B型（ⅡT40⑬：36）

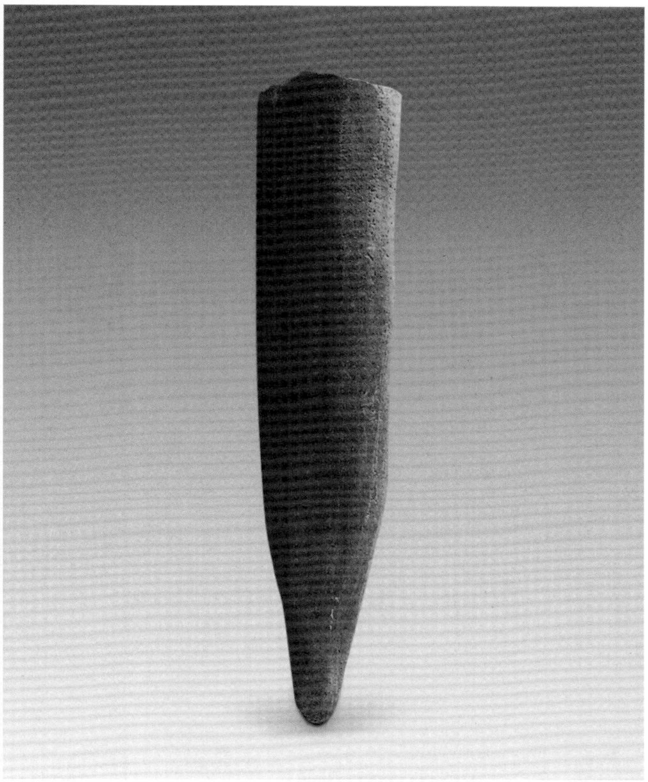

2. B型（ⅡT30⑫：4）

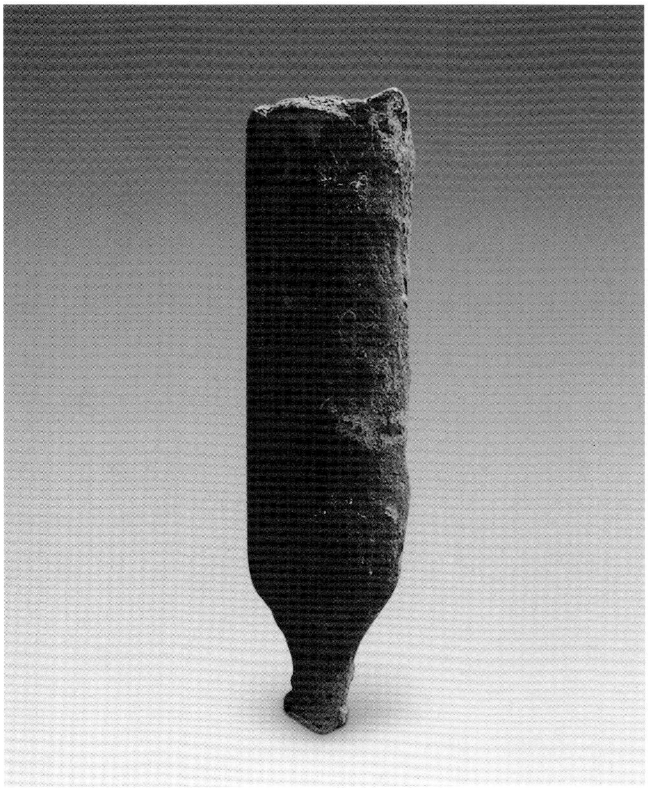

3. B型（ⅡT54⑪：46）

盉 足

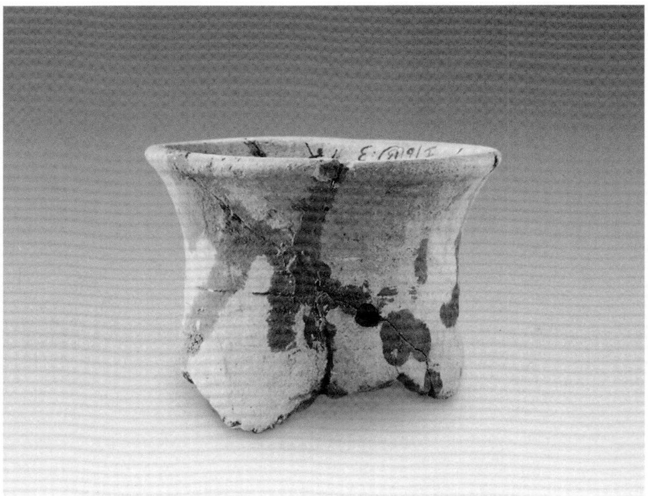

1. 器座（IT16⑫: 3）

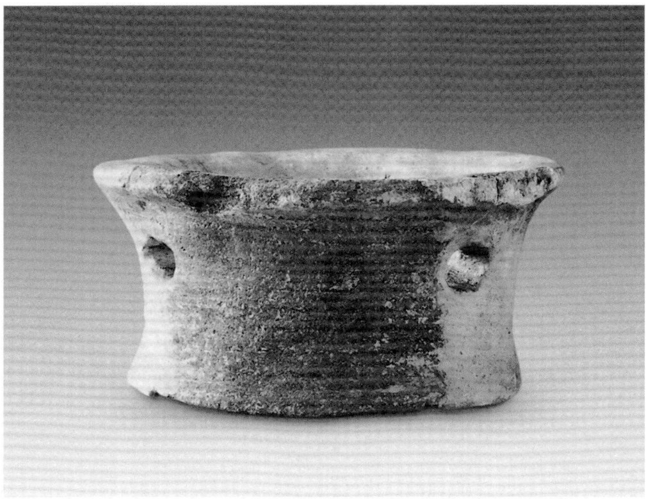

2. 器座（I采：66）

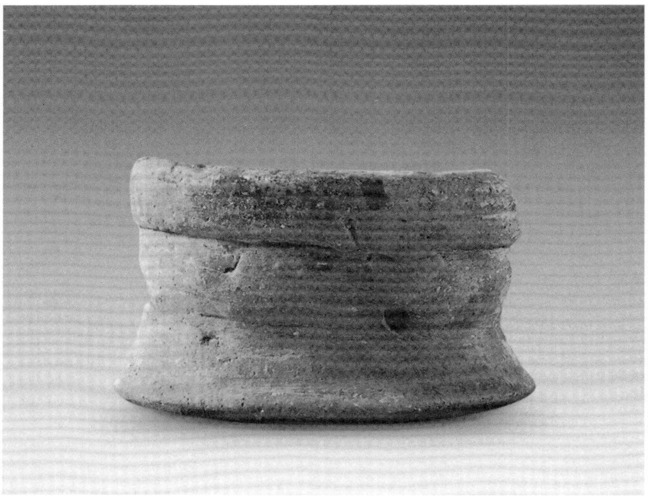

3. 器座（IT1⑫: 25）

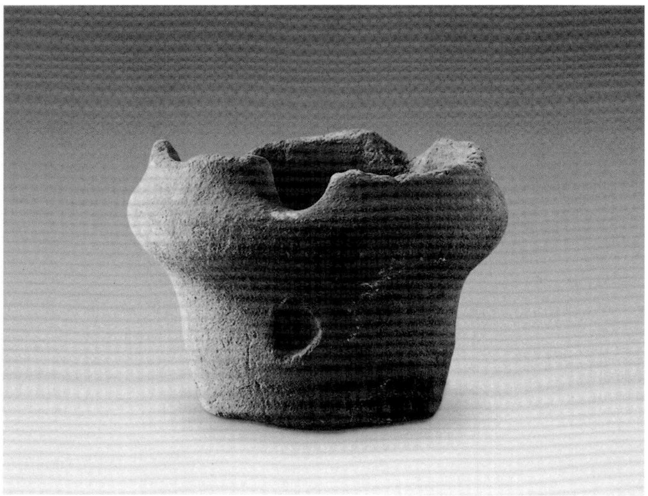

4. A 型筒形器（IT16⑫: 18）

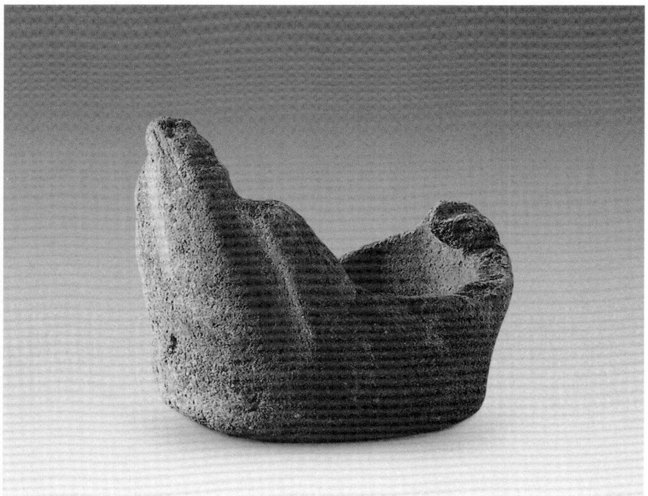

5. A 型筒形器（IT15⑫: 75）

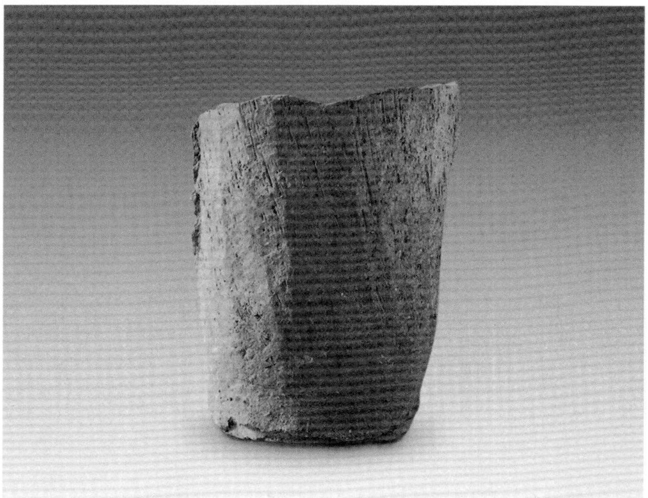

6. A 型筒形器（ⅡT49⑫: 28）

陶器座、陶筒形器

1. Ca 型 （IT12⑫：19）

2. Ca 型 （IT12⑫：6）

3. Cb 型 （ⅡT39⑫：23）

4. Cb 型 （ⅡT30⑪：13）

5. D 型 （IT8⑫：4）

6. D 型 （IT8⑫：20）

陶纺轮

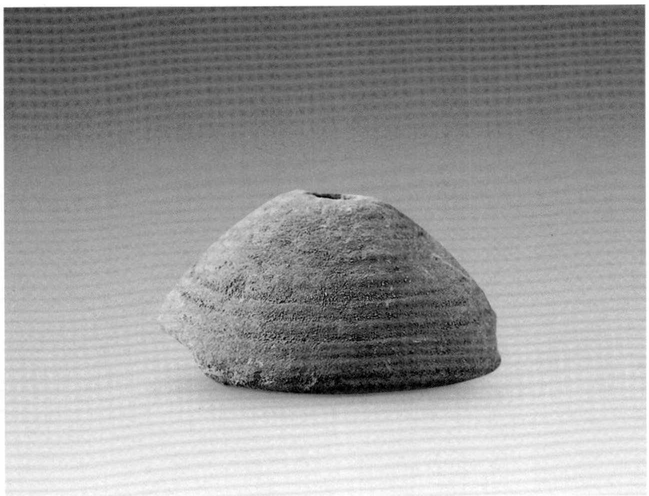

1. D型（IT5⑫：1）

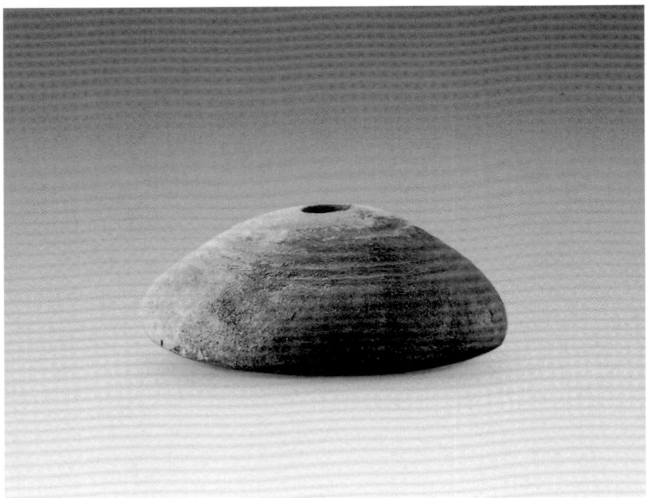

2. D型（ⅡT38⑬：52）

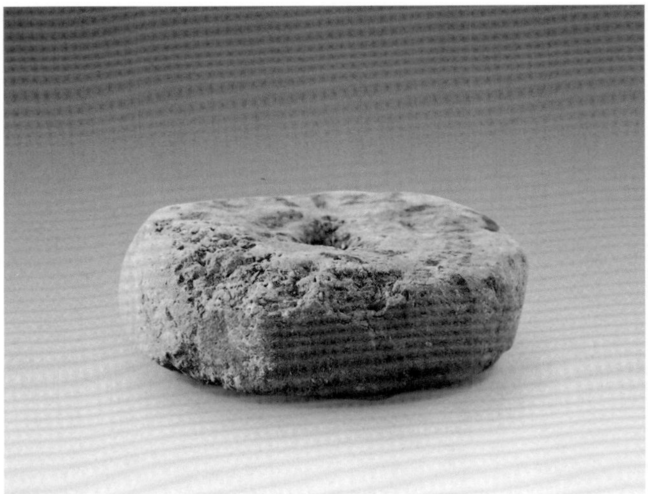

3. E型（IT22⑬：25）

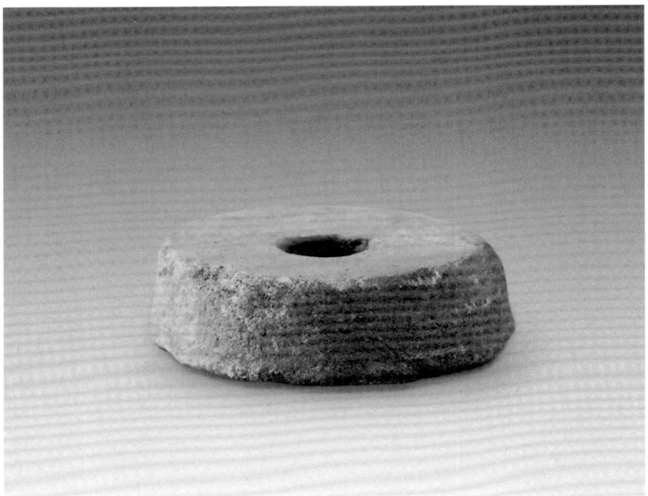

4. E型（IT17⑬：17）

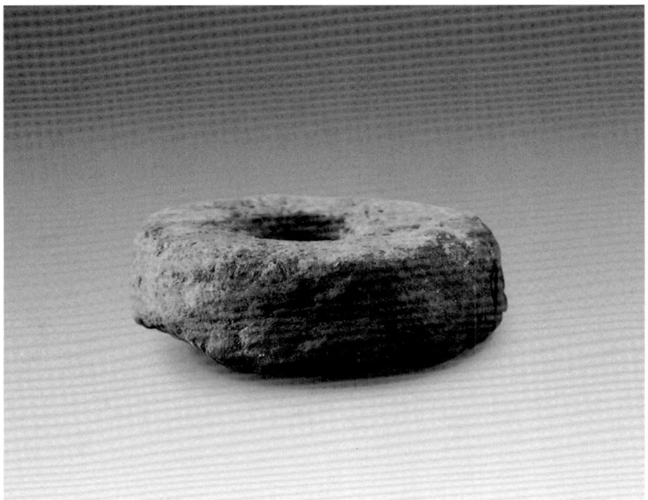

5. E型（ⅡT39⑫：27）

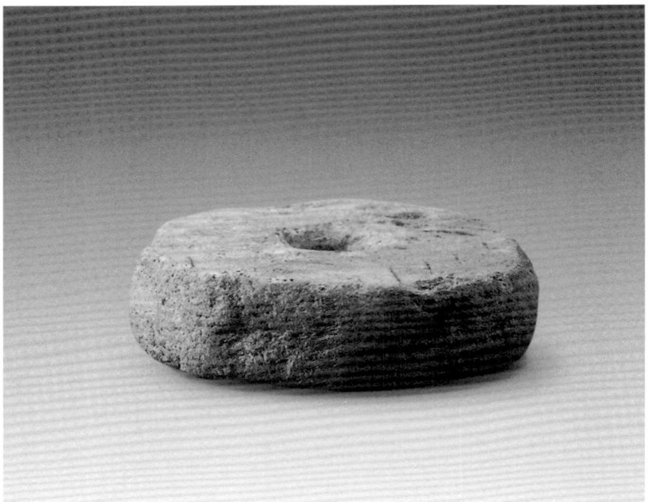

6. F型（IT18⑬：11）

陶纺轮

1. F 型陶纺轮（ⅡT50⑫：40）

2. F 型陶纺轮（IT5⑫：11）

3. F 型陶纺轮（IT8⑫：33）

4. 陶鸟（IT22⑬：22）

5. A 型铜镞（ⅡT36⑫：11）

6. B 型铜镞（IT5⑫：2）

陶纺轮、陶鸟、铜镞

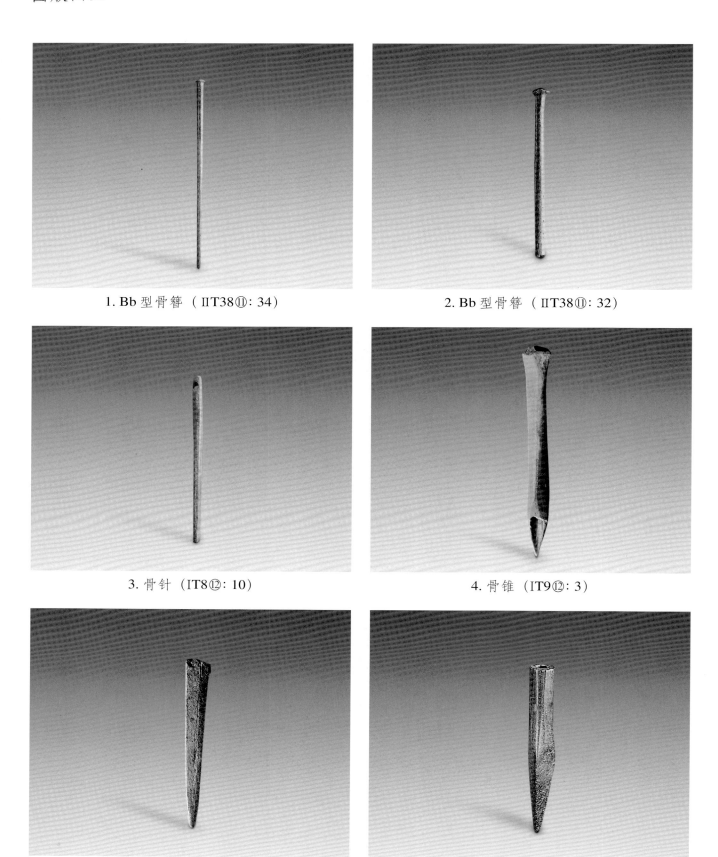

1. Bb 型骨簪（ⅡT38⑪：34）

2. Bb 型骨簪（ⅡT38⑪：32）

3. 骨针（IT8⑫：10）

4. 骨锥（IT9⑫：3）

5. 骨锥（ⅡT40⑫：19）

6. 骨镞（ⅡT40⑫：22）

骨　器

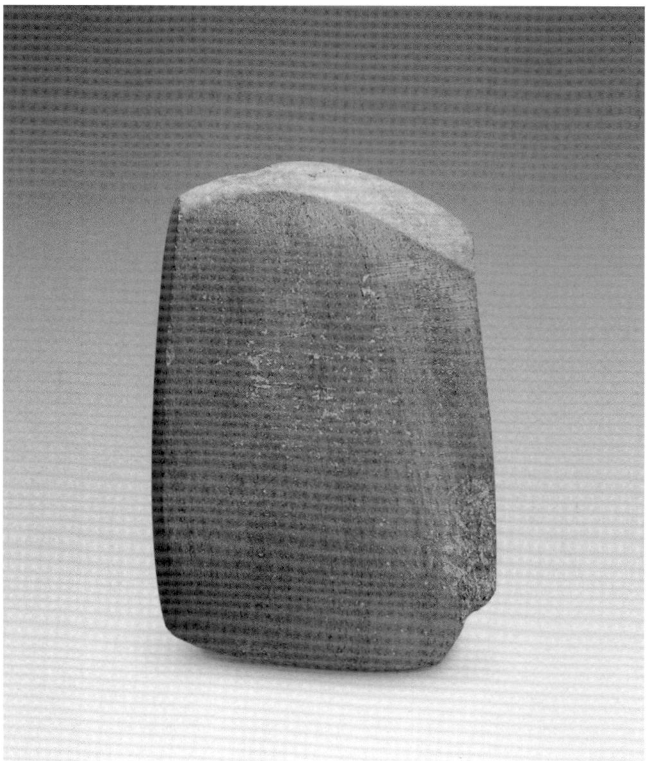

1. 斧（IT1⑬：12）

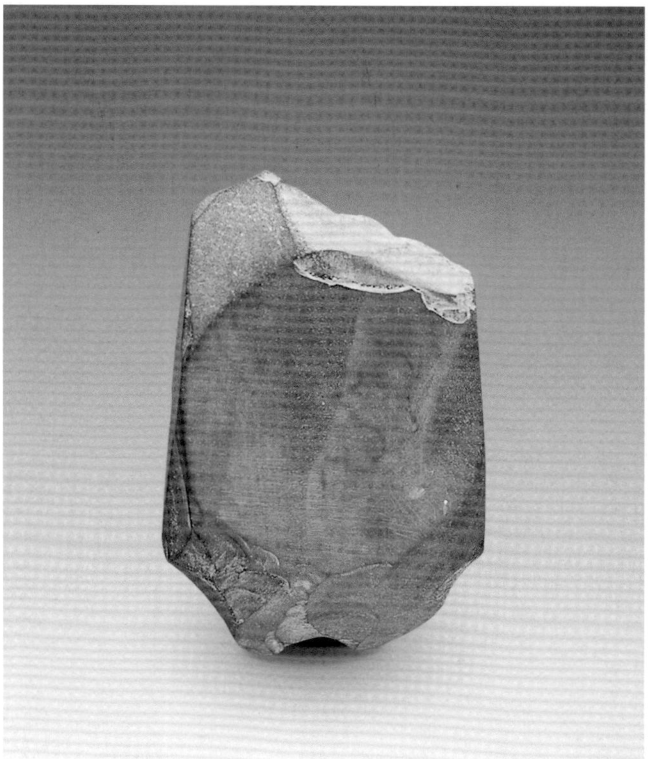

2. 斧（IT11⑫：4）

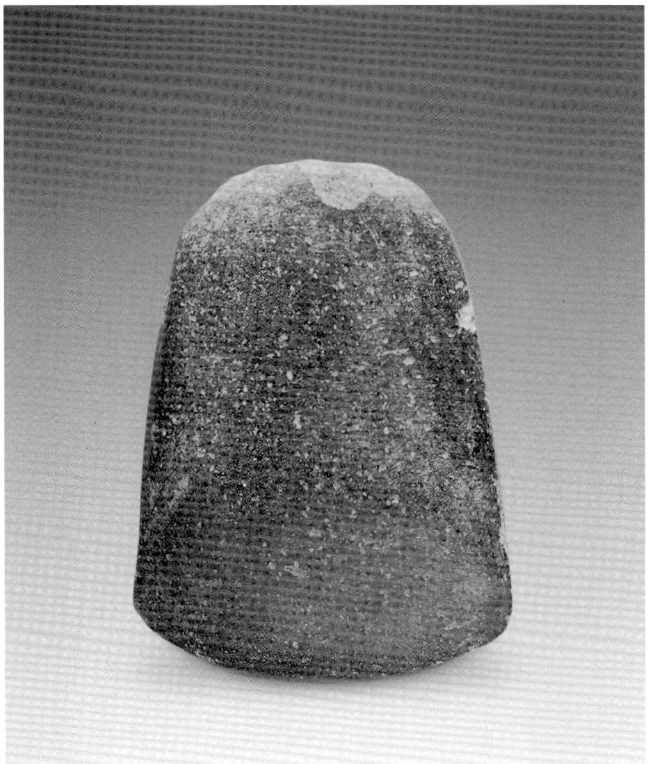

3. 斧（IT6⑬：30）

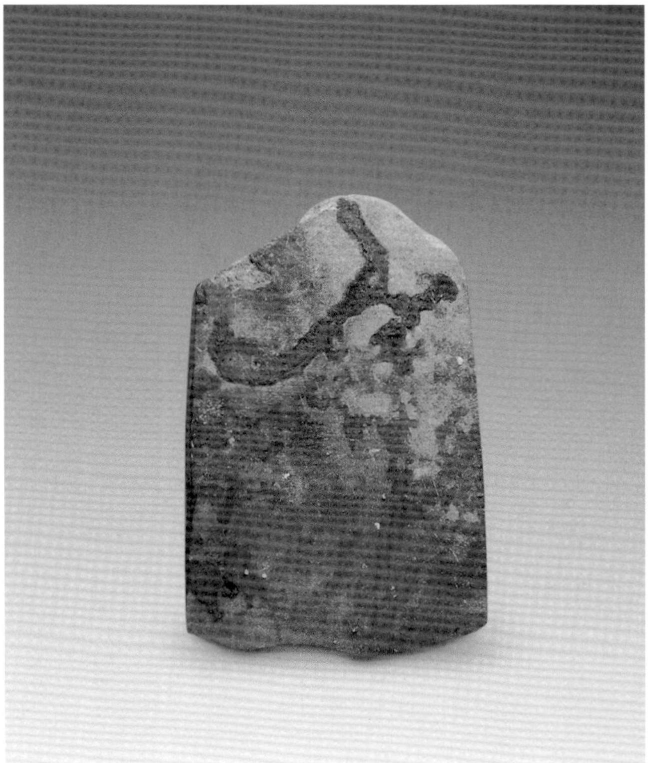

4. 斧（ⅡT39⑫：16）

石 斧

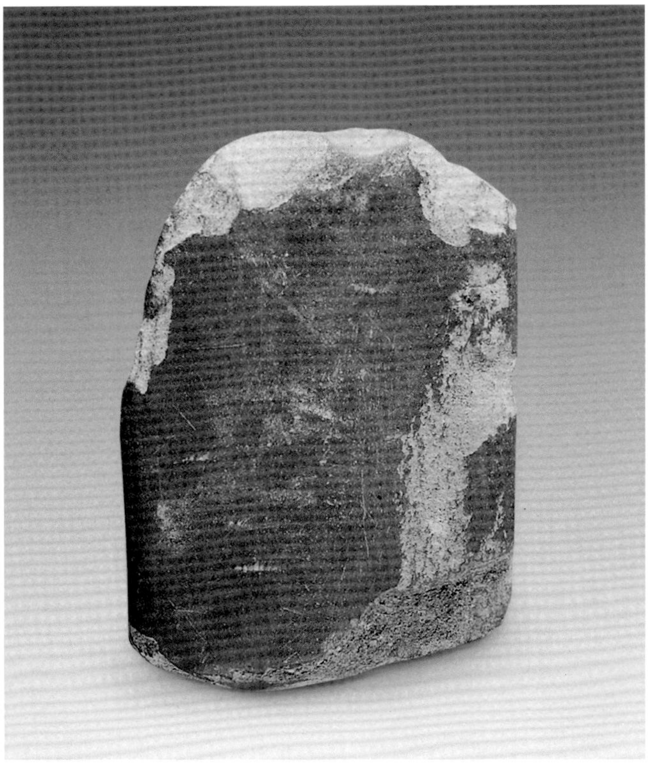

1. 斧（ⅡT39⑬: 25）

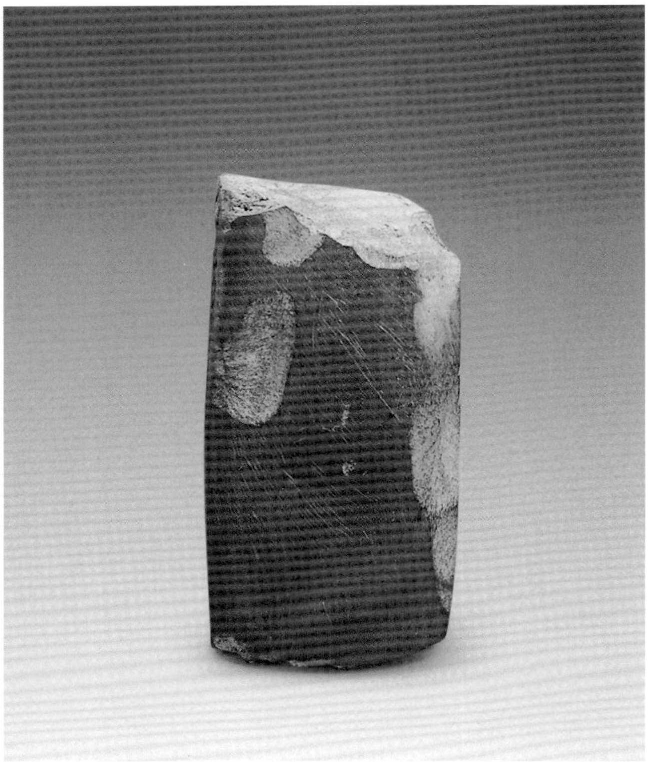

2. 斧（ⅡT43⑫: 63）

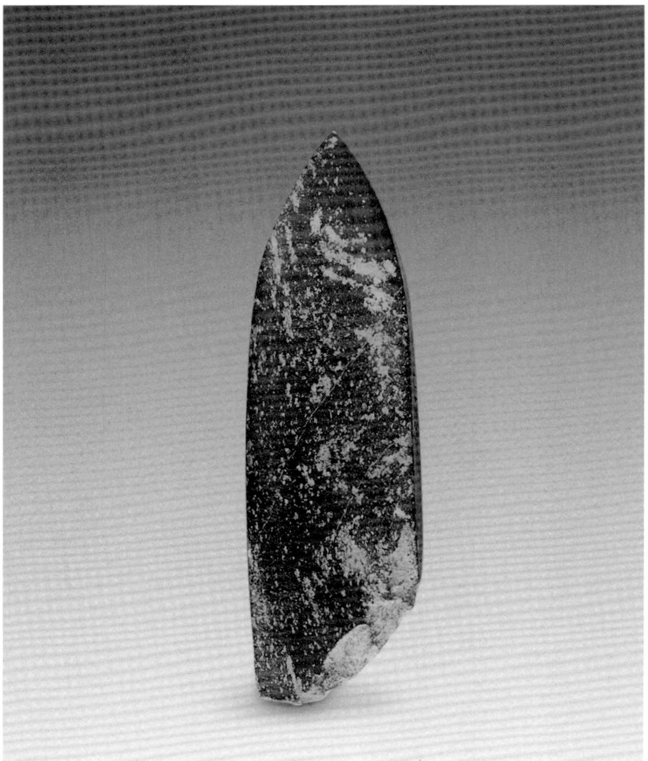

3. A型石凿（ⅠT1⑬: 13）

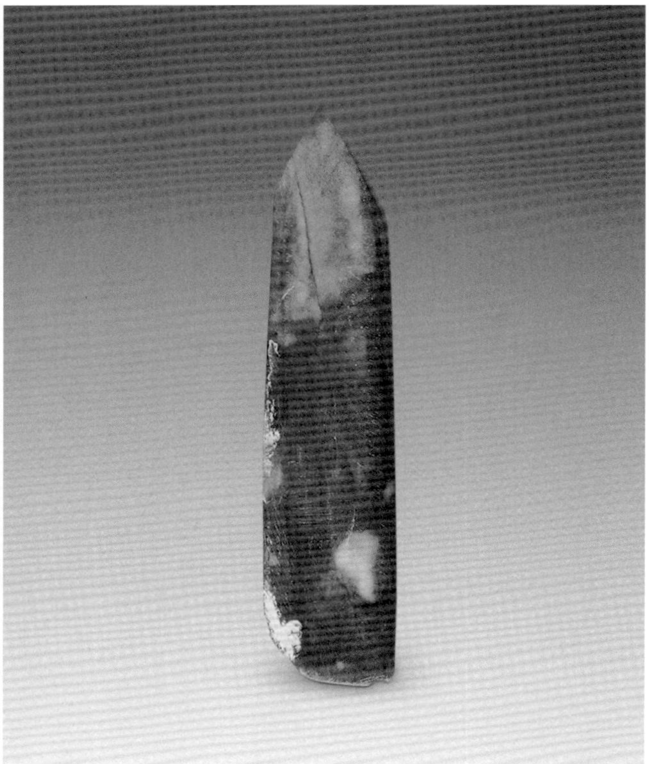

4. A型石凿（ⅠT1⑬: 28）

石斧、石凿

1. B 型 （IT11⑫：3）

2. B 型 （ⅡT29⑬：76）

3. C 型 （IT15⑫：63）

4. C 型 （IT1⑬：26）

石 凿

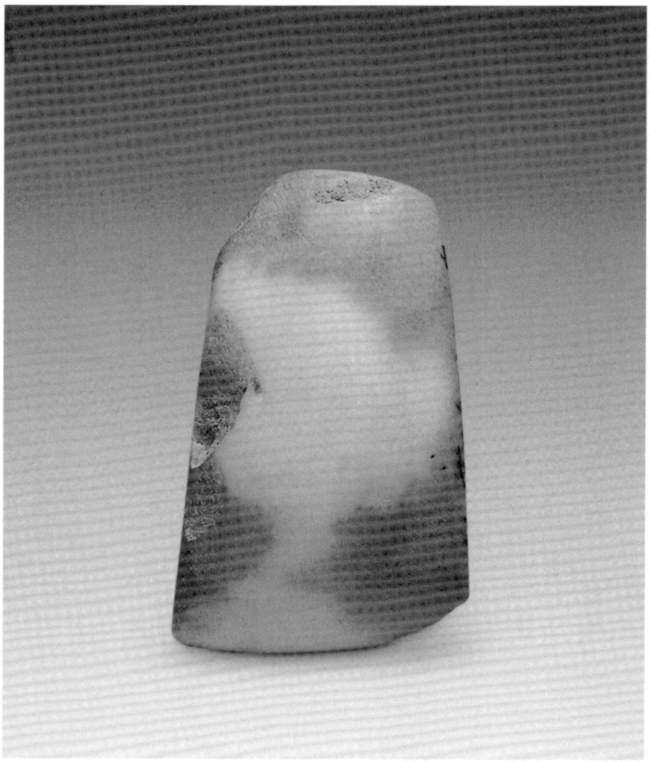

1. C型石凿（ⅡT29⑬：75）

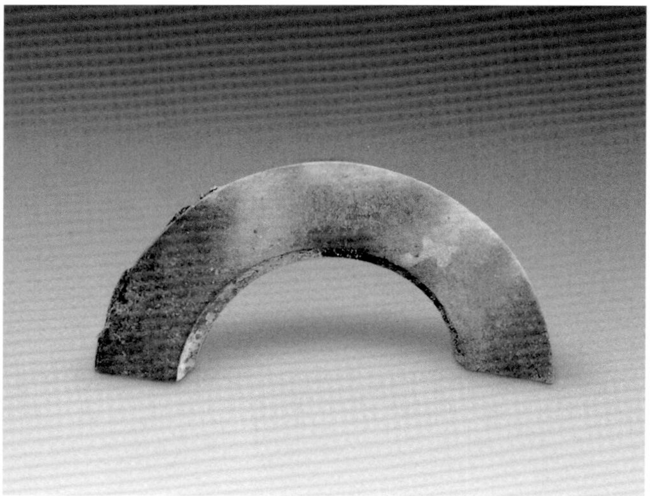

2. 石璜（IT8⑫：13）

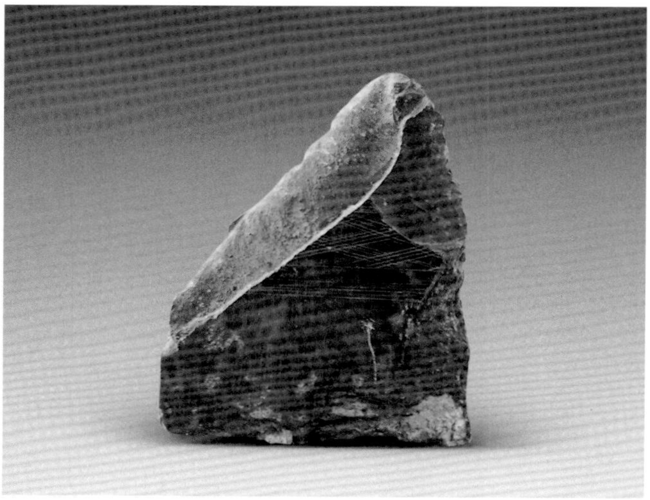

3. 石璋（残）（IT7⑬：89）

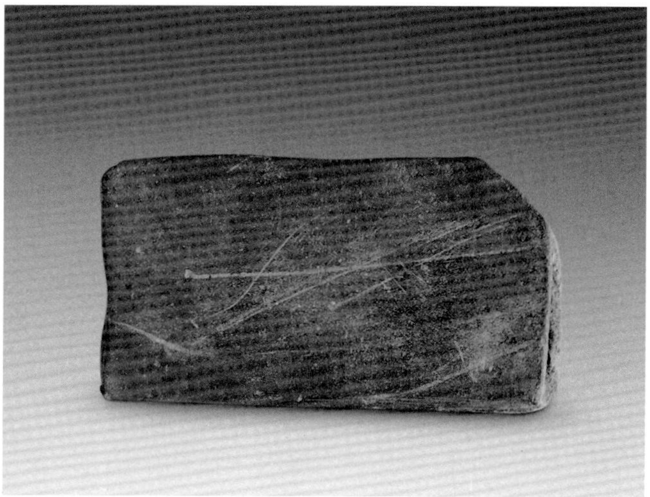

4. 石璋（IT1⑬：27）

石凿、石璜、石璋

1. 石璧（ⅡT43⑪：123）

2. 石璧（ⅡT54⑩：35）

3. 盘状石器（IT2⑬：5）

4. 盘状石器（IT15⑫：58）

5. 盘状石器（IT15⑫：30）

6. 盘状石器（IT25⑤：4）

石璧、石盘状器

1. IT25⑤层出土器物

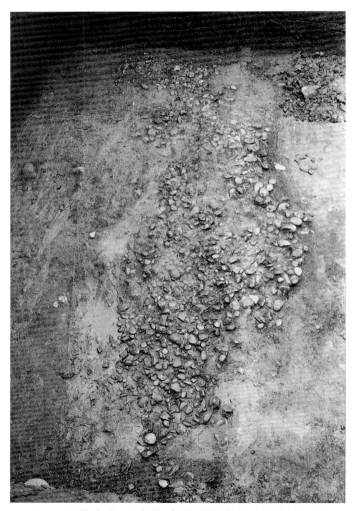

2. IT61 黄土卵石建筑遗迹（局部）（由东向西）

IT25 出土器物、建筑遗迹

1. A 型 （ⅡT72⑨：33）

2. B 型 （ⅡT53⑧：73）

3. B 型 （ⅡT53⑧：78）

4. C 型 （ⅡT54⑧：18）

陶　鼎

1. Aa 型豆（ⅡT53⑨: 38）

2. B 型豆（ⅡT54⑧: 13）

3. B 型豆（ⅡT54⑧: 15）

4. B 型釜（ⅡT73⑦B: 17）

5. B 型釜（ⅡT53⑤: 12）

6. C 型釜（ⅡT54⑦A: 11）

陶豆、陶釜

1. D 型釜（ⅡT52⑥：5）

2. D 型釜（ⅡT29⑥：66）

3. D 型釜（ⅡT62⑥：2）

4. A 型Ⅲ式罐（ⅡT73⑦A：10）

5. A 型Ⅰ式罐（ⅡT50⑧：43）

6. A 型Ⅱ式罐（J3：1）

陶釜、陶罐

1. A 型 Ⅳ 式（ⅡT77⑥：12）

2. A 型 Ⅳ 式（ⅡT77⑥：14）

3. A 型 Ⅴ 式（ⅡT29⑤：62）

4. A 型 Ⅴ 式（ⅡT39⑤：30）

5. C 型 Ⅰ 式（ⅡT72⑦C：2）

6. C 型 Ⅰ 式（ⅡT52⑥：2）

陶　罐

1. C 型 II 式罐（IIT49⑥：12）

2. F 型罐（IIT62⑥：2）

3. G 型罐（IIT52⑤：11）

4. G 型罐（IIT53⑤：11）

5. A 型 I 式盆（IIT51⑧：4）

6. A 型 II 式盆（IIT61⑦A：26）

陶罐、陶盆

1. A 型 Ⅲ 式（J3：6）

2. A 型 Ⅴ 式（ⅡT77⑤：9）

3. B 型（ⅡT72⑦C：31）

4. D 型 Ⅰ 式（ⅡT39⑥：6）

5. E 型（ⅡT43⑥：24）

6. E 型（ⅡT43⑤：23）

陶　盆

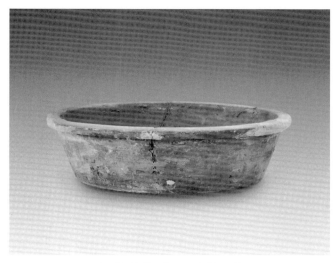

1. G 型盆 （ⅡT42⑥：4）

2. A 型Ⅲ式钵 （J3：4）

3. A 型 V 式钵 （ⅡT64⑤：30）

4. D 型钵 （ⅡT64⑦A：17）

5. E 型钵 （ⅡT73⑤：2）

陶盆、陶钵

1. I 式盘（IIT43⑥: 27）

2. II 式盘（IIT77⑤: 58）

3. A 型圈足碗（IIT39⑥: 7）

4. B 型 I 式圈足碗（IIT77⑥: 17）

5. B 型 II 式圈足碗（IIT29⑥: 61）

6. B 型 II 式圈足碗（IIT52⑥: 6）

陶盘、陶圈足碗

1. B 型 II 式圈足碗（IIT73⑥：13）

2. B 型 II 式圈足碗（IIT52⑥：10）

3. C 型 I 式圈足碗（IIT39⑦A：11）

4. C 型 II 式圈足碗（IIT52⑥：58）

5. A 型 I 式青瓷碗（IIT29④：30）

6. A 型 IV 式青瓷碗（IIT29④：38）

陶圈足碗、青瓷碗

1. A 型 V 式钵（ⅡT36④：18）

2. A 型 VI 式碗（ⅡT36④：7）

3. A 型 VII 式盆（ⅡT36④：17）

4. A 型 XV 式碗（ⅡT36③：19）

5. B 型 I 式碗（ⅡT54④：4）

6. B 型 II 式碗（ⅡT36④：15）

青瓷钵、青瓷盆、青瓷碗

1. B 型Ⅲ式盆（ⅡT29④：21）

2. B 型Ⅳ式碗（ⅡT36④：20）

3. B 型Ⅴ式碗（ⅡT29③：35）

4. B 型Ⅵ式碗（ⅡT63③：38）

5. B 型Ⅶ式碗（ⅡT29③：17）

6. C 型Ⅰ式碗（ⅡT40④：47）

青瓷盆、青瓷碗

1. C 型 II 式碗（IIT38③：17）

2. C 型 III 式碗（IIT30③：18）

3. C 型 V 式碗（IIT29③：21）

4. D 型 II 式碗（IIT39③：1）

5. D 型 III 式碗（IIT36③：1）

6. A 型 I 式杯（IIT40④：2）

青瓷碗、青瓷杯

1. A 型 II 式杯（IIT40④: 3）

2. A 型 III 式杯（IIT64③: 3）

3. A 型 IV 式杯（IIT29③: 18）

4. A 型 V 式杯（IIT38③: 12）

5. A 型 VI 式杯（IIT64③: 8）

6. B 型 I 式杯（IIT29④: 47）

青瓷杯

1. B 型 II 式杯（IIT29④: 56）

2. C 型 I 式杯（IIT43③: 59）

3. C 型 II 式杯（IIT43③: 58）

4. C 型 III 式杯（IIT38③: 3）

5. D 型 I 式杯（IIT29④: 57）

6. D 型 II 式杯（IIT40④: 10）

青瓷杯

1. E 型杯（ⅡT51③: 10）

2. A 型 I 式钵（ⅡT61④: 31）

3. C 型 II 式钵（ⅡT43③: 34）

4. A 型 III 式钵（ⅡT43③: 18）

5. A 型 IV 式钵（ⅡT54③: 25）

6. B 型 I 式钵（ⅡT38④: 30）

青瓷杯、青瓷钵

1. B 型 II 式钵 (IIT38④：7)

2. B 型 III 式钵 (IIT77③：22)

3. B 型 IV 式钵 (IIT53③：82)

4. A 型 I 式高足盘 (IIT29④：87)

5. A 型 II 式高足盘 (IIT54③：42)

6. A 型 III 式高足盘 (IIT43③：35)

青瓷钵、青瓷高足盘

1. B 型 I 式高足盘 （IIT53③: 9）

2. B 型 II 式高足盘 （IIT43③: 2）

3. B 型 III 式高足盘 （IIT40③: 49）

4. B 型 IV 式高足盘 （IIT38③: 23）

5. C 型 I 式高足盘 （IIT29④: 55）

6. C 型 II 式高足盘 （IIT29③: 1）

青瓷高足盘

1. I 式盆（ⅡT40③：8）

2. Ⅱ 式盆（ⅡT29③：13）

3. A 型 I 式罐（J4：1）

4. A 型 Ⅲ 式罐（ⅡT52③：25）

5. B 型罐（J2：1）

6. C 型 I 式罐（ⅡT43③：19）

青瓷盆、青瓷罐

1. C 型 II 式罐（IIT64③：6）

2. D 型罐（IIT77③：23）

3. I 式砚（IIT29④：53）

4. II 式砚（IIT52③：48）

5. I 式器盖（IIT29④：52）

6. II 式器盖（IIT29④：48）

青瓷罐、青瓷砚、青瓷盖

1. Ⅲ式器盖（ⅡT52③：56）

2. Ⅳ式器盖（ⅡT52③：57）

3. A型Ⅰ式碟（ⅡT40④：26）

4. A型Ⅱ式碟（ⅡT40④：7）

5. A型Ⅲ式碟（ⅡT54③：2）

6. B型碟（ⅡT36④：21）

青瓷器盖、青瓷碟

1. 青瓷盏托（H4：3）

2. 青瓷瓶（ⅡT29④：84）

3. A 型Ⅱ式陶钵（ⅡT52④：46）

4. A 型Ⅵ式陶钵（ⅡT43③：13）

5. A 型Ⅶ式陶钵（ⅡT64③：2）

6. B 型Ⅰ式陶钵（ⅡT72④：34）

青瓷盏托、青瓷瓶、陶钵

1. B 型 III 式钵（IIT52③: 51）

2. B 型 IV 式钵（IIT51③: 7）

3. A 型 I 式盆（IIT61④: 10）

4. A 型 II 式盆（IIT30③: 17）

5. A 型 III 式盆（IIT64③: 9）

6. B 型 I 式盆（IIT43③: 14）

陶钵、陶盆

1. B 型 II 式盆 （IIT61③: 2）

2. A 型 II 式碗 （IIT72③: 3）

3. A 型 III 式碗 （IIT29③: 34）

4. A 型 IV 式碗 （IIT29③: 10）

5. C 型碗 （IIT38③: 2）

6. A 型 I 式罐 （IIT36④: 6）

陶盆、陶碗、陶罐

1. B 型 I 式罐（IIT40④：9）

2. B 型 III 式罐（IIT52③：50）

3. B 型 D 式罐（IIT52③：49）

4. A 型 I 式碟（IIT52④：47）

5. A 型 II 式碟（IIT39④：5）

6. A 型 III 式碟（IIT49④：7）

陶罐、陶碟

1. A 型 Ⅳ 式碟（H4：2）

2. A 型 Ⅶ 式碟（ⅡT30③：19）

3. A 型 Ⅷ 式碟（ⅡT43③：20）

4. B 型 Ⅱ 式碟（ⅡT53④：81）

5. B 型 Ⅲ 式碟（ⅡT61④：4）

6. B 型 Ⅳ 式碟（ⅡT49③：2）

陶　碟

1. I 式盘口壶（ⅡT49④：8）

2. Ⅱ式盘口壶（J1：1）

3. I 式臼（ⅡT51④：45）

4. Ⅱ式臼（ⅡT38④：24）

陶盘口壶、陶臼

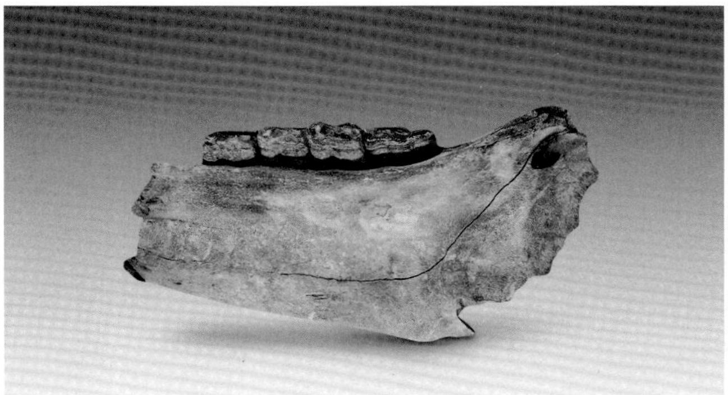

1. 马右下颌（IT2⑫：14）

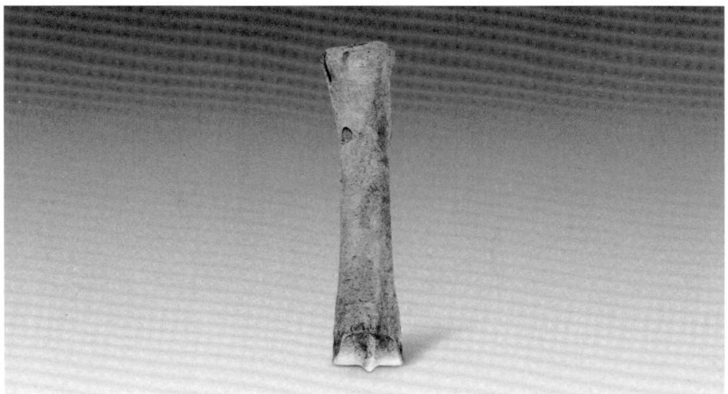

2. 马右掌骨（IT9⑫：23）

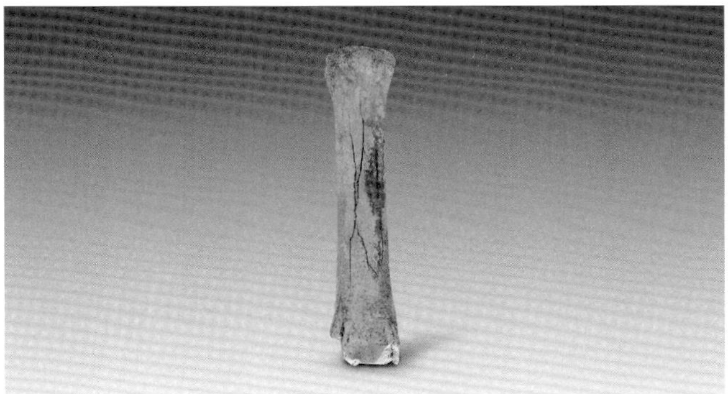

3. 马左掌骨（IT9⑫：22）

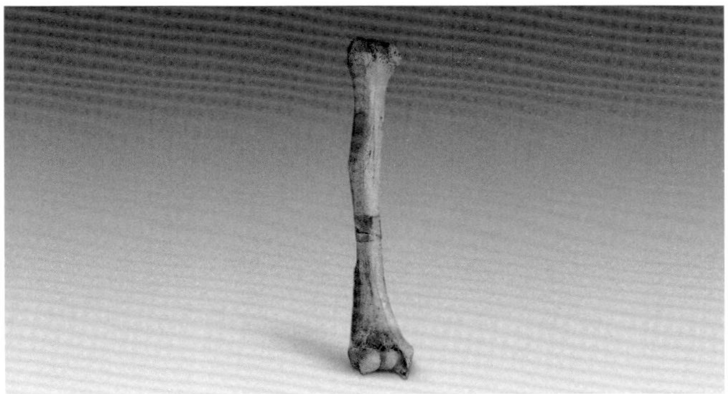

4. 狗酋猴左肱骨（IT23⑫：1）

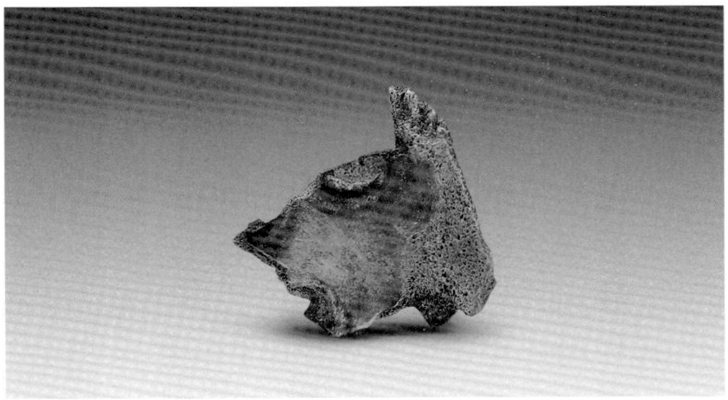

5. 龟腹甲（IT23⑫：24）

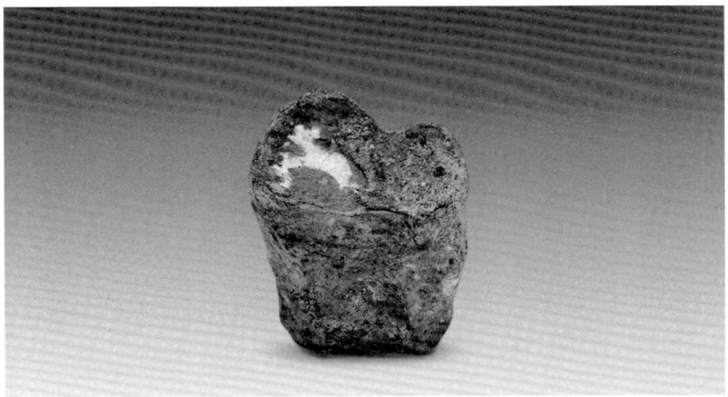

6. 犀牛中间趾骨（IT20⑫：26）

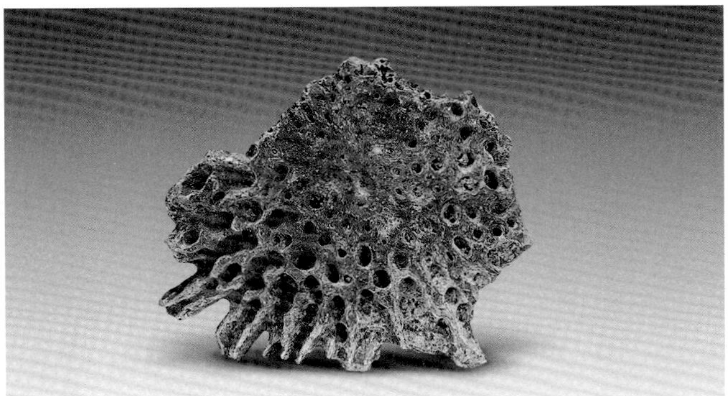

7. 鲟鱼头骨（IT17⑫：3）

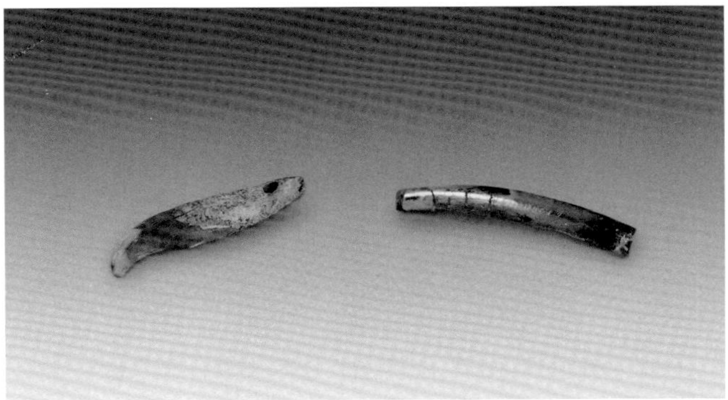

8. 小鹿（左）和麝（右）犬齿（IT15⑫：4；IT15⑫：3）

动物骨骸

1. 黄牛角（IT43⑪：1）

2. 黄牛左肩胛骨（IT2⑫：1）

3. 黄牛左下颌（IT9⑫：24）

4. 藏右肱骨（IT15⑫：6）

5. 狗右下颌（IT9⑫：25）

6. 狗左下颌（IT7⑫：1）

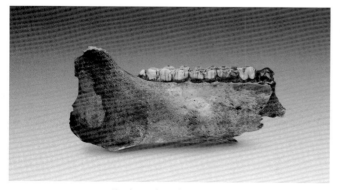

7. 猪右下颌（IT15⑫：1）

8. 鸭左肱骨（IT14⑫：3）

动物骨骸

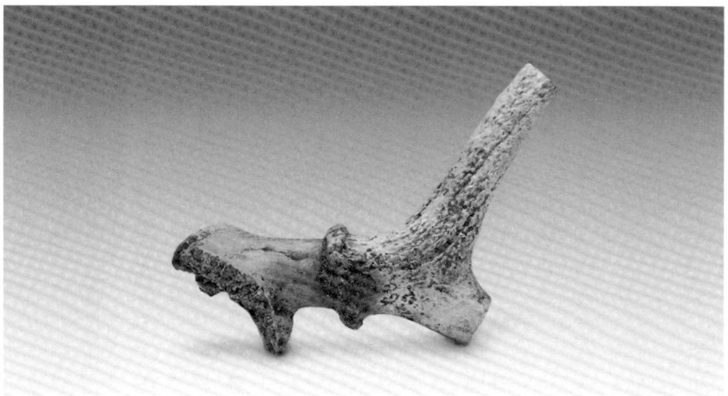

1. 斑鹿角（IT12⑫：12）

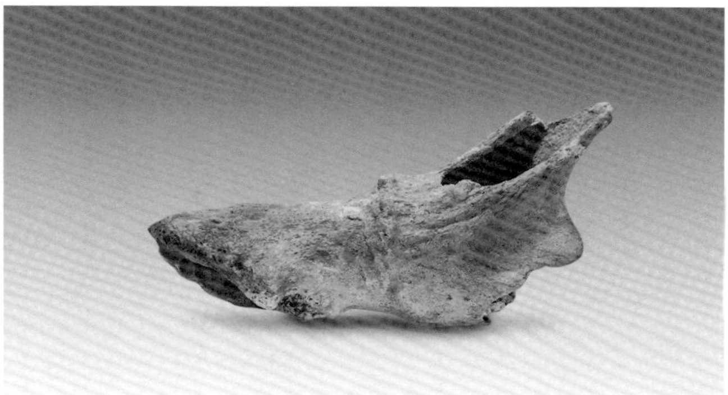

2. 水鹿角（IT30⑫：1）

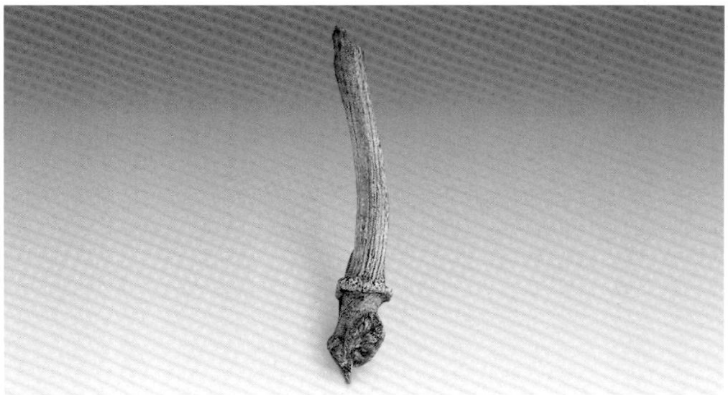

3. 水鹿眉枝（IT4⑫：1）

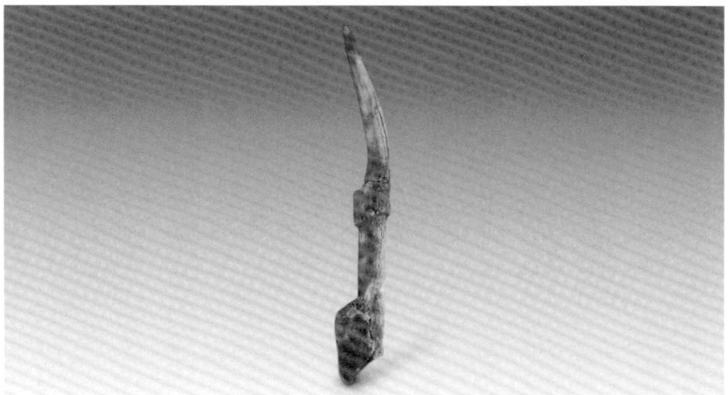

4. 小鹿左侧角（IT22⑫：2）

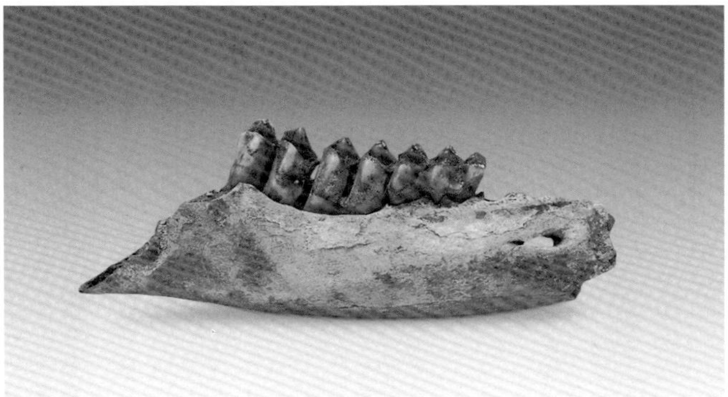

5. 小鹿右下颌（IT22⑫：1）

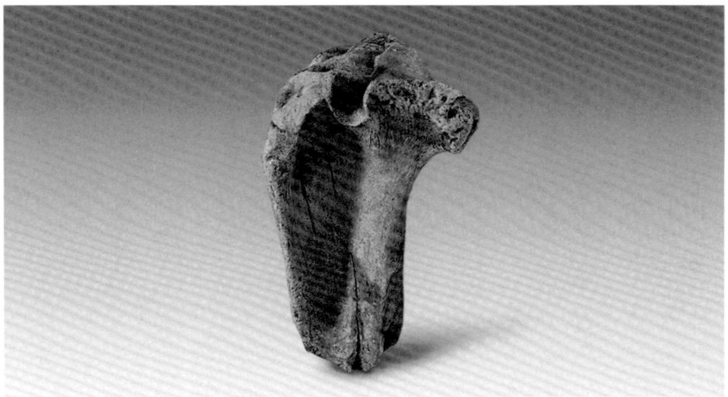

6. 水鹿左胫骨（IT9⑫：35）

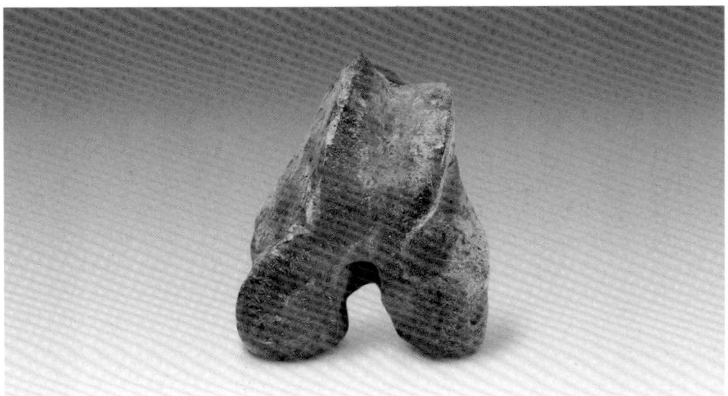

7. 水鹿左股骨（IT23⑩：3）

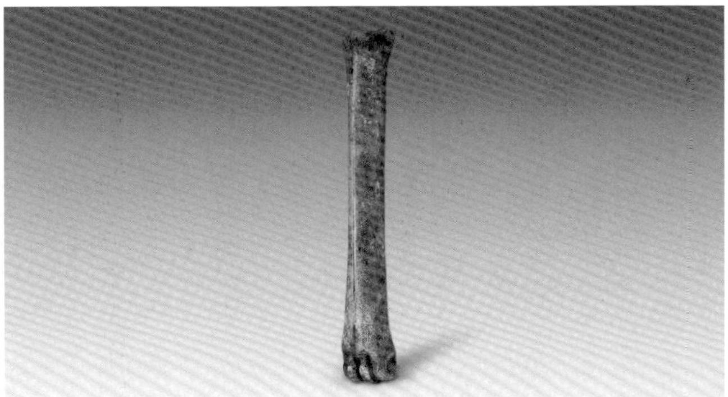

8. 小鹿右掌骨（IIT49⑫：24）

动物骨骸

2007

本书数据截取时间为
国家文物局办公室

编著

中国文化遗产年鉴

ZHONGGUO WENHUA W　　TONGJI NIANJIAN

2008

中国文化遗产统计年鉴 2008

2008
2008
2008
2008
2008
2008
2008
2008
2008
2008
2008
中国年鉴